珞珈问道文丛

新闻传播学的
学术想象与教育反思

Journalism and Communication Studies:
the Scholarly Imagination and Rethinking of Education

单 波 著

社会科学文献出版社
SOCIAL SCIENCES ACADEMIC PRESS (CHINA)

珞珈问道文丛编委会

总策划 石义彬　单　波

主　编 单　波

编　委（按姓氏笔画为序）

　　　　　石义彬　吴爱军　罗以澄　单　波　强月新

总　序

呈现在读者诸君面前的这套丛书，是一群常年耕耘于珞珈山的同仁奉献的心得之作。这些性情各异、风格有别、思想多元的君子从未想过建构什么学派，而是一任自己的思想与现实问题共舞，就像珞珈山上空自由飞翔的小鸟。他们看上去各有各的玩物之心，玩山玩水玩媒介，可在内心深处都隐藏着"志于道"的情怀，试图在珞珈山寻求安身立命之所。于是，这些心得之作便有了一个内在的主题：珞珈问道。

珞珈山并非什么名山，亦非挺拔、奇绝的高山，所依之东湖也没有什么响亮的名头，留在古代诗人吟唱中的，也就剩下"只说西湖在帝都，武昌新又说东湖"的普通诗句。在一般人眼里，东湖美则美矣，只是相较于西湖"文胜质"的冶艳，便只能称其为"质胜文"的粗犷了。居于此地的人大概看上了一种山水相依的静美，陶醉于"山得水而活，得木而华，得烟云而秀媚"的物外桃园之境。此山原名罗家山，又称落驾山，听上去有些落俗，隐含一点小家子气，外加一点迷恋权贵的味道。让人称奇的是，在首批来此任教的28名教授中，深通佛心的闻一多先生不仅看山似一尊佛像，还把这落俗之名听成了"珞珈"的谐音，遂将此山改名为珞珈山。珞珈之名源自梵文"Potalaka"，译为"普陀洛迦、补怛罗迦、布怛落伽"，乃佛教"观自在菩萨往来其间"的道场。当时的师生特别认同新山名，仿佛通过它赋予的想象，看到了入世与出世、此岸与彼岸之间的通道。从此，珞珈山收敛起粗俗之气，融自然美与人文美于一体，而变得文质彬彬了。

以学术为业的人们在这里与三教九流比邻而居，谈笑有鸿儒，往来亦有白丁，接地气之风不期而养成。身居陋室，心游八仞，"无丝竹之乱耳，无案牍之劳形"，专注于理性的世界，如切如磋，如琢如磨，遂成问道之传统。薪火相传之际，文、法、理、工、农、医的学科架构铺展开来，蔚为大观，"问道"渐成珞珈人的存在之道：面向万事万物的真道或本源，探寻它的虚静无为而又复杂多变的特征，同时追寻形而上的终极价值，成就自强、弘毅、求是、拓新的人生。问道者身处波光粼粼、小山相连的山水校园，偏偏喜吟"荡荡东湖，巍巍珞珈"，看上去有些夸张，实际上潜意识里内涵一种精神自由舒展的自我期许。珞珈山水校园表现的就是这种精神的舒展：校园建筑是中西合璧的，映衬着融汇中西的学术志趣；校内绿荫如盖（植物达到151科738种），春桃秋桂，夏榴冬梅，更兼有百鸟吟歌（鸟类亦有28科118种之多），标示着多元并包的学术风格。

此山此水，仁智合一，乐山乐水者皆可寻得归宿。登高望远，明理致知，可谓山水相依藏真情，鸟语花香皆禅意。

谢天谢地，我们有缘聚集在这块修身养性的宝地，让一切烦恼与困苦消解于珞珈问道的过程之中，让我们的新闻传播研究涵泳于多学科的思想海洋。

1983年，正值中国新闻改革如火如荼之时，新闻传播人才的短缺、老化与非专业化、非国际化等问题凸显，武汉大学应时之需，毅然开拓新闻传播教育领域。学校把我们从文学、哲学、史学、经济学、外国文学等多领域调配过来，加上少量从外面引进的新闻传播学者，组成了一支新闻传播教育的"杂牌军"。最初，我们这支队伍的杂色与不入流是如此明显，以致并不被人看好，我们也一度陷入迷茫。好在我们可以冷静下来，寻找突破口，发现重新起步的中国新闻传播学的发展并不充分，不仅理性能力不足、超越性与创造性匮乏、视野狭窄、诠释力很弱，而且还感染上"抽象与僵化"的痼疾。所谓抽象只不过是对狭小经验范围内的事情做貌似科学的定义，所谓僵化则是把学术话语简化为意识形态话语。审时度势，我们意识到，只有突破这种局面，新闻传播学科才可以自立，研究者才有出路。幸运的是，学科交叉的优势发挥了作用：我们可以通过马克思主义意识形态学说批判新闻传播领域的异化现象，重新思考新闻传播的基本原理；可以运用"历史向世界历史转变"的整体史观重新建构新闻传播史；可以透过现代化理论重新诠释新闻专业主义和新闻实践；可以导入结构主义理论、接受美学、社会心理学、批评性话语分析理论，拓展新闻思维的空间，可以借助比较文化学、比较政治学、比较哲学、比较经济学等视野，开创中西新闻比较研究。随着学术的积累，大文化视野中的新闻传播研究便成了同业诸君所认同的一个特点。直到今天，我们都保持着在开放的视野中开展新闻传播研究的习惯，以抵抗思想的衰败与老化。

当然，只停留于书斋的抵抗是无力的，还必须把目光投射到现实，以问题意识突破新闻传播研究的樊篱。我们的问题大致可以概括为三类：第一类是"新闻为何存在，新闻如何存在"，它综合了行为主义和人文主义的问题，以此对抗教条化的研究；第二类是"传播为什么不自由，传播如何自由"，它充分吸纳马克思主义和西方马克思主义的问题，以此解构功利主义研究的单向性；第三类是"传媒产业与文化产业如何表现创造性"，它以创造思维为导向，面向创意的世界，消解概念化、模式化的研究。问题总是具体化为现实的难题、疑问与话题，它使我们更深地介入到中国传媒的发展过程，让媒介发展的理性贯通于中国社会文化发展和全球化发展的现实，追求新闻传播学科的理论创新与方法创新。我们顺着这些问题不停地问，不停地想，积累成三大特色领域：新闻传媒发展与新闻传播理论创新、媒介化社会与跨文化传播以及广告与媒介经营管理。收录在这套文丛里的大致可以呈现我们在探索中留下的这些痕迹。

珞珈问道三十年，所留下的终究是一个梦，既有庄周梦蝶的欣喜与洒脱，也有蝶梦庄周的失落与羁绊，到头来得到印证的还是夫子所言："学然后知不足，教然后知困。"因此，我们为自己留下这些习作，作为下一个三十年自反与自强的依据。

珞珈山上痴蝴蝶，犹梦大道翩翩飞。我们是一群钟情于珞珈山的君子，尽管春天让我们伤感过，夏天让我们难受过，秋天让我们失望过，冬天让我们迷茫过，可我们还是选择了这块诗性、理性、佛性的栖居之地。这是说也说不清楚的情感和缘分，读者诸君只有在每位作者的书稿中慢慢体会了。

是为序。

单　波

甲午春于珞珈山

目 录

自序　寻找理解与沟通的可能性 …………………………………… 001

第一部分　理解新闻传播学

"历史向世界历史转变"与中国新闻业命运的整体观照 ………… 003
重建新闻客观性原理 …………………………………………………… 013
论20世纪中国新闻业和新闻观念的发展 …………………………… 027
西方受众理论评析 ……………………………………………………… 042
现代传媒与社会、文化发展 …………………………………………… 058
论我国新闻学想象力的缺失及其成因 ………………………………… 075
西方媒介生态理论的发展及其理论价值与问题 ……………………… 084
如何表现中国传播研究的智慧？ ……………………………………… 107
跨文化传播研究的心理学路径 ………………………………………… 112
媒介即控制及其理论想象 ……………………………………………… 117
跨文化传播的基本理论命题 …………………………………………… 133
面向交流的无奈：传播学自我救赎的路径 …………………………… 156
边缘人经验与跨文化传播研究 ………………………………………… 164
学术访谈 ………………………………………………………………… 193

第二部分　作为志业的新闻传播教育

反思新闻传播教育 ································· 225
媒介融合时代的新闻传播教育创新 ······················ 237
《跨文化传播》的案例教学：意义、问题与路径 ············· 242
中西新闻比较的问题与方法 ··························· 252
品评博士论文 ···································· 274
读书意义的分享 ··································· 287

附录　珞珈书香 ··································· 417

自序
寻找理解与沟通的可能性

珞珈问学三十余年,深感做学问如爬山,即便走出了脚下的路,找到了"北",可这个时候也知道了仰望学术的高度,难免因心向往之却不能至而自惭形秽。内心稍微强大一点时,便以"半桶水"自嘲。我之所以在饱受煎熬之后把自己的"半桶水"呈现在读者面前,乃源于一种无奈的乐观:半桶水的活力也许就在于能荡几下,荡过之后,自然显现知与无知的刻度,此时也许更知道如何引入知识的活水,冲走那无知的泥沙。

对我来说,学术是一个"坑",它用理性诱惑着我,等到半生被埋进去之后才意识到理性的限度,那些关于人与社会的解释貌似合理,甚至以真理的面目示人,但离开一定的经验、范围、条件与情境,所言皆虚,都是一些等待人们去质疑的话语。在这种情况下,对自我的怀疑不可避免:我如何能把握认知对象?我如何能保证我的言辞是真实的?甚至在这个众声喧哗的时代,我如何能保持思想的独立性,做到"自说自话"?忍受不了怀疑的折磨而放弃怀疑时,学术就只能是一份"为稻粱谋"的工作,谋利越多,价值越少。于是,不期然养成为学的矛盾:一方面为所获而沾沾自喜,另一方面又为"所获能值几何"而困窘,以至于好多次都为这份困窘而心烦意乱,彷徨不已。

好在从马克斯·韦伯那里我得到了另一种启发,缓释了这种困窘。他把学术与政治从众多职业中挑选出来,称为"beruf",对应于英文的"vocation",即对人具有"召唤"意义的"追求",这意味着从业者对自己的职业是经过认真选择的,他深知自己从事的是一个什么样的职业或专业,而不是"碰巧"得到。这个词翻译过来,就是汉语里的"志业",其根本含义是选择要实现的"目标"("立志")和认准要坚持的"价值"("志于道")。韦伯给以学术为业和以政治为业的人预设了充满责任感与荣誉感的理想人格,神圣味道十足,似乎不容易做到，但他指明的方法是切近于自我的，即忠于自己的良心，得出终极的、内在的、有意义的结论。这使我悟出一个道理，客观的、真实的、独立的研究固然重要，但比这更重要的是如何依据良心去做研究，以及是否基于一定的目标与价值去做研究。以韦伯的观点来看，新闻传播是以政治为业的一种工作，治新闻传播学则是以学术为业的一种工作。两种具有共同的神圣意味，即把新闻传播作为一项公共事业贯注到生命中去，滋生出"为政治而生存"的责任感与荣誉感。从学术层面来看，新闻传播学的终极问题是，新闻传播为什么不自由？新闻传播如何自由？它由此显现建构人类的意义分享的目标，而意义分享的价值便是使人从孤独与冷漠中走出来，生活在理解与沟通的世界里。

可是，对我来说，"理解与沟通如何可能"始终是一个难解的问题，而且事关新闻传播学的学科危机。这个问题就像《少年派的奇幻漂流》中的那只老虎，使我在学海漂流中时时感到焦虑与绝望。也许就像老虎只不过是少年派的幻想一样，所谓的问题也只不过是我的幻想，但你不能否认，少年派的幻想表现的是生存的恐惧与绝望，我的问题凸显的是媒介化时代的交流所引发的焦虑与困扰。所以，我看《少年派的奇幻漂流》时特别激动，想到每个人心中其实都有一只让人不安的老虎，少年派因为它的存在而激发生命力，得以生存；我因为它的存在而激发思考力，得以面对现实，寻求新知。

1985年从武汉大学毕业时，我的所有选择都是学术研究，连留校教书都被排除在外，因为体弱多病的我悲观地认为，自己唯一能做的事情就是思考。当时最爱的是卢梭的《一个孤独漫步者的遐想》，那是卢梭去世前留给这个世界的思考。一个法国思想界的风云人物在走向人生终点时，不再有邻人、同类、兄弟，他独自承担着一个时代的忏悔与沉重，继续寻找着人类精神的本源。我虽学不来思想家的此种心境，但他那种在孤独与黑暗中的遐想，却给长期养病的我示范了某种活着的姿态。当时，我以对生命的孤独与黑暗的体验，居然在"遐想"中发表了8篇青葱味道十足的论文，以及若干哲理性散文，得到了些许快乐。

承蒙彭斐章老师的接引，我开始在《图书情报知识》做学术编辑工作，一切似乎如愿以偿。也许是受到20世纪80年代理性精神启蒙的感染，比较爱琢磨知识的主体性、知识的分类与开放这类问题，但是，我对还没有打破知识封闭圈的图书馆学渐渐失去了吸引力。记得刚刚留校的青年老师经常聚在一起争论一个问题：哪一个学科对社会发展的贡献更大？印象最深的是，搞科学技术研究的人模仿着阿基米德的口气说"只要给我一个支点，我就能撬动地球"，言下之意是他们的学科可以改变世界；而文科中最牛的是研习哲学的人，他们的观点是，没有"实践是检验真理的唯一标准"的大讨论，怎么会有改革开放？显然，在这样的争论中图书馆学是沾不上边的。此时，我注意到新闻承载理性精神的可能性，以及在大兴安岭火灾报道、关广梅现象讨论等媒体事件中，新闻展现出来的作为社会变迁之工具的魅力。我忍不住从治图书馆学的平淡之中出走，跨入热闹而又贫瘠、充满创造机会的新闻传播研究领域，于1989年转入武汉大学新闻学专业攻读硕士学位。可就在这一年，思想解放连同以新闻为本位的新闻观启蒙都被画上了句号。反资产阶级自由化成为主流话语，媒介功能的多元化、媒介所有权的多元化、媒介声音的多元化都遭受猛烈批判，引自西方的传播、媒介等词语被视为掩盖阶级性的概念，客观、公正等专业主义信条被认为是掩盖倾向性的说辞。一时间，我心中充满疑惑：新闻改革的热点已转变为思想与实践的僵化，我们还有求取知识、理性与智慧的可能性吗？学问如此趋向主流话语或挟势力以行，我们如何走在理性的道路上？20世纪80年代的理性启蒙给我烙下了深深的印记，我深知，既然要以学术为业，就必须具备理性的精神，即笛卡尔所谓"我思故我在"的怀疑精神，还必须保持理论的姿态，而理论的本意是指全神贯注地观看，在开放心灵的过程中澄明世事，在澄明世事的过程中开放心灵，表现感性的呈现与理性的观照，在学术上"审时度势"，只会弄瞎我们的双眼。

当时所做的一件逆流而上的事情就是，在导师樊凡教授的指导下进行中西新闻比较研究，探讨中国新闻业走向世界的道路。所提的问题还带有二元对立的味道：中国的传播活动为什么长期沉沦在邸报的黑暗中而显现不出自身的光辉？为什么中国新闻业到近代才出现，而且要由西方的军事侵略来催生？在"一个世界，多种声音"的20世纪，为什么西方的声音强大，而我们的声音却那么微弱？这种落差是怎样造成的？应该怎样改变？中国新闻业能更快更好地走向世界吗？这些问题在当时是"出格"的，难免心存担忧。但是，马克思在《德意志意识形态》里所讲的话可用来说明其"合法性":"每一个单独的个人的解放的程度是与历史完全转变为世界历史的程度一致的","仅仅因为这个缘故,各个单独的个人才能摆脱各种不同的民族局限,而同整个世界的生产(也包括精神生产)发生实际的联系,并且可能有力量来利用全球的这种全面生产(人们所创造的一切)"①。与此同时,我确认的另一个立论基础是,新闻作为一种公开传播的信息,是人类生存发展的必具要素,并为人类社会所共有;新闻作为一种文化现象,又在各自的文化圈内成长,成为人类文化的一个重要分支,发挥着联系各个文化圈的纽带作用。由此,我着眼于开放的文化视野来审视中西新闻的差异,把内在的文化观念及其在新闻传播活动中的表现作为比较研究的焦点,探寻中国新闻传播如何走出封闭的文化圈。这一做法曾被学界同行所称道,其实,其中隐含另一种无奈,即对于政治体制问题的回避。从内心来讲,我信奉马克思关于实现人的全面自由发展的论说,认为这是中国超越西方的目标所在,但自由所提出的挑战是严峻的,它一般包括两方面:一方面是对封闭、集权的挑战,另一方面是自由交流中人与人、群体与群体、阶层与阶层之间权力关系的不平衡。我们的新闻体制与媒介文化改革最根本的问题在于应对自由的挑战,更新社会控制模式以及权力关系,这样才有可能在更开放的心态中吸纳西方新闻传播观念,并把它纳入自主的创造活动之中,真正推动中国的新闻改革。带着担忧与遗憾,我在1992年完成了关于中西新闻思维比较研究的硕士学位论文,托邓小平南方谈话之福,论文顺利通过,担忧一扫而光,但回避现实的那种遗憾却加重了。后来,我协助樊老师主编的《中西新闻比较论》最终在1994年由武汉出版社出版,成为国内最早的比较新闻学著作之一(另一本是同年出版的由陶涵主编的《比较新闻学》),可是,遗憾还是留在了书中。

在随之而来的第二次思想解放中,姓资与姓社的二元对立被消解,新闻传播渐渐融入市场经济大潮,人们再次把目光投向西方新闻传播观念,与浸泡在资本主义媒介体系中的大众传播学接轨,在多媒体竞争中把握媒介结构的变化,在传播过程中观察媒介功能的多元化表现,聚焦受众问题和传播效果问题

---

① 《马克思恩格斯选集》第1卷,人民出版社,1972,第42页。

以寻求对媒介市场的控制，进而实现媒介经营方式的创新①。同时，人们的视野也从新闻自由扩展至传播权、信息自由，从媒介竞争扩展至新技术条件下的媒介融合，从单向传播扩展至多向、互动式传播。我从中感受到一种危机，即旧的思想枷锁没有完全解除，新的思想统制却已产生，人们逐渐遁入西方传播学的象牙塔里，生活在传播学"诸神"的阴影里，自觉地服从于西方传播学所划定的思想方向、执着或陷溺于所习知识，不能面对中国传播问题进行自主的创造，从而让知识习气障蔽、阻碍了传播研究的智慧表现。当时，我认为做西方传播学的引介与研究虽然重要，但更有价值的工作是形成与西方传播观念的对话，而支撑这一工作的基础还在于中西文化比较。

有了这种想法，我便在1994年开始攻读武汉大学哲学博士学位，师从郭齐勇教授研习中国哲学，侧重于研究新儒家的中西文化比较观。在郭老师的接引下，我选择研究新儒家代表性人物唐君毅的哲学思想。一方面，唐先生的中华文化"花果飘零"的文化悲情、"灵根自植"的文化悲愿以及超越涵盖的文化精神吸引了我；另一方面，他的哲学贯通着圆融会通、两行并育的思维范式，既接通于儒佛道哲学思辨的精华，又遥契于西方现代哲学，这对于提高我的思想修养具有重要意义。我在研究中领悟了中西人文精神发展的不同阶段与不同走向，以及中西人文精神在现代交相融合的可能性，也体会到今天最圆满的人文主义必须是中西会通的人文主义，以解除现代世界中的文化偏蔽。同时，我也审视了唐先生思想的矛盾，即返回儒家心性之学的根本，开出现代科学与民主政治，我认为这仅仅是一种理想的创设，缺少历史和现实的依据，并且还形成了文化批判精神的有限性。我的博士学位论文《道德理想主义的重建——唐君毅哲学研究》最终在1997年香港回归前完成（在此基础上修改完成的书稿《心通九境：唐君毅哲学的精神空间》由人民出版社于2001年出版，北京大学出版社2011年再版），我备感中华文化走出封闭圈、走向世界的潮流已不可逆转，毅然将自己的研究方向确定为比较新闻学和跨文化传播研究，从此不再改变。

1996年，我第一次获准主持教育部"九五"社会科学基金规划项目"中

---

① 参见李良荣、李晓林《新闻学需要转向大众传播学》，《新闻大学》1998年秋季号。

西新闻传播理论比较研究"。很快我就体会到这种比较的不对称,把内容一分为二,即西方新闻传播理论研究和中国新闻传播观念研究。前一方面的系列成果表现为:《重建新闻客观性原理》《大众传播与文化——丹尼斯·麦奎尔的"传播—文化"观评析》《比较与整合:西方新闻传播学理论新动向》《西方新闻传播理论表述的历史与逻辑》《西方受众理论评析》等;后一方面的研究成果则主要集中于2001年出版的专著《20世纪中国新闻学和传播学·应用新闻学卷》。

写作《重建新闻客观性原理》(《现代传播》1999年第1期)不仅是因为发现新闻客观性问题并未在西方新闻传播理论中得到解决,存在很多悖论,还发现新闻传播活动本来立足于自由、民主、理性、道德、市场、文化、技术等方面,但这些基础在中国还没有建设好,呈现出理论意义的迷失,新闻的客观性问题就是其中一个方面。当时的哲学界正在热烈讨论精神交往、主体间性、解构传统哲学的主客二元对立等问题,我被这些讨论吸引了,感觉这种观念的转向对于新闻传播研究而言具有重要意义,很自然地就把新闻客观性的研究纳入精神交往与主体间性的理论之中,并找到了重建新闻客观性原理的基本路径:新闻的客观性原则植根于人的精神交往需要和人的社会性道德意识,即交往中的人们为了维持主体间的相互关系网,必然要形成一个使交往各方联成一个共同体的道德准则纽带,而客观、公正、平等、自由等,即是这一道德准则纽带中的重要一环;新闻的客观性指向新闻传播主体的理性的互动,这种理性的互动即是一种摆脱主体对客观事实单面的符合、超越个体理性能力的限制与片面而达于"综合的理性"的实践活动。虽然这篇文章所提供的仅仅是一种理论的重建,但从这个研究中我开始真正意识到,传播研究的根本意义不是对人类传播现象的反映和概括,而是对人类传播实践的设计和开拓。如果我们只把自己当作人类传播现象的"认识者",我们就会停留于理解、分辨、总结,而如果我们在此基础上还把自己当作"创造者",我们就会进一步带着"做什么"和"怎么做"的问题,去设计和开拓我们所需要的传播实践。唯有如此,中国传播研究才能表现应有的智慧。

同样受到主体间性哲学的启发,我在2001年的全国受众研究会议上发表《西方受众理论评析》(后刊登在《国外社会科学》2002年第1期)。这篇文章因观点另类而受到广泛关注。在学界时而流行贬抑受众的论调，时而崇尚"受众中心论"的情况下，我通过反思西方受众理论，提出传播者与受众的关系根本不是传播主体和传播客体的关系，而是同一传播活动中共生的两个主体，要准确理解受众，仅仅有文化批判眼光是不够的，还必须回到主体与主体的传播关系中，亦即在"主体间性"中把握受众，从而改变了传统受众理论的单一视野。后来，在翻译出版《受众研究读本》（华夏出版社2006年版）时，我以这篇文章为基础，写了近4万字的序言，更加细致地评价了西方受众理论，进一步指出，回到日常社会层面可能是激活受众研究的良方，既可在理论上扬弃概念化、类型化的受众，建构为人而存在的主体间性传播关系，又可在实践上应对意识形态对人的宰制，消费主义所带来的同质化、单一化，把握受众的真实存在。

作为世纪转折点，2000年使总结20世纪新闻传播发展的活动达到高潮，我也加入其中，完成了《20世纪中国新闻学和传播学·应用新闻学卷》（复旦大学出版社2001年版）。为了设计和开拓新闻传播实践，我循着新闻业务的发展线索，以中国的政治、经济、文化、社会发展以及媒介竞争为背景，匆匆浏览了中国新闻观念的百年演变，试图在历史记忆的深处寻找中国新闻发展的生命，以证明那些"以新闻为业"的人的存在，发掘他们源于内在生命体验的、面向世界、面向未来的创造活力。在为这本书写后记的时候，我突然感悟到了新闻学和传播学的终极问题：新闻传播为何不自由？新闻传播如何自由？并坚信在这一问题的牵领下，能一步步实现学术的超越。

进入21世纪以后，全球化成为中国思想界的主潮，当人们在分析媒介全球化而使全球化成为一种观念、一种意识、一种认识方法时，思想前所未有地向世界敞开。在全球化思潮的裹挟之下，我把比较新闻学研究延伸到跨文化传播领域，实际上是进入文化交往语境的比较研究。其中最幸运的事情是与法国学者欧梯也（Hugues Hotier）先生结成忘年之交，从2003年开始，我们往返于波尔多与武汉之间，共同主持跨文化传播国际学术会议。到2013年会议满十周年之际，老先生动情地说，他已把两地学术交流当成日常生活的一部分了。而对我来说，会议就是一座无限延伸的"桥"，让我通向思想的大观园，亲近智者的美丽心灵，呼吸学术的新鲜空气。涵泳于东西方思想之际，追求理解与沟通的可能性，就成了我的一种信念。

根据我的理解，虽然跨文化传播与传播学都关注人与人之间的沟通与理解，但两者看问题的角度迥异，传播学注意的是大多数传播发生在同质的个体间，同质传播比异质传播更有影响，个体间的有效传播导致知识、态度和行为的更大同质，而跨文化传播注意的是传播在社会距离度不同的个体间发生，某类传播在一段时间后变得相对稳定，并由此表现了文化和社会结构，其核心问题就是我们与他者如何交流的问题，这种问题直击来自人类心灵深处的疑惑：在我心与他心之间，理解与沟通的可能性在哪里？我把中西新闻比较研究看作寻找中西方理解与沟通的可能性，而跨文化传播研究则是寻找不同文化背景的人之间理解与沟通的可能性。这种充满智慧的工作让我感觉趣味无穷。

在跨文化传播研究过程中，我深受美国传播学家彼得斯（John Durham Peters）的启发，认同他的一个观点：交流的挑战不是忠实于我们的地盘，而是对别人抱原谅的态度，他们不可能像我们看自己一样来看我们。但是，我并不认为交流的无奈已使"我们能够交流吗"成为无意义的问题，只留下"我们能够互相爱护，能够公正而宽厚地彼此相待吗"[①] 这样的道德追问。2003年，我在第一次跨文化传播国际学术会议上直面"跨文化传播的基础与障碍"这一问题，发现跨文化传播首先来自人与人之间的文化差异以及文化陌生感，或者说，它就在有文化距离感的个体间发生。这时，跨文化传播更多地表现出人类认识自我的需要、对新奇的需要、通过认识"他者"而扩大精神交往领域的需要，这些需要始终是跨文化传播的内在心理动因，并且构成了人的跨文化特性的重要组成部分。《圣经》里的巴别塔最终因耶和华对人类取代上帝统治天下的担心而没能修建成功，空留下"巴别塔"（Babel）的"混乱"之意。在当今世界，我们完全有智慧消解"混乱"之意，从多样性的统一之中重建"巴别塔"，即重建一座跨越不同国家、民族、种族、宗教、语言、文化等多种不同因素，促进人与人之间能够对话并相互理解的"巴别塔"。这种可能性深植于人类渴望交流、相互依赖的本性，它不取决于《圣经》中的上帝，而取决于我们智慧的表现。这些都构成了我在跨文化传播方面的基本学术信念。

---

① 〔美〕彼得斯：《交流的无奈：传播思想史》，何道宽译，华夏出版社，2003，第251~252页。

自序　寻找理解与沟通的可能性

经过长达十余年的研究，我在 2010 年完成《跨文化传播的问题与可能性》（武汉大学出版社）一书，算是对自己的跨文化传播研究做了一个小结。回想整个写作过程，自始至终深受"跨文化传播如何可能"这一问题的折磨，常常感觉在学海漂流的绝望。好在"人类理解与沟通的可能性"那个彼岸一直在提醒着自己，要把对于交流的焦虑与不确定性控制在合理范围之内。为此，我首先考察了跨文化传播的思想发展史，试图从社会文化语境、跨文化问题的结构性以及思想的相互关联性、冲突性等层面，弄清楚人类对跨文化传播问题的解决及其思想的限度。其次，我在广泛体验人类跨文化传播实践的基础上，提炼出跨文化传播的四大基本问题，即我能够交流吗？"我、我们与他们"的关系如何走向自由、平衡？文化的多样性统一如何可能？如何面对媒介作为桥与沟的双重文化角色？由此建立跨文化传播的基本理论命题，即文化与传播同构、人是传播关系的总和、他者是主体建构自我意义的必备要素、跨文化传播的基础与障碍，形成跨文化传播的基本思维路径：把"我与他"的主客体思维转换为"我与你"的主体间性（inter-subjectivity）思维；把主体间性转换成文化间性，形成文化的互惠结构，提高每一个个体超越自身和与其他文化互动的能力，从而建构完整的自我意识；把文化互动建立在"从他者出发"的基础上；从自由的文化多元主义层面建构跨文化传播的政治问题，即保护文化的多样性和文化选择权，反对把文化多样性作为文化隔离和封闭的借口；把跨文化传播当作一种实践理性，寻找文化间的伦理融合，既尊重文化伦理的差异性、历史性，又积极建构文化伦理的多样性互动关系；提供对他者文化的语境式理解以及文化间的可能联系，揭示文化间的可能的冲突，在文化的构连中建立动态的互动机制。其中，最有心得之处在于，面对多元文化主义的现实困境，分析了带有美国观念的"软权力"（soft-power）的思想局限与现实冲突，提出了跨文化传播的和谐理念，即跨文化传播需要以文化间性（自由的、和谐的多元文化主义）和平等权力为政治基础，从文化间性出发，可以对治差异所引发的偏见与社会分裂，消解多元文化主义的政治危机，而平等权力则可以使人把权力看作做事的、达到目标的特别是与人合作的能力，而且人在创造性的文化实践中有能力建构这种政治可能性。

近几年，我也深陷于"比较如何可能"的怀疑之中。因为从文化人类学的15种重要理论来看，确实是每一种理论都贯穿着比较，但每一种比较都是有限的，有些甚至产生了文化偏见。这对满怀热情从事中西新闻比较的我来说，堪比泼了一瓢冷水，并且形成了一个让人纠结的问题：比较如何能超越比较者的局限性，超越"我们与他们"的二元对立的想象，应对人类新闻传播活动的多元性与复杂性？思来想去的结果便是，正因为我们意识到人的有限性，以及这种有限性所形成的难以逾越的二元对立，才有了"比较如何可能"的疑问。换一个角度来看，也还是因为我们能意识到人的有限性，才能把比较作为日常生活实践，通过接触他者、了解他者、对话他者而认识自我、拓展自我视野。进一步地想一想，人的物质交往与精神交往一步步扩展，人在交往过程之中一点点地摆脱地域性的存在，打破旧有的权力竞争关系，拓展自己的交往空间，又实实在在地演示了比较的可能性。简言之，只要有人的物质交往与精神交往实践，就存在比较的可能性。然而，实践具有不确定性，如何站在实践的角度进行比较？我对这一疑问做了实践哲学层面的解释，即实践的不确定性表现的是实践标准的相对性、条件性，沉浸在具体的实践情境之中可以避免比较的绝对化、非语境化。实践哲学的一些基本理念会启发我们的比较思维：其一，随着实践的发展，一般会逐步分化和产生出各种具有相对独立性的实践形式以及相应产生的实践职能的社会分化，我们由此会思考，新闻业这种独立的实践形式是如何从中西方分化出来的？又经历了怎样的社会分化过程？其二，实践活动就是要把实践观念具体化、现实化，在这个意义上，新闻观念是如何在中西方新闻实践中被具体化、现实化的？其三，一定的实践方式综合地反映着人类实践活动的自觉性之高低、能动性之大小、社会性的发展程度，并决定着人类改造世界的深度。

马上要进入"知天命"之年了，万分惭愧的是，我对天命似乎一无所知，只是充满敬畏。我好像已经隶属于"求解理解与沟通的可能性"的工作，并且自得其乐。如今的我不再是一个孤独的漫步者，而是试图同一群志同道合的年轻学者融合在一起，追求我所表述的一种"我们"的生存状态：

我们是一群走在文化边上的旅行者，梦想着文化间交流与理解的可能性。

我们是一群叮在现代性身上的牛虻，试图以主体间性的思维解构主体性的迷茫。

我们是一群漫游在学科边缘的探寻者，坚信跨学科的研究会解放封闭的视域。

我们是一群超越我们与他们的二元对立的新自由人，努力学习站在他者的位置上思考。

我们是一群穿越媒介化社会的改革者，设想着把媒介变成无限延伸人类交流的桥梁。

我们是一群信仰对话与平等权力的实践者，在跨文化的旅途寻找人类和谐共处的家园。

这些书生气十足的想法看上去与现实格格不入，但对于时时需要克服焦虑与不确定性的我来说，是一种不可替代的自我安慰。我一直希望活在这种慰藉之中。

第一部分
理解新闻传播学

"历史向世界历史转变"与中国新闻业命运的整体观照

对中国新闻业命运的整体观照，很大程度上依赖于新闻史研究所具有的历史方法。可是，令人遗憾的是，从现存的新闻史研究那里，我们很难获得"整体观照"，我们所得到的或是以政治斗争史贯穿起来的新闻史，或是以中国历史分期为顺序编排起来的新闻发展史实之间的机械组合，或是各类新闻媒体、各个新闻机构、各个地方的新闻发展历程，诸如此类。在这里，我们既看不清中国新闻业在不同的生产方式演变中的纵向发展，也弄不明白中国新闻业由闭塞到开放、由分散到融入世界新闻整体发展的客观过程，我们掉进了一个混沌的"黑箱"，却长期习以为常，很少对此提出疑问。我在认真学习了马克思"历史向世界历史转变"的理论之后，深深意识到这一理论对于我们整体观照中国新闻业的命运的思想意义和史学方法论意义，试图阐发一二，就教于大家。

一 马克思"历史向世界历史转变"理论阐释

走进马克思主义史学思想世界，我们可以习得马克思的一些基本观点，诸如经济关系决定社会生活的一般过程；历史既是服从一定规律的自然过程，又是人类自己写作和上演的戏剧，历史学家不仅应当记载按年代顺序发生的一系列事件，而且应当从理论上对这些事件进行解释，"历史不过是追求着自己目的的人的活动而已"；社会发展的动力是社会内部矛盾运动，即由生产力和生产关系的矛盾、经济基础和上层建筑的矛盾构成的社会基本矛盾[①]，等等。我们应该在什么样的体系中去理解历史的过程呢？解释历史的理论应建立在什

---

① 《马克思恩格斯文集》第一卷，人民出版社，2009，第295页。

样的维度之上？从怎样的视野之内理解社会内部的矛盾运动？这些使我们模糊又被我们忽略或有意抛弃的问题，马克思早就用"历史向世界历史转变"理论作了回答，而这恰恰是应引起我们重视的东西。

马克思对"历史向世界历史转变"理论的论述，是从人的物质生产、需要与人的交往出发的。马克思认为，历史的第一个前提就是，"人们为了能够'创造历史'，必须能够生活；但是为了生活，首先就需要衣、食、住以及其他东西。因此第一个历史活动就是生产满足这些需要的资料，即生产物质生活本身"。① 马克思进而又说明物质生活的生产"表现为双重关系：一方面是自然关系，另一方面是社会关系；……人们之间是有物质联系的，这种联系是由需要和生产方式决定的，它的历史和人的历史一样长久；这种联系不断采取新的形式，因而就呈现出'历史'"。② 顺着历史在人的物质联系中演进的思路，马克思指出，历史转变为世界历史的真正原因是生产力和分工的高度发展，"只有随着生产力的这种普遍发展，人们之间的普遍交往才能建立起来；由于普遍的交往，一方面，可以发现在一切民族中同时都存在着'没有财产的'群众这一事实（普遍竞争），而其中每一民族同其他民族的变革都有依存关系；最后，狭隘地域性的个人为世界历史性的、真正普遍的个人所代替"。③ 而最终促使历史向世界历史转变的正是大工业，"它首次开创了世界历史，因为它使每个文明国家以及这些国家中的每一个人的需要的满足都依赖于整个世界，因为它消灭了以往自然形成的各国的孤立状态"。④ 思想落脚于普遍交往之后，马克思为我们揭示了"历史向世界历史转变"理论的内涵。

其一，所谓世界历史，并不是一开始就有的，它是经过"转变"，在历史发展的一定阶段才产生的。它并不意味着各个国家或地区历史的简单相加，或按年代顺序可以组合成世界历史，也不指历史以单个国家或地区的分散演进为特征向前发展，而是指建立在生产力和分工普遍发展基础上的各民族间的普遍交往，每一民族同其他民族的变革都有依存关系，都不可独立于世界历史轨迹

---

① 《马克思恩格斯全集》第1卷，人民出版社，1972，第32页。
② 《马克思恩格斯全集》第1卷，人民出版社，1972，第34页。
③ 《马克思恩格斯全集》第1卷，人民出版社，1972，第39~40页。
④ 《马克思恩格斯全集》第1卷，人民出版社，1972，第67页。

而发展。

其二，历史转变为世界历史是一个过程，当日益完善的生产方式、交往等使各民族的原始闭关自守状态消灭得愈来愈彻底，当各民族相互影响的活动范围愈来愈扩大，历史就在愈来愈大的程度上成为全世界的历史。

其三，"单独的个人随着他们的活动扩大为世界历史性的活动，愈来愈受到异己力量的支配……同时，每一个单独的个人的解放的程度是与历史完全转变为世界历史的程度一致的。……仅仅因为这个缘故，各个单独的个人才能摆脱各种不同的民族局限和地域局限，而同整个世界的生产（也包括精神的生产）发生实际联系，并且可能有力量来利用全球的这种全面生产（人们所创造的一切）"。①

其四，"历史向世界历史转变"不是接受世界主义，不等同于古希腊的斯多葛派主张的"以世界理性为主宰的世界一体说"（即认为既然人类是一个整体，就应该只有一个国家，即世界国家），也并不意味着各个国家民族性的完全丧失和世界的完全融合，相反，它尊重民族传统、民族文化，尊重各国的民族性和特殊性，并以此为基础。认为自世界市场出现之日起，个别国家与世界的关系已不再是个别与一般的关系，而是日益转化为有机整体与有机构成部分的关系，世界历史本身就是一个多样化的有机统一体。

其五，在世界历史进程中，一个民族与其他民族的关系以及一个民族本身的整个内部结构，除了取决于它的生产及生产力的发展程度外，还取决于一个民族与外部交往的发展程度。生产与交往的关系表现为，生产本身"是以个人之间的交往［Verkehr］为前提的"，"这种交往的形式又是由生产决定的"。② 而且在马克思看来，"战争本身还是一种经常的交往形式"③，它一方面带来了破坏性，但另一方面又作为一种交往形式，促进了各民族的交往，成为历史发展的一种动力，进而成为世界由分散走向整体的一大促进因素。

综上所述，"历史向世界历史转变"理论揭示了世界由分散走向整体的发展规律。已故著名史学家吴于廑先生深会其中的"通观"精神，提出了整体

---

① 《马克思恩格斯全集》第1卷，人民出版社，1972，第42页。
② 《马克思恩格斯全集》第1卷，人民出版社，1972，第25页。
③ 《马克思恩格斯全集》第1卷，人民出版社，1972，第27页。

世界史观,力倡用整体观点研究世界历史①。我认为,"整体史观"正是"历史向世界历史转变"理论对我们的思想昭示和方法论昭示,这种昭示不仅仅属于吴于廑先生个人,也不仅仅属于世界史学科的研究,而是属于每一个现代人,属于包括新闻业发展史在内的众多学科的研究。

二 从"历史向世界历史转变"理论看我国新闻史研究的缺失

如果从戈公振选择撰写的《中国报学史》(1927年)算起,那么我国的新闻史研究已有近90年的历史了,而如果从1917年出版的《上海报业小史》算起,则有近100年的历史。数十年来,新闻史研究在整理史料、描述新闻业发展历程、进行外国新闻事业史研究、加强个别报纸的个案研究、展开新闻人物研究和报刊业务史研究、发展广播电视新闻业史的研究等方面,取得了令人瞩目的成果。然而,纵观这数十年的研究,从"历史向世界历史转变"理论的角度进行观察,我们不难发现一种思想方法上的整体缺失,即缺少"整体史观"的观照。这种缺失渗透在新闻史研究的方方面面,具体分述如下。

第一,在体例上以政治运动的分期来排列史实,这样一来,既模糊了对新闻业内部结构及自身发展规律的整体观照,又限制了在全球范围内对中国新闻业历史命运的整体观照,从而使新闻史变成囿于民族范围内的阶级斗争史或政治思想史。

早在20世纪40年代,章丹枫的《近百年来中国报纸之发展及其趋势》一书便是以政治标准来划分报刊史的分期的②:

1. 鸦片战争到甲午战争(1840 – 1894年)为中国报纸的诞生期;2. 从甲午战争到辛亥革命(1895 – 1911年)为中国报纸的生长期;3. 从民国到军阀

---

① 吴于廑先生所撰《中国大百科全书·外国历史卷》卷前专文《世界历史》《世界历史上的农本与重商》《历史上农耕世界对工业世界的孕育》《欧亚大陆传统农耕世界不同国家在新兴工业世界冲击下的反应》,是对整体世界史观的系统阐述以及运用新史观对人类历史的宏观勾勒。

② 王凤超:《中国新闻业史的分期与起点》,载《新闻研究资料》第8辑。

混乱（1911－1925年）为中国报纸的苦斗期；4. 从北伐到抗战（1926－1937年）为中国报纸的充实期；5. 抗战时期的报纸。

如果说当时救亡图存的政治使命深刻地影响了新闻史学家的史学思维的话，那么在1949年以后则主要是另外一种影响。新闻史学家方汉奇先生在论及报刊史研究时，曾论述道[①]：

"……解放以后我们有一个比较传统的模式，那是受苏共报刊史的影响建立起来的。50年代初期，我们翻译出版了苏共报刊史和苏共高级党校新闻班的讲义，从那以后，我们的报刊史教材基本上就是按照那个模式编写的，每一章都是什么什么报为了什么什么而斗争，和党在当时的政治斗争、路线斗争紧密联系。"

现在，大多数研究者已意识到了这样做的危害性，诸如不易突出新闻业本身的特点，容易把新闻史等同于阶级斗争史或政治思想史，太牵强，等等。然而，认识若仅仅限于此，那我们的史学思维仍逃不脱固有的模式，至多只是做一点改进而已，仍会迷恋于弥漫新闻业发展历史的政治斗争硝烟，在选择、运用史料时仍会听命于政治评判，因为这种认识并未触及到问题的实质。

用"历史向世界历史转变"的观点来看，一方面，以政治运动的分期来排列新闻史实，其实质在于，它忽略了新闻发展的现实基础——人的物质生产与交往的需求，试图遵照在新闻史之外的某种尺度来编写新闻史，想象着政治斗争、阶级矛盾是新闻发展的动力，而且所描述的政治斗争、阶级矛盾囿于狭隘民族范围之内，因而对中国新闻史的描述也仅具马克思所说的"地方性意义"，使人看不到中国新闻业与全球新闻业的业已存在的有机构成部分与有机整体的关系。另一方面，单一的政治视角简化了存在于新闻发展中的社会和经济的复杂而长期的过程，从而缺少对新闻业内部结构及自身规律的整体观照。事实上，新闻业的发展是植根于人们之间的物质联系之中的，而且这种联系由需要和生产方式决定，它不断采取新的形式，从而使新

---

① 方汉奇：《关于新闻史研究的体会和建议》，载《新闻研究资料》1982年，第11辑。

闻业呈现丰富多样的历史过程，相对于这种物质联系，纯粹的政治描述只能是一种徒劳无益的做法，它磨掉新闻史研究的思想光辉，也消解了新闻史研究的历史批判力量。

第二，习惯于把中国新闻史当作纯粹地域性新闻史对待，极少放到世界新闻发展体系上考察，而是按时间顺序、史实的简单组合构筑着封闭的体系。

从戈公振、蒋国珍开始，就有一些新闻史学家以报告历史的宏观进展为标准划分中国新闻史的分期，着眼于研究中国新闻发展的阶段性特征。戈公振先生的《中国报学史》以官报独占、外报创始、民报勃兴和报纸营业四个分期营造了一个体系；蒋国珍的《中国新闻发达史》也采用大致相同的分期方法（官报时代、西人编报时代、中国报开创时代、中国报勃兴时代）构造了一个体系。不可否认，这是一种着眼于中国新闻业本身结构的研究，形成了新闻史学术传统，对中国新闻史的研究有开山之功，但是，这也带来了史学思维的封闭模式。长期以来，研究者习惯把中国新闻史当作纯粹地域性新闻史对待，在大同小异的封闭体系中机械组合新闻史实，其结果是为研究过去而研究过去，陷入更加烦琐的细节及考据之中，既看不到马克思所主张的从理论上对史实的解释（即看不到新闻史学研究的主体性），又感受不到新闻传播作为人类一种普遍的交往形式所处的广阔而深厚的发展背景。

从"历史向世界历史转变"的角度来看，这样的研究受考据学传统影响，全然忽略了在国家及其新闻传播的孤立状态被打破之后，中国新闻业的世界历史性而非狭隘地域性的存在。在这种情况下，即便是再详细的史料搜集与考证，再广泛的地方新闻史研究，也摆脱不了狭隘的体系和视角。比如，对外国传教士的办报活动以及鸦片战争之后的报业发展状态，研究者已搜集了相当丰富的资料，但不管资料怎样丰富地说明西方新闻传播对中国传统隔绝状态、传统新闻传播方式、交往方式的影响，研究者仍习惯以一种封闭的文化心态，描述西方人通过新闻传播对中国人实施的"文化侵略"，把西方人的报刊活动单列出来做静态考察，明显地与中国人的报刊活动对峙起来，用狭隘的民族情绪渗透新闻史的研究，这显然是一种不幸。对于鸦片战争，马克思曾从"历史向世界历史转变"的高度做过这样的论述："……所有这些同时影响着中国财政、道德、工业以及政治机构的破坏因素，于1840年粉碎中国皇帝权威，并迫使天朝与外洋发生接触的英国大炮之下，得到了充分的发展。完全的隔绝曾经是保存旧中国的必要条件，那种隔绝状态既已因英国的媒介而遭遭结束，而随之而来的必然是分崩离析，这同小心谨慎地保藏在密封的棺材内的木乃伊一样，一旦与外界接触，就必然要发生解体"；"看来历史似乎是必须首先麻醉这整个民族，然后才能把他们从世代相承的愚昧中唤醒过来"。① 马克思充满历史哲学思想的论述告诉我们，一方面要看到鸦片战争作为征服性战争给中华民族带来的灾难，另一方面，鸦片战争作为活泼生动的外在因素，逼迫腐朽的封建王朝面向世界开放，结束了古代中国的隔绝状态，而西方人的报刊活动及其对中国传统文化、传统新闻传播方式的影响，从"整体史观"的观点来看，则是打通了中西文化交流、政治交流、经济交流的一个通道，打破了中国传统新闻传播的孤立状态。没有这样的视点，我们就很难理解传统新闻传播观念向现代的转变，很难理解传统的邸报向近现代报纸的转型，这样，中国新闻史就成了难以自圆其说的历史，只能以政治的方式进行图解。

第三，与上述第二种缺失相对应，由于把中国新闻当作纯粹地域性新闻史来对待，这样，研究中就缺少比较史学的眼光，不能从整个人类新闻传播史中一直撞击着人类的那些永恒的问题中寻找历史的意义，也不能挖掘出中国新闻史中民族性、特殊性的因素。

在新闻史研究中，一些人常常局限于研究某个时期（介绍时代背景）某类报纸宣传了什么，宣传手法有哪些创造，有哪些发展，有哪些教训，等等。这样，其研究就停留在"中国新闻业怎样存在"的描述上，而缺少"为什么这样存在"的历史追问。以"整体史观"的角度观之，这仍是整体性缺失所致，这使得新闻史研究者既把中国新闻史排斥于世界新闻史的整体之外（在世界新闻史的编写中成为一种惯例），又不能把人类新闻传播史与政治、文化、经济、艺术、宗教等的发展作整体性的横向钩挂，新闻传播怎样影响人的生存、新闻传播与文化变迁、生产方式与人的新闻需求等一些普遍性问题在新闻史研究中得不到反映，很自然地也就不能从整体比较中找到中国新闻发展的民族性与特殊性，以及人类新闻发展的一般性原理。

---

① 《马克思恩格斯全集》第9卷，人民出版社，1972，第110～111页。

三　整体考察中国新闻业的历史发展与未来走向

建立全球的历史观——即超越民族和地区的界限,理解整个世界的历史观,已是当代史学最强劲的思潮,一位西方的史学家曾说:"我们的文明首先是以全世界的过去作为它自己的过去的文明,我们的历史首先是世界史"[①]。在西方史学界,这种观点已深入人心。而在国内,吴于廑先生提出的"整体史观"已得到广泛认同。可以说,"历史向世界历史转变"理论已经找到了它的现实土壤。从"整体史观"的角度考察中国新闻业的历史发展与未来走向已是一种现实的要求,是新闻史研究走向成熟的重要标志。

那么,如何整体考察中国新闻业的历史发展与未来走向呢?

首先,我们应该构建马克思所说的"世界历史"概念层次上的世界新闻史,把中国新闻史作为一个有机部分纳入世界新闻史进行整体考察,而不是把世界新闻史写成"欧美新闻史",同时也反对任何只是把各国新闻史机械相加的做法,那样,就构不成世界新闻史与各国新闻史那种有机整体与有机组成部分关系的整体考察。另外,我们还应该注意到,那种心怀某种中心论的整体考察将会使自身呈现一种虚幻。不论是把世界新闻史置于西方中心论中考察,还是置于东方中心论中考察,都不会得出"历史向世界历史转变"的真实过程。我们应该看到,生产和交往的需求,使世界新闻史呈现某种一致性。之所以在"历史向世界历史转变"之前表现出差异性、分散性,是因为不同类型的文化与文明的作用所致。从人类文化学的角度看,人类文化是顺着农业文化和商业文化两条大主线发展的,中国文化主要顺着农业文化的方向发展,这种文化是向内的、富足的、稳定的,强调家国同构,强调天人合一,强调"性"(自由)"命"(义务)合一,等等,这种文化塑造了相应的传播结构,把古代中国新闻传播置于道德伦理教化的大前提下,凸显向内的"调节"功能,而不求向外的"沟通"功能。同时,在中国,新闻传播始终处于非历史的历史过

---

① 〔英〕杰弗里·巴勒克拉夫:《当代史学主要趋势》,杨豫译,上海译文出版社,1987,第242~243页。

程之中，不能向相对独立而开放的新闻传播组织演进。而西方文化主要是顺着商业文化的方向发展的，这种文化是向外的、富而不足的、强而不安的、流变的，强调个性发展，强调以个人利益为中心，强调自由精神，这种文化孕育了西方新闻传播的组织化及其向外的"沟通"功能，孕育了新闻自由观念，并直接给予西方新闻传播发展的利益驱动力。总的看来，中西方新闻活动都融入了生产和交往的需求之中，但又随生产和交往的需求的变化呈现阶段性，随着文化的制约性呈现不同的个性，这正是我们所要整体把握的一个基本点。

其次，我们要把中国新闻业的近代转变作为"历史向世界历史转变"过程中的一种独特现象加以考察。

按马克思的观点来看，生产的进步导致分工的发展，分工的发展促使交换的扩大，交换的扩大推动市场的拓展，最终形成世界市场，使世界连为一个整体，开始真正意义上的世界历史。中国新闻业发展到近代，被迫加入"历史向世界历史转变"的行程之中，被中止了置身世界新闻史局外的发展过程，取得了生动活泼的进步。一方面，外在因素的刺激、诱引、强入、硬挤，活生生地激发了中国人对现代报刊功能的认识，直接摧毁了封建专制统治下的一些新闻传播观念，使传统新闻传播结构发生解体，将西方比较积极的报纸观念、可资借鉴的办报模式与方法带到了中国，促进了现代新闻传播组织的形成，增强了信息意识和舆论意识，这是一个"出人意料"的结果，而且恰恰又符合历史发展的辩证法。另一方面，中国新闻业继续沿着"中国化"的道路前进，用注重调节的中国新闻文化涵化着注意沟通的西方新闻文化，[1] 获得了一种新质的发展，表现出中国新闻业非地域性的存在。显然，如果我们用一种民族情绪、一种纯粹的政治评断去考察，是很难得出整体性意义上的结论的。

历史走过一百多年后，中国新闻业又站到了21世纪的门口，其未来走向将会如何呢？我们提的最响亮的口号是"建立具有中国特色的社会主义新闻业"，这确实预示着一种未来走向，它符合"历史向世界历史转变"的行程：其一，按马克思的观点，"无产阶级只有在世界历史意义上才能存

---

[1] 樊凡、单波：《中西新闻比较论》，武汉出版社，1994，第5页。

在，就像它的事业——共产主义一般只有作为'世界历史性的'存在才有可能实现一样"。① 因此，社会主义新闻业这个概念并不是要把新闻业作政治地域性的划分，其本身是"世界历史性"存在，有开放的品质，预示着中国新闻业的国际化；其二，"历史向世界历史转变"不仅不排斥各国的民族性和特殊性，反而要以此为基础，因此，在"历史向世界历史转变"的行程完成之前，世界新闻将多元共生，中国新闻业亦必须选择自己的发展模式——既具时代的先进性，又有民族特色的新闻体系。这样，在中国新闻业的未来走向中，"世界意识"与"民族意识"的结合，就成了必然的追求。一方面，中国新闻业将不断吸收外来新闻文化，与国际新闻界接轨，实现新闻传播的信息化革命（如加强新闻的信息功能，加入全球信息服务行列等）、工具化革命（即传播技术、装备上的革命）和组织化变革（如集团化、多元化、打破单一的政治结构等便是其中的变革趋向）；另一方面，中国新闻业将在传播观念、传播方式、新闻道德、审美方式等方面保持自身充满活力的因素，丰富中国新闻文化的内涵，保持中国新闻业发展的连续性。总之，"世界意识"与"民族意识"的结合，正是历史向世界历史转变过程向前推进的结果，随着这一过程的推进，中国新闻业将突破历史强加给它的局限性，使自身在世界范围内表现出更大的价值与更强劲的生命力。

此文最初是博士研究生阶段《马克思主义思潮》课程的一篇习作，原载《现代传播》1995年第4期。

---

① 《马克思恩格斯选集》第1卷，人民出版社，1972，第41页。

重建新闻客观性原理

在西方哲学史上,"客观(体)性(objectivity)问题"是与"主观(体)性(subjectivity)问题"紧密相连的经典性问题。这一问题"移居"到新闻学领域后,就转变成了长期困惑人们的"新闻的客观性问题":表面上,客观性原则在西方新闻界保持着"新闻专业理念"的地位,但把这个理念落实到新闻的写作与呈现时,却成了一种迷思——有人认为新闻报道"不客观",有人认为新闻报道"不可能客观",另外一些人则认为新闻报道"不必客观"[①]。1959年,在美国《新闻学季刊》春季号上,一位名叫麦克罗里(Ken Macrorie)的美国学者发表了一篇探讨客观性原理的文章,那标题着实令人吃惊:Objectivity Dead or Alive? 直译即"客观性原则是死是活?"——这是一个何等典型而又严峻的提问!新闻界尊为理念、信条和规范的东西都成了"问题",并且这一问题始终未得到真正的解决。

这似乎只能说明新闻学理论的贫乏。时至今日,关于新闻的客观性原则的研究成果已是相当丰厚,但在理论上,人们要么从政治、经济、社会、心理、哲学等层面否定新闻的客观性,要么从理想化、规范化、报道方法等层面加以讨论。在前一种探讨中,新闻的客观性不复存在,而在后一种论说中,新闻的客观性却成了一种理想的追求、一种职业道德和工作态度、一种具体的操作规范,丝毫不关涉学理上的意义。

毫无疑问,简单的否定无助于解释新闻的客观性原则的客观存在,无以说明交往中的人对客观性的期待,无法回答这样一种提问:如果宣布客观性原则死亡,那么还有更能体现新闻传播特性的原则来代替它吗?

与此同时,如果我们认为客观性原则还可以作为新闻传播的理念、信条和

---

① 彭家发:《新闻客观性原理》,台湾三民书局,1994,第3~9页。

规则存在下去，那显然要从学理上重构新闻的客观性原理，并使之足以消除人们对客观报道的迷思。

一 新闻客观性原则的人文基础

只要追溯客观性报道的源起，一般学者就会把目光投向19世纪30年代的美国新闻界，当时那里正处于由政党报纸向廉价报纸（或称便士报）的转变时期。美国的大多数报刊开始摆脱对政治团体的政治与经济依附，将新闻作为普通人的消费品推向市场，按经济规律独立经营报业。在这种情况下，美国报业逐渐发展出一套以提高地位和报酬为目的的新闻专业理念，其中包括了客观报道原则。其发展逻辑是，要赢利必须大量发行，而要大量发行，报纸言论又必须超越党派，在保持中立的状态下赢得广泛的读者的支持，由此客观报道应运而生。特别是1948年由《太阳报》等六家报纸出资组建的"海港新闻社"（后改称"美联社"），为使自己的新闻能被各种立场不同的报纸所采用，从而降低成本，不得不采取中立、平衡的客观写作方式报道新闻。

那么，我们能否据此断定新闻的客观性原则源于报纸的市场化运作呢？不错，新闻传播的客观报道方式与人的物质活动发生着历史性的关系。按照马克思主义的观点，一定的精神生产与一定的物质关系相适应。马克思在分析英国《泰晤士报》所运用的客观、公正、平衡的报道原则时，也承认它是各种经济、政治利益相互牵制和综合作用的结果，是考虑报纸发行量和自身利益的结果，认为有些以公正面目出现在报刊上的报道，实际上是各种利益矛盾冲突的结果，并非当事人真的出于公正。按照这样一种分析，似乎只有走向对新闻的客观性原则的否定。然而，马克思并未这样做，相反，他认为客观、公正是所有报刊应当共同遵守的原则，是自由地报道新闻的前提，是保障人的说话权利的一种姿态，是更好地适应人们接收信息时的心理状态的一种方式。尽管他认为报纸的经济利益与党派利益对客观报道施加了强大的影响，但他也承认存在一些忠于自己职责的有产阶级的作家和报刊撰稿人，他们真正地出于公心，来全面地表达或反映客观事实的各个方面，不论事实是令人愉快的还是令人不愉快的①。

为什么会出现这样的思考结果呢？一方面，马克思并未采用我们想象中的物质决定精神的简单思考方法，而是站在物质与精神的互动层面上思考作为精神生产的新闻生产的一种方式——客观报道。按照这一思考，客观报道方式与自由主义经济的物质生产方式紧密相连；另一方面，人们又在物质生产之外构造着包括新闻传播在内的各种精神交往的独立形式，客观报道作为新闻传播这种独立的精神交往的一种特殊传播形式，是社会的精神需要和人自身的精神需要的一个方面的体现。这样，在历史向度上，我们可以说客观报道是物质生产方式发展到一定历史阶段的产物，是体现自由主义经济的物质生产方式特点的一种精神生产方式，也就是说，自由主义经济背景下的新闻业必然要实现市场化运作，必然要满足大部分人的信息需求，适应大部分人接收信息时的心理状态，因此必然要有客观报道的形式。然而，只要我们回到人的精神交往活动本身，就会发现客观报道超越历史的意义：交往中的人们为了维持主体间的相互关系网，必然要形成一个使交往各方联成一个共同体的道德准则纽带，而客观、公正、平等、自由等，即是这一道德准则纽带中的重要一环。没有这样的道德准则纽带，人的交往共同体一刻也不能成立。这一道德准则纽带具有使个体社会化的功能，使原来在道德意识结构方面各异的"个体"，随着人的相互关系网的形成和发展，各自在其个人道德意识发展的阶段性和连续性的基础上，形成超主体的社会性道德意识网。从这一点上而言，可以说新闻的客观性原则植根于人的精神交往需要和人的社会性道德意识，或者说，它是体现人的社会本性的一种表达方式。因此，我们很好理解，早在公元前5世纪，"客观报道"便出现在古希腊的体育竞技馆内所进行的口语新闻传播中②。只不过当时的客观、公正是自由人与自由人之间的客观、公正，而自由人与奴隶之间是没有客观公正可言的。到近代，随着工业革命带来的生产力和分工的高度发展，人们之间的普遍交往得以建立起来，"狭隘地域性的个人为世界历史性的、真正普遍的个人所代替"③。在这种情况下，人的精神交往需要和人的社

---

① 陈力丹：《精神交往论——马克思恩格斯的传播观》，开明出版社，1993，第337页。
② 彭家发：《新闻客观性原理》，台湾三民书局，1994，第21页。
③ 《马克思恩格斯全集》第1卷，人民出版社，1972，第40页。

会性道德意识被凸显出来,"客观性"也随之作为新闻伦理(ethics of journalism)而被新闻界所遵循,成为维系传者与受众关系的纽带。

所以,我们看到一个十分有趣的现象,尽管新闻的客观性原则受到来自政治、社会、个人心理及表达技巧等层面的批评,但它并未被摧毁,主要原因在于这些批评都只是对表面现象的批评,而不能触及人的精神交往需要和人的社会性道德意识,即不能触及客观报道的内在根基。关于"新闻不客观"的种种批评很合乎现实的情况,但此批评本身正好从否定中肯定了"客观性"作为人的精神交往需要和人的社会性道德意识的存在。关于"新闻不可能客观"的批评表现了一部分人对客观性是否可能实现的怀疑,然而,这一部分人仍旧不能怀疑"客观性"作为人的精神交往需要和人的社会性道德意识的存在,即不能怀疑人对"客观性"的追求和期待。而"新闻不必客观"的论调旨在说明"客观性立论基础,不在于人可以客观,而是因为知晓到人不能够客观"①,似乎要从人本身的弱点来彻底否定客观性。但论者也不得不看到,为了补救这一所谓的"弱点",人提出了客观性原则来限制记者的主观。这样一来,仍然不能否定人对"客观性"的追求和期待。可见,所有的批评不仅不能摧毁"客观性",反而从反面证明了"客观性"根植于人的精神交往需要和人的社会性道德意识网中。事实上,要从根本上否定新闻的客观性原则,就得否定人的精神交往需要和人的社会性道德意识网,而否定了这些,主体间的交往共同体、传者与受众的联系就不存在了,也就无所谓主体间的交往与传播了。

不过,仅仅说新闻的客观性植根于人的精神交往需要和人的社会性道德意识是不够的,毕竟"需要"和"道德"不能代替人对事实的认知,不能代替对事实的正确、真实与完整的报道,相反,必须落实于人对事实的认知过程之中,落实于人对事实的正确、真实与完整的报道过程中。因此,新闻的客观性原则还植根于人的理性精神或求真意识。

从一般的常识来看,被人称为合理的东西,即合乎理性。就新闻报道而言,公正的立场、客观的态度等,被认为是合理的,也就是合乎理性的。所

---

① 彭家发:《新闻客观性原理》,台湾三民书局,1994,第8页。

以，以常识来判断，客观报道是合乎理性的。然而，尽管常识往往是有道理的，但我们不能满足于这种常识化的判断，否则就只能对理性作简单化的理解。然而，在西方对客观报道要素的归纳中，偏偏发生了这种对理性的简单化理解，如把客观报道归纳为：平衡与公正地呈现一个议题中各方面看法；呈现所有主要的相关要点；将事实与意见分开；把记者本身的态度、意见或涉入的影响减至最低；避免偏颇、怨恨以及迂回的言论[1]。这些都只是在常识层面上合乎理性，因而很容易招来诘问：客观报道难道仅仅是一种合理的姿态、技巧？事实与真相置于何处？

从西方思想史来看，"人是理性的动物"是一个经典性的命题。在这个命题中，所谓理性是人与生俱来的一种能力，换句话说，理性是一种使我们了解真理的本领，这种能力或本领就是理性[2]。西方学者在对新闻的客观性的论述中表现出了对理性的两种态度：一是对人的理性能力的不信任，由此不信任并否定记者理性地把握事实真相的能力（如认为客观报道中理性受到情感、欲望、个人偏见等的限制）；二是把理性孤绝化，使理性完全脱离人的情感，从科学主义立场强调人的理性只是被动地接受经验事物或自然事物（如认为新闻写作的目标是将新闻转化为十分精确、不带人情味的描写）。实质上，这两种态度都不是理性态度。只要我们进行理性的考察与分析就会发现，理性虽不像笛卡尔式建构主义所认为的那样无所不能，它是有限的，但人对扩展发现真理的能力的追求是无限的。就记者来说，他们总在认知事实、把握真相的过程中突破原有认识的有限范围。与此同时，理性本身也不是孤绝的，因为理性主体不是抽象的思维主体，而是有生命的、有情感的活的东西，也就是说，理性本身不能完全脱离人的情感。显然，把客观报道规定为科学的、精确的、非人情的、不带个人意见的描写，恰好是违反理性的。

其实，真正的理性精神正在于承认人的理性能力的有限性并不断地超越这种有限性，发展人的寻求真理的能力，开发人的理性的机能，同时又不使理性孤绝化，脱离人的人性。而客观性原则正植根于此种理性精神。

---

[1] 彭家发：《新闻客观性原理》，台湾三民书局，1994，第40页。
[2] 林毓生：《中国传统的创造性转化》，三联书店，1988，第47页。

那么，客观性原则既植根于人的道德意识，又植根于人的理性精神，这是否是矛盾的呢？回答是否定的。因为从广义上讲，理性精神所体现的人对真理的追求，也是一种道德行为，所表现的求真意识，也是一种道德意识。其内在缘由在于，求真意识与道德意识有着共同的性质，即超越现实自我的限制。具体说，前者在于超越原有认识的有限范围，后者在于超越自我性格、习惯、欲望等的限制。求真之为道德，不在其得真一面，而在于破除真相被遮蔽的一面，在于不断超越原有认识的限制的一面。因此，从根本上说，理性精神与道德意识并不矛盾，而是互补的。这种互补性使得两者共同构成了客观性原则的基础。

瑞典籍学者魏斯特斯托（J. Westerstahl）对客观性所作的事实性（factuality）与公正性（impartiality）的阐释①，基本上可视为对上述论点的注释。事实性可表明客观性植根于人的理性精神或求真意识，公正性则说明客观性植根于人的精神交往需要和人的社会性道德意识。就前一点而论，客观性不仅在于获得事实，还在于通过事实的描述达到"去蔽"，从而使人超越对事物的肤浅认识，借用李普曼（Walter Lippmann）的话来说，就是要让新闻报道像一支不断移动的手电筒，"使我们能够看到一片黑暗中的部分情景"②。就后一点而言，客观性不是指某种不偏不倚的姿态或写作方式，而是指对主体间平等交往需要的满足，对记者自身的个性、习惯、欲望等的超越。这样，新闻的客观性原则就成了贯穿新闻报道活动中心"内在超越"的依据，就如同迈克尔·舒登声（M. Schudson）所论，客观性可"视为信仰体系中确定无疑的那种知识"，它"指明人们在道德上作出决定时应当采取何种思考方式"③。在这种情况下，新闻的客观性不再是可望而不可即的问题，而是可以通过记者当下的超越而达到的。

二 在主客合一中审视新闻的客观性

新闻的客观性问题源于西方哲学上的客观性，而西方哲学上的客观性又源

---

① J. Westertahl, Objective News Reporting, *Communication Research*, Vol. 10, pp. 403 – 424.
② Walter Lippmann, *Public Opinion*, The Macmillian Co., 1961, p. 137.
③ 〔美〕赫伯特·阿特休尔：《媒介的权力》，黄煜、裘伯康译，华夏出版社，1989，第 148 页。

于西方人的主客二分的传统思维模式。因此，要弄清新闻的客观性问题的实质与内涵，就必须做一番哲学上的考察。

一般说来，古希腊哲学家在从事作为认识活动的一种形式的哲学研究时，就已具有了朴素的主客体分离的意识，并朴素地认为人所认识的客体就是客体的本来面貌。后来，柏拉图提出，人的感官所认识的事物是相对的、变化的、因而是不真实的存在，相反，只有通过理性所认识的概念才是绝对的、永恒的、才是真实的存在。这一观点表明，柏拉图已看到主客体的对立，不相信感性认识所提供的客体的真实性，因而，他要从理性主体出发去追求真实的存在。

近代西方哲学在主客对立的思维模式中，把视野从客体转向了主体，笛卡尔的"我思故我在"的命题确立了认识主体的存在，肯定了在认识过程中主体的积极能动作用。根据他的观点，人所认识到的客体，包括被认识的世界的本体，都离不开主体，它们的存在都是相对于认识主体而言的，强调通过主体去建立主客体间的统一性。

到19世纪，"客观性"与"主观性"一道成为日常生活、哲学与科学中最常用的术语，但人们对客观性的含义并不十分明晰，同时人们在思考问题时又离不开它。黑格尔曾列举过"客观性"的三个重要意义，因其学究味太浓，而未被人们广泛理解。在他看来，这三个重要意义，第一为外在事物的意义，以示有别于只是主观的、意谓的或梦想的东西；第二为康德所确认的意义，指普遍性与必然性，以示有别于属于我们感觉的偶然、特殊和主观的东西；第三即指他自己提出的思想所把握的事物自身，以示有别于只是我们的思想，与事物的实质或事物自身有区别的主观思想。

由此可见，康德和黑格尔明显承续着主客二分的思维传统。本来，近代哲学发展的前提是将主客体分离的，然后建立起两者之间的统一性，但康德设立了一个不可认识的客观的"物自体"，这就扩大了主客体之间的矛盾。而黑格尔把主客的统一建立在绝对精神内，实际上使主客体之间依然对峙。但黑格尔对客观性的描述从某种意义上给人以启示：无论是外在事物的意义（康德所指涉的普遍性与必然性），还是他自己提出的"思想所把握的事物自身"，都是与人的主体状态相关的，不可能存在于人们生活之外的世界里。也就是说，所谓的客观性，只能是为人而存在、为人而所有的客观性。如科学研究就不只是单纯地反映对象的客观内容，其中也有对象化了的人的本质内容。所以，当科学把事物的本性转化为理性特有的普遍性的形式时，这就意味着使它超越了事物的客观存在，凸显出事物对人而有的意义，并在事物和事物、事物和人之间建立起一种可由人支配和运用的联系。

具有划时代意义的是，马克思在实践的层面上建立了"主体"和"客体"既对立又统一的关系，认为"主体"在本质上并非个体内在的抽象属性，而是社会关系的总和。"客体"也不是非历史的自然物，而是被人的社会性活动改造了的世界的一个部分。他在《关于费尔巴哈的提纲》中说："从前的一切唯物主义（包括费尔巴哈的唯物主义）的主要缺点是：对对象、现实、感性，只是从客体的或者直观的形式去理解，而不是把它们当做感性的人的活动，当做实践去理解，不是从主体方面去理解。因此，和唯物主义相反，唯心主义却把能动的方面抽象地发展了，当然，唯心主义是不知道现实的、感性活动本身的。费尔巴哈想要研究跟思想客体确实不同的感性客体，但是他没有把人的活动本身理解为对象性的［gegenst ndliche］活动。"① 归结为一点，就是必须从"主观（主体）"和"客观（客体）"的辩证关系上考察"客观性"，而这种考察又必须纳入人的实践活动中。

当现代西方哲学把目光投向人的时候，主客二分的思维模式被主客合一的思维模式取代了，即认识的主客体之间从根本上说不是对立的，而是统一的，主体离不开客体，客体离不开主体，彼此互相依赖。主客体的统一是更加根本的状态，其对立是在统一的基础上产生的。

很明显，新闻的客观性是主客二分思维模式的产物，在19世纪，它是在"主观性"（subjectivity）受到怀疑的情况下而日渐抬头的，并由此成为新闻报道乃至新闻教育的理念。当时，客观一词被赋予了许多扩展了的含义："不偏不倚""不涉自我""极端意见矛盾的平衡""事实真相""正确""广博""完备""科学化""物质性的不是心理性的""以物质的标准作衡量""真理"，等等②；同时，强调分辨事实与价值，所谓"事实"，乃是主张世界

---

① 《马克思恩格斯文集》第1卷，2009，第499页。
② 〔美〕肯·麦克罗里：《客观存废论》，曾虚白译，载《报学》第2卷第5期。

应该追求独立、正确，以避免被个人的好恶所歪曲；所谓"价值"，则是指个人在有意识或无意识中，对这个世界所采取的喜恶态度，但价值的本源乃是主观的。因此，当时的新闻工作者所企求的只是相信事实、怀疑价值判断①。然而，也正是源于主客二分的思维模式，从而很快导致它在理论上受到质疑。据肯·麦克罗里的考察，在 20 世纪对客观性的质疑便发展开来，"在某种意义上差不多把这世界化成乌有，或者化成它反面的主观境界里去了"。②

不难发现，新闻的客观性被赋予了两种意义：一是主观符合客观，报道内容与报道对象的相关性、一致性；二是平衡、全面的认识形式。在对现实的新闻实践活动的评价中，人们已经习惯于把这两点当作天经地义的评价标准。就前一种意义而论，表面上看，它建立了主客之间的统一性，但这种统一性仅仅是单面的符合关系，实际上，它所体现的是受到马克思批判的直观认识论的原则，具体说来，就是不把新闻当作人的感性活动去理解，当作实践去理解，不是从主体方面去理解。"实践是检验真理的唯一标准"在这里变成了现实生活中客观真实，其悖谬已相当明显。就后一种意义而论，所谓"平衡、全面"只不过是一种直观的形式，并试图把这种形式当作超人类的神视（God's eyes），以透视客观存在的事实，到头来新闻的客观性反而成了一种主观的预设。由此看来，在我们认为最为合理的这一新闻学理论观点中，恰好存在最不合理的理论思维。

这里的问题出在主客二分的思维模式，这种思维模式首先设定客观性与主观性是决然对立、绝对排斥的，并且真是客观性，假是主观性，所谓新闻真实论就变成只是教记者如何"一切从客观出发，不能从主观出发"的理论。然而，在现实的新闻实践中，这种理论就显得很苍白了。其次我们所看到的是，在新闻实践活动中，客观性与主观性总是纠葛在一起难解难分，真与假也不是简单的对立与排斥，而往往是真中有假、假中有真，因为记者的主观感觉能感实，亦能感虚，记者的求真活动正是在虚实相生、真假相连的统觉中进行的。与此同时，假象与真相一样，常常也是作为一种事实而存在的，并且与真相混杂在一起，因此，符合客观并不意味着得到了真实。本来，现实生活以及现实

---

① Schudson, M., *Discovering Social the News: A History of American Newspaper*, New York: Basic Books, 1981.
② 〔美〕肯·麦克罗里：《客观存废论》，曾虚白译，载《报学》第 2 卷第 5 期。

的新闻实践是复杂的、变化的，我们却要用简单的符合论去解释它，用静止的观点去把握它，这如何能使新闻理论称其为理论呢？我们天真地设想新闻传播的最高表现是新闻事实在自然空间内的传送，而实际上，新闻传播的真义正如美国传播学家詹姆斯·凯利（J. W. Carey）所言，它是通过符号的处理和创造，参与传播的人们构筑和维持有序的、有意义的、成为人的活动的制约和空间的文化世界①。

显然，排斥主观性来谈客观性是不够的，也是不符合马克思主义的实践原则的。新闻报道要符合客观存在的事实，这仅仅是强调了主观本来就有的肯定性关系，但这种肯定性关系并不能说明新闻真实就是客观性，或者存在于客观事实之中。只要我们理解了主客合一的真实结构，只要我们真正理解了马克思主义的实践原则，就不难发现，新闻真实既不可能存在于人们生活之外的世界里，也不可能仅与客体相关而与人的主体状态无关，它只能属于人自身创造本性的实现，不可能仅仅是回到事物已有的预先规定。也许有人会发出疑问：如此说来，是不是要给"浮夸新闻"、合理想象之类的东西以某种合理的定位？对此，我们需要说明的是，创造活动所表现的是主客合一的关系，而不是排斥了客体的主观想象，因此，纯主观的、脱离客观事实的新闻报道绝不属于人自身创造本性的实现。在新闻传播领域，所谓人自身创造本性的实现，就是以人的方式，所建立的人与客观事实更高的统一性——这也是理性的基本功能。这似乎有点抽象的观点，其实在一般的新闻报道活动中都能得到很好的理解，比如有这样的报道：

> 美联社1969年7月20日电人今天登上了月球，日期是1969年7月20日，星期天。

这是一个标准的陈述句，尽管我们必须承认先有感性呈现后有主体的判断，但这种陈述已不是对"人登上月球"的感性呈现，而是经过新闻传播主

---

① J. W. Carey, *Communication as Culture: Essays on Media and Society*, Boston, MA: Urwin Hyman, 1992, pp. 18 – 19.

体历史意识的判断之后,对判断本身的陈述。也就是说,新闻传播主体并不仅仅是摹写了"人登上月球"的感性呈现,而是在对人类文明史和科学技术发展史的自觉中,超越了这种感性呈现,突出地呈现了登月时间,在新闻传播主体和登月事件之间,建立了以新闻传播主体为主导的统一关系。正是这样一种统一关系,使得新闻的客观性不再仅仅是主体对客观事实的符合,而是指向互为主体间性(inter-subjectivity)。在传统新闻理论那里,客观事实被假定为普遍的,新闻传播主体则被假定为统一的、无差别的人。实际上,事实是人们对呈现在感观面前的事物、现象所作出的一种断定,而感性呈现总是处于特定时空中的,因此,事实不可能是普遍的,而总是特殊的。即使是不同主体对同一事物的感性呈现作出了同样的判断,那也只是说明,不同的主体知觉到了同样的事实,而并不说明事实可以是普遍的[①]。与此同时,主体间也并不是统一的、无差异的,而是千差万别的,所以,对同一事实,不同的主体往往会"看"到不同的东西。

20世纪80年代末武汉民办东湖大学成立时,一批记者前去采访,《湖北日报》《长江日报》的记者"看"到了"领导重视与支持",他们以领导人的姓名、讲话、贺信、贺电及会议的程序组成了新闻报道;而《光明日报》的记者"看"到的则是"民办、民助、民爱",于是,为学生腾房的古稀老人,自愿相帮的各行专家,负笈远来、热汗涔涔的女学生,喜形于色、连声称赞的家长,构成了对东湖大学成立的报道。显然,主体所"看"到的,已经不仅仅意味着新闻传播主体对客观事实的符合,而是意味着以新闻传播主体为主导而建立的主客统一关系。由此,新闻的客观性还指向新闻传播主体的理性的互动。这种理性的互动即是一种摆脱主体对客观事实单面的符合、超越个体理性能力的限制与片面而达于"综合的理性"的实践活动。在这种层面上,所谓新闻的客观性就包含动态地呈现客观事实的理性过程、准确地呈现客观事实的理性态度以及多向多面地呈现客观事实的理性思维方法。于是,新闻的客观性不再是可望而不可即的事情,而是新闻传播主体的理性活动内容,不再是被动地依照事实去检验事实的分析理性,而是贯穿着主体间的理性互动和实践内容

[①] 彭漪涟:《事实论》,上海社会科学院出版社,1996,第5页。

的综合理性,即除了准确、公正、多面地报道之外,还深入事实,通过理性的解说道出真相,客观性与解释性处在有机的、动态的统一之中。

三 新闻客观性原则的价值

新闻的客观性遭遇着否定与肯定的双重命运。我们可以看到,否定性的意见大多来自某种理论性的分析,诸如作为人的记者总是带着先在的偏见报道事实,不能排除价值判断的干扰,因此新闻不可能客观;客观性往往是肤浅、轻率报道的肇因,其立论基础不在于人可以客观,而是因为知晓到人不能够客观,为了补救人的这一天生弱点,人才提出客观报道原则来限制记者的主观,因此新闻不必客观。而奇怪的是,在新闻实践中,客观性原则被肯定下来,在西方新闻界,自19世纪30年代以来,它一直通过新闻编辑室而得以严格的执行,从那时的《纽约先锋报》创办人班奈特(James Gordon Bennet)的"不带任何冗词和华丽辞藻地记录下事实真相"的承诺,到1923年美国报纸编辑人协会把客观性原则作为新闻业的道德规范写进"新闻界信条",再到英国广播公司(BBC)把"提供全面、准确、公正的新闻与信息服务"[①]作为1997—1998年度《对视听者的承诺》的重要内容,都说明了西方新闻实践所贯通的客观报道主线。诚如一位加拿大学者总结的,西方新闻界通过一套报道的方法,使客观性成为"一种有着独特技术准则及实践规范的'文化形式'"[②]。

表面上,这似乎是理论与实践的某种错位,但只要我们稍作分析便不难发现,在客观性原则的价值判断上,西方的新闻理论与实践是完全一致的。尽管受到了主客二分思维模式的影响,使得一些西方新闻学家对新闻客观性持否定性的理论说明,但有一点是可以确认的,即在价值取向上新闻的客观性得到了肯定,或者说,新闻的客观性只是在主客二分的思维模式那里被当作了可望而不可即的问题,而在人的"应该"意识中被不由自主地肯定了。"新闻不可能

[①] 宋小卫译《我们的责任——BBC对听众和观众的公开承诺》,《国际新闻界》,1998年5、6月合刊。
[②] 〔美〕R.哈克特:《客观性目演变:从实证主义到消极性新闻》,周雨译,《国际新闻界》,1998年5、6月合刊。

客观"的观点实质上说的是"人不可能客观",如前所述,这样的判断不能否定人对客观性的追求和期待,只是让我们感觉到它是作为否定性的环节蕴于对"人应该客观"的肯定之中;"新闻不必客观"的观点则试图在所谓人有不够客观性的否定或把客观性绝对化,但理论家无法在理论上否定新闻客观性与主体需要的价值关系。事实上,这种价值关系是客观存在的,只是当理论家孤立地看待新闻客观性以至于不愿正视客观报道作为精神交往、精神实践活动客观内容的时候,它被忽略了,而这就根本无法去说明"客观新闻文化"的现实发展。重建新闻客观性原理的一个重要内容就是揭示这种价值关系,指明"客观新闻文化"的发展道路。

在以往的探讨中,编辑、记者及学者对客观报道的价值作过多种多样的论述,诸如所闻有助于社会结构的稳定,可以提供阅听人充分的消息,可以避免党派性,吸引更多的读者而为新闻机构带来商业上的利益,可以保护媒体使之免于受到政客或其他社会势力的压力和报复,可以使记者保持中立、转移言论责任,等等①。然而,这些只是客观报道满足主体需要时所产生的一种效应或效果,它们是外在的、表面的、多变的。我们在理论上所要把握的主要不是客观报道已有的效应或效果,而是产生这种效应或效果的新闻客观性与主体需要的价值关系,也就是说,我们要从内在的精神交往的层次上去追问:人何以需要客观报道?

一般来说,报纸、广播、电视等现代新闻媒介的运用,其直接动因是一种社会需要,即人的物质交往与精神交往的需要。这种需要一旦社会化,就形成了对现代新闻媒介的实际需要;反过来,现代新闻媒介的运用又大大促进了精神交往的社会化,推动着需要的扩大。因此,现代新闻媒介的生存与发展是以满足人的需要为前提,它满足了人的需要,就是实现了它的价值,没有满足人的需要或压制、损害了人的需要,则没有价值或表现为负价值。然而,现实中的人总是有各自的需要,并受着各种政治、经济利益的制约,现代新闻媒介如何能满足"复数人"的需要而实现其价值呢?显然只有面对人的普遍需要——公平的态度、公平的报道、公平的呈现,这样才能真正促进精神交往的

---

① 彭家发:《新闻客观性原理》,台湾三民书局,1994,第61~65页。

社会化，推动着需要的扩大。如果在新闻报道中灌注人的偏见，报道一部分事实而隐藏另一部分事实，呈现一部分人的观点而抑制另一部分人的观点，那就不仅大大缩小了人的精神交往的空间，而且会使人失去民主、自由、平等的理想，失去理性精神，失去精神交往得以存在的社会性道德意识网，那样，新闻报道就表现为负价值。从某种意义上而言，新闻客观性的价值正在通过扫除偏见而扩大人的精神交往的空间，通过公开的报道、公正的呈现而使人拥有民主、自由、平等的理想和探求真相的理性精神，维持主体间的社会性道德意识网。

当然，在实践中，客观报道有时也表现为负价值。当记者为各种政治、经济利益牵扯而以客观报道作为逃避责任、寻求平衡的手段时，当记者只是表面地、被动地呈现事实的多面而不去揭示事实的真相时，客观报道就依然没有真正满足大众的精神交往需要，没有面对人的理性精神，相反地，是一种伪善欺骗了大众，玷污了人的精神交往需要。这一客观报道的负价值同样是值得我们关注的，不过，我们并不是要由此走向对新闻客观性的否定，而是充分认识新闻客观性与人的价值关系的复杂性，探讨实现新闻客观性正价值的有效途径。

其实，新闻客观性的重建不仅是对人的新闻传播活动进行重新审视的过程，同时也是一个人对人的精神交往需要，进行重新审视的过程。我们的思维应该始终指向这样的问题：客观报道如何提升人的精神交往需要？客观报道的正价值正是在以这种思维作导向的新闻实践中实现。

此文是运用主体间性哲学分析新闻基本理论问题的一种尝试，原载《现代传播》1999年第1期，同时刊载于台湾《新闻学研究》1998年第61期。2003年获第三届中国高校人文社会科学研究优秀成果三等奖。

论 20 世纪中国新闻业和新闻观念的发展

"人生不满百，常怀千岁忧"，理性的人总是充满忧患的，同时，忧患又是人的道德情怀的自然流露。当时间老人以惯常的节奏揭开 2000 年新的一页的时候，人作为反思的动物，很自然地以百年、千年为跨度来衡量这个世界上曾经存在的一切，而其理性和道德情怀又指向错综复杂的现实与扑朔迷离的未来。对中国人来说，世纪、千年概念的获得，更是中国的历史与文化融入世界潮流的产物。

从鸦片战争开始，中国就被卷入马克思所说的"历史向世界历史转变"的潮流之中，中国人在政治、经济、文化乃至宗教信仰等方面与世界发生了广泛的联系，那种以自我为中心的"天朝心态"正是在这种广泛的联系之中被逐步溶解的，同时，中国社会原来的发展进程也被截断了，被迫成为资本主义统一市场的一部分。在这种情况下，中国从东亚的中心变成世界体系的边缘，发展趋势由本位自然走向变为对外参照走向，文化心理态势在一度封闭排外之后由内聚转为外向，从而在屈辱与自强、困顿与自救、保守与激进、封闭与开放相交错的过程中走进了与西方进行全面接触的交往时代。中国的新闻业正是这一交往时代的产物，从某种意义上而言，一部中国新闻史正是中国进入交往时代的历史进程的一部分。

这样一来，中国新闻史的丰富性与复杂性就呈现在我们面前。我们该如何审视百年中国新闻业与新闻观念的演进？一种传统的做法是，在体例上以政治运动的分期来排列史实，自 20 世纪 40 年代章丹枫的《近百年来中国报纸之发展及其趋势》采用此法以来，学界似乎习惯了这种做法。但仔细想来，这种做法既模糊了对新闻业内部结构及自身发展规律的整体观照，又限制了在全球范围内对中国新闻业历史命运的整体观照，从而使新闻史变成囿于民族范围内的阶级斗争史或政治斗争史，使新闻观念的演进变成政治观念演进的一部分。用马克思"历史向世界历史转变"的观点来看，一方面，以政治运动的分期来排列史实，其实质在于，它忽略了新闻发展的现实基础——人的物质生产与交往的需要，试图遵照在新闻史之外的某种尺度来编写新闻史，幻想着政治斗争、阶级矛盾是新闻发展的动力，而且所描述的政治斗争、阶级矛盾囿于狭隘民族范围之内，因而，对中国新闻史的描述也仅具马克思所说的那种"地方性意义"，使人看不到中国新闻业与全球新闻业之间那种业已存在的联系①。另一方面，单一的政治视角简化了存在于新闻发展史中的社会和经济的复杂而长期的过程，从而缺少对新闻业内部结构及自身发展规律的整体观照。另一种传统的做法是，把中国新闻史当作纯粹的事业史对待，就新闻论新闻，极少放到广阔的社会、政治、经济、文化等背景中考察，而是按时间顺序、史实的简单组合构筑着封闭的体系。显然，这种做法又忽略了一个重要事实，即新闻是人类历史性的存在而非狭隘的事业性的存在。在这种情况下，即便是再详细的史料收集与考证，再广泛的地方性、专业性史料的研究，也摆脱不了狭隘的体系和视角。看来，这两种做法都不适合我们用来审视百年中国的新闻业发展与新闻观念的演进，但同时又从反面给我们提供了一种思路：深入新闻发展的现实基础——人的物质生产与交往的需要中，从那里去寻找新闻业发展的内在动力，去发现新闻观念与社会生活、社会文化的广泛联系；深入新闻业内部结构及自身发展规律中，从那里去认清新闻观念演进的历程与方位。

通俗一点说，我们所要呈现的是，那些以新闻为业的人在过去的一百年里曾经做过什么，又曾经如何思考新闻的制作？他们为什么这样思考？其意义和价值何在？而这样呈现的目的无非是想弄清楚：中国的新闻业该怎样存在？以新闻为业的人该怎样思考新闻的制作？显然，新闻业的发展离不开新闻观念的导引，而新闻观念的演进又是以新闻业的发展以及人们的新闻实践为背景的。因此，要得到真实的历史图景，就必须把两者有机地结合起来。

在这种思路下，我们可以看到这样一种历史进程：

---

① 单波：《"历史向世界历史的转变"与中国新闻业命运的整体观照》，《现代传播》1995年第4期。

其一，从 20 世纪初到辛亥革命，新闻从业者把发源于 19 世纪中叶的新闻观念启蒙推向高潮，使新闻业走向现代化。19 世纪上半叶，西方传教士创办的报刊在中国沿海城市出现后，一方面，西方新闻观念像一阵风似地吹过来，另一方面，国人很自然地用中国的眼光来看待这些外来的事物。林则徐以"睁眼看世界"的豪情和"采访夷情"的心态搜集外国人在广州、澳门出版的各种报刊，请人翻译汇编成《澳门新闻纸》，他的译报想法在魏源那里演变成"夷情备采"的主张，为"师夷长技以制夷"的目的服务[①]。随后又有洪仁玕在《资政新篇》中首次论证报纸的意义，把它归结到"通上下""以资圣鉴"这一中国社会的交往模式上。真正开启中国近代新闻观念启蒙时代的人应首推王韬，他在主持《循环日报》工作的十年（1874—1884 年）间，不仅开创了新的报章文体，而且还撰写三篇专文表达报学思想，在开放的心态和"君民共主"的政治理想层面上要求清廷放宽言禁，阐明报纸的信息、监督与教化意义，而这成为启发后人理解新闻、走进新闻、研究新闻的重要一环。随后，康有为、谭嗣同、严复、梁启超等人在扮演近代思想启蒙者角色的同时，继续延伸着新闻观念启蒙时代，启发人们去认识现代报纸"去塞求通"的作用、开创新闻文体和近代化报业。当 20 世纪新的一页翻开的时候，这个新闻观念启蒙时代已进入异彩纷呈的发展期，直到辛亥革命后以新闻为本位的时代取而代之。

其二，从辛亥革命到 20 世纪 30 年代左右，人们全面、系统地思考新闻理论与新闻业务问题，走向以新闻为本位的时代。1911 年的辛亥革命是一块历史界碑，它标志着共和时代的来临，也刻就了后来中国宪政近百年的沧桑。从此，媒介环境开始发生悄悄的改变，首先是言论出版自由由理想转变为一种实践。在武昌起义胜利后，以孙中山为首的资产阶级革命派立即把言论出版自由作为与封建专制相对立的民主原则之一，加以倡导和推行，废除了《大清报律》等前清有关报刊出版的法令，同时将言论出版自由的原则以法律形式确定下来。其次，更重要的是，人们的民主自由意识得以加强，一个突出的事例是，1912 年 3 月，报界共同抵制南京临时政府内务部颁布的《暂行报律》，对

[①] 胡太春：《中国近代新闻史》，山西教育出版社，1987，第 13 页。

其中的不合法与伤害言论出版自由的现象进行猛烈批评，认为"今统一政府未立，民国国会未开，内务部拟定报律，侵夺立法之权，且云煽惑，关于共和国体有破坏弊害者，坐以应得之罪；政府丧权失利，报纸监督，并非破坏共和。今杀人行劫之律尚未定，而先定报律，是欲袭满清专制之故智，钳制舆论，报界全体万难承认。"① 孙中山站在以维护言论自由的立场，接受这一批评，明令撤销《暂行报律》。这既体现了民初报人的法律意识和言论出版自由意识的加强，又呈现了革命派在执掌政权后认真接受报纸和舆论监督的态度。值得一提的是，在民初的一个短暂时期里，在革命潮流的裹挟下，立宪党人、旧官僚，甚至袁世凯控制下的北京政府，也摆出一副尊奉言论自由、尊重报界的姿态②。虽说有假借言论自由的美名、利用新闻界的心理背景，但毕竟反映了一种时代风尚。与此同时，报纸的角色也发生了变化，"监督政府"由理想转变为现实的新闻实践，制造舆论逐步被反映舆论、代表舆论所取代，此外，政党报纸的名声越来越坏，一批崇尚民主自由、担当社会道义的报人开始致力于发展独立于政党之外的新闻事业。随着《申报》《新闻报》《时报》《时事新报》等在实业化浪潮中先后实现企业化，一些报纸开始面向媒介市场、面向读者。所有这些，都使新闻业务发生转向：政论的主体地位被新闻报道所取代，一些报纸以新闻的优势争取读者，确立自己的地位；言论和现实政治开始保持一定的距离，取"不偏不倚"的观察家姿态③；报纸的兴奋点由政治转向文化，设立各种专刊、专栏、增刊以传播知识，走进都市文化的中心地带。

在这种背景下，新闻观念启蒙时代的政治色彩渐渐褪去，代之以在更为开放、民主、自由的心情中，把报纸和新闻置于世界交往体系中加以考察，追寻新闻传播之道④。邵飘萍当时把新闻业的发展趋势归结为"以新闻为本位"，其实，新闻观念的演进也相应地延伸到"以新闻为本位"的时代。

其三，从20世纪30年代到1949年，新闻业走进大众化与新闻宣传并存

---

① 《中国出版史料》补编，上海杂志出版社，1953，第185页。
② 方汉奇主编《中国新闻事业通史》（第一卷），中国人民大学出版社，1992，第1013页。
③ 秦绍德：《上海资产阶级商业报纸的发展道路》，《新闻研究资料》（第54辑），中国社会科学出版社，1991。
④ 陈力丹：《论新闻学的启蒙和创立》，《现代传播》1996年第3期。

的时代,人们对新闻理论与新闻业务问题的思考向纵深发展。到20世纪20年代末,随着文艺大众化运动的展开,新闻业发展的文化背景发生了较大的改变。1929年林伯修(杜国庠)在《一九二九年急待解决的几个关于文艺的问题》一文中,首次论述文艺的大众化问题,从此展开了对这一问题的长时间的大讨论,并由以前的教育民众,转向"到大众中去,向大众学习"和"向群众学习"的文化立场。特别引人注目的是,《申报》副刊《自由谈》于1934年展开大众语言讨论,认为"从前为了要补救文言的许多缺陷,不能不提倡白话,现在为了要纠正白话文学的许多缺点,不能不提倡大众语",指出大众语言应该是"大众说得出,听得懂,写得顺手,看得明白",并且为"大众高兴说,高兴听,高兴写,高兴看的语言文字"①。在这种文学与大众结合的思想浪潮的裹挟下,新闻与大众的结合也成了一种较为普遍的办报思想。当然,这种办报思想的流行,还有两个重要的背景,其一是报纸企业化的成熟,报人们更加注重面向读者,寻找报业生存的空间;其二是政治斗争与民族危机愈演愈烈,各派别的报人以及许多独立报人大多认识到,要贯彻自己的政治理念,要教育民众、引导民众的新生活,就必须使新闻和大众结合起来,真正为大众服务。这两种背景与文化背景结合起来,就形成了中国新闻业发展的某种特定的时代风貌:大众化与新闻宣传并存,同时,也使得新闻的大众化理念与宣传理念增添了某种新的内容。

其四,从1949年到十一届三中全会以前,是新闻被纳入意识形态轨道的非市场化时代,新闻传播与组织传播合二为一,人们转向"以党报为本位"的新闻研究,偶尔在"新闻本位"层面的思考,也被笼罩在意识形态"权力话语"之中,逐步单一化、简单化、经验化,直至只停留于"学习""领会"某种新闻宣传政策。1949年对于中国新闻业的发展来说,是一个历史的转折点。其意义在于,中国共产党和中央人民政府代表人民对旧中国的新闻事业进行了接收和改造,使人民全面占有新闻事业,成为新闻传播主体。这时,出现了两种具有强烈对照意味的新闻现象,一方面是人民新闻事业的多样化发展,除各级中共党委机关报外,各种社会团体、民主党派和专业部门的报纸纷纷创

---

① 唐弢主编《中国现代文学史》,人民文学出版社,1979,第51页。

刊，以接收的国民党广播电台的设备为基础，以解放区广播干部为骨干，迅速建立了从中央到省、市和地区的广播网①。另一方面是私营报业的迅速萎缩，据统计，1950年3月，全国私营报纸55家；到6月底，减为43家；到1月底为39家；到12月底，为34家；到1951年4月减为31家；同年8月下旬，只剩下25家。到1952年底，所有私营报纸都变为公私合营报纸（后来又逐渐退还私股），继而成为公营报纸，实现了凡报纸皆党报的一统局面②。这就是中国新闻业的"非市场化时代"的到来，新闻业从此被纳入计划经济的轨道，人们开始把新闻传播归入组织传播系统中，进行"以党报为本位"的新闻研究。

所谓"'党报'本位"的鲜明特点是，以政党学术话语代替新闻学学术话语，把党报的特殊规律当作新闻事业的一般规律③。不可否认，这种从延安时期传下来的新闻观念，蕴含一个思想资源，即"联系实际、联系群众、批评与自我批评"。如果是在一种意见的自由市场和媒介市场的条件下，它可以使执政者实现由"舆论之母"到"舆论之仆"的角色转换，从而使新闻业获得更充分的发展。但问题恰好是，这种"'党报'本位"的新闻观所秉承的是"一元化"的新闻发展观，所追寻的是计划经济体制下的统一的舆论宣传，因此，在1952年党报的一统局面出现后，"联系实际、联系群众、批评与自我批评"也仅仅是一种失去了制度支撑的口号或道德信条。在这种情况下，只有当人们拥有这一道德信条的时候，才会把思维的触角伸向新闻规律问题，而一旦人们被政治斗争所牵扯，开始远离这一道德信条的时候，新闻规律问题就会被冷落或抛弃。"非市场化时代"的新闻观念演进，就体现了这一特点。

其五，从十一届三中全会以后，新闻业步入信息化、市场化时代，以新闻为本位的新闻观念开始回归，对新闻规律的全方位、多视角、动态化的思考成为这一时代的主题。顺着思想解放的潮流，新闻改革悄然启动。1979年3月，全国新闻工作座谈会统一新闻界的思想，决定实现新闻宣传工作重心

---

① 张涛：《中华人民共和国新闻史》，经济日报出版社，1992，第32、34页。
② 孙旭培：《解放初期对旧新闻事业的接收和改造》，《新闻研究资料》第34辑，中国社会科学出版社，1988，第61页。
③ 沈莉：《中国新闻学原理建构的宏观考察》，《新闻与传播研究》1998年第1期。

向社会主义经济建设转移的战略转变。1980年，部分人大、政协代表提出制定"新闻法"的建议，到1984年，全国人大成立新闻法研究室，引发一系列以新闻法为中心的新闻改革大讨论。在重建新闻业的多样化、多层次结构后，新闻市场逐步形成，报纸、广播、电视之间的激烈竞争达到空前程度。新闻界开始从"'党报'本位"理念回归"以新闻为本位"的新闻理念，新闻的信息功能得以强化，各大新闻媒体都把时效、信息量和抓重头新闻放在首要地位，特别是广播、电视都注重播出"正在进行"的消息。与此同时，新闻的舆论监督功能也凸显出来，从1980年开始，揭露"农业学大寨"的虚假性、报道"渤海二号"钻井船沉没事件、双城堡火车站野蛮装卸事件、吉林北站扩建工程扯皮事件、大兴安岭火灾等，冲破了一个又一个新闻报道的"禁区"。据统计，1983—1985年，各媒体报道的有关官僚主义和干部犯罪案件共476件，形成了舆论监督的强大声势[1]。更为重要的是，新闻在舆论监督的过程中走向开放，成为人民参政议政的公共论坛，"舆论一律"的观念也从此渐渐消失。到20世纪90年代以后，新闻改革走上"快车道"，媒介产业化、集团化、网络化，改革的浪潮一浪高过一浪。总的来看，新闻界的主流是坚持贴近群众、贴近生活、贴近实际的方针，不断加大舆论监督的力度和深度，体现了新的新闻传播观念。这时，新闻报道观念、新闻媒介经营管理观念、广播电视观念等都呈现出多样化的形态，新的、旧的、人文的、科学的、中国的、外国的，都交织在一起，形成了一个光怪陆离的"观念场"。虽然"左"的思想所设置的新闻研究"禁区"并未完全消失，但市场化信息化时代的新闻观念已与当代新闻改革和全球化新闻浪潮紧密联系在一起，展现了广阔的思维空间。

也许，任何历史分期都有简化历史、图解历史之嫌。为了避免这样一种结果，我们还必须采用历史与逻辑一致的方法，去细腻地呈现20世纪新闻业发展和新闻观念演进的逻辑。

历史地看，正是中西文化的交流与碰撞开启了中国人的现代办报观念，一扫传统邸报的陈腐气息，也正是那些或接受西方教育或与外国人较接近的中国

---

[1] 杨开煌：《社会主义"新闻自由"之评析》，载《新闻论坛》（台湾），1994年第2期。

文人揭开了中国近代新闻史新的一页。在19世纪50年代的中国，人们既不知报纸为何物，也不懂得什么是正确的报业观念，甚至以"搬弄是非"来轻薄主笔、访员。与西方传教士交往甚密并曾远游欧洲的王韬①开始不断引进西方的新闻观念，他屡次通过信函加以介绍，如"与周弢甫征君"书中云："西国月报，备载近事，诚为译出，可以知泰西各邦国势之盛衰，民情之向背，习俗之善恶，其虚实了如指掌。"在《上丁中丞书》中又云："西国政事，上行而下达，朝令而夕颁，几速如影响，而捷同桴鼓，所以然者，有日报为之传递也。国政军情，洪纤毕载，苟得而偏览之，其情自可了如指掌"。尽管用的是儒家传统中的实用理性的思考方法，但毫无疑问的是，近代意义的报业及报纸观念正是在中国文人向西看、把西方作为参照对象的过程中导入的。这种情况不仅发生在王韬一人身上，而且也发生在康有为、梁启超、严复等一批有交往意识的文人身上。从《强学报》在1896年发表的《开设报馆议》一文中我们就能强烈地体会到这一点。该文在参照西方近代报业的发展后，以古代的采诗活动类比"新报之纪事"，提出"盖诗者，即今之新报"的观点，如今，人们很容易把这当作"古已有之"的传统文化本位心态所呈现的荒谬之论，但同情地理解，这里面也包含在参照西方的过程中更新传统的意味。虽然该文还未达到"参合诸家，兼收西法"的认识高度，但它所体现的比较意识，足以为西方报业和报纸观念的导入打开一条通道：

> "今外国自明末开设报馆，自本国人民风俗，外国军政国事，及天文地理之新义，军械轮船之新样，一日新出，人人皆得而知之，用此风行，上自国主，下自兵丁妇女，无不乐观。今查外国报馆，美九百六十二，德五百六十，英一百六十九，法一百二十八，意大利一百零五，比利时、荷兰九十四，其余欧洲各国共二百五十，美洲小国亦一百五十。其报馆之大，如英之太晤士者，每日出七万张，故能下情无壅，邻敌互知，识见日广，人才日多，泰西富强盖以此也。我中国邸报开设千年，

---

① 王韬与西方传教士麦都思、理雅各等人交游，其对报业的认识即受这些办报的传教士的影响。1867—1870年，他赴英亲睹英国报业的盛况。

本远出西报之前，特未推而广之，采诗之法又未追而复之，上下内外，壅塞耳为（目），民隐莫达，人才日愚，又以此也。夫泰西能用吾采诗之法以致富强，吾不能推吾采诗之法、邸报之法而致愚弱，甚非计也。今公卿士大夫，政事所从出也，而远之不通外国之情，近之不通直省之事，故大之若运筹军国，既盲然而无睹；立约画界，自割地而不知；乃至达于章奏，见于清议，亦复谬陋。至于官吏作弊，奸欺四民，蒙冤受苦，耳目不接，如隔异国，有志之士虽欲留心，无所措其耳目，惟赖沪报及道路之传说而已，如坐瞽井，高议天地，以此为政，不亦难乎？至于士人自八股四书而外曾无所知，乃至以词馆之英以四川为近海，谓日本之接安南，澳门乃近星架坡，如此之流，不堪枚举。小民自乡井之外，颟顸无知，仅类牛马。以此当地球交通强邻四逼之世，安得不见侮乎。"①

今天看来，这无疑是一篇从信息传播与社会发展的角度进行中西新闻比较的论文。虽然它并未对"上下内外，壅塞耳为（目），民隐莫达"的政治、经济和文化原因进行深刻揭示，而且还得出"泰西能用吾采诗之法以致富强，吾不能推吾采诗之法、邸报之法而致愚弱"的错误结论，但它能从信息传播与社会发展的角度导入西方的报业观念，变通采诗之法和邸报之法的原始意义，确立报纸的地位，已具有非常重要的新闻启蒙意义了。该文随后提出办报有六利，即"广人才、保疆土、助变法、增学问、除舞弊、达民隐"，这种新的办报观虽有着"以智治愚"的单向传播思路，但它已把报纸引向社会政治文化交流的中心地带，已赋予传播者面向大众、指导大众的社会角色，其进步意义已是无可否认了。该文刊出版的同年，梁启超又在《时务报》创刊号上发表《论报馆有益于国事》一文，明确提出"去塞求通"的办报理念，主张报刊应做到"广译五洲近事""详录各省新政""博搜交涉要案""旁载政治学术要书"②，试图以报纸激活国家政治文化血脉。翌年，吴恒炜发表《知新

---

① 《强学报》1896年1月12日。文中的太晤士即泰晤士，星架坡即新加坡。
② 《时务报》1896年8月9日。

报缘起》一文,认为报纸是"天下之枢铃,万民之喉舌",更为形象地表述了报纸在社会交往中的地位,与此同时,在参照西方报业的发展之后,作者非常明确地指出了国家发展与报业的关系:"故国愈强,其设报之数必愈博,译报之事必愈详,传报之地必愈远,开报之人必愈众,治报之学必愈精,保报之力必愈大,掌报之权必愈尊,获报之益必愈溥"①。在这里,作者把国家发展与报业网的建立、新闻传播内容与传播范围、新闻传播权及其保障、新闻传播效果以及报业研究一一联系起来,俨然要把报业置于国家发展的中心。虽说这些维新派的办报人士在"救亡图存"的政治理念的笼罩之下,只想到上下内外之通与"国事"的关系,把报业与政治的联盟作为一种现实的政治实践,严重忽视了报业与人类精神交往的广泛联系,但由于他们已处于由传统民族主义向近代民族主义转变的过程之中,即已处于破除传统的"天下"观念所形成的"华夷之辩"的思维模式、树立把中国纳入世界交往体系的"国家思想"的过程之中,因此,他们又在客观上把对报业的思考引向了人类精神交往的广阔时空之中,从而为 20 世纪中国新闻业的发展与新闻学的研究开辟了一条思想之路。

与此同时,在"历史向世界历史转变"潮流的冲击下,新闻业逐步进入中西文化互动过程的核心。历史地看,新闻传播业的兴起在西方是近代社会变化发展的产物,在中国则是西方文化影响的结果。在经过一段时间的发展之后,它就由受制于传统文化的边缘状态移入引导中国文化转型与创新的核心地带,成为经济发展与政治变革的中介环节,其兴盛与发达被看做是近代社会变迁的重要道理和指标。梁启超早在 1902 年就确认"学生日多,书局日多,报馆日多",是影响中国前途至关重要的三件大事②,以后又有辛亥"国体丕变","报馆鼓吹之功最高"③ 的评价。其实,新闻传播媒介不仅直接推动社会政体的转变,而且引起整个社会结构的连锁反应,这不仅是新闻内容的功效,新闻业及新闻传播形式本身的发展演变,也起着重要的影响制约作用。在西学东渐的风潮中,中国的近代报刊无论分类、编辑、印刷、经营、发行,从形式

---

① 《知新报》1897 年 2 月 22 日。
② 梁启超:《敬告我同业诸君》,《新民丛报》第 17 期,1902 年 10 月 2 日。
③ 梁启超:《鄙人对于言论界之过去与将来》,《庸言》第一卷第一号,1912 年 10 月 22 日。

到精神都全面模仿西方,打破了官报独占的格局,呈现明显的民间化特点,如民办报刊的增多、民间印刷出版业的兴盛、民间发行网络的形成、新闻内容的社会化、读者对象的民众化①。这个特点导致了整个中国文化的近代转变,产生了多重社会效应。显而易见,它改变了中国几千年人际间的经验化的文化传播形式,打破了封建正统文化和传统精英文化的垄断局面,促使都市通俗文化迅速浮升,不断刺激人们对于文化知识和信息的普遍需求,并以巨大的魔力使得知识群体摆脱对专制皇权的依附状态和向心运动,重新确立社会良心载体的地位,营造出民众广泛参与、思想流派纷呈的社会文化环境,以"一纸之出,可以收全国之观听,一议之发,可以挽全国之倾势"②的威力,发挥知情权和表达权,成为约束政治权力的社会制衡机制,同时也把中国文化引向了面向世界的发展道路。新闻媒介的这种文化表现已实实在在地说明了它本身既是中西文化传播的产物,又是中西文化传播的中介。虽然技术与工商业的优势曾使西方文化反客为主,战争曾简化了中西文化传播的手续,宗教也扮演过中西文化传播的重要角色,但真正完整呈现并参与中西文化的全面接触以及中国文化对西方文化的"涵化"过程,真正在社会文化领域取得决定性和关键性领导地位的还是新闻媒介。后来的历史证明,只要中西文化处于交流的过程之中(专制、封闭状况除外),包括新闻媒介在内的整个大众传播媒介就居于这一过程的核心,扮演着不可或缺的重要角色。这是由现代大众传播媒介的文化功能和人的文化创造特性所赋予的。一方面,作为一个分析性的概念,传播媒介指的是社会传播或交流的工具以及沉淀于这些工具并通过这些工具所表现出来的符号交往(symbolic interaction)的形式和常规(forms and conventions),这些交往发生于一个文化,同时也再生这个文化③。依霍尔(Stuart Hall)之见,它"提供并选择性地建构了'社会知识'、社会影像,透过这些知识和影像,我们才对于'种种世界'、'种种人们曾经生活过的实体',产生认知"④,通

---

① 章开沅、罗福惠主编《比较中的审视:中国早期现代化研究》,浙江人民出版社,1993,第566~571页。
② 《国民日日报》1903年8月7日。
③ 潘忠党:《传播媒介与文化:社会科学与人文科学研究的三个模式》(下),《现代传播》1996年第5期。
④ 〔英〕汤林森:《文化帝国主义》,冯建三译,上海人民出版社,1999,第119页。

过这样一种文化功能，传播媒介不断建构着近代以来的中西文化及其相互间的互动。另一方面，从洞穴文明到网络时代，人一直通过符号的传播来构筑和维持有序的、有意义的、属于人的文化世界，没有符号的处理、创造和交流，就没有文化的生存和变化。传播媒介成为文化世界和各文化圈互动过程中的"巨人"，从根本上说是人的这一创造特性在现代化进程中所结出的"硕果"。

由此可见，我们在回顾20世纪中国新闻业与新闻观念的演进时，不得不关注其中的文化逻辑。仅在新闻写作层面，就有一个明显的事实摆在我们面前：资产阶级在救亡图强时期所表现的奋发求变的文化精神，便被梁启超政论文的自由放纵、感情充沛的话语体式和结构方式所承载；"五四"时期自由洒脱、开放灵活的新闻文体规范，则强烈地体现了科学民主、崇尚个性自由的文化立场；解放区报纸强调生动鲜明、朴实通俗的群众化新闻文体规范，则与当时反对脱离实际、脱离群众的文化风尚相适应。而对大多数中国记者而言，感时忧国、文以载道的精神传统突现了政治观念对新闻文体的影响，使新闻文体结构偏向于新闻的教化功能，诗学、戏剧文化传统使新闻叙事结构侧重于抒情性细节，强调写现场情景和人物思想感情的细节，以达到以情动人的效果。在改革开放以后，精神气候的变化，文化观念的转型，使人们有意识地在关注人、重新确立人的价值的层面，思考新闻文化创造的本质，从而出现了令人瞩目的十大变化：其一，从以阶级斗争为纲转到以经济建设为中心，凸显新闻的信息功能，满足人的信息需要；其二，从回避现实矛盾到面对现实矛盾，推进新闻的舆论监督功能的实现，复活人的主体意识；其三，从灌输式到讨论式，从舆论一律到舆论不一律，尊重受众发表不同意见的权利，体现新闻传播过程中人与人的互动；其四，从终极式报道到动态式、进行式报道，使人参与到事件发展的进程中；其五，从单侧面报道到多侧面报道，重建新闻的客观理性精神；其六、从单纯强调新闻的指导性到注重新闻的服务性，强化了新闻为人而存在的价值；其七，从单向新闻传播到受众参与性的增强，使新闻传播更能再现社会文化意义的建构，更能满足参与传播的人们对文化意义的分享；其八，新闻媒体从单一功能向多种功能的转变，又在多功能的建构中分化出多种新媒体，全面覆盖人的生活领域；其九，从多媒体竞争到多种媒体的优势互补，形成了多样性统一的媒介文化世界；其十，从非市场化转向媒介市场的建构，强化媒介经营管理意识①。

如此看来，每一次新闻实践的变革，每一个新闻实践的故事，每一种新闻实践的细节，都有我们必须去体验的文化内涵。

同时，我们也不得不关注其中的政治逻辑，这种逻辑并不是指新闻业的发展与政治斗争、政治运动的简单关联，也不是指新闻观念的演进与政治使命的单一因果式的联系，尽管我们可以举出许多例子说明新闻常常沦为政治的附庸和手段、新闻观念也常常与政治理念相附和，但这些都只是外在地看新闻与政治的联系，由此只能把20世纪中国新闻业的发展与新闻观念的演进纳入政治史的范畴。内在地看，这里的政治逻辑应理解为人们围绕新闻的自由传播而展开新闻实践和新闻观念的表述，它是新闻业的发展与新闻观念演进的内在动力，诚如美国新闻史学家埃默里父子（Edwin Emery and Michael Emery）所言，"社会舆论的形成在很大程度上依赖于消息和思想的传播，为了要冲破那些为阻止消息和思想的传播而设置的障碍，有不少男男女女进行了持续的努力，这部历史的一部分内容就是以此为主题的"②。从这一角度来看，新闻传播受制于专制力量、沦为政治的附庸和手段、新闻观念与政治理念相附和等诸多现象，其实就是自由的新闻传播的障碍，20世纪中国新闻业与新闻观念正是在不断突破这些障碍的过程中向前发展的。在最初的新闻观念启蒙时期，中国新闻业能逐步实现现代化的转变，是与当时的报人不断向封建言论控制挑战的过程分不开的，正是在这一过程中，新闻观念不断更新，从报纸要替皇帝"宣情达德"，到对报纸的"去塞求通"功能的认识，再到"监督政府，向导国民"观念的确立，每一步都是突破专制的束缚的结果。而在走向新闻本位的时代，徐宝璜、邵飘萍、戈公振、任白涛等人对新闻观念的现代建构，对新闻的独立品性的探求，都蕴含摆脱专制、追寻自由的实质内容。再后来，成舍我、邹韬奋等人的大众化办报风格，无不是在与专制的抗争中形成的。1946年，陆定一在《新华日报》上发表的《报纸应革除专制主义者不许人民说话

---

① 1999年11月16日，樊凡教授访谈原《经济日报》总编辑艾丰，此处的十点看法乃根据艾丰的观点整理、补充而成。
② 〔美〕埃德温·埃默里、迈克尔·埃默里：《美国新闻史》，苏金琥等译，新华出版社，1982，第1页。

和造谣欺骗人民的歪风》，无疑是对《新华日报》《解放日报》等共产党报纸的发展及其新闻观念的一个注解。即便是像肖同兹这样的国民党新闻事业家，在领命出任中央社社长时，也不忘向蒋介石提出独立经营、以新闻为本和用人自决权三项要求。如果把《人民日报》1956 年的改版看做是回归新闻传播规律的尝试，那么，在这种尝试的背后，是对新时代新闻自由的一次可贵探索。尽管这种探索遭遇了挫折，转而让批判所谓"资产阶级新闻观"代替对新闻传播规律的探寻，以至于到 1968 年，"两报一刊"社论《把新闻战线的大革命进行到底》直接让政治喧嚣取代理论研究，把新闻理论论争演绎为"无产阶级同资产阶级争夺新闻阵地领导权的严重斗争"，以及"无产阶级同资产阶级在思想战线上的生死搏斗"①。但新闻观念的探索并未因此而中断，在专制盛行的十年"文革"，也有像恽逸群这样的老新闻工作者继续探讨新闻的真意，以一篇《论新八股》，痛斥代圣立言式、独断式新闻评论。20 世纪末，中国新闻业终于走进信息化、市场化时代，我们不难发现，这个时代的开启，依然是以突破专制、追寻新闻自由为先导的，这个时代所贯穿的回归新闻传播规律的过程，实质上就是解放思想、追寻自由的新闻传播的过程。

有了这样一种认识，我们才能从新闻与政治的纠葛中超越出来，真实而生动地呈现 20 世纪中国新闻业的发展与新闻观念的演进。

除此之外，我们也不得不关注其中的经济逻辑，即围绕如何争取新闻消费者、建立自由的媒介市场而展开的新闻实践和新闻观念的表述，追求在广阔的市场中进行新闻传播，实现其最大的新闻传播效果。自外国商人和商行在中国创办《上海新报》《申报》《新闻报》等报纸起，中国新闻业的发展就被牵引上经济的轨道，受到自由的媒介市场驱动。《上海新报》和《申报》这两份由英商办的报纸在 19 世纪 70 年代所展开的一场厮杀，即是这种经济逻辑的呈现。为了争夺媒介市场，后者不惜压低报价，抢走前者的一些老订户，并针对前者的弱点，设置文艺性版面，吸引文人墨客参与到传播过程中来；而前者则以改革版面、增加内容、美化版面、降低报价等措施应对。尽管最初的中国报

---

① 见《人民日报》1968 年 9 月 1 日的"两报一刊"社论。所谓"两报一刊"指《人民日报》《红旗》杂志和《解放军日报》，是"文革"期间最"权威"的舆论机关。

人并不习惯也并不屑于这种竞争，然而，当他们专注于新闻业的生存与发展时，也不得不被媒介市场那只看不见的手牵着走。虽然媒介市场的手时不时被专制之剑所斫伤，但一旦专制之剑被人民夺下时，它就会重现其魔力。从十一届三中全会以后，中国新闻业就开始进入从计划经济向市场经济转变的复杂而艰难的历程。在市场经济条件下，大多数媒介不得不考虑商品交换原则对新闻工作的影响，注意市场对媒体的选择因素[①]，从安岗最初提出"研究我们的读者"，到今天更为普遍意义上的受众研究，从安岗最早提出《市场》报要"面向生产者和经营者，面向消费者，面向中国和世界市场"[②]，到今天"媒体就是服务"、报业集团化理念的确立，诸如此类，无不体现了市场的影响。同时，国家不再过多干预新闻媒介的报道活动，高度集中的新闻报道模式正在被独立报道的机制所代替（当然，这不包括各级党报和其他机关报），新闻竞争机制得以形成。在这种情况下，人们对新闻传播规律的一系列探讨与试验，无不是对自由的新闻市场的求索。

  当然，历史是由人写就的，历史中最重要的因素是人。今天，我们在回顾20世纪中国新闻业的发展与新闻观念的演进时，不得不认真关注那些惨淡经营新闻的人，那些深思熟虑新闻宗旨与方针的人，那些以新闻为业而又引领新闻思潮的人，那些把握新闻采访、写作、编辑、评论风格的人。正是他们的创造与思考才使中国新闻业多姿多彩地发展到了今天。当我们把他们的创造与思考同百年中国的政治、经济、社会文化联系起来的时候，20世纪中国新闻业的发展与新闻观念演进的丰富意义就呈现在我们面前了。

  此文原载《现代传播》2001年第4期，2006年11月，应邀访问美国University of Illinois at Urbana-Chanmpaign期间，作者以此文为基础，作题为"中国新闻业与新闻观念发展的历史与逻辑"的学术演讲。

---

① 刘建明：《现代新闻理论》，民族出版社，1999，第344页。
② 安岗：《〈市场〉报和市场》，载《新闻业务》1981年第2期。

西方受众理论评析

人是什么？这个古老的斯芬克斯之谜，一直困扰着历代的思想家。而在传播研究中，最令人困惑的研究莫过于受众研究了。受众是什么？是同质的还是异质的？是群体（group）还是聚合体（aggregates）？是被动的还是主动的？或者说是被媒体操纵的或等待媒体"迎合"的？在这些问题上，人们一直争论不休，未能达成一致意见。当受众被想象成大众时，人们表现出想吸引和操纵尽可能多的人的一厢情愿；当受众被置于传播过程的中心时，人们又表现出"收购"或"捕获"受众的热情。但是，理性化的思考被悄悄地扭曲了，到头来只得到一些关于受众的零星的、经验化的解释。

现在看来，人们以往对受众问题的设计要么抛弃了对传者与受众关系的理解，要么长期误解着传者与受众的关系。一方面，人们把传者看作传播主体，把受众看成传播对象，这种"主—客"意义的建构实际上割裂了传者与受众的关系。其实，传者与受众的关系应该说是"共生现象"（coexistence or symbiosis），是"互构"（co-configuration），是"协商"（negotiation），而不是传者主宰受众。另一方面，人们又认为受众是主导传播过程的中心，有某种固定的主体本质，传者所要做的事情只不过是顺应这种主体本质，这样一来，受众就被理解为孤绝的主体，这就不可避免地带来褊狭的传播运行机制和片面的传播实践动力。因为此时的受众实质上被想象成有主体性的物，而成批地"收购"或"捕获"这种有主体性的物，就会给媒体带来巨大的商业利益。

很明显，西方主流传播理论中的受众理论有一个根本的缺陷，就是直接或间接地把受众对象化进而物化，通过科学化、市场化思维"肢解"了受众。随着法兰克福批判学派和文化研究学派采用批判与诠释的方法研究受众，受众被看成公众和公民，开始从"物化"的境地中解放出来，其不断被成批"出售"的商业化现实得到有力的揭示和批判。但一些研究者仍将受众视为需要改造和提高素质的"他者",忽略他们的判断力和对文化商业化的抵制力,依然没有真正理解受众。值得注意的是,哈贝马斯(Jurgen Habermas)的"交往理性"概念、霍尔(S. Hall)的"编码—解码"理论以及由此展开的一系列论说,实现了主体性思维的转换,即告别主客对立意义上的单一主体,转向"主体间性"(intersubjectivity),一方面坚持主体间存在的差异性和多元性,另一方面强调交往、对话和理解是弥合主体间差异的基本方式。正是在这种意义上,人的传播活动向社会历史文化开放了,传者和受众都从抽象的单一的主体转向处于社会交往过程中的有生命的主体。从这里出发,我们将不再局限于"受众是什么"的知识性问题,而是关注"受众如何在传播过程中创造自身"的哲学问题,并寻求一种创造性的解释。

一 受众是传播关系中的主体

一般说来,"主体"是西方近代思想的产物,它是从笛卡尔那里起步的。主体性哲学的核心范畴——主体的自主性、自主意识性和自为性,是在与客体的相关中规定的。它用"主—客"结构思维,认为与主体相对的,只能是客体;在主体目光的审视下,一切对象——不管是他人或物都将变成客体。应该说,这种思维模式是人的理性精神和理性能力的体现,它在处理人与自然、人与物的关系时是行之有效的,但在处理人与人之间的关系时,就遇到了"他人不是客体"的困窘。萨特在《存在与虚无》中就曾一再讨论"他人的目光"之可怕,因为一旦目光加身,自我便成为他人的客体[1]。可以想象的是,在日常交往中,如果我成为他人的客体或他人成为我的客体,交往是难以真正达成的。可是,主体性哲学是从自我出发的,主体首先是自我,以主体为基点,即是以自我为基点,这就免不了他人被当作客体的命运。虽然主体性哲学家希望"他的我"就是"普遍的我",希望读者这一"我"能读懂"他的我",但问题是:我的世界何以能超越我的界限而达到他者?我的话语何以能成为共同的

---

[1] 任平:走向交往实践的唯物主义,《中国社会科学》1999年第1期。

话语？历来的主体性哲学家并未给予圆满的解答。事实上，从单一的主体出发，并不能找到圆满的解答。

按照"主—客"模式思考传播问题，就必然坚持传播过程中的"单一主体论"或"自我中心论"，认为任何传播都在主体与客体的范围内进行，主体是传播的主动者，客体是传播的对象，传播过程就是主体作用于对象他者的活动过程。显然，这与"communication"（传播）所包含的"沟通""交流""交往""交际"等本性内涵相对立。

其实，传播是人与人之间平等交互作用的过程，其基本前提是传播各方的主体地位的相互确认，而"主—客"模式破坏了这一前提，强化了传者与受众的主客关系。例如，在著名的拉斯韦尔公式中，传者与受众是对立的，受众被当作劝服过程中不能作出任何反应的对象；而"刺激—反应"模式，则把传播过程表达为：信息（即刺激）——接受者（即有机体）——效果（即反应）。在这里，传播者制作的媒介内容被看作是注入受众静脉的针剂，受众则被假定为会以可预见的方式作出反应[1]。后来，美国传播学家德福勒（M. L. DeFleur）对此作了部分修正，提出"大众传播的个体差异理论"，认为媒介信息包含着特定的刺激性，这些刺激性与受众成员的个性特征有着特定的相互作用，尽管有了一些新内容，但依然没有突破"主—客"思维框架，只不过成了更加精细的个人劝服理论。在这种貌似科学的"修正"里，有着背离传播活动本性的理论危机。

真正说来，人是在交往中存在的，现实中的人是处于主体间关系的人，如黑格尔所说，"不同他人发生关系的个人不是一个现实的人"。在"主—客"思维模式中，主体是相对于客体而存在的，因而主体性是在"主—客"关系中的主体属性。而"主体间性"则表达了现实的人所存在的主体间关系的内在性质。它向我们昭示了这样的哲理：主体之所以能够面对另一极主体，主体间的交流之所以可能，是因为存在中介客体，这一客体是中介化的客体和客体化的中介，它向多极主体开放，与多极主体同时构成"主—客"关系，因此

---

[1] 〔荷〕丹尼斯·麦奎尔、斯文·温德尔：《大众传播模式论》，祝建华、武伟译，上海译文出版社，1987，第59~60页。

成为"主体—客体—主体"三极关系结构。其中,任何一方主体都有中介客体作为对应范畴,符合"主—客"相关律的定义规则;同时,异质的主体通过中介客体而相关和交往,相互建立为主体的关系①。在这里,既扬弃了传统的"主—客"关系,由主客对立、主客分离发展到主客合一,由科学理性精神提升至创造精神,又超越了单一主体性的缺陷,进入平等、自由、多元的现代交往实践领域。其实,"主体间性"早就是中国哲学的基本致思取向,如儒家所讲的"仁",即解为"从人从二",也就是多极主体或主体间之义,意指主体间的人伦关系。当然,它又明显地适应农耕文明时代封建宗法等级制的交往特点,需经现代交往实践观的洗礼才能成为我们的思想资源。到工业文明时代,人将自己视为唯一的主体和中心,统治、改造、驾驭、拷问自然客体,形成"主体—客体"实践结构,亦即"心—物"实践结构。没想到,人在科学理性精神高扬的同时,由于严重的主客对立割裂了科学与人的存在的关系,直接导致了片面的理性和客观性对人的统治,由此,人心被工具理性吞噬,人掉进了被物化、被工具化的深渊。马克思一方面以热情的人文眼光批判人的异化现象,另一方面又以冷静的社会历史眼光分析资本运行与人类交往实践的关系,认为资本运行使各个生产者在分裂的状态下生产商品,以主体自然力作用于物质客体,实现着"主—客"双向物质交换;同时又通过普遍的商品交换来形成世界市场,构成多极主体间交往关系体系。当人类进入大众传播时代后,马克思的这些分析显得越来越有价值,批判学派和文化研究学派的部分学者不同程度地发挥了马克思主义的思想遗产,在这两个方面都做了独到的研究,既揭示了文化工业背景下文化消费的负面效果,又告别主客对立意义上的单一主体,转向"主体间性",一方面坚持主体间存在的差异性和多元性,另一方面强调交往、对话和理解是弥合主体间差异的基本方式。其热情的人文眼光直面大众的生存状态,其冷静的社会历史眼光又使大众在主体间性中得以重构。

马克思曾从主体间的交往实践角度指出,人是社会关系的总和。也许我们应该更直观地说,人是传播关系的总和。这可以从三个方面理解:第一,人与

---

① 任平:走向交往实践的唯物主义,《中国社会科学》1999年第1期。

人的关系总是同传播紧密地联系在一切，不可分割；第二，人与人的关系的性质由成员之间的传播所界定；第三，人与人的关系是在参与者的协商谈判中发展的①。由此可见，传播是整个人类存在过程的生命，没有传播活动就无所谓主体，就无所谓文化创造；作为一种普遍的、内在的活动，传播在很大程度上决定了我们是什么样的状态。

从这个角度来思考问题，我们就不难看出，传者与受众的关系根本不是什么传播主体和传播客体的关系，而是同一传播活动中共生的两个主体。"主—客"思维方式歪曲了事实，使我们错误地认为，人的传播活动，就是传播主体向作为传播对象的传播客体传达信息以期达到某种影响；大众传播就是一种媒介指向性交流，在这种媒介指向性交流中，传者与受众之间的"人际关系"不复存在，而只表现出信息流向的"单向扩散"和"大范围传播"的特征，甚至认为传播是征服大众、权力赖以行使的机制。这些对传播活动的片面的建构直接体现为"传者中心论"，而"传者中心论"的实质就是单一主体论、主客对立论，就是传播主体征服客体、改造客体使之符合其意愿的自我建构。这就使我们常常把传播的假象当真相，把自我建构的传播当作普遍存在的传播。在这种情况下，受众当然免不了被物化的命运，在专制时代，受众是思想统治者的玩物，在推行多数人统治的民主时代，受众是宣传家手中的政治砝码，而在消费主义时代，受众成为媒介向广告商兜售的商品②。要摆脱令人尴尬的处境，准确理解受众，仅有文化批判眼光是不够的，还必须回到主体与主体的传播关系中，亦即在"主体间性"中把握受众。我们的思维逻辑是，首先，传播是由对一切人都能相通的语言来表达的，这种语言在任何地方都是主观间性的语言。通俗一点说，传播在某种意义上是"感觉间的"，是与不同主体的经验相符合的，任何传播都必须具有主体间性，才能成为主体之间交往的内容。其次，传播中的主体和主体共同分享着经验，进而形成意义分享，由此形成了主体之间相互理解的信息平台。可以说，传播中的意义不是在主体自身形成

---

① 〔美〕斯蒂文·小约翰：《传播理论》，陈德民、叶晓辉译，中国社会科学出版社，1999，第451页。
② Smythe, W. *Illuminating the Blindspots*: *Essays Honoring Dallas*, Norwood, N. J.: Ablox Pub. Corp, 1993.

的,而是在主体和主体间形成的。最后,在人际传播中,每个人都从他人身上看到自己,也从自己身上看到他人。在这种主体间的传播中,既确定了对于自身而言的自我的存在,也确定了对于他人而言的自我的存在。从这种意义上说,受众是传播关系中的主体,其主体性在传播主体间延伸,亦即在传播主体与主体的相互理解、相互承认、相互沟通、相互影响中延伸,只有这样,受众才能存在并有可能实现其生命存在的意义。

二 公众的类主体化

按照麦奎尔(D. McQuail)的说法,西方的受众概念起源于戏剧、竞技和街头杂耍的观众群,起源于不同文明、不同历史阶段所出现的所有不同形态的"演出"的成批观众。在他看来,尽管历史发生了巨大变化,"前媒介"受众的某些基本特征仍然保留了下来,并影响到我们的理解和期待。受众是这样一种大众的集合,通过个人对愉悦、崇拜、学习、消遣、恐惧、怜悯或信仰的某种获益性期待,而自愿作出选择性行为,在给定的时间范围内形成。它受到统治者可能的或实际的控制,因而是一种集合行为的制度化形式。印刷问世之后,受众概念首次重大的历史补遗是"读者大众"的形成发展,实际上的个人阅读行为产生了对特定作者和风格类型(包括报纸)的崇尚和趋附。当社会在印刷时代开始经历社会的和政治的变革时,读者大众还促进了按利趋、教育、宗教和政治共识等方面的总体分化,帮助奠定了正在形成的公众概念[1]。其实,"audience"(受众)最原始的词义是"倾听",特指注意所听的话。它是在主体间的传播过程中存在的,恰切的译法应该是"阅听人"。麦奎尔所述表明它在不同的社会历史阶段被重构,媒体越来越迷恋于吸引、操纵阅听人,使他们在尽可能短的时间内按利趋、教育、宗教和政治共识等方面组合成"接受影响的公众"。而媒体的职业兴趣就在于以多种方式记录一系列数据:从一个信息的"可能公众",到实际出席的"有效公众",到其中的"特定信

---

[1] D. McQuail, *McQuail's Mass Communication Theory* (5th), London: Sage Publication LTD, 2005, pp. 393 – 452.

息的公众",再到被传播所实际"影响"的公众。至于意义的分享、相互的理解、文本的诠释等内在传播过程中的因素,则完全忽略不计,以至于越来越远离传播的本性。

在越来越精致的传播理论中,这种把阅听人视为大众的方式可谓令人眼花缭乱,大致包括四种形态,即作为读者、听众、观众的受众,作为大众的受众,作为公众或社会群体的受众,作为市场的受众①。这些探讨都表现了"类主体化"的倾向。所谓"类主体",就是强调主体的集约性、群体性和人类性。对此,有两种对立思考方式,一是把"类主体"看作"许多单个人本质的抽象直观",通俗一点说,就是类的聚合;二是把它看成内含各种关系于自身的整合形态。前一种思考方式既取消了主体间性,又因为类的聚合而消解了主体性。如李普曼(Walter Lippmann)就在社会学层面上把人分为"局外人"和"局内人",即一般的公众和少数"社会贤能",认为公众仅仅是一个幻影,一个抽象的东西,"仅仅是那些对某件事感兴趣的一些人而已",它没有知识和理性判断能力,其能够影响政策制定的唯一方式就是支持或反对那些有权力和知识去采取行动的人②。后一种思考方式注意到主体间的整合,只是类主体如何由主体间整合而成,还是付之阙如。如在杜威(Dewey)看来,公众是"个人间通过对公共问题和解决方法的共识而形成的作为社会单位的政治集合"。它需要开放、自由的传播,以便提供当前事实的报道,在分享公共利益方面讨论个人行为和协作行为的价值。他相信传播扮演着重要的认识角色,不是把知识从一个人传到另一个人的简单角色,而是创造知识的丰富意义。这源于他对传播的独特理解:

> "传播是人类生活唯一的手段和目的。作为手段,它把我们从各种事件的重压中解放出来,并能使我们生活在有意义的世界里;作为目的,它使人分享共同体所珍视的目标,分享在共同交流中加强、加深、加固的意义。……传播值得人们当作手段,因为它是使人类生活丰富多彩、意义广

---

① McQuail, Danis, *McQuail's Mass Communication Theory* (5th), London: Sage Publication LTD, 2005, pp. 393–452.
② 〔美〕罗纳德·斯蒂尔:《李普曼传》,于滨等译,新华出版社,1982,第329页。

泛的唯一手段；它值得人们当作生活的目的，因为它能把人从孤独中解救出来，分享共同交流的意义。"①

在这里，公众存在于"分享共同体所珍视的目标""分享共同交流的意义"中，它通过参与式传播融入共同体生活之中。由于注重参与式民主，它提升了主体间意义分享的价值，并反对利用公众的惰性、偏见与冲动，以达到宣传控制的目的；而由于迷恋伟大的共同体，它又让个体消融在共识里。这如何可能呢？杜威没有再从主体间的意义分享层面作进一步的说明。

如果说杜威告诉了我们公众通过参与式传播融入共同体生活的过程，那么，李普曼则无意中触及了孤立的个人与被群体化的个人的一种生活结局。在他那里，公众与生俱来是非理性的，其大脑机能中存在的"固定的成见"（stereotypes），使得它常常通过人的感情、习惯和偏见来认识客观世界；同时，它在现实交往中是被动的，它只能凭人家的报道所提供的情况来采取行动。其实，应该反过来思考，在一个民主的社会，恰恰是人外在于主体间的传播关系，处于孤立的状态，或者人被群体化，失去自我，才产生了他所说的这些现象。我们一般好理解人处于孤立状态的结局，为什么人被群体化后会有如此表现呢？按照法国社会学家勒庞（Gustav Le Bon）在19世纪末所作的分析，进入群体的个人，在"集体潜意识"机制的作用下，在心理上会产生一种本质性的变化，不由自主地失去自我意识，完全变成另一种智力水平十分低下的生物；群体中个人的个性因为受到不同程度的压抑，即使在没有任何外力强制的情况下，他也会让群体的精神代替自己的精神，更多地表现人类通过遗传继承下来的一些原始本能，表现简单化的、从众的思维方式，自觉接受偏执、偏见的统治，并不认为真理尤其是"社会真理"是只能"在讨论中成长"的，总是倾向于把十分复杂的问题转化为口号式的简单观念，同时，当人们意识到自己的意见处于优势时，又总是倾向于给自己的理想和偏执赋予十分专横的性质，反之，则会产生内心的焦虑，情不自禁地放弃自己的立场。因此，在观念

---

① Bybee, Carl Can Democracy Survive in the Post – Factual Age? A Return to the Lippmann – Dewey Debate About the Politics of News, *Journalism & Mass Communication Monograph*, Vol. 1, No. 1, Spring 1999.

简单化效应的作用下，凡是抱有怀疑的精神，凡是习惯用推理和讨论的方式说明问题的人，在群体中是没有地位的①。由此可见，李普曼所描述的还内含这种群体心理机制的作用，它恰好反证出人外在于主体间传播关系的可怕处境。如果预设一个传播主体——"局内人"亦即少数"社会贤能"，让他们来发号施令、决定一切，只能强化这种可怕的处境，到头来，少数"社会贤能"如果要超越偏见实现理性的管理，必然与偏执的大众产生难以调和的冲突；如果去适应大众的极端和非理性，他们就不能有更多的理性精神，也会变得偏执起来。无论如何，让理性的传播主体驱动偏执的、非理性的大众超越其偏见，是一个悖论。

随着媒介环境的改变，特别是美国的新闻自由委员会和英国的皇家报业委员会均观察到，无论是媒介的私人垄断还是媒介的公共垄断，都已逐渐威胁到了个人意见表达自由，并认为要把媒介办成公共论坛，广泛吸收民众参与，形成人与人、媒介与受众的互动，以此使媒介负起社会责任。与此同时，电视、电脑等新传播技术已把传播推向社会变革第一线，其互动性、个人化、小众化的特性已迫使研究者不得不去关注传播系统中两人或多人的信息交流过程，并且在一个高度互动的传播系统中，已经不可能划分"来源"和"受众"，相反，每一个人都是"参与者"。尽管如此，受众的类主体化现象并未消失。

施拉姆（W. Schramm）在1952年最早提出了传播即"分享"信息的观念，认为传播是一种关系，是一种分享的活动，而不是一个人对另一个人施加的行为，从而在总体上扬弃了传统的媒介效果理论②。在他看来，仅仅用"传者—受众"模式来描述传播是不确切的，也不应当把传播描述成两个同样活跃的双向间的一种关系，双方是由社会环境所联结的，也是由他们个人的知识和价值观的共识部分所联系的，也只有在这种关系中，双方才能分享信号。从某种意义上而言，施拉姆无意中贴近了资本生产与总体运行的实践结构——即"主体—客体"与"主体—主体"双重关系的统一，实现了传统媒介研究模式的超越。然而，施拉姆过分注重由个人的知识和价值观的共识部分所建立的互

---

① 〔法〕古斯塔夫·勒庞：《乌合之众——大众心理研究》，冯克利译，中央编译出版社，2000。
② 何庆良：《施拉姆的传播理论》，《新闻研究资料》第52辑，中国社会科学出版社，1990。

动关系，缺少对个人化、小众化的媒介文化背景下多极主体互动关系的分析，不能对个人的知识和价值观的共识部分进行反思，也不能对不同历史、不同文化背景下的媒介效果以及传播所引发的社会问题进行反思。

不能消除类主体化思维的一个重要原因，还在于媒介的商业化运作使人们习惯于把潜在的或实际的消费者看作一个市场，把媒介与受众之间的联系归入"生产者—消费者关系"中，忽略受众的社会联系，而注目于媒介消费者所共同具有的某种统计的或文化的或"社会—经济"的特征。更为重要的是，就像麦奎尔所说，受众研究的市场观点不可避免地是"来自媒介"的观点，受众绝不会把自己归属于市场，而是媒介把受众划入市场范围或认作"目标群"。这样一来，反而发展了所谓市场型受众的概念，即"一个媒介或信息所指向的带有已知社会—经济特征的潜在消费者的聚合体"[1]。持这种观点的人大都假定阅听人是一种自然现象，由各种人口统计类目组成，他们会自行分身，分属于不同的团体，倾向于不同的媒体、版面以及特定节目，而研究者的任务就是找出谁为了什么原因而选择了什么[2]。表面上把阅听人看作具有选择性的主体，骨子里把他纳入可资利用的"潜在消费者的聚合体"，分类包装后成批地"出售"给广告商。这就是类主体思维的实质。

作为"受众本位论"的典型代表，使用与满足（uses and gratifications）理论突出了受众的主体地位，麦奎尔认为受众是相当主动的，可以从众多不同的媒介内容当中自由地选择；他基于具有社会和心理根源的需求使用媒介，他期望一定的大众媒介的消费与使用能使他部分地实现他的这一需求，这种积极的使用，实际制约着整个传播过程。该理论声称它所关注的效果是消费者或多或少有意识地想得到的效果[3]。一句话，它所关注的是个人的需求、个人的使用、个人的满足。诚如有些西方学者所评价的，该理论在方法和概念上太强调个人，这就很难使它与更大的社会结构相联系。很明显，它依然只关涉单一主

---

[1] McQuail, Danis, *McQuail's Mass Communication Theory* (5th), London：Sage Publication LTD, 2005, pp. 393 – 452.
[2] 金元浦：《谁在出售商品阅听人？》，载《读书》1999年第7期。
[3] 〔荷〕丹尼斯·麦奎尔、斯文·温德尔：《大众传播模式论》，祝建华、武伟译，上海译文出版社，1987，第102~108页。

体，而非主体间的传播关系；只形式地谈个人对媒介内容的选择以及个人的满足，而没能说明多极主体间的意义分享。为什么会这样？原因很简单，这里的受众依然是被纳入"生产者—消费者关系"中考察的，媒介会根据受众的需求层次和满足层次"分类包装"受众，换句话说，隐藏的单一主体依然是媒介。

三　在生产意义过程中消费的受众

上述"受众商品化"部分地借鉴了加拿大学者达拉斯·斯迈兹（Dallas W. Smythe）提出的"受众商品论"。他曾描述了这样一种事实：大众媒介生产的消息、思想、形象、娱乐、言论和信息，不是其最重要的产品，只不过是引诱受众来到生产现场——媒介前的"免费午餐"，最重要的产品其实是受众。媒介根据受众的多寡和质量（年龄、性别、文化程度、收入等人口指标）的高低（也就是购买力的强弱）向广告客户收取费用。因此，媒介公司所想做的其实就是将受众集合并打包，以便出售。而对于"免费午餐"的享用者——受众而言，他们不仅在消磨时光，还在创造价值。这种价值最终是通过购买商品时付出的广告附加费来实现的。与此同时，受众在闲暇时间付出了劳动，为媒介创造了价值，但没有得到经济补偿，反而需要承担其经济后果。后来，又有人补充说，广播电视生产的商品并不是实际的受众，而只是关于受众的信息（观众的多少、类别的形成、使用媒介的形态）。媒介与广告客户之间的交易，是通过收听收视率行业进行的商品交换，而由这种交换过程产生的商品，是收听收视率这种信息性、资料性商品，而不是有形的商品[①]。这样的分析为我们提供了理解受众被物化的政治经济学背景。然而它不仅是在经济决定论的思维框架内看到了受众被降低为无生命的商品的事实，还是在"主—客关系"范围内把受众当作被动的客体。显然，这并不能真正达到我们批判受众商品化的目的——恢复人的主体性，进而恢复人的主体间性传播关系。也就是说，虽然批判了受众商品化现象，但没能真正地拯救受众。

---

① 郭镇之：《传播政治经济学理论泰斗达拉斯·斯迈兹》，载《国际新闻界》2001年第3期。

类似的现象在法兰克福批判学派那里也存在。如阿多诺（Theodor W. Adorno）、霍克海默（Max Horkheimer）等人曾作出批判，所有的大众媒体均为具有相同的商业目的和经济逻辑的企业体系，现有的政治经济势力主导此一体系的基本目的，不同的媒介工作者不可能超越这个体系结构，他们存在的理由就是肯定他们是整个文化工业的一部分。更进一步说，不仅政治经济结构决定媒体意识形态，而且媒体意识形态又决定受众意识形态，在他们看来，文化工业的产品对受众具有绝对的决定力量，人们在文化工业面前是那样的无助，甚至无法知觉自己所相信的意识形态就是奴役自己的意识形态[1]。他们所要批判的是，大众文化的商品化、标准化、单面性、操纵性、控制性的特征，压抑了人的主体意识，压抑了人的创造性和想象力的自由发挥，助长了工具理性，进一步削弱了在西方业已式微的"个体意识"和批评精神；同时，由于现代社会组织和意识形态长期推行的非个性化和齐一化，大众已经变成了一种固定不变的、单质的群体。他们清楚地意识到，文化工业是处心积虑地在将消费者纳入它的统一框架之中，它无疑是在悉心探究千百万大众的意识和无意识状态，但大众在文化工业中占据的不是主位而是客位，他们不是主体而是对象。对崇尚主体性的人来说，这是极其"有力"的批判。但是，只要我们仔细想想就不难发现，他们所得出的结论其实早就蕴含在前提之中，也就是说，他们在前提里就预设受众已失去主体性，或者只剩下单一的经验主体，只能被外物或外在的政治经济结构所驱使，只能是文化工业统治的对象。正如有些人所批评的，真正的受众在阿多诺眼中或许是退化过头了，回到了婴儿水平[2]。为什么会这样呢？主要原因恐怕在于他们把批判限制在意识和精神领域，相应地，主体也被局限在自我意识、自我精神表现之内，不再有实践主体，也不再有主体的创造。这种既远离传播实践活动又不能超越自我的"主体"，当然是易于被媒介摆布的了。其实，这样就取消了人的传播实践，取消了主体间的传播关系，何谈以文化救赎人生？

哈贝马斯（Jurgen Habermas）在对"公共领域"的早期研究中也曾陷入

---

[1] 张锦华：《传播批判理论》，台湾黎明文化事业公司，1994，第12~14页。
[2] 陆扬、王毅：《大众文化与传媒》，上海三联书店，2000，第62~63页。

这种理论困境，假设在政治经济结构势力的工具理性渗透之下，受众的自主性消失，不自觉地走进大众文化包装精美的价值观及假象中，成为被动、驯化、非理性批判的主体。他在论述"从文化批判的公众到文化消费的公众"时，曾这样写道：

> "诚然，如果大量的个人需要得以满足，那么，个人需要的实现就会带有公共性质，但是，公共领域不可能从中产生出来。市场规律控制着商品流通和社会劳动领域，如果它渗透到作为公众的私人所操纵的领域，那么，批判意识就会逐渐转化为消费观念。于是，公共交往便消解为形式相同的个人接受行为。"

> "今天，讨论本身受到了管制：讲台上的专业对话、公开讨论和圆桌节目——私人的批判变成了电台和电视上明星的节目，可以圈起来收门票，当作为会议出现，人人可以'参加'时，批判就已经具有了商品形式。"[1]

应该说，这可以看作是"需要与满足"理论的一个批判式注解。但正如哈贝马斯后来所意识到的，他的这一论述"过分消极地判断了大众的抵制能力和批判能力"[2]。

后来，"交往理性"（communication rationality）概念的提出使他摆脱了这一理论困境。他大胆假设人类理性不仅是目的理性（或工具理性），而且同时具有"交往理性"。前者假设人有意识地影响他人，以成功地达成其目的为宗旨；后者则假设主体皆具有普同的"交往理性"，自主并真诚地愿意在互动沟通的过程中追求真实，若能免于压迫性社会力量的介入，所有参与传播的人都能有相同的机会，自主地选择及使用言辞行动，相互质疑言辞内容的真实性或合理性，即可达成有效的沟通[3]。由此观之，虽然媒介在商业化背景下强化了

---

[1] 〔德〕哈贝马斯：《公共领域的结构转形》，曹卫东等译，学林出版社，1999，第188、191页。
[2] 〔德〕哈贝马斯：《公共领域的结构转形·1990年版序言》，曹卫东等译，学林出版社，1999，第17页。
[3] 参见张锦华：《传播批判理论》，台湾黎明文化事业公司，1994，第218页。

工具理性，目的性很强地"捕获"受众，但并不能否认媒介工作者和受众均具有追求自主、真实的理性基础，能应对大众文化的商品化、标准化、单面性、操纵性、控制性的压力。在这里，他所强调的交往理性主体，并非工具理性中的以自我为中心的主体，而是相互沟通的主体，即处于相互尊重、相互开放的意见论辩过程的主体。这就呈现了人类传播活动的本质和理想境界，树立了具有主体间性基础的传播价值理念，同时，又对社会压迫性力量的介入所造成的"扭曲传播"（distorted communication），以及弱势群体的传播能力受到压抑而导致的"假传播"（pseudo-communication），构成了有力的批判。

霍尔的"编码—解码"理论虽然是针对媒介文本的，但其理论贡献却主要表现在改变了实证主义研究对传者与受众关系的线性理解，提出了一个重要的理论模式，即意义不是传者"传递"的，而是接受者"生产"的，从而也在主体间传播关系中重构了受众观念。用他的话来说，在传播过程中，"不赋予'意义'，就不会有'消费'"；在一个信息"产生效果（不管如何界定）、满足一个'需要'或者付诸'使用'之前，它首先必须被用作一个有意义的话语，被从意义上解码"；为实证主义研究所孤立理解的效果、使用与满足，都是"由理解的结构来构架的，也是由社会经济关系来生产的"①。从这一理论立场出发，霍尔认为编码与解码没有必然的一致，并提出了三种假设的解码方式。其一是"主导—霸权立场"（dominant-hegemonic position）的阐释方式，即以信息所提示的预想性意义来理解，意味着编码与解码两相和谐，受众"运作于支配代码之内"；其二是"协商代码或协商立场"（negotiated code or position），这似乎是大多数受众的解码立场，既不完全同意，又不完全否定，一方面承认支配意识形态的权威，另一方面也强调自身的特定情况，受众与支配意识形态始终处于一种矛盾的商议过程；其三是受众"有可能完全理解话语赋予的字面和内涵意义的曲折变化，但以一种全然相反的方式去解码信息"，也就是根据自己的经验和背景，读出新的意思来②。哈贝马斯在评价这

---

① 〔英〕斯图亚特·霍尔：《编码，解码》，王广州译，载罗钢、刘象愚主编《文化研究读本》，中国社会科学出版社，2000，第346～348页。
② 〔英〕斯图亚特·霍尔：《编码，解码》，王广州译，载罗钢、刘象愚主编《文化研究读本》，中国社会科学出版社，2000，第356～358页。

一理论时说:"斯图亚特·霍尔所做的有关观众阐释策略的三种区分,及臣服或反对所提供的内容的结构,或者以自己的阐释去加以综合,很好地表明了相对旧的解释模式而发生的视角转变"①。其实,这种视角的转变不仅意味着发现了积极"生产"意义的受众,而且把受众纳入了主体间传播关系之中,揭示了阐释过程所隐含的社会经济关系。通常的受众研究,只把受众当作信息的消费者,而没有把意义生产的权利天然地赋予信息制作者,所谓收视率调查,常常只表明观众"消费"了某一节目,很少说明观众如何解读节目的意义,如何在消费中生产意义,又如何在生产意义中消费。显然,霍尔的研究使这一问题显现出来,直接成了在特定的社会文化语境中研究受众接受行为的理论背景。如莫利(D. Morley)的《全国报道的观众》(The "Nationwide" Audience)、《家庭电视》(Family Television),莱恩·昂(L. Ang)的《观看达拉斯》(Watching "Dallas")等,都对霍尔的这一理论做了进一步的诠释。

菲斯克(J. Fiske)则详细阐述了一套建立在"编码—解码"理论基础上的通俗文化理论,对受众问题做了有价值的发挥。首先,他提出大众并不是一个单质的整体,而是包含了各种由于利益关系、政治立场和社会联系而形成的群体,是一个复杂的多元的组合。其次,他认为,大众文化不是一般的商品,它不仅在财经经济体制中流通,也在与之平行的文化经济体制中流通,前者流通的是金钱,后者流通的是意义与快感。这一区分体现了灵动的批判意识,使人明晰受众的两种处境:一是在财经经济体制中,媒介生产的商品是受众,受众成了被动的角色;二是在文化经济体制中,媒介向能生产意义和快感的受众播放节目,这时的受众成了意义的"生产者",成了文化创造者。这就构成了对大众文化的双向批判。最后,他把文化定义为特定社会中社会意义的生产和流通,这种生产和流通既依赖于文本提供的意义框架和空白,又依赖于读者或观众积极地参与和创造,因此,受众与文本的关系必然十分复杂;而由于受众千差万别的社会特征,必然会产生千差万别的

---

① 〔德〕哈贝马斯:《公共领域的结构转形·1990年版序言》,曹卫东等译,学林出版社1999年版,第17页。

"生产性文本"。所谓文化是一个充满生命力的积极过程，就在这种互动中显现出来①。

我们看到，文化研究学派的学者过多地关注文本，局限于语言交往层面，这多少限制了他们反思受众主体的深度和广度，难以涵盖人类的传播实践。看来，对于他们的受众论说，我们还有一个超越的方向，就是把多极主体及其互动当作是人类传播活动的价值之源，在物质交往、精神交往和语言交往的多维层面，探寻受众存在的奥秘与意义。

此文原载《国外社会科学》2002年第1期，2006年出版译著《受众研究读本》（华夏出版社）时以此文为基础写成译序，现重新勘校后修改了个别注释。

---

① 此处参阅罗钢、刘象愚主编《文化研究读本》，中国社会科学出版社，2000，第34~36页，以及陆扬、王毅：《大众文化与传媒》，上海三联书店，2000，第111~117页。

现代传媒与社会、文化发展

传播与发展是存在于人类历史进程中的一对恒久关系范畴，但是，真正发现这一关系范畴还是在工业革命之后，因为正是从那时起，新闻传播作为现代性的合理性实践的一部分，越来越植根于人的普遍的物质交往与精神交往需要之中，对社会文化发展产生着重要的影响，人们视传媒为社会变迁的工具。而到了20世纪特别是第二次世界大战之后，传播与发展则成了一个时代的命题。在发展经济学、发展社会学、发展政治学等"发展理论"成为潮流的同时，发展传播学（development communication）也融入其中，成为"发展话语"的重要组成部分，其核心话语即是"有效的传播是发展的关键因素"，而且在整个西方发展模式中，大众媒介被视为整体发展计划中不可或缺的一环①。在中国，自19世纪末以来，中西文化的碰撞带来的中国社会、文化的变局，使一些知识分子瞩目于传播与发展的关系，从晚清的"去塞求通""广人才、保疆土、助变法、增学问、除舞弊、达民隐"，到"五四"新文化运动时期的"新闻救国""必使政府听命于正当之民意"，再到报刊的大众化时期的"新闻之变化，不外求适合于社会而已""现代的新闻纸，是社会群众恃以生存的精神食粮"，都表现了人们对传播与发展关系的关注。今天，在中国社会、文化的又一个转型期，在中国面临全球化、信息化挑战的关头，传播与发展的关系建构显得格外重要。

一 传播与社会、文化的关系

传播与社会、文化的关系是每个人都可以直观到的现象，因为在我们

---

① 〔美〕威尔伯·施拉姆：《人类传播史》，游梓翔、吴韵仪译，台湾远流出版公司，1994，第480页。

生活的世界里，广泛传播的符号形式发挥着极为重要的并且越来越大的作用，同时，在一切社会中，符号形式（即语言的表达、手势、动作、艺术品等）的生产和交换现在是并且始终是社会生活的普遍特征。自资本主义的发展把人类推向现代社会以来，技术手段的发展，现代企业制度的确立，使符号形式的生产、复制和传播以前所未有的规模进行，以至于我们的日常生活与传媒如此紧密地交织在一起，报刊、书籍、广播、广告、电视、录像机、网络已成为日常生活不可或缺的东西。仅以电视为例，全球每天有35亿小时被用于收看电视，在一些发达国家，日平均受视每户4.9～5.3小时，每人3～3.8小时，这种明显的家庭化色彩，使得电视成为家庭文化的组成部分：其节目的编制与安排规定了家庭生活或至少某些人的家庭生活的模式和结构[1]。

从本质上讲，人类的生活是在传播过程中展开的创造活动，这种活动就是传播活动，它是人类生活中最富有代表性的特征，人类社会文化的全部发展都依赖于这种条件。威尔伯·施拉姆（Wilbur Schramm）曾对此作过这样的描述：

"在学会语言后，人类便以农业取代了渔猎采集，由洞穴与游牧进入农村生活；为了满足群居的需要，政府及其他制度便应运而生。学会阅读后，人类具备了有效应用过去经验的能力；他们记录各项事件，创造市场、学校、城市以及科学与哲学的概念。印刷发明后，人类由探险中发现了更大的世界，在掌握充分资讯的基础上，以工业、商业为手段，向外征服开拓。"[2]

由此可见，人类塑造了传播媒介，同时，传播媒介也塑造了人类。一方面，人类社会发展史既是文化创造的历史，也是传播媒介的创造史和传播关系

---

[1] 〔英〕尼古拉斯·阿伯克龙比：《电视与社会》，张永喜等译，南京大学出版社，2002，第3～4、198页。
[2] 〔美〕威尔伯·施拉姆：《人类传播史》，游梓翔、吴韵仪译，台湾远流出版公司，1994，第469页。

的发展史，传播媒介不仅贯穿于人类社会发展的整个历史过程，而且与人类的社会、政治、经济、文化活动密切相关。传播媒介越发展，社会、文化就越开放，每一种新的传播方式与技术的兴起，都会带来人的感知方式的变化，方便共同体生活中的人的民主参与，从而带来社会、文化的变迁与日常生活的变化。当然，传播媒介越发展，人也可能会越来越被它所支配，形成媒介的社会、文化支配权力，这时，人就会越来越远离现实世界，而越来越依赖于媒介所构筑的世界，甚至融入媒介技术主宰的信息系统之中，造成人的异化与文化创造力的钝化。

从另一方面来看，社会文化对传播又具有制约力，这是因为传播是人的文化活动，本身与社会文化相依存。有人据此从传播学的角度给文化下定义：由特定传播媒介所负载、并由人们设计的传播结构加以维护、推行的社会价值观念体系，以及由传播网络限定的社会行为模式。与此同时，又相应地把"传播"界定为：社会赖以生存发展的通信交流形式和文化的信息储存、放大、删减、封锁的活动机制[1]。这种界定并不完美，只是从特定角度分别对传播与文化作了说明，但有一点是非常客观的，即承认文化与传播的内在统一性。一方面，文化规定了传播的内容、方式、方法及传播方向、效果；另一方面，传播以符号化、意义化的方式呈现着文化，作为文化的活性机制而存在。为什么会这样呢？从人类学的角度看，人类有两套信息系统，一是与一般生物共同具备的基因信息系统，人类赖以繁衍生息，二是社会传承的文化信息系统，人类赖此发展进步[2]。前者可称为"自然人"信息系统，后者可称为"社会人"信息系统。当传播生成了人与人之间的社会联系，从而使人完成了从"自然人"到"社会人"的转变后，传播便与文化合一了，并受到社会文化的制约。从哲学的角度看，如卡西尔（Ernst Cassirer）所言，人是符号的动物，人类生活的典型特征就在于他能发明、运用各种符号，从而创造出一个"符号的宇宙"——"人类文化的世界"，从此，人不再生活在一个单纯的物理宇宙之中，而是生活在一个符号宇宙中，"他是如此的使自己被包围在语言的形式、

---

[1] 吴予敏：《无形的网络——从传播学角度看中国的传统文化》，国际文化出版公司，1988，第205页。

[2] 庄晓东：《文化传播：历史、理论与现实》，人民出版社，2003，第19页。

艺术的想象、神话的符号以及宗教的仪式之中，以致除非凭借这些人为媒介物的中介，他就不可能看见或认识任何东西"①。虽然作为传播主体的人并不会完全融化在"符号的宇宙"中，而失去自己的感性的、现实的存在，但他被包围在"符号的宇宙"的事实，已充分说明了文化对传播的制约以及文化与传播的同一性。

文化与传播的这种同一性关系是我们在传播过程中可随处体验到的，如民族语言是传播的工具，同时，民族语言又设定了传播的文化范围；社会成员间只有共享一种媒介文化、共存于同一文化情境，才能达成彼此间的传播。

当然，我们也可体验到，社会文化的偏见与成见、文化中心主义、文化冲突等负面的东西也常常扭曲着传播，例如社会政治利益集团的文化倾向，常常使媒介沦为意识形态的工具；消费主义文化片面强调通过物质占有达到个人享乐和自我表现，常常使媒体过度营造消费的诱惑力，把公民变为消费者，将政治参与蜕变为购物的附带品。然而，人作为创造的主体，作为传播的主体，在传播活动与文化创造中具有反思性，即能在接收信息的过程中，通过对情势的正确分析达到对自身的理性判断和把握，从而把人的传播活动和文化创造建立在人的物质交往与精神交往的辩证关系的基础之上。因此，在传播与社会、文化的关系中，人的创造性、反思性是永恒的"调适器"。

二 现代性视野中的传媒与社会、文化发展

一般说来，"发展"概念所关注的对象不是"任何事物、任何现象、任何系统"，而是指人为事物、社会现象和社会系统；不是与任何目标、价值无关的"一切变化"，而是仅仅与人的目标、价值有关的那种"变化"。二战以后的发展语境是，世界局势发生变化，一批原来是殖民地、半殖民地的国家取得独立后，面对在发展程度上与西方工业化国家的巨大差距，一个普遍的问题同时摆在了社会制度和文化传统方面差别很大的发展中国家面前，这就是发展的

---

① 〔德〕恩斯特·卡西尔：《人论》，甘阳译，上海译文出版社，1985，第33页。

问题：能不能通过有意识的、有组织的努力，推动社会朝着确定的目标发展？尽管发展问题是在发展中国家的特殊环境中产生的，但用以回答"发展问题"的"发展理论"无一不来自西方或以西方为参照①。这一方面带有西方中心论的色彩，另一方面又体现着现代性的评价方式。按照吉登斯（Anthony Giddens）的解释，所谓现代性是大约17世纪开始在欧洲形成的各种社会生活或组织形式的总和②。也就是说，西方的社会制度、政治理念、经济观念、文化创造、生活方式等都成了评价发展的"标尺"。

起源于西方资产阶级革命的现代传媒乃是现代性的重要表征，在一些西方学者眼里，它的发展过程就是创造现代生活、创造现代人的过程，因此，在传播与发展的关系建构中亦贯通着现代性的评价话语。如美国社会学家勒纳（Daniel Lerner）对传播与发展之关系的核心表述就是："各地都市化程度提升后，均能提高其人民的识字率；人民的识字率提高后，其媒介使用率便会增加；媒介使用率增加后，人们在经济与政治方面的参与程度随即扩大"③。加拿大学者斯迈兹（Dallas Smythe）则强调传播是重要的社会实践活动，传播不仅影响经济活动，而且本身已成为基本的经济活动之一，因此研究传播活动是理解经济的必要因素，而关注社会权力关系的政治经济学对于理解传播也是必要的，因为传播过程体现了人与人之间的社会关系④。心理学家海根（Everett Hagen）和麦克里兰（David McCleland）认为要达到发展的境界，首要任务是改变社会大众的人格，使其具有创新人格，而识字率、传播媒介、都市化以及民主主义、民主自尊的出现，有助于创新人格的形成⑤。英国文化社会学家默多克（Graham Murdock）在论述20世纪末的传播与当代生活时，直接用现代性话语来说明媒介对于社会发展的作用：

---

① 景天魁：《社会发展的时空结构》，黑龙江人民出版社，2002，第181~183页。
② Giddens, Anthony. *The Consequences of Modernity*, Oxford: Polity Press, 1990, p. 1.
③ Lerner, Daniel *The Passing of Traditional Society*, Chicago: Free Press, 1958. 转引自〔美〕威尔伯·施拉姆《人类传播史》，游梓翔、吴韵仪译，台湾远流出版公司，1994，第478页。
④ Guback, Thomas (ed.): Counterclockwise: Perspectives on Communication, Dallas Smyhte. Bould: Westview Press, 1994, p. 43.
⑤ Hagen, Everett F. *On The Theory of Social Change*, Chicago: Dorsey, 1962；转引自〔美〕威尔伯·施拉姆《人类传播史》，游梓翔、吴韵仪译，台湾远流出版公司，1994，第476页。

"首先,传播媒介本身也是重要的社会惯制构成,也是工业体系的延伸,与资本主义经济和现代政体,也就是公司和民主国家,有着复杂的、千丝万缕的联系。

其次,传媒重新组织日常生活,教给人们新的社会交往方式,加强人们新近形成的日常礼节和习俗,为人们重建认同感和记忆提供新的素材。

再次,也是最重要的一点,在组织和倡导新的相互竞争的意义体系及其再现方面,大众流行传媒对普通老百姓来讲,已经成为重要的信息来源。大众传媒给人们提供各种话语、形象和解释框架,供他们在理解身在其中的社会变化时作参考,并帮助他们拿出个人的行动对策。"①

显然,上述关于传播与发展的理论有一个突出的特点,即在发展观上强调统一于现代性的发展,在传播观上倾向于表达传播的政治、经济、社会、文化功能,或者说倾向于表达传媒作为工具对现代性的重要作用与影响。其实,他们在发展观上就难免忽视了发展的一个重要特征,即统一性与多样性的平衡②,这种平衡对于社会、文化发展来说是基本的,没有多样性,社会、文化的各个部分就不能形成一个能够生长、发展、繁殖和创造的实体;没有整合,社会、文化的各种不同的成分就不能结合成为一个单一的能动结构;真正的统一性是在整个系统的所有因素平等互利的整合中出现的,它只能补充而不是损害多样性。从某种意义上讲,统一于现代性的发展,甚至仅以国民生产总值为标准来衡量的发展,并不是真正的发展,与此相比较,发展过程的内涵要复杂得多、丰富得多、广泛得多,只有在多样性中实现的相互协调、平等参与、共同进步,才是真正的发展。同时,他们在传播观上过多地围绕现代性价值表述传播的功能化与工具化的意义,较少从社会、文化的多样性出发认识传播的价值理性——分享共同交流的意义,忽略传播过程中的国家传播主体、文化传播主体以及主体间的互动。这样一来,传播对于发展的意义仅是传播促进了现代

---

① 〔英〕格雷厄姆·默多克:《媒体参与的现代性:本世纪末的传播与当代生活》,载马戎、周星主编《二十一世纪:文化自觉与跨文化对话(一)》,北京大学出版社,2001,第124页。
② 〔美〕欧文·拉兹洛编《多种文化的星球——联合国教科文组织国际专家小组的报告》,戴侃、辛未译,社会科学文献出版社,2001,第1页。

性的实现,促进了信息的自由流动,促进了民主政治的运作,促进了资本主义的运行,促进了社会的竞争与开放社会的形成,一句话,传播与发展的关系由现代性所主宰。从理论上讲,它既具有现代性的开放性,又呈现着现代性对传统的断裂性特点,即抛弃国家与民族的发展历史,建立现代传媒制度和现代传播方式,以促进社会、文化的现代化转向。这种有明显缺陷的理论在现实中则设下了有利于媒介资本扩张的"棋局",一个突出的案例是,在1946年的联合国教科文组织第一届大会上,美国政府在媒介公司利益集团的推动下,使"信息自由流动"原则获得通过。结果,人们发现,美国媒介公司正是打着"信息自由流动"的旗号向全球扩张,到20世纪60年代末、70年代初,在世界信息传播领域,形成了一种不均衡的信息流动,即大量的媒介信息从少数几个西方国家(主要是美国和英国)向全世界流动,同时,"信息自由流动"原则遇到了挑战,发展中国家受到了来自美、英等西方媒体公司的信息、新闻与文化控制,处于"信息自由流动"体系中心地带的国家或媒体公司利用其优势地位,极力控制并支配处于边缘地位的国家传播业,把边缘固定化,强化它对中心的依附性,发展中国家的媒体要么被拉进这个体系受挤压,要么被排斥在外受打压。于是,自20世纪70年代起,发展中国家发起建立世界信息与传播新秩序运动,试图打破这一不公正的体系,强调建立双向的信息流动,所有国家都应该有权使用各种信息,平等参与国际传播渠道的使用与控制,同时,根据民族国家的独立原则,任何一个国家都有权决定什么样的信息可以出入其国家。眼看着媒介资本扩张的"棋局"要被破坏,以美国为首的西方国家极力反对新原则,并不惜以脱离联合国教科文组织相要挟,迫使其回避建立世界信息与传播新秩序的问题。

显然,在现代性的视野里建构的传媒与社会、文化发展关系,注重的是媒介资本的扩张,而不是媒介的均衡发展和信息的双向流动;追求的是媒介的权力(Power)及其对他种社会、文化的支配,而不是媒介的权利(Right)所包含的对等、互利、相互尊重传播主权、广泛的参与等价值观念;推行的是传播过程中的政治经济文化权力的单向流动与单一控制,而非在文化间的协商、沟通、理解的基础上的全球化传播。到现在,这种传媒与社会、文化发展关系的设定所得到的结果是:时代华纳、迪士尼、贝塔斯曼、维亚康姆、新闻集团、索尼、TCL、日本广播公司（NHK）等全球媒体越来越有效地支配着大众传媒市场。在这些传媒产业巨头的引导下，全球50家媒体娱乐公司占据了当今世界上95%的传媒产业市场；目前90%以上的新闻由美国和西方国家垄断，其中有70%是由跨国大公司垄断，美国控制了全球75%的电视节目生产和制作。联合国教科文组织的市场调研表明：在全世界跨国流通的每100本书中，就有85本是从发达国家流向发展中国家的；在跨国流通的每100小时的音像制品中，就有74小时的制品是从发达国家和新兴工业国家流向发展中国家的①。这种不对称性的传播，现在已经构成对社会文化的多样性的威胁，加剧了价值体系的混乱与价值观的冲突，加快了文化同化或文化殖民的进程，加深了文化生态危机。实践证明，从现代性角度建构的传媒与社会、文化发展关系犹如"罂粟花"，虽然是美丽的、诱人的，却是有毒的。

三 权力关系体系中的传媒与社会、文化发展

传媒与社会、文化发展的关系总是离不开"国家"与"市场"的双重介入，这种介入的结构导致的是"国家行为的市场化"与"市场行为的国家化"等复杂现象。我们在观察媒体的时候常常简单地将两者对立起来，习惯于批评国家为了某种目的对媒介进行控制和利用，打压了媒介市场与意见的自由市场，反过来也批评商业媒介为了竞争而不惜损害公共利益，对国家的政治进程进行干预和操纵。其实，这些只不过是表象而已，真正的秘密在于，国家之间、民族之间、阶级之间乃至性别之间形成的权力关系体系操纵着这一切。政治、经济、社会、文化对媒介的影响，以及媒介对政治、经济、社会、文化的作用，均不是直线过程，而是要通过权力关系体系起作用，如相对自主的媒体在制作新闻以满足受众的需要时，它可能落入政府设定的议题框架中，而处于从属的地位，同时，受众的需要也可能早已隐含了有利于现有权力架构的意识形态，而使媒体成为意识形态表达的工具。因此，要从反思的角度重建传媒与社会、文化发展的关系，就得从根本上反思这种权力关系体系。

---

① 孙旭培：《加入世贸与中国数字传媒的发展》，载《新闻与传播评论》，2001年。

勒纳、施拉姆等人在20世纪五六十年代提出"传播与国家发展理论"、为发展中国家提供现代化发展模式时，他们只是单向地认知媒介在促进传统社会向现代社会变迁中的作用，线性化地构想西方现代化经验向发展中国家的移植，而忽略了发达国家与发展中国家的权力关系结构，结果，这一理论并未预见这样的现实：发展中国家的媒体在所有权、结构、发行或传播、内容等方面受制于发达国家媒体利益的强大压力，其声音越来越弱小，不仅在国际范围内越来越丧失话语权，而且其对本国社会、文化发展的影响力也受制于西方媒介。到20世纪70年代，一些西方学者和拉丁美洲学者开始以批判的眼光审视发展的问题，形成了诠释国家间权力关系体系的"依附理论"。这一理论有一个基本的思维逻辑，即由于市场关系的不平等导致不平等交换，不平等交换导致不平等发展；同时，也有一个基本的思维框架，即借用"中心—边缘"的观念，把世界经济结构描绘为"中心"与"边缘"国家间的"依存"关系。所谓"中心"是指经济高度发展的资本主义国家，所谓"边缘"是指原来的殖民地或经济不发达的第三世界国家。这一理论认为，位于"中心"的西方国家勾结、收买落后的"边缘"国家的资产阶级为"同谋"，从"边缘"榨取经济利润，掠夺必要的原料，使资本和市场不断趋于集中或被垄断在"中心"国家，使国际间贫富差距不断扩大；而独立后的原殖民地国家为实现工业化，依赖和受制于发达国家的技术和资金，导致外债增加，支付逆差，形成"边缘"对"中心"的依附关系。事实证明，这一关系是导致媒介发展和信息交流不平衡的根本原因，比如发展中国家在发展现代传媒的过程中，常常依附于西方国家的传播技术、媒介资本，进而在新闻报道、影视节目上依赖于西方媒体，有研究显示，发展中国家新闻传媒中的非本地新闻有75%来自西方国家的新闻机构，以至于发展中国家说，他们不得不以西方的视野来观察包括自己在内的所有新闻事件[1]。反过来，这种发展状况的媒介又促进着"依附关系"的再生产，即通过制造一大批西方物质产品和精神产品的消费者，保持西方政治、经济、文化的支配权。

---

[1] Merril, John C. ed., Global Journalism: *Survey of International Communication*, Longman Publishers, 1999, p. 47.

显然，在这种依附关系体系下，媒介自身不仅不能获得健康的发展，而且反过来给社会、文化发展带来负面的影响。要建立现代媒介与社会、文化发展的正常关系，必须时时反省并解构这种依附关系体系，使跨国传播建立在文化间的协商、沟通、理解的基础上，建立在既尊重国家主权又信守全球新闻自由原则的基础上，大力推行跨国传播的非垄断化市场原则、传播技术均衡原则、信息流动平衡原则[1]，以开放、自由、独立、平衡、多元的国际传播新秩序，推动现代传媒与社会、文化发展的良性互动。

与国家一样，民族对于媒介市场的分割也发挥着重要作用。在现实生活中，各种各样具有共同语言、文化、历史并生活于同一社会的人群，组成了多元的文化社会，同时也构成了复杂多变的权力关系。一般说来，在经济、政治、文化和社会地位上处于优势的民族往往对其他民族形成支配，控制着共同政体的运作与政策的制定。在传播领域，这类民族更多地拥有媒介的所有权、话语权，享有媒介的使用权、管理权，更多地成为媒介关注的中心。美国学者的研究表明，美国黑人往往被广告商看做是具有较低市场价值的群体，这使得许多媒介不以黑人为目标受众，再加上种族主义意识形态的影响，导致黑人受众长期被主流媒体忽视；而一些以黑人为目标受众的媒体，又很难得到广告商的青睐[2]。从表面上看，广告商支配着媒介市场，实质上是种族权力关系体系操纵着一切，同时，媒介也在市场化运作中加深、加固着种族权力关系体系。无疑，这将导致社会的不平衡发展，破坏民族文化生态，制造民族矛盾与冲突。改变媒介受种族权力关系体系支配的合理途径是回到平等多元、共同发展的思路上，尊重民族文化的多样性，尊重各民族的传播权与文化表达权，建立反映各民族生存与发展的媒介空间。

在媒介市场化发展的今天，对媒介与社会、文化关系最具影响力的要算阶级权力架构。按照葛兰西的文化霸权理论，文化是一处斗争的场所，各个阶级和社会集团为争取文化领导权进行着持续不断的谈判、斗争和调停，那些能够

---

[1] 单波：《跨文化新闻传播》，载钟期荣主编《经济全球化与跨地区文化传播》，浙江大学出版社，2003。
[2] Gandy, Jr. Oscar H. Race, *Ethnicity and Segmentation of Media Markets*, in James Curran and Micheal Gurevitch (ed.) Mass Media and Soiety, London: Arnold Pub. Corp. 2000, p. 62.

再现自身和他人的人握有权力，而那些不能再现自身和他人的人则处于无权地位，只能听凭他人来再现自己。由于这个原因，总是存在着那些处于社会边缘的受压迫、受排斥、受支配的社会群体反对文化霸权的斗争。媒介总是存在于这一"斗争场"中，成为阶级表达、阶级统治、阶级抗争的工具，再现着阶级权力关系。有关资料表明，在当今的发达资本主义经济中，仍然普遍存在着两极分化的阶级结构。在美国，94%的财富由社会上层20%的人口所占有（48%的财富是由最上层1%的人口所占有），社会底层80%人口中占有剩下6%的财富[1]。在这样一个阶级结构中，媒介所有权集中在少数资本家手中，媒介所有者把公民变成消费者，在生产需要的过程中消解其民主意识和自主精神，使其顺应资本家的媒介控制权。由于媒介的使用越来越受经济因素的限制，造成不同群体在媒介使用上的差距越来越大，产生所谓"知识沟""信息沟"现象，从而限制了社会底层人士参与政治生活、经济生活、文化生活的机会。与此同时，媒介常常像划分阶级那样按收入来划分受众群体，以吸引广告商，并生产受众的身份认同，稳固现有的阶级权力关系。很明显，阶级权力关系主宰下的现代传媒与社会、文化发展关系是病态的，它除了符合资本的逻辑外，再也没有任何发展的意义。为了消除这种病态，我们还必须回到政治的逻辑、文化的逻辑、审美的逻辑、尊重弱势群体的逻辑上来，真正使媒介发展植根于人类的相互理解、相互沟通的需要中。

与阶级一样，性别也是社会权力关系的基础，因为社会既是阶级分化的，又是受性别角色规约的。阶级、性别层面的不平等，是社会不平等的基本表现。在现代社会，虽然女性的经济地位、社会地位和文化地位提高了，女性参与经济生活和政治生活的机会增加了，但是，男性与女性的权力关系架构没有改变，女性依然是被支配的社会群体。这种权力关系在现代传媒领域的反映就是，社会的媒体资源和媒介力量在媒体竞争中越来越集中到少数男人手中，这使得一方面主流媒体的女性报道更统一地表现出单一的男性视角；媒介从业人员以男性为主，而女记者通常被认为缺乏理性思维，其报道

---

[1] Dawson Micheal, and Foster John Bellamy, Virtual Capitalism: The Political Economy of The Information Highway, in *Monthly Review*, July-August, 1996, p. 43.

的客观冷静也遭到怀疑，这使女记者所拥有的版面通常被局限在生活类的版面。而女记者在表现自己能力的过程中，往往会落入以男性为主导的新闻价值判断之中，不自觉地接受男性视角的新闻观，放弃自己的女性视角。就像女性通常和大众文化联系在一起，而男性则被认为掌握着主流文化的特权那样，媒体将男性和政治、公共事务做了预设的联系，而女性则被预设为消费者，被区隔在私人的、家庭的、生活的、娱乐的"软新闻"领域，处于被观看、被性化的媒介地位。从某种意义上讲，媒介更多地演绎着既存的男性与女性的权力关系架构，确认着男性与女性的不平等状态，加大了男性与女性的不平衡发展。

在存在着固有性别差异的文明社会，女性的发展权、自主权、传播权显得尤为重要，是实现人的全面、自由发展的重要一步。媒体有责任克服消费主义倾向，把女性从被观看、被性化的处境中解救出来，更有责任秉持尊重弱势群体及落实社会多元化的理念，重视女性及其他社会的弱势族群的声音，使她们成为媒介权力主体的一部分。只有这样，媒介才能真正成为社会、文化发展的原动力。

四 在多维视野中审视现代传媒与中国社会、文化发展

从19世纪末到现在，中国社会文化一直处在转型期，社会文化产生着明显的危机与断裂，同时又进行着急遽的重组与更新[1]。在当代中国，社会、文化发展既有从传统社会转变为现代社会的问题，又有从计划经济转变为市场经济、从人治转向法治的问题，同时还面临着如何走向世界的问题。因此，从宏观上讲，改革开放的中国面临着传统性、现代性和后现代性的大汇集、大冲撞、大综合[2]。相应地，要解读现代传媒与中国社会、文化的发展关系，就必须进入传统性、现代性和后现代性所构成的思维空间。

在社会、文化发展中，传统性是在时间上有某种连续性和同一性、在空间

---

[1] 汤一介：《论文化转型时期的文化合力》，载《中国文化》1994年第10期。
[2] 景天魁：《社会发展的时空结构》，黑龙江人民出版社，2002，第392页。

上有某种稳定性，存活在人的观念、习俗与行为中的东西。现代性勃兴于欧洲启蒙运动后的理性觉醒，它有着四种结构纬度，即资本主义、工业主义、监控系统和暴力手段；启蒙斩断了传统，使现代性表现为传统的断裂和社会发展的非连续性；现代性以人与人之间的竞争关系、契约关系和金钱关系取代亲情关系，同时也建构了市场经济制度、政治制度以及理性、公平、信用、效率、风险、开放、平等等现代价值观念体系，呈现社会发展的非稳定性和风险性；后现代性的内涵非常复杂，但在基本层面上突出的是反现代性，即反对现代性对于传统的否定态度，反对把经济利益当作关注的中心，反对工业化、都市化赤裸的现实，强调经济生态、文化生态、多样性，消解中心论、一元化，寻找现代人的精神家园。如果说传统社会一般是地域性的、内向的，倾向于强调自己的特殊性，那么，现代性则意味着向外扩张，努力拓展生存空间和交往空间，把资本主义作为普遍性的东西到处扩散，而后现代性则是要超越地域性与全球性、特殊性与普遍性、一元性与多元性、封闭性与开放性等二元对立的困境。

尽管传统性、现代性和后现代性是外来语，其表述也并不统一，但我们必须看到，它们在现时代代表着发展的时空结构，代表着三种发展观和三种力量，它们共存于中国社会、文化发展的框架内，它们之间的张力和搏击正是推动中国社会、文化发展的重要契机，同时，也形成了建构媒介与中国社会、文化发展关系的合力。

中国媒介发展常常拖着传统的影子，对于这种传统，我们看到的多是负面的东西，如以言治罪、以言杀人、以言去言[1]、愚民化的舆论控制、知情权的剥夺、言论的等级传播、媒介权力的垄断与世袭、教化式传播等。在自然经济的社会条件下，这些东西曾经是社会的稳定与安全的保证，但是，在经济基础发生根本改变的当代中国社会，这些东西将使社会丧失自主监测、自主调节、抗御风险和广泛合作的能力，不仅有碍于社会民主和自由公正，最终也将丧失社会稳定和国家安全[2]。这时，媒介的地域性发展呈现为封闭性的病态发展，

---

[1] 以言去言指用完全代表国家利益和君王意志的言论消除私家之言。
[2] 吴予敏：《帝制中国的媒介权力》，载《读书》2001年第3期。

成为社会、文化发展的后滞力量。

自鸦片战争以后，中西文化的交流与碰撞给中国社会吹来现代化的风，中国社会原来的发展进程被截断，被迫成为资本主义市场的一部分，形成了传统性与现代性的对话，中国在屈辱与自强、困顿与自救、保守与激进、封闭与开放相交错的过程中探寻着发展道路。当中国早期报人看到了"去塞求通"对于国家富强的巨大作用后，随之建立了报业发展与国家发展的关系："故国愈强，其设报之数必愈溥，译报之事必愈详，传报之地必愈远，开报之人必愈众，治报之学必愈精，保报之力必愈大，掌报之权必愈尊，获报之益必愈溥。"① 显然，人们当时已把国家发展与报纸的开放性、报纸发行网的建立、新闻传播内容和传播范围、新闻传播权及其保障、新闻传播效果以及报业研究——联系起来，从而使报纸发展注入了现代性因素，从受制于皇权统治的边缘状态，进入引导中国文化转型的核心地带，成为经济发展与政治变革的中介环节；特别是在辛亥革命以后，报刊的现代性因素更多，如言论出版自由、监督政府理想转变为实践，制造舆论逐步被反映舆论、代表舆论所取代，更加强调客观、公正、独立以及读者意识和市场化运作，等等。随着官报独占格局被打破、民间报刊的增多、民间印刷出版业的兴盛、民间发行网络的形成、新闻内容的社会化、读者对象的民众化，报刊对于中国社会、文化的发展产生了明显的影响：它改变了中国几千年人际间的经验化的文化传播形式，打破了封建正统文化和传统精英文化的垄断局面，促使都市文化迅速浮升，不断刺激人们对于文化知识和信息的普遍需求，并以巨大的魔力使得知识群体摆脱对专制皇权的依附状态和向心运动，重新确立社会良心载体的地位，营造出民众广泛参与、思想流派纷呈的社会文化环境，发挥知情权和表达权，成为约束政治权力的社会制衡机制，同时也把中国文化引向了面向世界的发展道路。

然而，传统性并未退去，一方面，专制的力量继续制约着媒介的发展，并且与经济力量合谋，消解着媒介的公共性质；与法律合谋，制造着更加细密的传播控制体系，扭曲着政府、公众与媒介的法律关系，使国家机器管理社会的效率和敏感度降低；与"主义"合谋，固守着媒介的宣传、教化功能，使思

---

① 吴恒炜：《知新报缘起》，载《知新报》1897年2月22日。

想的统治大行其道。另一方面,"士志于道"的精神传统与独立、自由、平等等现代价值观念结合,给媒介发展注入了道德理性,与政治经济权力形成一定的张力,而道德理性又与知识、信息一起,在对社会的监督制衡中建构着媒介权威。一个值得关注的现象是,在中国现代传媒的发展过程中,民主报人大多倾向于公众利益、社会利益和类似于"四不主义"的道德操守,反抗媒介的商业化、企业化、市场化运作,或者至多把这种运作当作实现公众利益和社会利益以及经济独立的手段,而不愿把媒介权力置于经济利益的控制之下。这种情况的出现与20世纪二三十年代中国知识界反思资本主义、追求社会民主主义的背景相关联。第一次世界大战与1929年的全球经济危机使人们看到,自由主义经济虽然承诺了个人的自由,并相信自然秩序是和谐的,但由于它以一种非道德的市场属性,无视社会结构的公共正义和人类福利,没有节制地追求个人私利,导致财富与权力的两极分化,使得社会的公共安全受到威胁,于是,中国知识界普遍远离资本主义,追求在个人自由的前提下实现广泛的社会经济平等,建立公正的社会秩序[1],试图反抗专制与市场的双重影响。在一些报人眼里,报纸的资本主义化会使其成为私人牟利的机关,从而导致种种罪恶,为避免罪恶,必须使报纸建立在大众利益的基础上[2]。这样,道德理性乘势而上,成为文化精英们行使媒介权力的良心依托。与此同时,由于远离自由主义经济,再加上中国社会半封建、半殖民地的状况,其结果是,现代中国虽不乏私人媒体、主流媒体、权威媒体,却唯独缺少强势媒体,在整个格局上处于西方媒体的包围与控制之中。

  1949年以后,中国逐步进入一个取消了市场、实行计划经济的社会,按照其自身的逻辑,社会生活的各个方面都要由国家管起来。相应地,报刊、广播、电影、电视、通讯社等都被纳入计划经济轨道,这时的媒介权力与政治权力开始合一,公众需要退隐到抽象的人民利益之后,媒介市场不复存在,媒介内容与形式的多样性被一元性所取代,总之,媒介不再是社会、文化发展的一种独立力量,它很难监督社会、文化的发展,只是按某种指令呈现着社会、文

---

[1] 许纪霖:《上半个世纪的自由主义》,载《读书》2000年第1期。
[2] 成舍我:《我们的宣言》,《立报》1935年9月20日。

化。媒介发展落入反传统性、反现代性的革命性的时空结构之中，而难以独立地发挥作用。

从 1978 年开始，中国的改革开放带来物质生活的丰富、政治经济的转型、精神气候的变化与文化观念的更新，同时也让媒介悄悄地恢复了自身的力量，如信息功能得以强化，舆论监督走向开放，媒介开始成为人民参政议政、文化创造的论坛，媒介的产业化、集团化、平民化、网络化乃至时尚化，使其成为社会、文化发展的推动力量。特别是 1992 年以后，在对计划经济批判性的反思中，"市场经济"成为社会发展的主流意识，人们不知不觉地用"市场"置换了"理性"，使其成了又一个新的神话。在这种背景下，多样化的媒介竞争与媒介文化已经形成，媒介集团化浪潮席卷中国，媒介悄然走上"资本经营"之路；20 世纪 90 年代以来，媒介广告收入平均增长率大大高于同期国民生产总值的增长速度[1]，成为国家的支柱产业之一；美国在线—时代华纳、维亚康姆、新闻集团、迪士尼集团、贝塔斯曼集团等大型媒介集团拉开了进入中国传媒业、娱乐业的序幕。

目前的中国媒介发展一方面依然呈现着传统性与现代性的二元对立，如媒体的级别待遇与媒体的公平竞争的矛盾、行政指令与媒介的市场化经营冲突、媒介的"社会公器"地位与媒介的"利润最大化"的对立、社会的稳定需要与媒介投资的政治经济风险的纠结、人情关系与独立的舆论监督的尴尬等。另一方面，它又进入后现代的语境中，经济生态、文化生态、多样性，消解中心论与一元化，寻找现代人的精神家园，成为时代的重要议题，与此相应地，媒介文化越来越表现后现代的特性，甚至像"贴近生活、贴近群众、贴近实际"这样的官方媒体语言也体现着后现代的味道。在传统性、现代性、后现代性构成的三维时空中，中国媒介发展遭遇了空前的挑战，必须超越传统性与现代性的二元对立，必须超越西方现代传媒的固定模式，在传统性、现代性、后现代性之间建立一种超越性的协调关系，如更新传统道德传播内涵，使之与媒介法制恰当地统一起来；打破媒介管理的官僚体制，使政府干预与媒介市场化运作协调起来，服从于社会、文化发展目标；创造性地建构中国传媒的民族特色，

---

[1] 喻国明：《中国传媒业发展模式与规则再造》，载《时代传媒》2002 年第 11 期。

维护国家传播主权，同时与在信守国际新闻自由原则的基础上，展开国家间的媒介交流与合作，建立国际传播新秩序。只有这样，才会有中国媒介的未来，才能形成现代传媒与中国社会、文化的良性互动。

此文为"211工程"二期项目"现代传媒与中国社会、文化发展"而作，原载《现代传播》2004年第2期。

论我国新闻学想象力的缺失及其成因

美国社会学家米尔斯（C. Wright Mills）曾在《社会学的想象力》一书中批判传统学科的抽象与僵化界限，由此强调"社会学想像力"的重要性。相对于学者们孜孜以求的"理论的诠释力"，他所提出的"理论的想象力"有着更丰富的内涵：它是一种心智的品质，这种品质可以帮助人们超越自我与时代的局限，利用信息增进理性，从而使人们能看清世事，同时，它还是一种视角转换的能力，涵盖从最不个人化、最间接的社会变迁到人类自我最个人化的方面，能让人们了解周围的现实与更宏观的现实之间的联系，使人类理性本身在人类事务中发挥更大作用。① 显然，它不仅包含理论对现实的诠释力度，而且还展现着人的理论创造的精神空间。

以此观之，中国新闻学缺乏想象力久矣，不仅理性能力不足、超越性与创造性匮乏、视野狭窄、诠释力很弱，而且还感染着"抽象与僵化"的痼疾，所谓抽象只不过是对狭小经验范围内的事情做类似科学的定义，所谓僵化则是把学术话语简化为意识形态话语。这种现象是从什么时候开始发生的？是什么原因造成的？这是一个值得深思的问题。

应该说，中国新闻学在启蒙阶段的想象力虽然并不充分，但还是存在的。在救亡图强、奋发求变的文化精神导引下，王韬、梁启超等人开辟了新的政治思维空间，希望用"设议院、张民权、行立宪"打破专制主义，清洗堵塞国家富强的通道。这样的政治思维把报业置于国家发展的中心，在"求通""重民"的基础上构筑着新闻学启蒙的思维空间。虽说他们眼中的"通"还不是一个具有独立价值的概念，只是求取富强的手段，他们眼中的"民"还不是

---

① 〔美〕米尔斯：《社会学的想象力》，陈强、张永强译，三联书店，2001，第3~16页。

民主意义上的权利主体和传播主体,而是被给予、被引导的对象,但历史地看,他们还是开辟了把新闻学引向人类精神交往的广阔时空的可能途径,维新派报人吴恒炜于 1897 年 2 月 22 日在《知新报》上发表的《知新报缘起》一文中提到,"故国愈强,其设报之数必愈溥,译报之事必愈详,传报之地必愈远,开报之人必愈众,治报之学必愈精,保报之力必愈大,掌报之权必愈尊,获报之益必愈溥",即把国家发展与报业网的建立、新闻传播内容与传播范围、新闻传播权及其保障、新闻传播效果以及报业研究一一联系起来,初步展示了新闻学的想象空间。当然,他们又太过专注于报纸的政治实用价值,强调报纸要服务于政治的实用功利目的,维护中国政治文化的道统,这样就难以使新闻学真正通达于现代政治学的想象空间,反而为消解新闻学的想象空间埋下了思想的祸根。

直至辛亥革命以后,言论出版自由、舆论监督由理想转变为一种实践,报纸开始面向媒介市场,徐宝璜、邵飘萍、戈公振、任白涛等人在更为开放、民主、自由的心情中,把报纸和新闻置于世界交往体系中加以考察,他们也关注新闻与政治的关系,但更多地强调新闻超越阶级和党派、服务于公众的职业使命,徐宝璜所谓报纸要尽"代表舆论之职",邵飘萍所谓办报的宗旨是"必使政府听命于正当之民意",戈公振所谓记者的天职是"代表舆论"而非"制造舆论",任白涛所谓新闻事业是"社会之公共机关","绝对当以公众为本位",都体现了公共政治学的想象空间,从而使新闻学不再局限于政治宣传之术,而是立足于公共政治空间的建构。此外,邵飘萍在《新闻学总论》中对人类交往的进化、新闻报纸与人类精神交往的关系、新闻报纸如何成为人类日常生活的必需品等问题的论述,显然又超越了新闻采写编评之术,具备了学理的想象。戈公振对报纸在人类精神交往中的位置做过颇具人类文化学意味的论述:"盖报纸者,人类思想交通之媒介也。夫社会为有机之组织,报纸之于社会,犹人类维持生命之血,血之停滞,则立陷于死状;思想不交通,则公共意识无由见,而社会不能存在。有报纸,则各个分子意见与消息,可以互换而融化,而后能共同动作,如身之使臂,臂之使指然。"姚公鹤在 1917 年出版的《上海报纸小史》中就已触及市场经济的发达与报业独立的问题。戈公振后来甚至用数量分析方法具体解剖了中国大报纸的经营状况,从此,在经济学视野中论述报业经营问题成了这一时期新闻学的一大特色。不过,最显著的特色还在于,融会英、德、日、中四大语种著作提供的各种观念、经验和研究方法,呈现中西新闻比较的思维空间。尽管如此,徐宝璜在总结这一时期的新闻学研究时,还反思了其中的问题,认为当时的学者大多"努力于新闻业的说明","专以新闻业为对象",缺少宽阔的学术视野。在他看来,"新闻业之对象,既为极复杂之全社会,新闻学之间接对象,自然是复杂的全社会",新闻学"不能离各科而独立",必须充分容纳相关学科的背景。由此,他呼吁其他学科领域的专家"赐给些关于新闻学的意见",以拓展新闻学的思维空间。① 这样一来,一方面把新闻学纳入公共政治的思维空间,建构新闻学自由、独立的学术品质,另一方面,又超越一己之经验的限制,以比较的眼光全面观察新闻业的发展,同时在社会学、人类文化学、经济学、心理学等多学科视野中把握新闻的现实与广阔的社会现实之间的联系,从而展现新闻学理性的维度与精神的舒展。至此,新闻学似乎找到了渐入佳境的途径。

然而,这只是一种表象。新闻毕竟不是在中国文化中自然生长出来的,新闻学也并非中国土生土长的理论,而是"欧风美雨"吹进来的,表现着先天不足、后天失调的特性。在中国传统文化背景下,人们很难真正理解新闻自由与民主政体的关系,很难真正把握新闻、公众与政府的权利与义务关系,很难真正懂得公众知情权的合理性,于是,作为西方新闻理论表述活动的逻辑起点的新闻自由,在中国则成了新闻学理论表述中的"盲点"②。可以想象,缺少了新闻自由的逻辑,新闻学怎么会有新闻传播为什么不自由与如何自由的终极追问?怎么可能展开理论想象的翅膀?像新闻要超越阶级和党派、代表舆论、服务于公众之类的论说,只能算一种肤泛的理解,缺少新闻自由理论的逻辑自洽性和内在的理论底蕴。民国以后,报纸的企业化已是中国新闻业职业化的一大特点,但针对这一现象的研究同样是肤泛的。由于普遍缺少对自由主义经济

---

① 徐宝璜:《新闻学讲话》,载黄天鹏编《新闻学名论集》,上海联合书店,1930,第24页。
② 据《中国新闻学书目大全》(林德海主编,新华出版社1987年出版)的不完全统计,从1903年到1949年,我国印行的新闻学书籍共468种,大致只有袁殊的《新闻法制论》、马星野的《新闻自由论》等七八本书论述新闻自由。

的真切理解，也难以切入对报业经济的理性探讨，即便是像所谓"报纸商业化是报纸的发展方向之一"（徐宝璜语）的论说，对报业市场的基本元素及作用、报纸的产权、报业经济作为现代经济体系的延伸等问题也是体会不深；而另一些对报纸商业化的批评又常常陷入情绪化和表象化。再看报纸大众化的研究，由于明显缺乏个人主义的陶养，中国新闻学的创立者常常用集体主义的理念消解个体的新闻传播权，用公共兴趣取代个人的参与和互动，使得新闻学难以透视现代人的新闻需要。从整个研究状况来看，科学精神的缺失又是一个极大的弱点。大多数论者不是按照社会科学的规范进行理论探究，而是习惯于收缩到自我的经验领域，作纯经验化的表述。

这样，新闻学就很难成为描述普遍的新闻传播发展事实的知识了。其实，作为人文社会科学范畴的新闻学不仅是描述普遍事实的知识，更是参与新闻文化命运的知识，必须通过各种理论、观念的对话来进行，而当时单一的经验描述、单向的理论与观念流向（即更多的是西方新闻传播理论与观念流向中国），已把新闻理论表述引向了平面化的道路。1931年，中国新闻学研究会在其成立宣言中对以往的新闻学研究作出了这样的评价：

"'新闻学'这一名词，在中国学术领域里之被公认，还仅是十数年来的事，在这短促的十数年的过去历史中，它——新闻学——是和中国一切同时的新兴开始建立的其他学术一样，并没有何种具体的成效；并且是更较其他的学术还要落后地逗留在幼稚状态的初期。虽然在书坊出版物里，我们是可以找到十种以上的新闻学的著作；但那些因为都是偏于概论的，所以它的功效也只能使人除了知道'新闻学'三字以外，就不能供给我们对新闻学的更详尽的、理论的与技术的诸般知能之获得。新闻教育方面，虽然我们也可以提出数个设有新闻学专科的大学；但那有些是完全忽略了中国的文化进程与中国的社会背景，而只是愚盲地追从黄金的美国，接受那无补于中国的实需的纯资本主义化的报业教育。有的则是奉崇'老吃报馆饭的'报屁股编辑、小报记者或'礼拜六派'大文豪等，以之为前辈先师。前者是为帝国主义者制造听命于他而来侵略中国文化、毒害中国社会的狗类；后者则是为他们那种人繁殖自己的后辈，而承袭一切旧的残留的封建、宗法。这些，就是我们目前阶段新闻学的实迹。"（载于1931年10月26日出版的《文艺新闻》第33号）在对新闻学的资本主义化的倾向作出批判后，这篇宣言又提出了建立社会主义新闻学的价值取向："新闻之发生，是依据于社会生活的需要；社会生活的整体，是基于被压迫的广大的万万千千的社会群众。所以我们除了致力于新闻学之科学的技术的研究外，我们更将全力致力于以社会主义为根据的科学的新闻学之理论的阐扬。'新闻价值'原是以最大多数读者之喜爱与否而确定，新闻之工作者，自研究而从业，亦必须以最大多数人之利弊为依归。"（载于1931年10月26日出版的《文艺新闻》第33号）

这种具有文化批判味道的论说本来是有意义的，但是，在政治斗争与民族危机愈演愈烈的时代，它又被导向无产阶级新闻学与资产阶级新闻学的二元对立的思维空间，难免斫伤新闻理论的逻辑。在这种背景下，一部分新闻学研究者最终从"以新闻为本位"转向"以宣传为本位"，从"以学术为业"转向"以政治为业"。

陆定一从学生时代起就走上了"以宣传为本位""以政治为业"的道路。早在1925年的"五卅运动"中，他还是上海南洋大学学生的时候，就创办过《血潮日刊》，把斗争锋芒指向帝国主义和专制势力；1926年秋他在共青团中央宣传部工作，创办过《中国青年》《列宁青年》；进入中央苏区后，主编过《斗争》杂志；1935年长征途中，他继邓小平之后主编了《红星报》；1942—1945年，他担任中共中央机关报延安《解放日报》总编辑。① 客观而论，知识分子走上宣传的道路是时代的召唤使然。当时的中国要想成为一个真正独立、统一的国家，反对殖民统治和专制统治，则一切新思想、新知识必须普及于民众，一切新事业也需要社会化、大规模化，从而由共知共信而产生共同的行为，因此，当时的中国特别需要面向大众、贴近大众的宣传。同时，就民主政治而言，政治宣传不仅不妨碍民主政治，而且是发达民主绝不可少的条件。当时，从事宣传工作的陆定一深知现代报纸是资本主义社会的产物，是与民主主义思想相关联的，他所钟情的人民大众的报纸，是"告诉人民以真实的消息，启发人民的民主主义思想，叫人民聪明起来"的报纸；他心目中的为人民服务的记者，是"把人民大众所必须知道的消息，告诉人民大众，把人民

---

① 盛沛林：《陆定一对无产阶级新闻学的贡献》，《新闻爱好者》1996年第10期。

大众的意见，提出来作为舆论"的记者，强调用为人民服务的作风、力求真实的作风，"来革除专制主义者不许人民说话和造谣欺骗人民的歪风"。① 此种认识已呈现了现代新闻所包含的民主意义，从这一角度推进报纸的政治宣传是符合时代的要求的，也是有利于政党建设的。

然而，当一个"以宣传为本位""以政治为业"的新闻官员来探究新闻理论的时候，就不免要模糊学术与政治的界限，以政治观点代替"格物致知"，以意识形态简化理论思考。从背景上看，陆定一在1943年发表的《我们对于新闻学的基本观点》（以下简称陆文），是党在延安时期的新闻宣传观念的理论化。1942年，在"统一全党舆论"的道路上摸索了近一年后，《解放日报》发现自身存在着脱离实际、脱离群众的问题，认为自己未能充分有力地宣传党的方针政策，未能有效地在党和群众之间发挥应有的桥梁纽带作用，从而存在新闻业务上的严重不足，如没有根据党和群众的需要来安排版面、对党的政策和中心工作宣传不力、新闻报道与评论常常出现不切实际的空泛议论等②。这种反思表现了政党学说里面"走群众路线"的思维逻辑，在一定意义上促进了党报新闻宣传观念的成熟，同时又推动了解放区报纸的大众化发展进程。

但新闻与宣传毕竟不同，新闻是针对人的普遍的信息需要的，而宣传是针对某种社会共同体的；新闻要报道事实、站在公众立场说话，宣传要用事实印证某种主义、主题，促成某种共同信念、共同行为的产生；新闻传播是互动的、开放的，是在大众的意见自由市场中存在的，而宣传是单向的、对象是相对固定的，是为共同体的信念而存在的，它们有着各自的社会价值，并且合则两伤、分则两利。这是陆文没有从学理上分辨的，但《解放日报》的实践说明了这一点。1944年12月10日，该报"从读者中来"专栏发表一封读者来信，对劳动英雄的宣传提出了批评意见，认为劳动英雄宣传千篇一律，"每一个劳动英雄都是从他的出身、历史说起，把关于他的一切材料，包罗并列，没有特别着重介绍各个人的特出之处，因此多看几篇，就有点使人疲劳，不大想看，结果是连其中很好的文章也被淹没了"。为什么会出现这样的问题？主要

---

① 陆定一：《陆定一新闻文选》，新华出版社，1987，第72页。
② 新闻研究所中国报刊史研究室：延安《解放日报史》大纲（征求意见稿），新闻研究资料（第17辑），中国社会科学出版社，1983，第5247页。

是因为把新闻人物报道变成了推广大生产运动经验的宣传，而这时的宣传所要建构的是艰苦奋斗、自力更生的共同信念，忽略人的特点与个性、忽略新闻性，就是很自然的事情了①。

陆文并不着眼于新闻与宣传的分辨。所谓尊重事实，是与无产阶级的革命立场结合在一起的，因为"只有无产阶级这个最革命的阶级，不怕面对事实，对反动派没有任何畏惧，也无所迎合，因此就能彻底尊重客观事实"。所谓报纸要为人民服务，与人民密切联系，遵循的是走群众路线的政党学说逻辑。在这里，政党学说所设定的观点，都是不证自明的。

在理论思维模式上，它先验地预设唯物主义新闻观与唯心主义新闻观、无产阶级新闻观与资产阶级新闻观的对立，并以前者取代后者，贴"理论标签"，排斥普遍的新闻规律探讨，形成非此即彼的两极思维模式。陆文把事实等同于"物质的东西"，强调事实决定新闻的性质，这种简化了的唯物主义观点，对新闻只是从客观的层面去理解，而不是把新闻当作人的感性活动去理解，不是在主客合一的新闻实践中理解新闻，相反，记者的主观能动性几乎被完全取消了，记者所要做的事情就是向亲身参与到事实中的人民请教事实的真相，而要做到这一点，就必须具有革命的立场——这似乎成了记者仅存的主观能动性了。实际上，这里所体现的是受到马克思批判的机械的直观认识论原则，它在意识形态化以后，人们就不再质疑它了。只要我们真正理解了马克思主义的实践原则，就不难发现，新闻的真实既不可能存在于人们生活之外的世界里，也不可能仅与客观事实相关而与人的主体认识无关，它只能是以人的实践方式所建立的人与客观事实的统一性。② 其实，向人民请教事实的真相，可以理解为在人与人的互动中接近真实，也是一种人的实践方式，但陆定一没有从实践哲学的角度加以解释，而只是以"革命的立场"这类政治话语完全替代了。更为遗憾的是，在非此即彼的两极思维模式中，新闻学的一切问题都被简化为事实决定论，戈公振等人所阐述的新闻的普遍性、公告性、时宜性、文艺性、趣味性、完整性，被当作唯心主义的、资产阶级的新闻理论进

---

① 单波：《20世纪中国新闻学和传播学·应用新闻学卷》，复旦大学出版社，2001，第115页。
② 单波：《重建新闻客观性原理》，《现代传播》1999年第1期，第28～35页。

行批判，从而远离了新闻专业主义实践的理解途径。这样一来，新闻理论思维就退缩到意识形态的领地，难以呈现理性与超越的心智，以不容置疑的"独断式"话语进行着理论的表述，如"只有无产阶级这个最革命的阶级，不怕面对事实，对反动派没有任何畏惧，也无所谓迎合，因此就能彻底尊重客观事实"，旧社会的新闻理论是"很糊涂的""很不老实的""很不科学的"。这些话语让人感觉很革命，却缺少了启迪人的智慧的东西以及格物致知的功夫。

这终究又破坏了理论意识，形成一切从文件出发、一切从经验出发的思维习惯。陆文对新闻真实的论述，是对中国共产党的实事求是的思想路线的贯彻；强调报纸要与人民有密切的联系，新闻记者要向人民请教真相，是"全党办报"思想的具体化；批判新闻界的法西斯专制主义现象，则建立在革命斗争的经验化基础上。这种新闻理论只适用于作为组织传播系统的党报以及党的新闻机关，很难也不应该推扩到新闻传播发展规律的层面。陆定一所论及的唯物主义新闻观与唯心主义新闻观、无产阶级新闻观与资产阶级新闻观的对立问题，呈现了一个时代的矛盾，但从理论层面讲，它还不是新闻传播的普遍问题，相反，它用"两极判断"掩盖了真正普遍的问题：新闻传播为什么不自由？新闻传播如何公正、公平地使社会公众获得新闻传播权？如何保障公民的知情权和传播权？

当然，这难免苛责于陆定一先生了。陆定一的身份决定了他所要做的新闻理论总结，必须限定在特定的思想路线与规格中。我们注意到，陆定一在论及新闻工作者的时候，有这样一段话："我们新闻工作者，必须时刻勉励自己，做人民的公仆，应知我们既不耕田，又不做工，一切由人民供养，如果我们的工作，无益于人民，反而毒害人民，那就比蠹虫还要可恶。"[①]

在这种经验化的反知背后，所表述的是一种预设的思想路线：小资产阶级出身的知识分子既有革命的一面，又有动摇的一面，必须用教育的方法克服其动摇性。这样一来，就先天地失去了对新闻工作者的主体性的认识，并且导引出一种可怕的反知倾向。

---

① 陆定一：《陆定一新闻文选》，新华出版社，1987，第10页。

尽管在党报话语里，《我们对于新闻学的基本观点》有着历史的进步意义，它表达了一种民主开放性的党报的党性①，对今天的党报新闻改革依然是具有启发性，但它对新闻传播主体性的消解及其反知倾向中所导引的对多元知识、文化系统的排斥，蔓延到了中国新闻传播理论研究领域，再加之各种复杂的因素，致使中国新闻传播理论越来越失去了理性与超越的品质。学者在不知不觉中把理论简化到意识形态的水平，制造着理论的神话，把现实生活交给理论去判断、操纵和想象，从而导致理性的退化。直至改革开放，中国社会开始恢复人的主体性，宪政民主、公民社会、市场经济、批判意识等新的语境逐步形成，与此同时，在消费主义的时代，在一种市场化的环境中，新闻学理论又很快落入功利化和世俗化的境地，人们凭个人兴趣随意性地"消费"理论观点，拒绝普遍性的学习，回避对新闻传播活动的反思，一味崇信媒介资本的力量，丧失对价值与真理的信念，远离理论所赋予人的追求理想、追求真理、完善人格的精神气质，无以展现新闻传播理论创新的精神空间，也无以拓展理性的维度和诠释的力度。可叹的是，传统的影响并未消失，而现实又以"理论有何用"的功利思维嘲弄着新闻传播理论，在历史与现实的双重夹击下，中国新闻学扩展想象力的工作显得异常艰难。值得庆幸的是，越来越多的学者认识到了新闻学的危机，而这将会成为重建新闻学理论话语的起点。

此文写于2003年，为纪念陆定一《我们对于新闻学的基本观点》一文发表六十年而作，反思味道浓，几经周折，最终刊载于《上海大学学报》（哲学社会科学版）2006年第6期。

---

① 刘健明：《现代新闻理论》，民族出版社，1999，第394页。

西方媒介生态理论的发展及其理论价值与问题

继麦克卢汉在 1967 年首次提出媒介生态（media ecology）一词之后，1968 年，美国学者波兹曼（Neil Postman）在其演讲中进一步论述媒介生态，并将媒介生态学定义为把"媒介作为环境的研究"（Media ecology is the study of media as environments）的科学。自那以后，作为对生态主义（ecologism）政治话语的回应，媒介生态学借用生态学的一些概念，例如环境、系统、适应、平衡、群落、生态位等，使之转移到传播研究之中，试图从生态想象的语境内部透视人、媒介和社会各种力量的共栖（symbiosis）关系，寻找着媒介环境的改变与人的行为及感觉方式的改变的关联性，形成了后现代背景下的传播思维。

一 媒介生态理论的来源

作为一种社会思潮，西方媒介生态理论与社会文化发展、生态危机与科技危机的反思有着直接的联系，并且呈现着媒介发展的真实问题。

就社会起源而言，生态思维最早是作为人类的一种生存本领而存在的。在早期的医疗仪式中，人们通过唱歌、念咒、跳舞来治病驱灾。他们认为疾病和灾祸是由自然界失去平衡与和谐的状态而导致的。从词源来看，Eco - 最初源于希腊语的 oikos，指自然，也就是被爱德华·侯格兰（Edward Hoagland）称为"我们最野性的家园"的地方。波兹曼指出，生态（ecology）与环境变化的速率、范围和结构相关，它关注如何使思想和社会能够像森林生态系统一样获得平衡。来源于希腊词汇的"生态"并不是将我们的注意力导向自然环境，其最初含义是"家园"和"家庭"（household）。[①]

[①] Postman, Neil. *Teaching as a Conserving Activiy*, New York: Delta, 1979, pp. 17 – 18.

现代生态问题是工业社会的产物。随着蒸汽机的发明以及工厂系统的建立，人口大量从乡间涌向都市，人们全力以赴地促进生产以增加财富，同时也经历了环境危机。在人们越来越深重的忧虑中，德国动物学家海克尔（Erns Haeckel）在1866年首次提出"生态学"一词，思考有机体如何保持形成数量和分配的复杂社会盟约。他将生态一词用于指自然环境中各种因素的相互作用，特别强调这种互动如何产生一种平衡和健康的环境。[①] 瑞典林奈学派的科学家还提出了"生物链"（chain of being）这一术语，指出"如果这条自然的链子的一个环节断裂，都将导致整体的混乱无序"。[②] 19世纪后半期在英美兴起的自然史散文写作同样呈现寻找已经失落的乡村野趣与温煦家园的主题，提供了一种生态性的视野。

20世纪初的大萧条和两次世界大战把生态学强有力地推向大众叙事。适者生存的自然选择此时已经衍化为愈演愈烈的军备竞赛和环境污染，带来了各种各样的疾病以及社会和心理的失调。"两个半球的国家都卷进了一场任何和平条约无法解决的世界性冲突"[③] 中，人们不得不恢复对生命价值和人类命运的思考以及对平衡和谐环境的关注，"生态"（eco-，ecological）因此成为时代最流行的词汇之一，它跨越许多领域，涉及社会学、人类学、伦理学和哲学范畴。生态哲学（eco-philosophy）、生态政治学（ecological politics）、生态经济学（ecological economics）、生态人文主义（ecological humanism）、生态女性主义（eco-feminism）等种种声音表明，面对物种共同的日常话语，生态学已从叙述上升为倡导，其和谐与平衡的精神已移用于社会文化发展领域，从而打开了一个崭新的视野。

在这种思想背景下，生态学的精神与想象很自然地移入对西方人的现代生活产生巨大影响的技术领域，思考技术作为人的生存环境的内在问题，形成了媒介生态学的直接思想来源。西方世界从17、18世纪开始进入技术高速发展

---

① Postman, Neil. *The Humanism of Media Ecology*. Keynote Speech at the First Annual Convention of the Media Ecology Association, 2000, p. 2.
② 王诺：《生态批评：发展与渊源》，《海南社会科学》2002年9月第3期。
③ 美国历史学家巴巴拉·塔奇曼（1912~1989）：《八月炮火》。转引自〔美〕迈克尔·埃默里、埃德温·埃莫里《美国新闻史》，展江译，人民大学出版社，2004，第251页。

时期，科学技术的发展创造了巨大的生产力，不断扩大的工业化，改变了人们的生活方式与生活内容。人们因崇尚理性而崇尚科学技术，反过来又因崇尚科学技术而加固了理性统治人的机制，表面上看是人控制着技术，但实际上是技术更多地控制着人，使人丧失了内在的灵性，而且随着技术的发展与工业制度的建立，工业文明把人束缚在机器系统上，失去了生存的和谐。这时，西方人对技术的态度是矛盾的，在对技术产生某种认同的同时，也把技术看成异己之物。1811~1816年，由英国人内德·勒德（Ned Ludd）发起的破坏机器运动，就是后一种态度的表现。那些被发动起来的工人有一个很直观的看法，认为机器应该为他们的失业和贫穷负责。① 这看上去似乎幼稚、简单，而实际上是在一定程度上感悟到了技术在充当创造财富的手段时剥夺人的存在的实质问题。这种对技术剥夺人的存在的感悟并非偶然，而有着某种历史传承性。它在苏格拉底那里曾经表现为对文字的抱怨，即文字削弱人的记忆力，缺乏互动，任意撒播，脱离说话人和听话人的灵魂；② 它也曾经表现为卢梭式的忧虑，认为科学技术产生闲逸，而闲逸又引起奢侈，进而导致勇敢、尚武与德行的丧失。③ 工业革命后，随着电气、电报、电话、照相术、电影等的发明，技术日益发展为包括物质装置、技艺与知识在内的改造与控制自然的操作体系，人类生活的两个世界——他们所继承的生物圈和他所创造的技术圈业已失去平衡，正处于深刻的矛盾中，④ 人们在技术主义的道路上一路狂奔、一路高歌，同时由于技术加倍地剥夺着人的存在，人对技术的理想化想象背后不免继续掺杂着恶魔化的忧虑。弗洛伊德所分析的一种表达很能说明这种精神状况："假如那儿没有铁路，我的孩子就不会离开家乡，我也就不会用电话来倾听他的声音；假如人们不知道用船可以穿越海洋，我的朋友就不会踏上他的航程，我也就不会等着电报来缓解对他的焦虑。"⑤ 这样的忧虑在20世纪人文主义者那里散发着某种

---

① 〔英〕尼丹·卡瓦拉罗：《文化理论关键词》，张卫东等译，江苏人民出版社，2006，第205~206页。
② 〔美〕彼得斯：《交流的无奈：传播思想史》，何道宽译，华夏出版社，2003，第32页。
③ 〔法〕卢梭：《论科学与艺术》，商务印书馆，1963，第9~10页。
④ 〔英〕艾伦·科特雷尔著《环境经济学》，商务印书馆，1987，第13页。
⑤ 〔英〕尼丹·卡瓦拉罗：《文化理论关键词》，张卫东译，江苏人民出版社，2006，第207~208页。

浪漫主义的气息，即试图拯救被工业文明所淹没的人的灵性，拯救人被技术理性思想浸渍的思维方式。在他们看来，技术并不是中性的，并非只是一种达到目的的手段或工具体系，而完全把它所带来的社会问题归因于人对技术的滥用或对技术目的的不当规定；真实的情形是，技术已构成它在其中发展并得以体制化的社会秩序中的一个重要组成部分，技术本身同它的用处已不可能完全区分开来。当时，一批技术哲学论者从人性角度审视技术，他们关心城市生活的和谐、荒野的保护和对生命有机体的感受，以生命的名义展开对技术的猛烈批评，芒福德（Lewis Mumford）在1934年出版的《技术与文明》，正是这方面的代表作。他把技术发展的历史还原到人类的早期生活，认为原始技术是生活指向的，而不是狭隘的劳动指向的，更不是生产指向的或权力指向的，工具与武器只是人的生命技术（bitechnics）——即人的生活的总体装备的特定组成部分。只是在大约五千年前，一种通过日常活动的系统组织来致力于权力与财富增加的单一技术（mono technics）开始出现，直至发展为以机器为中心的单一技术，其主要标志就是一种复杂的、高度权力化的机器的建立。这种单一技术带来了新的生活模式，既把人从奴隶状态甚至劳动中解放出来，又使劳动进入机械化和自动化过程，与生活的其他部分系统分离，成为单一的重复性劳动，进而形成与之相伴随的心理强制，使劳动者陷入恶魔式的无意识之中。在这里，芒福德向人们揭示出现代单一技术脱离生命技术后所构筑的复杂环境及其对人的生存与发展所带来的深刻影响，认为人们要在危机四伏的技术文明中生存下去，必须回归生命技术，有意识地培养被单一技术压抑的有机环境和人性。虽然他没有具体论及媒介，但这种思维方式直接成为媒介生态理论的思想来源。[①] 麦克卢汉后来从媒介演化的角度去概括人类的历史，提出"部落化——非部落化——重新部落化"的公式，其背后所隐含的便是"有机化——机械化——重新有机化"的进化路径，亦即芒福德的"生命技术——单一技术——生命技术"的历史想象。

[①] 尼斯特洛姆在1973年写成的博士学位论文《媒介生态理论：人类传播系统研究理论集成典范的规划化》（*Towards a Science of Media Ecology: The Form Ulation of Integrated Conceptual Paradigms for the Study of Human Communication System*）中将芒福德1934年的《科技与文明》的论述作为媒介生态理论的基础。

对"媒介作为环境的研究"具有直接启发意义的是芒福德在20世纪60年代提出的"技术即容器"的观点,在他看来,与工具和武器不同,"容器技术"是经常被忽视的一种技术形式。"对于妇女而言,柔软的内在器官是她生命的中心,不管是幼儿还是成人,她的手和脚的运动能力都要比屈伸和拥抱的能力差。在母系氏族社会,新石器时代已经是一个拥有'容器'工具的显赫时代:除了沟渠、村庄这些巨大的'容器'以外,这个时代还有石器、陶器、花瓶、广口瓶、缸、蓄水池、箱柜、谷仓、壳仓、房子等这样一些'容器'。但是这一时代所具有的独特性和显著性却被现代那些过分强调机械意义上的科技进步的学者们忽视了。"在他那里,工具、武器和机器都是男性文化的符号,"容器"则显示出女性文化符号的特征,有机体和生物学意义上的繁殖则是女性文化的代表。①

这一理论首先拓展了一种对技术、文化和城市的生态学视角,它能让我们联想到,文字也是一种"容器"技术,它不仅能够贮存信息,还因为早期保留和记录谷物的功能,也能够贮存物质。其次它体现了整体系统论的思想,在某种意义上,具有"技术合并论"的意味。更重要的是它不是仅从内部的结构来给机器下定义,而是从它所产生的外部影响出发来思考这一问题,开启了媒介环境的论题。

与芒福德关注技术本身形成互补的是,弥漫于欧洲思想界的关于技术的人文主义反思从不同方面揭示了面对技术异化所带来的文化个性和主体性的丧失,奠定了媒介生态的文化批判倾向。瓦尔特·本雅明(Walter Benjamin)于1936年发表《机械复制时代的艺术品》一文,认为复制技术一方面对原作的唯一性和笼罩于其上的"韵味"构成了挑战,使其获得新的意义并被一个更广泛的人群所拥有;另一方面又带来了沉重的、压抑性的后果,它可以强化专制政权,并且由于复制技术的广泛传播,仿像经常既是革命性的,又容易被主流意识形态所扭曲。同年,胡塞尔在《欧洲科学的危机和超验现象学》中指出,随着现代技术与科学的发展,在人的直觉的生活世界与由科学技术所建构

---

① Mumford, L. The City in History: Its Origins, Its Transformations, and Its Prospects. New York, NY: Harcourtand World, 1961, p. 16.

的世界观之间出现了二元分裂。霍克海默和阿多尔诺在1944年出版的《启蒙辩证法》中指出,启蒙在今天已成了技术的统治,而启蒙作为技术的统治,又加速了统治的技术的发展;各种文化形式由于有先进的技术为手段,能更好地操纵、控制群众的心理结构,而且由于技术理性的渗透,在大众文化中推行标准化、一律化,使大众丧失了批判现实的能力。到1964年,马尔库塞在《单向度的人》中进一步指出,在当代工业社会,人之所以成为单向度的人,其根源在于科学技术的发展和自动化的实现,在于现代技术已经取代传统的政治恐怖手段而成为一种新的控制形式,现在,技术理性已充满政治内容,技术的逻辑已成为统治的逻辑。在把技术当成新的统治或工具看待的过程中,霍克海默和马尔库塞都认识到,技术以更强大的无形的力量支配着人的思想,技术合理性成为新意识形态的核心内容。顺着这一思路,哈贝马斯撰写了《作为"意识形态"的技术与科学》一文(收入1968年出版的《走向一个合理的社会》),揭示出科技作为新意识形态的三大特点,即更具操纵性、较少意识形态性和更具辩护性。这些思想与现实的人们对技术越来越成为异己力量的恐惧交相呼应。第一颗原子弹爆炸以后,西方人进一步怀疑科学在道德上的合法性,怀疑技术发展的混乱程度,甚至怀疑技术是物质富裕与进步的基础,以及人类理性取代宗教信仰的文明梦想,并产生了一种前所未有的紧迫感。对文明成果中存在的阴暗面的怀疑不仅存在于奥本海默等科学家中间,也引起了人文社科学者的共鸣。英国作家奥尔德斯·赫胥黎(Aldous Leonard Huxley)和乔治·奥威尔(George Orwell)分别在各自的小说《美丽新世界》和《一九八四年》中描写了充斥着庸俗文化、无规则游戏和工业技术的未来世界以及独裁统治下的恐怖情景。法国生态学者埃吕尔(Jacques Ellul)在《技术社会》(1964年)一书中的表达更悲观,认为技术作为一种自主性的力量,现在已经渗透到人类思维和日常生活的方方面面,以至于人类已经失去了他对自己命运的控制能力。哲学家弗洛姆(E·Fromm)进一步呼应芒福德的思想,在1968年出版的《希望的革命:走向人道化的技术》一书中,试图使人们明白,在现时代,社会已成了一个巨大的机器,而人只不过是其中的一个部件。在他看来,现存的技术系统之所以具有一个非人道化的前景,并向一个没有人性的机械化新社会演进,是因为它为两个坏的原则所指导,即"凡技术上能够做的事都应该做""最大效率与产出原则",这两个原则否认了人文主义价值,使人更容易为官僚体制所管理。

自工业革命以来,西方社会大量流行技术中心论,认为技术不会产生什么特殊的伦理与政治问题,因为技术仅仅是实现价值的手段,而价值则另有其他的基础。在上述人文主义的反思中,技术中心论失去了合理性,转而形成了这样一种共识:技术不只是一种达到目的的手段或工具体系,它是负载价值的,因而具有其丰富的伦理与政治意涵。① 媒介生态理论正是顺着这一思路,假定传播媒介在将数据或信息从一个地方传递到另一地方时并不是中性、透明或无价值的渠道,相反,媒介的内在物质结构(physical structures)和符号结构(symbolic structures)在塑造什么信息被编码、传输和怎样被编码、传输以及怎样被解码的过程中扮演着重要角色;媒介的符号形态限定了该媒介所能代表信息的代码特征。

二 媒介生态理论的起点:媒介、文明与人的感知的平衡

当技术作为一种环境足以让人震撼与恐惧的时候,技术生态就成了现代人走出困境的合理想象。而对于媒介研究来说,媒介生态则代表一种理论思维的转向,摆脱技术理性指导下的媒介功能、媒介影响力与媒介市场研究,顺着技术理性批判的思路,把和谐与平衡作为媒介环境研究的焦点。按照波兹曼的说法,"把'媒介'放在'生态'的前面,就是为了说明我们感兴趣的不仅是媒介,还有媒介和人类之间的互动给予文化以特性的方式,也可以说帮助文化保持象征意义的平衡。如果把生态一词的古代和现代的含义结合起来,它说明了我们需要保持整个地球大家庭的井然有序。"②

"媒介生态"的概念在麦克卢汉(Marshall McLuhan)那里最早提出来是很顺理成章的事情。1967年,他在与人合著的《媒介即是讯息:效果一览》(*The Medium is the Massage*: *An Inventory of Effects*, 1967)一书中提出"媒介生

---

① 高亮华:《人文主义视野中的技术》,中国社会科学出版社,1996,第17页。
② Postman, Neil. *The Humanism of Media Eeology*. Keynote Speech At the First Annual Convention of the Media Ecology Association, 2000, p. 2.

态"①的概念，以环境作为特定的比喻，来帮助我们理解传播技术和媒介对文化在深度和广度方面所起的生态式的影响。②1977 年，麦克卢汉指出所谓媒介生态"意味着让不同的媒介能够共存共生，而不是彼此消亡。"③他偏爱感官平衡，认为一种文化需要限制某种单一媒介的使用，从而促进媒介生态的平衡。在《理解媒介》（1964 年）一书中，他认为媒介能深入人的潜意识，并且在不被察觉和反抗的情况下改变他们的感知的平衡。这在思想理论上讲，与芒福德对"单一技术"的批判和对"生命技术"的建构是一致的，而在理论上又直接吸收了英尼斯（Harold Innis）关于媒介时间和空间偏向的观点。英尼斯被麦克卢汉称为最早研究传播技术对人类造成影响的人。早期作为经济学家，他曾经关注过纸浆和造纸工业的经济学问题，印刷技术的优势才使得现代出版业对纸张的无限吞噬成为可能。英尼斯看到的是，自己家乡的森林被转化为纽约地铁上的瞬间阅读。和 19 世纪的梭罗相似，他回想起自己成长的那个小镇，那里的交流除了个人之外，有一种沉思冥想的从容氛围，他很快得出的结论是："现代性的大众传媒根本不给现代人留出时间去思考。即时消息掠夺了人们回首历史的感悟，也掠夺了人们展望未来的力量。这就是现代大众传媒的偏向。技术本身促成了这种思维状态。"④显然，他承续了芝加哥学派的问题，即虽然大众媒介使得公众得以产生，但它们又威胁着公共生活。与此同时，面对他所经历的战争的残酷，他感受到，所谓的西方文明就是咄咄逼人的扩张的文明。在他看来，西方文明的危机是与媒介的非人性化的发展相联系的，原因在于媒介在整个历史中塑造着社会，传播媒介的性质往往在文明中产生一种偏向，研究媒介与文明的关系，更能使我们清楚地看清西方文明的偏向。于是，他通过《帝国与传播》（1950 年）和《传播的偏向》（1951 年）

---

① Lum, Casey M. K., Introduction: Intellectual Roots of Media Ecology, *The New Jersey Journal of Communication*, 2000, 8 (1), pp. 1 - 7.

② Marshall McLuhan and Quentin Fiore, *The Medium is the Massage*: *An Inventory of Effects*, Co-ordinated by Jerome Agel, Bantam Books /Random House. 1967, p. 26.

③ Marshall McLuhan, Understanding Me: Lectures and Interviews, edited by Stephanie Mc Luhan and David Staines, Foreword by Tom Wolfe. MIT Press, 2004, p. 271.

④〔美〕艾里克·哈弗洛克：《口承—书写等式：一个现代心智的程式》，巴莫曲布嫫译，《文史精华》第 5 期（2004 年 3 月 18 日），口头传统专集二。

两本著作,以西方文明史为背景,探讨了传播媒介内在的时空偏向对于文化的影响,将现代西方史的特征概括为一个建立在印刷基础上的传播偏向和知识垄断的历史。根据尼斯特洛姆的总结,"媒介偏向"理论主要包括以下假设:①

> 由于不同的符号形态(symbolic forms)编译出不同的信息,而不同的媒介具有不同的符号形态,所以它们便具有不同的理性或知识(intellectual)和感性(emotional)偏向。
> 由于不同的物质形态(physical forms)编译、存储并传输不同的信息,所以不同的媒介便具有不同的时间、空间和感知的偏向。
> 由于不同的媒介具有不同的获得性(accessibility),所以它们便具有不同的政治偏向。
> 由于不同的媒介具有不同的参与条件,所以它们具有不同的社会偏向。
> 由于不同的媒介在组织时间和空间上方式不同,所以它们具有不同哲学思辨上的偏向。
> 由于不同的媒介具有不同的物质和符号形态,所以它们也具有不同的内容偏向。
> 由于不同的媒介在物质和符号形态以及随之而来的理性或知识、感性、时间、空间、政治、社会、哲学思辨和内容偏向上的种种不同,所以不同的媒介具有不同的认知论(epistemology)的偏向。

这种媒介偏向理论的背后所隐含的是对西方文化发展偏向的关注,即随着口语和手稿传统的消逝,人们不再关心社区、伦理、形而上学,而且这些观念都被维持空间偏向的印刷和电子传媒所取代。英尼斯除了延伸技术生态思维之外,还扩展了文化生态思维,他对传播与文化的研究提供了三个观察的指向。第一,媒介的物质形式(例如轻质及可携带的纸张)和符号形式(例如演讲,

---

① Lum, Casey M. K., Introduction: Intellectual Roots of Media Ecology, *The New Jersey Journal of Communication*, 2000, 8 (1), pp. 1 – 7.

象形文字）从不同的方面聚焦在社会经济和政治力量。第二，传播媒介通过影响人类交往的范围和比例而改变文化概念呈现的真实和社会政治的形式。第三，不同的媒介提供了不同的文化思想体系和认知偏向。[①] 这种从媒介角度呈现的文化生态思维承认社会中还存在以媒介为代表的技术力量、文化力量、经济力量和政治力量等多种力量，它们共同构成了传播领域的生物多样性；这些多样性的结构构成复杂的人际互动传播系统，其内在的符号结构确实能够从总体上定义或决定的不仅是信息的产生，还有该环境中人们的行为。这种文化生态思维的价值便是在互动中追求共栖（symbiosis）的整体观念，以达到平衡协调的生存目标。

作为媒介偏向理论的逻辑延伸，麦克卢汉在《理解媒介》中表达了这样的见解：媒介传情达意的特定方式，能改变人的感官生活——能改变人的所见、所听、所触、所尝和所嗅，因而能改变人的所知。他所提出的"媒介即讯息"的论断之所以具有媒介生态的意义，原因在于他所指的媒介包括任何可以传情达意的器物，每一种媒介都是人体的延伸，每一延伸都会使人的五种感官的均衡状态产生变动，结果产生一个新的环境。这就发挥了英尼斯关于时空偏向性的思想，不同之处在于他进而把焦点从人体外在的时空转向了人的感官知觉。

正是在这种意义上，作为加拿大多伦多学派早期代表人物，英尼斯和麦克卢汉又被看做是媒介生态学的奠基人物，沿着这一学派的足迹走下来的学者包括艾里克·哈弗洛克（Eric Havelock）、埃德蒙德·卡彭特（Edmund Carpenter）以及作为第三代旗手的保罗·莱文森（Paul Levinson）等人。而媒介生态研究的另一学派——纽约学派并不像多伦多学派那样所指的是一所单独的学校，而指的是纽约这个城市中的媒介生态学者群体。刘易斯·芒福德（Lewis Mumford）被看做是纽约学派最早的代表人物，纽约学派早期的成员包括纽约大学的尼尔·波兹曼（Neil Postman）和尼斯特洛姆（Christine L. Nystrom）、哥伦比亚大学的路易斯·福斯戴尔（Louis Forsdale）、福德哈姆

---

① Loris Ramos, Understanding Literacy: Theoretical Foundations for Research in Media Ecology, *The New Jersey Journal of Communication*, Vol. 8 (1), Spring 2000, p. 48.

大学社会研究学院的约翰·库克（John Culkin）、皇后学院的佳理·甘蓬特（Gary Gumpert）、查理斯·魏恩加德纳（Charles Weingartner）和曼哈顿的托尼·施瓦茨（Tony Schwartz）等。他们虽然学术观点各异，但都有一个共同的兴趣点，即关注媒介对人类的影响，认为媒介的影响超乎常人的意识和想象。

三　媒介生态学的建构：媒介作为环境的研究

纽约学派的波兹曼是媒介生态学真正的开山之父。他在读研究生的时候，就遇到了当时还不太出名的英文教授麦克卢汉。他从"媒介即讯息"发展出"媒介即隐喻"的论题，认为媒介用隐蔽而强大的暗示来"定义现实世界"。媒介的形式极为重要，因为特定的形式会偏好某种特殊的内容，最终会塑造整个文化的特征。1968年波兹曼在"英语教师全国委员会"（National Council of Teachers of English）年会的演讲中首次正式提出"媒介生态"概念，并将媒介生态定义为把"媒介作为环境的研究"（the study of media as environments）。其含义在于，媒介生态学将传播媒介本身视为一种环境结构，即由一套专门的代码和语法系统组建的符号环境。人们掌握媒介之时，也就意味着适应了媒介本身这一符号环境。从微观层面理解，当我们"使用"媒介，从媒介的内在符号世界中思考、感知、谈论或表现身边世界时，我们就不是站在传播媒介之外，相反，我们处于传播媒介符号结构之中。所谓符号环境，其本质特征在于两种以上或多套专门的代码和语法的并存，即多媒介的符号环境。我们在这个层面所关注的是，媒介共存的动态影响以及它们的互动如何产生或组成一种合成的符号环境。

后来，他再次使用生物学的比喻，进一步解释为什么采用"媒介生态"一词来命名这个新的学术研究领域：

"从你首次知晓皮氏培养皿（petridish）时起，你会记得'被定义为文化繁衍的物质'的某种媒介（a medium was defined as a substance within which a culture grows）。如果你用'技术'（technology）来替换'物质'（substance），那么这个定义便成为媒介生态学的基本原理：技术是文化繁衍的媒介；也就是说，它赋予文化、政治、社会组织和思维方式以形式。从这一观点，我们再援引另一个生物学上的比喻，生态学。"①

至此，技术、媒介和社会文化之间的关系已经被清楚地界定。波兹曼提醒人们注意人类生存在两个不同的环境里，有山川、树木的自然环境和由语言、技术和其他符号组成的媒介环境，后者塑造了人本身。

波兹曼接受麦克卢汉的建议，1971年在纽约大学首创"媒介生态学"专业和博士点，成为该学科的领军人物。他从消极的意义上继承了"媒介决定论"，对电视等大众传播媒介的负面影响忧心忡忡，向悲观的方向偏离，成为"媒介悲观主义"的代表人物。他的几本著作对电视等大众传媒提出严厉的控诉，主要有：《技术垄断》（1978年）、《童年的消逝》（1982年）、《娱乐至死》（1985年）。

这时的媒介生态学基于三个基本假设：第一，人类的经验由使机体可触的生物结构和技术，以及代表着经验的符号系统共同塑造。第二，无论生物结构、工业技术还是符号系统都不是信息世界的中立传播者，它们拥有自己独特的权力，以限制和组织人们的所感、所言和所思。第三，由于人类的文化世界不是知觉、概念、实践和制度的简单集合体，而是一个依赖于传播并能独立发挥作用的复杂系统，传播的变化将导致整个文化生态的改变。②

这种对技术和媒介的强调，使麦克卢汉以来的媒介生态学者或多或少地带有了技术宿命的倾向。英国文化研究学者雷蒙·威廉斯（Raymond Williams）在《电视：科技与文化形式》一书中指出，麦克卢汉的媒介理论忽视控制和使用媒介的机构和人，断言媒介的技术特征决定人们的思考和行为方式，避而不谈社会意图问题。然而这种倾向在媒介生态的另一个主题"语言与文化"的探讨中，却几乎是作为原点被提出的。

---

① Postman, Neil. *The Humanism of Media Ecology*. Keynote Speech at the First Annual Convention of the Media Ecology Association, 2000, p.2.

② Loris Ramos, Understanding Literacy：Theoretical Foundations for Research in Media Ecology, *The New Jersey Journal of Communication*, Vol.8 (1), Spring 2000, p.47.

面对媒介和技术带来的困惑，多伦多学派的古典媒介生态学家哈弗洛克（Eric Havelock）和英国剑桥大学的人类学家杰克·古迪（Jack Goody）等一批学者选择了语言这一特殊的媒介，追寻它在前技术世界的表现方式及其在社会沟通与认知效果方面所发挥的交流作用。两人于同年发表的著述《柏拉图导言》（*Preface to Plato*，1963）和《书写的成果》（*The Consequences of Literacy*，1963），不约而同地将书写对人类认知发展的一种初步的、偶然的作用归结为古代希腊字母文字的发明和传播，主要的关注点在于字母书写对公元前5～前4世纪的古代希腊启蒙运动所产生的作用和影响。

哈弗洛克通过荷马史诗和柏拉图哲学的比较视野，秉持这样的主张：字母书写对古代希腊启蒙有着重要的甚至是唯一的作用，因而字母书写也奠定了西方文明的基石。按此论见，古代希腊字母的发明使书写的广泛普及成为可能，因而也使得人类意识迅速地、永久性地出现了转型。他还认为，后来，印刷术的发明，书写一方面成为扩大哲学、科学反思的一种工具，另一方面促进了欧洲社会的民主化进程。伊丽莎白·L. 埃森斯坦（Elizabeth L. Eisenstein）因此重新评价了古登堡的印刷机在欧洲早期的传播与文化转型中的关键作用。①

古迪则在《蛮野心智的驯化》（1977年）、《书面与口头的交界》（1987年）和《书写传统的威力》（2002年）中坚持认为，人类认知的发展与现代理性是"字母书写"的"逻辑成果"。

由于美国和加拿大的学术一直专注于传播模式与认知过程，这一问题的探讨本身也产生了共振。麦克卢汉同时代的学者瓦尔特·翁（Walter Ong）就公开认同哈弗洛克的论见。在1967年出版的《语词的出现：一些关于文化和宗教历史的绪论》和1982年出版的《口传与书写——语词的技术》中，他通过对荷马传统、中世纪僧侣教育、印刷史、电子传媒的性质的探索，认为基于口传（Orality）的思维具有基于记忆的、移情作用的、参与共享的、情境化的、聚合的、保守的等特征；而基于书写的思维则恰恰相反，具有基于记录的、客

---

① Elizabeth L. Eisenstein, The Printing Pressasan Agent of Change: *Communications and Cultural Transformations in Early Modern Europe*, Vol. I and II. Cambridge, England; New York: Cambridge University Press, 1979.

观中立的、抽象的、分析的、创造性的等特征。①

20世纪80年代以后，罗伯特·K. 洛根（Robert K. Logan）和丹尼斯·施曼特·巴塞瑞特（Denise Schm and t Besserat）在各自的著述《字母的效果：语音字母对于西方文明发展的影响》（1986）和《书写是如何产生的?》（1996）中延续了翁的研究路线。在翁看来，对语词的研究是人文研究最基本的方式，因为语词（word）使我们称为人，语言（language）定义并区分了我们的种类。②

翁及其随后的媒介生态学者认为，正在进行的技术化是人类历史上社会与心理转变的基本根源。从口语语词开始，书写的语词、印刷语词到电子记录和传送的语词，我们在转换传播方式的同时，也改变了文化和意识模式。③ 他们集中在语言与文化层面的讨论，与芒福德、英尼斯等人偏重技术与文化层面的讨论互为补充，反映了西方媒介生态学者从不同方面对人类传播和交流手段及其技术革新的共享经验做出的普遍回应。

随着网络时代的到来，口传—书写研究正在向纵深发展，视野也由"口传—书写"的二元对立走向了"口传—书写—电子传媒"的三维观照。受芒福德技术主义研究的影响，波尔特（Jay David Bolter）认为我们正处在印刷技术时代的晚期，印刷文本将被电子文本全面取代。④ 佳理·甘蓬特（Gary Gumpert）进一步探讨了由电子媒介统治的社会。⑤

而此时的西方社会正陷入深刻的危机之中。丹尼尔·贝尔（Daniel Bell）指出，美国社会出现这样一个奇特的混合："一方面，商业公司希望人们努力工作，树立职业忠诚，接受延期报偿理论——说穿了就是让人成

---

① 〔美〕瓦尔特·翁：《基于口传的思维和表述特点》，张海洋译，《民族文学研究》2000年增刊，总第79期，第18~31页。
② Lance Strate, Forward, in *An Ong Reader: Challenges for Further Inquiry*, Thom as J. Farrell, Paul A. Soukup. Cresskill eds, N. J.: Ham pton Press, c2002. ppx.
③ Lance Strate, Forward, in *An Ong Reader: Challenges for Further Inquiry*, Thomas J. Farrell, Paul A. Soukup. Cresskill eds, N. J.: Ham pton Press, c2002. ppx.
④ Jay David Bolter, *Turing's Man: Western Culture in the Computer Age*. Chapel Hill: University of North Carolina Press, 1984.
⑤ Gary Gumpert, *Talking Tombstones and Other Tales of the Media Age*. New York: Oxford University Press, 1987.

为'组织人'。另一方面，公司的产品和广告却助长快乐、狂喜、放松和纵欲的风气。人们白天'正派规矩'，晚上却'放浪形骸'。"① "一方面强调功能理性、专家决策、奖勤罚懒；另一方面强调天启情绪和反理性行为方式。"② 这就是目前美国资本主义的历史性的文化矛盾和文化危机。就社会而言，这意味着凝聚力的消解；就个人而言，这意味着生活意义的失落。由于这种文化危机和文化矛盾，贝尔认为"美国资本主义已经失去了它传统的合法性"③。

因此，1970年第一届地球日庆典就宣称：人类已进入"生态时代"（age of ecology），透露出现代人深切的希望"生态学"能够带来平衡有序的愿望。20世纪80年代，公共伦理的沦落也催生了深层生态学（Deep Ecology）的出现。这个概念从整体论、有机论出发，承认环境中每个因素的平等内在价值，但它并不是要把关注点从人类转向非人类，而是主张重建人类文明的秩序。④ 尽管如此，1989年《时代》杂志年度风云人物刊登的却依然是"危机中的地球"。20世纪60年代末怀特（Lynn White）就从宗教的视角指出了造成今天生态危机的根源是在于基督教文明本身的发展。⑤ 贝尔也提到导致资本主义文化矛盾的另外一个来源：对于现代各国来说，经济增长唤起了人民难以遏制，但也难以满足的持续提高的期望，"当这些期望与其他飘忽不定的因素（例如恶性的然而又是周期性发生的通货膨胀，它的渊源是突然兴起的世界经济）结合起来时……导致了失落感和危机感，动摇了个人对社会的信仰。"⑥

这种批判和反省沉淀为此时媒介生态学者的内在意识。当1973年麦克卢汉的同事埃德蒙德·卡彭特（Edmund Carpenter）直接用"哦！幻象给我多大的冲击力！"（*Oh, What a Blow That Phantom Gave Me*! 1973）的惊叹来命名自

---

① 〔美〕丹尼尔·贝尔：《资本主义文化矛盾》，赵一凡等译，三联书店，1989，第119页。
② 〔美〕丹尼尔·贝尔：《资本主义文化矛盾》，赵一凡等译，三联书店，1989，第132页。
③ 〔美〕丹尼尔·贝尔：《资本主义文化矛盾》，赵一凡等译，三联书店，1989，第132页。
④ A. Naess, Politic Sand the Ecological Crisis, in G. Sessions (ed.) *Deep Ecology for the 21th Century*, Boston, 1995, pp. 445 – 453.
⑤ Lynn White, Historical Roots of our Ecological Crisis, Science l55：1967, 1203 – 1207.
⑥ 〔美〕丹尼尔·贝尔：《资本主义文化矛盾》，赵一凡等译，三联书店，1989，第302页。

己的学术著作时，我们就可以感觉得到娱乐已经随着电视主导的图像形式支配了文化的走向。"原本我们所熟知的事物，变得陌生不寻常（de-familiarized the familiar）",① "读图时代"使人类的符号世界在形式和内容上都发生了变化。约书亚·梅罗维茨（Joshua Meyrowitz）把麦克卢汉等媒介生态学者的理论与欧文·戈夫曼的符号互动理论相综合。在《消失的地域：电子媒介对社会行为的影响》（1985年）一书中，他认为电视重新界定社会相互作用的领域，模糊了共同在场（co-presence）和距离的各种关系，可以破除那些公共人物和权威人物的神秘感，而且可以重新组织社会环境。电视媒介已经统一了以往具有性别差异和隔代差异的社会世界。女性和儿童都被电视赋予进入男性社会和成人世界的权利。这种思想和先前丹尼尔·J.布尔斯廷（Daniel J. Boorstin）的《影像：美国假事件的向导》（1962年）一书共同影响了波兹曼对于美国当代电视传媒所主导的文化的批判。在《童年的消逝》（1982年）里，他指出在儿童与成人合一成为"电视观众"的文化里，政治、商业和精神意识都发生了"孩子气"的蜕化降级，成为幼稚和肤浅的弱智文化，使印刷时代的高品级思维以及个性特征面临致命的威胁。而这正是《娱乐至死》（1985年）的主题。《娱乐至死》的前言以奥威尔和赫胥黎20世纪40年代的两个著名的"反乌托邦"寓言开篇，波兹曼指出，这是文化精神枯萎的两种典型方式。奥维尔所担心的是强制禁书的律令，是极权主义统治中文化的窒息，是暴政下自由的丧失；而赫胥黎所忧虑的是我们失去禁书的理由，因为没有人还愿意去读书，是文化在欲望的放任中成为庸俗的垃圾，是人们因为娱乐而失去自由。前者恐惧于"我们憎恨的东西会毁掉我们"，而后者害怕"我们将毁于我们热爱的东西"②。与麦克卢汉的道德中立（moral neutrality）不同，芒福德、埃吕尔、波兹曼一脉的学者，极其关注媒介生态对人类生存的影响并给予鲜明的价值判断。波兹曼认为，奥维尔的预言已经落空，而赫胥黎的预言则可能成为现实，文化将成为一场滑稽戏，等待我们的可能是一个娱乐至死的"美丽新世界"。

---

① Sontag Susan, *On Photography*. New York: Farrar, Straus and Giroux, 1977; Reprint, New York: Picador USA, 2001.
② 〔美〕尼尔·波兹曼：《娱乐至死》，章艳译，广西师范大学出版社，2004，前言第2页。

但是，就像麦克卢汉早就坚信的一样，"技艺的目的也许不再使我们变化，而是在向持久目标前进时保持平稳的进程。即使在造成最大震荡的革新中也要保持最平稳的进程"。① 1988年，被誉为麦克卢汉的天鹅绝唱（swan song）的"媒介四定律"或"四效应"（tetrad）作为对这种平稳进程的规律探讨，随着《媒介法则：新科学》（McLuhan and McLuhan, *Laws of Media: The New Science*, 1988）的出版再度引起关注。放大、过时、再现和逆转的过程不是单一发生作用，而是作为整体的发展规律涵盖任何一种媒介的生命发展周期。20世纪90年代以来的媒介生态研究似乎陷入了各分支领域的嘈杂纷争中。1995年，美国学者大卫·阿什德（David L. Altheide）在《传播生态学——控制的文化范式》（*An Ecology of Communication: Cultural Formats of Control*）一书中，运用符号交往理论，揭示了传统媒介环境中，信息技术、媒体传播范式和社会行为的互动关系，描述了专业传媒在国家体系中如何受到复杂的控制和操纵。他指出，信息技术和传播范式，改变着人们的生活，同时个人和组织也日益以符合技术和媒介范式的方式行事，转而影响着传播行为②。次年，瑞杰斯·德布雷（Regis Debray）提出通信的物质、文化和政治三层操作模式，再次重申不存在任何纯真的媒介，也不可能有毫无阻碍的传播③。1997年，多伦多学派的第三代旗手保罗·莱文森（Paul Levinson）在《软边缘：信息革命的历史和未来》中强调了人的主动性，认为人能够主动去选择和改进媒介，一切媒介都是"补偿性媒介"，能补救过去媒介的不足，使媒介人性化。1999年，他又在《数字麦克卢汉：信息化新纪元指南》一书中进一步论道："人是积极驾驭媒介的主人，不是在媒介中被发送出去，而是在发号施令，创造媒介的内容。对别人已经创造出的内容，人们拥有空前的自主选择能力。"④ 一方

---

① 〔加〕马歇尔·麦克卢汉：《理解媒介——论人的延伸》，何道宽译，商务印书馆，2000，第30页。
② David L, Altheide, *An Ecology of Communication: Cultural Formats of Control* Berlin and Hawthorne, NY: Aldine de Gruyter, 1995, p. 191.
③ Regis Debray, *Media Manifestos: On the Technological Transmission of Cultural Forms*. Eric Rauth, Trans, London, New York: Verso, 1996, p. 46.
④ 〔美〕保罗·莱文森：《数字麦克卢汉：信息化新纪元指南》，何道宽译，社会科学出版社，2001，第40~41页。

面，其"人性化趋势"的理论摒弃了麦克卢汉以来的技术宿命传统，承认信息技术会对人类社会系统产生作用，但不是唯一决定性的作用。另一方面，按照莱文森的思路，网络媒体的超时空特性打破了传统的线性时空观，虚拟社区中的人们可以在同一场景中非同步对话，从而创造了一种新的"口语传统"。

作为多伦多大学"麦克卢汉研究所"的所长，德里克·德克霍夫（Derrick de Kerckhove）无疑是多伦多学派的又一代表性人物。他继承了麦克卢汉媒介对个体心理影响的思想，指出"由于我们自己都具有从以读写能力为基础的文艺复兴时代那里继承下来的自我形象，所以，我们未能认识到，从电话到虚拟现实的所有电子技术对我们身体的延伸，已远远超越了我们肌肤的限制。本体感觉的问题，也即是我们对我们身体轮廓的感受，不久将成为一个关键的心理问题，技术的新一代人都要面对这个问题。"[1] 这样的致思取向将推进媒介作为心理环境的研究，反过来又促使我们在自我心理的关注中反思新媒介环境下的文化问题。

从2000年开始，西方媒介生态研究进入总结和反省时期。美国媒介生态学研究的代表人物兰斯·斯瑞特（Lance Strate）与林文刚（Casey Man Kong Lum）在《新泽西传播学杂志》（*The New Jersey Journal of Communication*）上主编了一期有关"媒介生态学的学术渊源"的专辑，对媒介生态学的研究进行了系统总结。到2006年，林文刚（Casey Man Kong）又主编《从文化、技术与传播看媒介生态学的学术渊源》一书，围绕文化、技术和传播的相互关系，较为全面地考察了从20世纪开始西方媒介生态发展的不同方面，以及媒介生态学怎样与行为科学、文化和结构人类学、信息系统理论以及技术史等不同的学科相联系，从而更加明晰了媒介生态研究的方法论。

波兹曼在2000年题为《媒介生态理论的人文主义》（*The Humanism of Media Ecology*）的演讲中不断追问，媒介在何种程度上致力于理性思维的使用和发展？媒介在何种程度上致力于民主进程？新媒介在何种程度上让我们更容易接近有意义的信息？新媒介在何种程度上增强或削减我们的道德感和善良的

---

[1] 〔加〕德克曼夫（亦译作德克霍夫）：《文化肌肤：真实社会的电子克隆》，汪冰译，河北大学出版社，1998，第262页。

天性？如果说，在改善人与媒介的关系上，麦克卢汉偏爱媒介应该用于促进人的感官（sensorium）的平衡，而英尼斯则相信媒介能够促进人的时空概念平衡，①波兹曼更多的道德关注反映在他探讨新媒介是否在社会共同体和个人之间保持平衡，而这种平衡对民主来说是必要的。他一方面从《圣经》摩西十诫的第二诫中获得启迪，指出"我们的文化正处于以文字为中心向以形象为中心转换的过程中"，这样的变迁是导致文化精神变迁的根本原因，并且是悲剧性的，另一方面仍深信人性的稳定。

与此同时，学界对媒介生态研究的代表性人物的代表性观点进一步给予批评和质疑。约翰·彼德斯（John Durham Peters）从技术中心主义出发质疑英尼斯、麦克卢汉、凯里（Carey）一脉的学者对文明进程中的时空经验，称他们的视点局限在人类范围和经验范畴，以及历史中此处和此时（here-and-now）的时空观。除了增加传播分析的政治意图方面，他还强调关注机器和外星生命，以及计算机运算中十亿分之一秒和天文学的光年尺度所带来的全新时空经验，认为"我们世界的局限是我们的媒介和技术的局限。"②

尽管学术创新的力度已大不如从前，但还是有人尝试另辟蹊径的研究。美国学者波尔·格罗斯威勒（Paul Grosswiler）通过考察道教和其他东方思想与媒介生态学的兼容性来关注北美媒介生态学传播理论的跨文化偏向。他在2004年发表的《媒介生态的"道"：一种跨文化传播理论》一文中指出，麦克卢汉及其他媒介生态学者把平衡作为媒介环境研究的重要观点，而这也是道教的核心原则。媒介生态学中关于媒介作为环境的观点认为，所有的传播系统都在寻求平衡，而不是把技术和文化变革看成是附加的，媒介环境对人的调整，是在试图重建平衡与和谐，在他看来，这与"道"的主题相一致③。

总的来看，不同学者对媒介生态主题的探讨，让我们隐约窥见了这一理论的发展轨迹，理论的变迁也受制于人类社会的变迁以及人类对自身环境的认知

---

① Postman, Neil. The Humanism of Media Ecology Keynote Speech at the First Annual Convention of the Media Ecology Association, 2000, p. 2.
② Peters John Durham, Space Time and Communication, *Canadian Journal of Communication*, 2003, Vol. 28, No. 4, p. 397.
③ 单波、石义彬主编《跨文化传播新论》，武汉大学出版社，2005，第31页。

能力的变迁。也许正如凯瑟琳（Catherine Forst）所说，牢记英尼斯和麦克卢汉的真正价值有助于我们"对事物始终保持着批判性的观察"。①

我们对西方媒介生态学源与流的梳理，并不是要用一种地域性或沿袭性来代替什么，而是为了更好地理解媒介生态学这样一个复杂的、全球性的、各学派间具有沿袭关系的网络。因为如果没有全景意义的关照，媒介生态学便无法自省，无以更新。

四 媒介生态学的理论价值与问题

西方媒介生态理论至少具备了两方面的理论贡献。

首先，它不是一种单一的视角，而是对人类、媒介和社会进行系统观察，具有方法论上的意义。它在思维方式上主张从分析思维转向整体思维，从功利性思维转向互利性思维。西方媒介生态学看到了理性的谬误，主张用整体思维取代分析主义的思维方式。麦克卢汉认为当今社会好像一个只知道使用后望镜的汽车司机，他既不向前看，也不向两旁看，只是从后望镜回顾已经走过的道路。虽然以麦克卢汉为代表的西方媒介生态学者自己也并非向前，不过他们挣扎着摆脱线状行走方式，进行全景性的观照，体现了走向多感官的努力。

传统的功利性思维模式，以追求利益为最高目标，存在深层次的价值缺损，即"生命价值隶属于有用价值"。同时，西方媒介生态学又看到了传统的功利性思维模式的价值缺损，认为这种缺损导致人与自然、人与社会的关系紧张，因此，它提倡互利思维方式。这不是简单地探讨媒介在施教、改变态度及意见以及销售商品等方面的作用，而是研究媒介对社会、文化影响的长期效果，在社会生态体系的框架下，以各种力量的共栖，达到各种力量的互利。

其次，西方媒介生态理论开辟了在结构和互动关系中考察媒介的视野。媒介生态在这里不仅是一种隐喻，还是一种具体可行的动态研究。它在宏观上表现为人类同媒介环境之间的相互作用、相互促进、相互制约的对立统一关系，

---

① Forst Catherine, How Prometheus Is Bound: Appling the Innis Method of Communication Analysis to the Internet, *Canadian Journal of Communication*, 2003, Vol. 28, No. 1, p. 9.

揭示社会经济发展和媒介环境协调发展的基本规律；在微观上表现为媒介环境中媒介变迁、转化和传播规律，探索它们对人与社会的影响和作用等。媒介生态学借助生态学和环境生物学的理论和方法，对传播学理论研究进行了延伸和发展，成为具有生态意义的社会文化研究，从而深刻地改变了我们对于自己以及生存环境的理解。

然而，这些贡献却并不能掩盖西方媒介生态学的理论和现实困境。从理论内部观察，西方媒介生态所倡导的协调、平衡的观念是作为一种最高前提存在的。在作为其理论源头的古希腊传统中，有机和谐的自然观也是一种生存智慧。然而造成今天生态危机的西方二元对立思想的根源在于孕育了西方文化的基督教文明本身。《圣经》"创世纪"篇描述了上帝把统治控制自然的权力交给了亚当（人类的代表）之后，人与自然就确立了主体和客体的关系，万物有灵论的中断使人成为唯一的言说主体，人与自然的关系被按照神学目的论重新设置，自然在人的话语霸权下沉默并沉沦下去了。基督教的世界观是从创世走向末世的直线模式，逐渐取代了古希腊崇尚和谐统一的自然观，直接影响了人类对待自然和社会的态度。尽管基督教是流派众多的宗教之一，不能一概而论，但是思想根源不可避免的矛盾，导致了媒介生态理论阐释的悖论。如何同时消解和认同人的自我中心？为什么财富的增加不能增进社会的协调？技术论和生态论如何统一？

事实上，西方媒介生态学者未曾建立一套坚实的理论体系。他们对现实问题拼盘式的表现，所得到的一些具有醒世恒言意味的结论，部分来自他们对于术语表达的偏爱。因此，即使他们勉强搭建了理论框架，理论也显得过于简单化，集中于宏观层面，细节不够。从上面的分析中我们已经可以看到，西方媒介生态理论偏重于科技生态的呈现，作为核心话语的补充的文化生态和生态伦理缺乏系统的论述，更多地表现为一种需要进一步领悟的内涵。丹尼尔·贝尔把现代社会看作由经济—技术体系、政治与文化三个特殊领域组成，"每个领域都服从不同的轴心原则。它们之间并不相互一致，变化节奏亦不相同。它们各有自己的独特模式，并依此形成大相径庭的方式。正是这种领域间的冲突决定了社会的各种矛盾"。[①] 因此，生态问题应该至少包括三个因素，即危及资

---

① 〔美〕丹尼尔·贝尔：《资本主义文化矛盾》，赵一凡等译，三联书店，1989，第56页。

源枯竭的技术、经济方向；文化伦理牵制下的有关人类、社会和自然界的生态平衡；社会政治方面的因素。显然，西方媒介生态理论对起决定性作用的政治经济方面的分析十分薄弱。

这种理论失衡的后果是理论诠释力的不足。在传播领域，全球媒体对本土文化的创新和重构也并不是出于对全人类精神家园的贡献，而是为了实现自身的有序运作，通过推行象征性经济在全球范围内牟取利益。在这样的原则面前，社会环境的和谐与平衡似乎是天方夜谭。如何在多种力量的角逐中建构媒介生态？对于这样的要害问题，媒介生态学却少有启发性的答案。西方媒介生态理论植根于以美国为代表的西方发达世界的环境和文化，却以普遍主义的面目出现，缺乏对本土特殊因素的考虑。当这种模式化的思维用于分析发达社会之外，尤其像在中国这样一个深受生活传统和体制积弊影响的生态群落时，我们首先要问的是西方主流社会理论话语的操纵者能否放弃权力垄断寻求妥协？暂且对这个问题给予乐观的回答。但当他们把明显带有乌托邦色彩的生态平衡建构方案无条件地加于这个仍然充满着阶级、种族、国家区分（歧视）的世界时，面对被漠视、被损害的人群，理论原初的志向和诠释力就变得十分苍白，更无力回答这样的追问：世界范围的媒介生态理论应该向何处发展？能否在未来的发展中对不同利益群体的环境关怀进行综合，从而导向一种真正的全球性媒介生态实践？

不过，值得肯定的是，西方媒介生态理论形成了三个重要的特征：首先，媒介生态学承认传播和文化间的共生、互动关系。其次，媒介生态学承认媒介和文化是复杂的社会现象，承认要理解这种共生关系将会是艰难的努力。事实上，媒介生态学认为媒介和文化间的共生关系复杂且常常不可预知。最后，根植于媒介生态学中的还是人文主义的研究议程和教学法。媒介生态学者期望用自己的知识结构帮助文化或社会保持一种平衡的状态。这些都可能是应对媒介化社会危机的一种思想资源。

更为重要的是，西方媒介生态学者以他们对宇宙秩序和人类生存的根本信仰和意念为基础介入当代冲突，这个基础给予他们特殊的力量和对一个和谐未来的快乐憧憬。也许他们在面对现实的困难时，理论和实践的距离使他们难免痛心、尴尬和沮丧，如波兹曼曾经感叹的，"眼前的困难简直无法逾越……也许根本不存在解决的方法"。① 但他们并未放弃，除了把希望寄托于学校和教育，还深信"如果不能提出防止灾难发生的方法，那么也许可以退而求其次，试图理解灾难为什么会发生，那也是有用的"。② 这种略带悲观的淡淡忧伤，笼罩了整个西方媒介生态理论。这里的理论坚守不仅具有对现实的批判意义，还有对"哪里有危险，哪里就有拯救的力量"的可贵执着。

此文原载《新闻与传播研究》2006年第3期，2009年荣获教育部高等学校科学研究优秀成果奖二等奖。第二作者为王冰。

---

① 〔美〕尼尔·波兹曼：《娱乐至死》，章艳译，广西师范大学出版社，2004，第205页。
② 〔美〕尼尔·波兹曼：《童年的消逝》，吴燕莛译，广西师范大学出版社，2004，第4页。

如何表现中国传播研究的智慧?

从科学研究的节律上讲,30年能赋予一个学者或一个学术领域以饱满的生命和成熟的思想。在传播学领域,我们可以数出许多30年的辉煌:施拉姆从1943年开启传播学研究制度化历程,到20世纪70年代,美国传播学已结下丰硕的果实;而20世纪70年代的议程设置理论在30年的发展中实现了理论思维的多维扩张;伯明翰的文化研究在30年间走出英国,发展出众多世界性的理论命题;跨文化传播研究从20世纪50年代起步,30年后便进入理论总结期,描出了立体多元的理论地图。

在时间向度上去回眸中国传播研究,笔者得到的感受可以用"一半是惊喜,一半是惊恐"来形容。每当想到我们这个群体年复一年挖沟修渠、嫁接移植,居然使西方传播理论在中国生根、开花、结果,荡涤"非礼勿言"的传统,更新"己所不欲,勿施于人"的理念,与中国社会的多元交流、多元表达相呼应,笔者便有"堪随云月共赏"的惊喜。但一想到我们这个群体日复一日借用概念、咀嚼理论、生搬硬套,到如今还是缺少针对中国传播问题的"原创性研究",落得个"沿门托钵效贫儿"的凄凉,笔者便有"我们的思想被殖民了吗"式的惊恐。

眼前的事实是:我们并不缺少传播学的知识,我们缺少的是与中国传播问题相匹配的智慧。知识的积累使我们对人类的传播越来越清楚,而他人观点的堆积却使我们的思想越来越糊涂。一旦思想不是从问题出发而是从观念(而且是他人的观念)出发,思想就没有了自由,我们就失去了智慧。老子说:"为学日益,为道(亦作'闻道')日损,损之又损,以至于无为"(《老子》第48章)。他的这句话提示我们在时间向度上反省学术研究的根本方法:追求学问知识,当然多多益善,而且要博采众家;追求道理智慧,则必然不断抛弃观点成见，最后达到自然而然的道理。因此，在时间向度上考察中国传播研究主要涉及两个问题：中国传播研究积累了足够丰富多元的知识吗？中国传播研究是否面对现实的问题、超越已有的知识而提供了新的道理、智慧？前一个问题是针对过去的，后一个问题则是面对现在与未来的，或者说，如果要谈"中国传播研究之未来"，那么，我们不得不面对后一个问题。

那么，什么是智慧呢？一般说来，智慧是一种特殊的思想操作，它创造着各种观念，但它却不受其约束。智慧表现为"对一问题，向一目标，顺一方向，综合的运用已成知识"而超越知识的创造性的思想。智慧与知识的关联是建立在智慧主宰知识的基础上的，知识只是智慧之表现的必要条件而不是充分条件，有知识不一定有智慧，而有智慧必定是超越了知识，为创造性心灵的表现。这种智慧内在于我们的生命，人之所以常常失去智慧的表现，不能综合性地、创造性地运用所知，不能产生智慧的直觉，乃在于人的心灵被障蔽、阻碍。

回想1978年，"局部西化"曾是中国思想"解冻"的一个重要表征。美国《基督教科学箴言报》在一篇题为《烫个'鸡窝'最时髦》（1978年6月8日）的报道中写道："虽然单调的灰色和蓝色衣服仍然是标准的服装，但是妇女开始涌向百货商店，从有限的供应品种中选购衣料。在城市，新时兴的是卷发和电烫发型（这些长期以来都被斥为资产阶级和西方的影响）。北京排队最长的地方是理发店"。这番景象实在令人回味，虽然民智依然为思想的枷锁所困，但老百姓却从"头"开始，以"局部西化"的改良方式改变着生活的整齐划一和单调乏味，此时，他们使自己外置于思想的控制，从麻木、冷漠的集体生活悄悄溜向温情、互动的个人生活，呈现民智的可贵。而老百姓一旦回归个人生活，恢复生活的选择和判断，交流的渴望就不可遏制。这样，对于缺少现代交流理念、需要走出文化封闭圈的中国来说，西方传播学的导入是很自然的事情。有趣的是，学者和老百姓一样，走的都是"局部西化"的路子。1978年7月，复旦大学新闻系出版的《外国新闻事业资料》的创刊号上发表了中国第一篇传播学译文《公共传播》（mass communication），当时将这个词翻译成"公共传播"，而不是后来的"大众传播"，郑北渭主编为了防止被指责为"宣扬资产阶级观"，加了一个按语，说明"公众传播工具"是"垄断资产阶级控制舆论，制造舆论，毒害人民，奴役人民的宣传工具"。尽管如此，这篇文章还是导入了对传播研究的一种看法，即"除要对机械工具有广泛的理解之外，更重要的是，要理解人们在日常生活中怎样利用这些工具相互传递消息，相互影响、鼓舞、说服、恐骇并进行娱乐消遣的"。同年10月，日本新闻学会会长内川芳美分别在上海和北京介绍传播学，给他做翻译的人由于对专业词句的陌生，甚至无法准确翻译"mass communication"，但即使是这样，西方传播学的概念还是对习惯了"报纸是阶级斗争的工具"的中国学者带来了极大的震动，使他们由此转向从大众传播的角度思考传媒的性质。应该说，"局部西化"创造了一种机会，有可能使人们脱离长期戕害中国传媒的正统观念，把自己置于与西方传播学者相互交往的过程，从而激发理论思维的活力。在当时的情况下，中国学者只有弄清楚他人的思想内容，才可能达于自己独立的思想和批评立场，只有通过与他人思想的交往，才可打破思想的僵局，获得独创性和真正的自由。但是，后来的结果并非如此，而是旧的思想枷锁没有完全解除，新的思想统制却已产生，人们逐渐遁入西方传播学的象牙塔里，生活在传播学"诸神"的阴影里，自觉地服从于西方传播学所划定的思想方向、执着或陷溺于所习知识，不能面对中国传播问题进行自主的创造，从而让知识习气障蔽、阻碍了传播研究的智慧表现。

也许从知识发生学上讲，传播学在中国"投错了胎"，它没有被引进到社会学领域或信息科学领域，没有走向建构开放的社会、互动的社会的道路，而是投进了早已失去想象力的中国新闻学的怀抱。当时的中国新闻学不仅理性能力不足，视野狭窄，诠释力很弱，而且还感染着"抽象与僵化"的痼疾，一方面对狭小经验范围内的事情做类似于科学的定义，另一方面把学术话语简化为意识形态话语。在不能打破"旧瓶"的情况下试图装"新酒"，必定会使传播学染上旧有的痼疾。在1982年召开的第一次有关西方传播学的座谈会上，一些学者在讨论我们应对传播学采取什么态度时，受限于意识形态的影响，用套话的形式提出了一种伪自主性的思路，即"系统了解、分析研究、批判吸收和自主创造"。后来的情形表明，当研究还没有深入展开，思想就被意识形态所限定，谈何系统了解？当我们把西方社会文化的现实背景、问题与传播学理论割裂开来，谈何分析研究？当我们在各种主义之间左右摇摆，迷失价值判断，失去对中国现实文化需求的分析，谈何批判吸收？当我们还没有客观观察中国现实的传播现象与问题，并在全球化背景下加以辨析，谈何自主创造？在欧洲语言中，理论（theoria theoria 或 theory thorie）一词意指全神贯注地观看，表现着感性的呈现与理性的观照，西方传播学参差不齐，但总体上还是体现着这种理论精神。可是，我们却偏离这种理论精神，用意识形态和西方传播学知识简化了我们的思维，弄瞎了我们的眼睛。

从一定意义上讲，中国传播研究的智慧恰好在于能跳出西方传播学知识所划定的思想方向，善于从迥然不同的方向综合性地、创造性地运用知识。尽管从学习的过程来看，我们并不能苛责于知识习气，但不可忽视的事实是，有了知识习气的人，其知识越多，知识对他的抑制力越大，越难有智慧的表现。

与此同时，在进行传播学理论思维时，中国传播学者常常被所谓名言习气所困扰，即自觉地顺从名言（即"有所指而言"）所指示的思想方向、执着于抽象的意义或从抽象到抽象的思维的一种倾向。因此，当我们顺着传播学的名言研究中国问题的时候，常常让存在迁就概念，使研究变成重复的东西，因此产生一些"废问题"或"假问题"。其实，人们被此名言习气所笼罩时，其思想就被桎梏于名言世界，远离名言最初所表之意和所表之实，在思想方向上被名言所指涉的抽象的、普遍的意义所牵引，而难有超名言的智慧的表现。在理论思维中，"名词思维"关注的是"什么是什么"，诸如传播是什么、效果是什么、意义是什么等，它是非常基本的理论思维形式，当然重要，但它表达的是所思想的某种东西和事实，并不意味着思想的问题。问题归根到底是一个"做什么"和"怎么做"的问题，因此，有建设意义的传播理论需要落实到"动词思维"（参见赵汀阳《一个或所有问题》，江西教育出版社，1998，第63~73页）。从某种意义上说，"什么是传播"并不是一个真正的问题，"如何做成传播"才是问题所在，亦是通向中国传播研究的自主创造的必由之路。

无论是感性的呈现还是理性的观照，理论都是要探求真相的，但现实中的学者并不能都像俄狄浦斯那样不惜任何个人代价去追求真实的力量，一旦发现后去接受和承受它的力量，就会常常产生对真实的恐惧，并用狡黠的辩证法掩盖这种恐惧，让冲突性的问题化解于"既要……又要……"之类的句式之中，以断裂理论逻辑的代价去迎合虚假的意识形态或某种时尚的、权威的话语，获取实际的学术利益。我们通常把学者的此种表现称为情欲习气，即学者在日常生活中常常只注目于其情欲所对的事物，对一切凡与情欲相连的知识加以执着，让心灵陷溺其中。很明显，在这种情况下，中国传播研究很难有智慧的表现。

为了摆脱中国传播研究的困境，人们曾热衷讨论传播学的全球化与本土化的矛盾，其实，这并非困境的症结所在。从本质上讲，我们遭遇此种困境，是因为我们没有真正意识到传播研究的根本意义不是对人类传播现象的反映和概括，而是对人类传播实践的设计和开拓。如果我们只把自己当作人类传播现象的"认识者"，我们就会停留于理解、分辨、总结，而如果我们在此基础上还把自己当作"创造者"，我们就会进一步带着"做什么"和"怎么做"的问题，去设计和开拓我们所需要的传播实践。唯有如此，中国传播研究才能摆脱知识习气、名言习气、情欲习气，表现应有的智慧，才能拥有自己的未来。

此文为纪念中国传播学研究三十年而作，参与传播学界大讨论，原载《新闻大学》2008年第2期。

跨文化传播研究的心理学路径

当归属于不同文化的人们走到一起，而他们相互感到"陌生"时，跨文化传播就开始了。从一般意义上讲，跨文化传播是触及人的心灵、表现人的文化心理的社会行为。所谓跨文化是指参与传播的人不只依赖自己的代码、习惯、观念和行为方式，而且同时也经历和了解对方的代码、习惯、观念和行为方式的所有关系，因此，跨文化包括所有的自我特征和陌生新奇性、认同感和奇特感、亲密随和性和危险性、正常事物和新事物一起对人的中心行为、观念、感情和理解力起作用的关系。因此，研究跨文化传播就意味着我们不得不去走心理学的路径。

从某种意义上讲，传播学的核心问题就是我们与他者如何交流的问题，以及交流如何跨越性别、国籍、种族、民族、语言与文化的鸿沟。跨文化传播学只不过集中呈现了种族与文化背景下作为个体或群体的"我们"与"他们"的交流问题，它难以回避来自人类心灵深处的疑惑：我心与他心如何沟通？如何理解不同文化背景中的人类传播行为？如何探寻跨文化传播过程中民族中心主义的某些可能的根源？无疑，这些都是极具诱惑力的心理问题。爱德华·霍尔（E.T. Hall）在1959年出版世界上第一本跨文化传播著作《无声的语言》时，一开始就触及了跨文化传播的心理问题。当时他发现，"理解和洞见他人心理过程的工作比我们多少人愿意承认的困难得多，而且情况也严重得多"。① 于是，他所揭示的作为文化隐藏之物的无声的语言——声调、手势、表情、时间与空间等，无不蕴含跨文化交流过程中的文化心理，尤其是非语言传播的文化无意识特点。这种思考一方面是他与华盛顿学派精神病学的心理分析专家密切合作的结果，另一方面又是那个时代的人们对民族优

---

① 〔美〕爱德华·霍尔：《无声的语言》，刘建荣译，上海人民出版社，1991，第32页。

越感、文化偏见与歧视进行普遍反思的反映，特别是二战后人们发现具有高度偏见和民族优越感的个体有"独裁主义人格"，从而引发了人们对民族中心主义的警觉。

在此之前，英国分析哲学已提供了认知他人之心的路径，人工语言哲学家（如罗素、卡尔纳普等）以类比论证的方法来确定他心认识的可能性与途径，日常语言哲学家（如维特根斯坦、赖尔、奥斯汀、斯特劳森等）认为，尽管我们无法进入他心，检验他的经验是否在性质上与我的经验相同，不排除谈论"感觉""知道"等心理现象的公共语言，这种公共语言是可以比较的。现象学家胡塞尔明确地肯定他人意识的独立存在，而不是把他人看作意识活动的构成物。存在主义哲学家萨特则宣称，他人跟我一样作为具有否定特征的纯粹意识而存在；他是一个生存主体而不是认识对象；我和他之间存在一种互相限制对方的自由，却又恰恰意味着彼此都是自由的这种微妙关系。这些哲学思想内涵各不相同，但都批判了他心问题上的怀疑论和唯我论，为跨文化传播研究提供了根本性的价值观。此时，传统心理学也发生了改变，以前它把文化至多看成一般性的情境因素，习惯于从内部寻找行为的决定因素，或从直接的环境刺激来解释行为。到20世纪初，科学心理学的创始人、德国心理学家冯特把心理学方法分成两种：一是实验内省法，通过个体对自己内心活动进行观察、体验和陈述来研究其心理活动；二是民族心理学方法，即把文化产物如语言、神话、风俗、法律等历史资料加以分类比较和分析解释，以说明人类高级心理过程，揭示社会心理的发展规律[①]。尽管与文化相关的民族心理学方法往往被心理学家淡忘，但是，到霍尔进行跨文化传播理论表述的20世纪五六十年代，文化人类学的发展已使人们逐渐意识到人格、行为与文化的联系，并且在跨文化的视野中提升了对于行为本质的文化理解。比如，弗洛伊德梦的分析理论认为儿童具有仇视父亲、依恋母亲的"恋母情结"，但转换了文化场景后，这一解释就发生了变化，对处于母系社会的巴布亚新几内亚群岛上的土著人的研究表明，那里的儿童在梦境中仇视的对象不是父亲，而是舅舅。在当地的文化习俗中，父亲是母亲的情人，舅舅是儿童行为的管教者，土著儿童仇视与母亲没

---

① 车文博：《西方心理学史》，浙江教育出版社，2002，第214~215页。

有情欲关系的舅舅，说明他们潜意识里有一种摆脱威权控制的愿望，与儿童的情欲无关①。这种跨文化的视野可以让人清楚地看到社会文化因素对行为的影响。

跨文化传播的基本价值观是确认文化的差异性和多样性，它在精神分析学意义上的论点是，"他者"是根本性的，无论对自我的构造，对作为主体的我们，对性身份的认同都是如此；我们的主体性是通过向来不完整的无意识与"他者"的对话才得以形成的②。确认文化的差异性和多样性的过程又是一个不断超越文化的过程，即不以自己所属文化群体的价值来判断其他文化群体的价值，反思自身的文化价值，民族中心主义向文化价值平等的方向转变。霍尔在20世纪70年代出版的《超越文化》一书中提出，人类要走向跨文化传播，必须超越文化，而超越文化的重心在于"无意识文化"，也就是一种已潜入民族或个人的深层心理结构里的文化，一种"心中"的文化，一种已经与民族或个人行为模式混成一体的"隐藏着的文化"，它像一张无形的网，把一个民族、一个社会、一个团体、一个人死死地套住。在他看来，要解构这种"无意识文化"，不能仅仅进行尊重文化差异的空洞说教，还必须从文化交流过程中的感知、语境与文化心理表现、文化映象与记忆、文化的非理性力量等方面解开人们的心结。这样，心理学方法便直接切入作为人类精神表现的文化的内层，从而呈现超越文化过程中的基本心理问题。19世纪的德国语言学家洪堡特（Wilhelm von Humboldt）曾在探讨人类语言结构的差异时指出，不同的语言，不同的民族，都是人类精神以不同方式、不同程度自我显示的结果，语言是精神的创造活动，或者说是"精神不由自主地流射"③。其实，人类的整个传播活动都是人类精神以不同方式、不同程度自我显示的结果，将心理学导入跨文化传播研究并不是为了增加文化变量、发现人类传播心理的普遍规律——那可能仅仅是心理学或传播心理学的目的，而是为了寻求感知人类各种文化精神表

---

① 叶浩生：《多元文化论与跨文化心理学的发展》，载《心理科学进展》2004年第1期。
② 〔英〕斯图尔特·霍尔：《表征——文化表象与意指实践》，徐亮、陆新华译，商务印书馆，2003，第239~240页。
③ 〔德〕威廉·冯·洪堡特：《论人类语言结构的差异及其对人类精神发展的影响》，姚小平译，商务印书馆，1999，第48页。

现形式，发现各种文化心理之间的微妙关系，找到文化对话的可能性。

众所周知，"文化适应"（acculturation）是一种常见的跨文化传播现象，指"由个体所组成，且具有不同文化的两个群体之间，发生持续的、直接的文化接触，导致一方或双方原有文化模式发生变化的现象"。最初心理学家对这一现象进行研究的时候，得出了这样的"普遍规律"：对于新到一个文化环境中的个体来说，其文化适应的最后结果必然是被主流文化所同化；同时，个体受到主流文化的影响越多，原来民族文化对他的影响就越少。这实质是单向度、单因素文化分析的结果。20世纪70年代以后的心理学家仅对个体的文化适应策略稍做区分，就发现了整合（intigration）、同化（assimilation）、分离（separation）和边缘化（marginalization）四种文化适应策略，其中，文化心理向度也表现出保持传统文化和身份的倾向性以及和其他文化群体交流的倾向性。进一步说，也就是心理学家看到了第三向度，主流文化群体与少数族群在相互适应过程中所扮演的角色，从而呈现跨文化传播中的多样化心理表现。而文化适应研究的"融合模型"（fusion model）则直面跨文化传播的现实：文化适应中的个体实际上面对的是一种新的整合文化，而不是单一的主流文化，或者原有文化[①]。这样，在文化交流中，就无所谓单一的模式和心理规律，而只有随文化的多样性与文化传播活动的丰富性而律动的心理过程了。

显然，我们必须警惕心理学方法对于跨文化传播研究的可能误导，特别是心理学研究的普遍主义思维常常以同样的方法、程序、概念和理论应用于不同的社会与文化，通过比较找出不同文化影响之下行为的共同性和差异性，往往是在文化之外研究传播行为，认为个体的传播行为外在于一定的文化系统，这显然有悖于跨文化传播研究的价值目标。要想使心理学成为研究跨文化传播现象的一剂良方，我们还必须吸收人类学的一些重要见解，如不同文化群体在基本信念、思维过程方面存在差异，人们通过思维过程形成对世界的特定感知[②]。从人类学的视野我们可以把握心理学方法在分析跨文化传播现象方面的特殊价值：让研究者作为"陌生人"融入某种文化内部，在参与式观察中获

[①] 余伟、郑钢：《跨文化心理学中的文化适应研究》，《心理科学进展》2005年第6期。
[②] 〔美〕理查德·尼斯贝特：《思维的版图》，李秀霞译，中信出版社，2006。

得文化交流的特殊心理体验，在日常生活中理解文化的感知与冲突；把通过"深描"（thick description）所获得的对文化结构与历史的理解同人的态度、兴趣、气质、移情作用等心理因素结合起来，形成对文化与传播行为的关系的整体理解。这样一来，心理学方法的导入就不再仅限于整理抽象的跨文化传播心理规律，而是使跨文化传播心理的深描成为可能；不是跨越个体的心理体验进行概括，而是在具体的跨文化传播个案中进行概括。

其实，跨文化传播心理学的研究直接起源于19世纪的人类学、民族心理学，只是这些领域的早期研究还遵循着种族等级观念，习惯于探讨一个原始的文化群体，由于与发达文化群体接触而改变其习俗、传统和价值观等文化特征的过程，带有殖民主义的陈腐气息①。现在人类学的视野已有了长足的扩展，它能更好地帮助人们理解文化以及社会语境中的传播活动，让人们感受到跨文化传播总是与特定的文化相关的过程，会被各种社会因素所影响，同时也是一个持续的意义生产过程，这无疑有助于我们打破理性主义、普遍主义的心理学研究局限。当然我们也不能忘记，新精神分析学派在20世纪30年代后，修改和抛弃了弗洛伊德的本能论和泛性论，把文化、社会条件和人际关系等因素提到了精神分析的人格理论和治疗原则的首位，从而促进了跨文化心理学、人际关系心理学的发展。而如今融入跨文化传播活动的现实语境的心理学，亦更能照亮文化精神表现的景观。

此文为参与钟年教授组织的"跨学科视域中的心理学研究"笔谈而作，尝试探索跨学科方法。原载《湖北大学学报》（哲学社会科学版）2008年第3期。

---

① 〔美〕马尔塞拉·撒普·西勃等主编《跨文化心理学》，肖振海等译，吉林文史出版社，1991，第6~7页。

媒介即控制及其理论想象

我们越来越明显地感觉到，媒介创造的环境改变了世界和人类自我原有的生存和发展模式，也改变了人类对世界的认知图式，使传统社会发展的根基发生某种程度的动摇。特别是通过媒介环境学的研究，我们发现不同的媒介总在影响着人的感知、情感、认知和价值，迫使我们扮演不同的角色，建构着我们的所见所闻。无论是英尼斯（Harold Innis）所表述的"时空的偏向"，麦克卢汉（Marshall McLuhan）在"媒介即讯息"中所呈现的"感官的偏向"，还是波兹曼（Neil Postman）提出的"技术垄断"（technopoly），都指向一个命题：媒介即控制。与此同时，我们通过这一命题又可以获得新的感知：媒介的控制与控制的媒介化使人难以摆脱"洞穴人"的命运，那个在蒙昧时代就开始追求光明与知识的、有着理性精神的人，一心想用理性驾驭自己的情感和欲望，可是，没曾想，技术顺着理性控制的本质，设定、影响、支配着人的社会生活，使人变成了媒介化社会的"洞穴人"。

媒介即控制不是"媒介即讯息""媒介即环境"的简单延伸。"媒介即讯息"旨在说明，媒介如何使我们的感官的形貌发生变化，这样的变化又如何改变我们接受感觉资料的方式，使我们用这些资料来理解和构建/重构周围的世界；"媒介即环境"把人们引向综合性思考的层面，探究媒介如何影响我们所处的世界并成为其中的一部分，如何渗透到世界的各个角落，影响我们个人和集体的生活方式[①]。这两个论断要我们意识到嵌入我们自己的延伸里的隐蔽的偏向：媒介技术虽然也作为人的工具，但也使人成为它的手段，更多地控制着人，它首先设定了人类自古赖以生存的自然，其次设定了人本身，尤其是还设定了人的思想和感知，形成了虚拟的世界。但是，这只是问题的表层，我们

[①] 林文刚编《媒介环境学》，何道宽译，北京大学出版社，2007，第30、193页。

应该进一步看到，那嵌入我们自己的延伸里的隐蔽的偏向实质上是理性的控制偏向。北美媒介环境学家没有完全意识到这一点，他们试图在发现媒介的偏向和技术垄断问题后，找到理性地控制媒介的路径，从而在理论上陷入悖论。本文试图说明，媒介的控制表现为理性的控制，而且把这种控制媒介化，形成无所不在的意识操纵。其中所要揭示的问题是：理性的控制如何嵌入媒介的偏向和媒介环境之中？体现为怎样的历史过程？如何成就了波兹曼所说的"技术垄断"（Technopoly）？人对媒介的控制与技术垄断的内在关联表现了怎样的权力运作方式？我们在何种层面上可以消解理性的控制，进而消解媒介的控制，形成平衡的、自由的媒介环境？

一　理性的控制如何嵌入媒介的偏向和媒介环境之中

一般说来，把理性意识从人的自然性中分化出来，使之成为一种独立的精神功能，乃是希腊人的成就，正是有了这种分化，科学和对科学技术的追求才有可能成为至高无上的人的能力，人类也因此向前迈出了巨大的一步，但同时也是一种损失，因为人的存在的原始整体性被分割了。独立出来的理性被视为人的神圣部分，它脱离人的动物性，超越人的具体性、直接性、局限性，而以抽象性、间接性、普遍性为特点，与人的非理性呈现为二元对立，并且取得了控制非理性的合法性。在《菲德罗篇》中，柏拉图设计了一个关于灵魂的著名神话，很好地表达了理性的控制：理性作为双轮马拉战车的驾驭者，抓住白色骏马和黑色骏马的缰绳，白色骏马代表人的勇猛或情感部分，对理性的命令较为驯服，黑色的骏马难以驾驭，代表着欲望或情欲，必须受驭手鞭挞才肯循规蹈矩。这里最令人回味的是，理性为了塑造神圣的、永恒的人，不得不控制人的情感、情欲，而为了控制，它延伸出缰绳和马鞭的技术性想象，把约束和强制的观念嵌入缰绳和马鞭之中，使其传达对情感、情欲的广泛而深入的控制，从而形成某种控制的偏向。

理性不仅把控制人的非理性当作目的，还把征服自然、改造自然、调节社会当作目的。在理性主义看来，世间万物转瞬即逝、变化万端，只有一种影像的实在性，真正实在的事物是共相或理念。人为了追求确定性的认知，为了超越自我的限制，不得不服从理性的控制，并把理性的控制当作生活据以运行的基本方式和常轨，于是，技术成了理性主义的一种物质化身，官僚政治成为理性主义的另一种化身，旨在对社会生活进行理性的控制和安排①。康德曾经在《纯粹理性批判》中用一种隐语的思路对理性进行了这样的反思：

> 这只轻盈的鸽子，用其自由的羽毛在空气中穿行，它感觉到空气的阻力，于是想象，若是在真空中，它的飞行也许会更容易。那更是柏拉图欲抛弃的感觉世界，以为因其太狭窄而限制了知性思维，他大胆地想用理念的翅膀去超越它，以进入纯粹知性的思维空间中。但他没有意识到，他全力以赴却毫无进展——当阻力不存在时，他所依赖的支柱也就不起作用了，他也就不可能施展力量，所以，也就妨碍了知性思维的展开②。

适度的理性总是与感性保持着辩证关系，但是，绝对的理性则追求绝对的控制，全面统治人的感觉世界，使人类生活组织不断理性化，常常使理性凝聚为空洞的理念或固化的意识形态，以致伤害理性自身。虽然理性会调整自身，回到感性世界，但反映着人对待自然的理性方式的媒介技术里已经嵌入了意识形态偏向，也就是用一种方式构建世界的倾向，或者说它给一种事物赋予更高价值的倾向③。在柏拉图的《理想国》中，有一个著名的洞穴比喻来解释理念论：有一群囚犯在一个洞穴中，他们的手脚都被捆绑，身体也无法转身，只能背对着洞口。他们面前有一堵白墙，他们身后燃烧着一堆火。在那面白墙上他们看到了自己以及身后到火堆之间事物的影子，由于他们看不到其他东西，这群囚犯会以为影子就是真实的东西。最后，一个人挣脱了枷锁，并且摸索出了洞口。他第一次看到了真实的事物。他返回洞穴试图向其他人解释，那些影子其实只是虚幻的事物，并向他们指明光明的道路。但是对于那些囚犯来说，那个人似乎比他逃出去之前更加愚蠢，并向他宣称，除了墙上的影子之外，世界

---

① 〔美〕威廉·巴雷特：《非理性的人——存在主义哲学研究》，段德智译，上海译文出版社，1992，第285页。
② 〔德〕康德：《纯粹理性批判》，邓晓芒译，人民出版社，第47页。
③ 〔美〕尼尔·波兹曼：《技术垄断——文化向技术投降》，何道宽译，北京大学出版社，2007，第7页。

上没有其他东西了。柏拉图在这里试图要说明的是，受限于影子一样的现象界造成了人的无知、愚昧，而只有超越影子一样的现象界、找到光（象征真理）与影（象征现象）的关系的理性才能使人通向知识、智慧。吊诡的是，由于理性超越感性之后，建构了人对抽象性和普遍性的崇拜，使人们进入理性的抽象生活，受控于理性的人把理念当作真实，甘愿守在理念所构筑的洞穴里信奉理念的影像，而不愿越雷池一步。于是，在现代社会，人的政治、经济、社会、文化生活都得到理性安排，但是，理性的无限僭越和滥用，又使人生活抽象化、片面化，使人不得不遭遇李普曼所说的"拟态环境"，在自己的社会里成为局外人①。一位美国作家所观察到的电视转播月食时的景象表征了理性生活的常态：人们本来把头伸到窗外就可以看到真实的东西，但是他们却宁愿在荧光屏上凝视它的"映象"②。在某种意义上讲，我们落入"媒介洞穴"，在媒介所提供的映象世界里甘心过着抽象性的生活。

　　理性嬗变为技术理性的奥秘在于人追求确定性和将知识等同于技术。人不仅关注事实的确定性、生活的确定性，而且考虑意识的确定性、实现梦想的确定性，而科学似乎是唯一满足确定性标准的那种方法。但是，人偏偏疏忽了这样的问题：一是既然科学可以被制定为规则、原则、准则之类的东西，那么，理性就免不了落入对人的抽象规定；二是当不确定成为人的一种普遍存在状态的时候，普通人的理性能力就成了值得怀疑的事情，而在理性主义的出口处，就只剩下少数精英替我们把握社会生活的确定性了。这样一来，理性在人的疏忽处乘虚而入，实现对人的生活的理性安排，而媒介就在理性嬗变为技术理性的过程中表现着理性控制的本性。

二　人类历史进程显现为媒介对人的控制力量

　　远古时代，人类无法摆脱自然力的敬畏，只好相信神的绝对控制，相信神

---

① 〔美〕威廉·巴雷特：《非理性的人——存在主义哲学研究》，段德智译，上海人民出版社，1992，第36页。
② 〔美〕威廉·巴雷特：《非理性的人——存在主义哲学研究》，段德智译，上海人民出版社，1992，第286页。

说，我们是上帝的子民。在口语文化主导的社会里，讲演，尤其是诗歌是管理生活的钥匙，传统被理解为历史的产物和未来的向导，民俗是普遍接受的日常通用的办事方式①。人们聚集，在口语里歌颂英雄的业绩，庆贺集体的节日。

近代文艺复兴冲破束缚后，知识，尤其是科学知识，成为理性的典范，让人们更多地了解自然和社会。进而认知被发现，开辟了人类发展的新天地。当我们不能控制时，我们就预言。预言实际上也是一种控制。天气预报最终战胜了农场主日历上聪明的神秘主义，变成了一门科学。知识引导的开放，使人类充满活力。然而与此同时知识也形成了博弈，界定了是非、善恶、美丑、好坏、考试和评价，无不是知识在左右，政治和经济也借知识之名行使控制。海德格尔指出，人类所掌握的知识必定受制于人类所使用的技术，而"技术在哪里起作用，发现和真理就在哪里产生"②。赫伯特·马尔库塞（Herbert Marcuse）认为，作为一种新的控制形式的当代科学技术绝不是中立的，它们具有明确的政治意向性，有着意识形态的功能。"对现存制度来说，技术成为社会控制和社会团结的新的、更有效的、更令人愉快的形式。"③ 而在媒介环境学者看来，技术就是广义的媒介，媒介不仅决定了认知的内容，而且也决定了认知的方式，这就是所谓"媒介即讯息"的深层含义。首先，媒介形式变化改变了人类感官在感知时的比例关系。而麦克卢汉认为这种变化会对整个人类社会产生影响。其次，通过提出"冷媒介""热媒介"概念，麦克卢汉指出媒介形式的变化改变了受众的民主参与程度。最后，媒介新形式从根本上影响了人类的时空观，从而改变了整个社会的文化结构。

对人类历史的纵向分析，不妨聚焦在此时"印刷文化的美国"。美国建国的基础是作为契约的五月花（May flower）、海湾圣诗（Bay Palsm Book）、托马斯·潘恩的《常识》（common sense）和联邦宪法等文件。这些文件之所以具有威力，是因为17世纪后半期，马萨诸塞州和康涅狄格州大约85%~90%

---

① Havelock, E. A. *The Muse Learns to Write: Reflections on Orality and Literacy from Antiquity to the Present.* New Haven, CT: Yale University Press, 1986, p. 57.

② Heidegger M., *Basic Writing*, p. 295. edited by David Farrell Krell (London: Routledge, 1988); The translation is modified according to German edition, "Brief ber den Humanismus", in *Wegmarken* (Frankfurt am Main: Vittorio Klostermann, 1976), *Gesamtausgabe*, Vol. 9, p. 333.

③〔德〕马尔库塞：《单向度的人》，张峰、吕世平译，重庆出版社，1988年第一版，第10页。

的男人能够读书识字——"很可能,这是当时世界上有文化的男人比例最高的地方"①。公共学校体制建立起来,文化更加普及,报业发达,订购书报的图书馆在19世纪繁花似锦,全国的公共讲演以"印刷词语为基础"②。一切公共事务靠书面流通:"印刷机不仅是机器,而且是一种话语结构,既排除某些内容,又坚持另一些内容,比如形成特定的读者群。"③ 经过训练形成的以散文为基础的思维成为全国统一的集体心理,即使讲演也是这样的思维方式。波兹曼将这种印刷时代集体意识的核心概括为:"每当语言成为主要的传播媒介的时候,尤其是当语言受到印刷文字的严格控制的时候,一个思想、一个事实、一个宣示必然随之产生……作家和读者围绕语义苦苦求索时,他们参与的是对心性的最大挑战……(阅读)成为必不可少的理性活动。"印刷术不仅派生了美国文化,而且产生了有意识的加工公共意识的方式:以集体理性管束用文字构造的思想。

麦克卢汉认为,语音字母等媒介技术的出现是西方"理性"产生的基础,并决定了人类历史发展的格局。"使用拼音文字的人,从古希腊到现代人,在与环境的关系中,始终都表现出进击的姿态。他们需要把环境转换为语音的、文字的东西。这就使他们成为征服者,成为推土机和平土机"。④ 在西方社会的扩张过程中,印刷术产生了第一种整齐划一的、可重复生产的商品。活字印刷是后来一切工业开发的原型和范例。没有拼音文字带来的线性思考,没有印刷术带来的整齐划一和可重复性,现代工业主义是不可想象的。语音文字将线性序列作为社会和心理组织的手段,产生应用型知识;印刷术推行了标准化劳动方式,保证了高效率的工业生产。这些媒介技术使西方社会不仅有征服者的愿望,而且具备征服者的能力,凌驾于自然和其他社会之上。

然而,语音字母导致的单一和线性的文化模式,也许从MSN等实时聊天工具上由"see you"变成"c u"之前就已经悄然发生了变化。电子媒介的时

---

① Postman, Neil. *Amusing Ourselves to Death*. New York: Viking. 1985, p. 31.
② Postman, Neil. *Amusing Ourselves to Death*. New York: Viking. 1985, p. 41.
③ Postman, Neil. *Amusing Ourselves to Death*. New York: Viking. 1985, p. 43.
④ 〔加〕麦克卢汉著,埃里克·麦克卢汉、弗兰克·秦格龙编《麦克卢汉精粹》,何道宽译,南京大学出版社,2000,第426页。

代是一个"意象富有争议的时代"①。每一种新的电子媒介,电报、电话、无声片和有声片、广播和电脑,以及发送这些媒介的技术革新,都引起了暴风雨般的公众评论,它们的美好前景和病态后果总是众说纷纭。1964年《理解媒介》的时代,电视已经成为美国每个家庭里生活和剧场的现代联合体。划时代的直播事件,吸引了数以千万计的观众,把这些现实中的事件变成大家共同的感情经验。1956年,猫王出现;1960年,副总统尼克松和参议员约翰·肯尼迪在电视上首次进行总统竞选辩论;1963年,披头士在《艾德·沙利文秀》(The Ed Sullivan Show)②里现身,同年,在肯尼迪总统的葬礼上,刺杀肯尼迪的嫌疑人哈维·奥斯瓦尔德(Harvey Oswald)在电视直播的众目睽睽下被杰克·卢比(Jack Ruby)枪杀成为名副其实的媒介事件。随后产生的互联网以光速发送讯息,从一切实用目的来说,讯息的传播在瞬间完成,在卫星所及之处,人和人可以在任何时间进行交流。

不知不觉间,我们的感知系统已经被媒介塑造,成为我们挑选感知和"现实"的"过滤器"。我们逐渐把这些过滤器的特征和理性本身等同起来,至少把理性等同于知识、智慧和真理的"自然结构"。英尼斯把它叫作"传播的偏向",麦克卢汉把它叫作"感官延伸"。波兹曼则从"媒介即讯息"发展出了"媒介即隐喻",提出媒介的认识论。隐喻(Metaphor)是指通过类比(analogy)指出两件事物之间的关系。③波兹曼通过不同媒介时代隐喻方式的更迭,向我们揭示了新媒介对于旧媒介的竞争不仅表现在时间、注意力、金钱和权力方面,更重要的表现在对人们世界观的控制上,因为每一种媒介都包含意识形态方面的因素。

在口语文化中,"耳听为实",人们可以盘问长者,印刷文化中"眼见为实",眼睛成为主导的感官,却不能盘问一个文本。电子媒介重新捕捉了印刷媒介连续性、线性、序列性的偏向,形成了"电子星汉"的偏向。这一切都

---

① Andrew, Dulley(Ed.). *The Image in Dispute: Art and Cinema in the Age of Photography*, Austin: University of Texas Press, 1997.
② 20世纪50~60年代美国最有名的电视综艺节目,由美国CBS制作,1948年6月20日至1971年6月6日,每周日晚8点播放。
③ 〔美〕阿瑟·阿萨伯杰:《媒介分析技巧》,李德刚译,中国人民大学出版社,2005年第一版,第40页。

表明,"媒介的形式偏好某些特殊的内容"①,媒介的形式本身决定着语境和内容,从而在更深刻的层面上影响着特定时空中的文化。波兹曼由此引用了麦克卢汉的一个普遍性的理论命题:"虽然文化是语言的产物,但是每一种媒介都会对它进行再创造——从绘画到形象符号,从字母到电视。每一种媒介都为思考、表达思想和抒发感情的方式提供了新的定位,从而创造出独特的话语符号。"②

可见,媒介技术塑造了不同社会以及不同的社会结构,构成一定程度的因果关系,还界定了人与人如何相处,如何构想周围的环境,如何完成日常的任务。从历史、文化和人性三个方向以理性的形式干扰了生活的偏向,最终控制了人本身。

波兹曼提出"技术垄断"(Technopoly),指技术对我们今天的世界和生活所实行的独特控制,也就是"一切形式的文化生活都臣服于技艺和技术的统治"③,并由此阐发以技术为核心的媒介环境如何塑造了人类的思考方式和组织社会生活的方式。他以技术统治文化的过程为基础把文化分为三类,即工具使用(tool-using)文化、技术统治(technocracy)文化和技术垄断(technocracy)文化④。在早期工具使用的文化中,工具被发明有两个用途:解决物质生活中那些特殊和紧迫的问题或是为象征世界,如艺术、政治、宗教等服务。工具并不会阻止人类相信自身的传统,事实上,是信仰在引导着工具的发明,并限制着对它的使用。用波兹曼的话来说就是,"神学预设的原则构成了工具使用文化里具有控制里的意识形态,无论发明的工具为何物,一切工具的使用都必须符合其中的意识形态"⑤。这里所显现的其实是作为绝对理念化身的上帝对人的统治,此时,人的理性主体在神学或形而上学赋予的秩序和意义里安睡,成

---

① 〔美〕尼尔·波兹曼:《娱乐至死》,章艳译,广西师范大学出版社,2004,第10~11页。
② 〔美〕尼尔·波兹曼:《娱乐至死》,章艳译,广西师范大学出版社,2004,第12页。
③ 〔美〕尼尔·波兹曼:《技术垄断——文化向技术投降》,何道宽译,北京大学出版社,2007,第30页。
④ 〔美〕尼尔·波兹曼:《技术垄断——文化向技术投降》,何道宽译,北京大学出版社,2007,第12页。
⑤ 〔美〕尼尔·波兹曼:《技术垄断——文化向技术投降》,何道宽译,北京大学出版社,2007,第14页。

了技术难以现身的内在原因。最典型的案例是，深谙技术的达·芬奇把他的潜水艇设计图藏诸深山，因为他认为这种工具释放出来后危害太大，不会得到上帝的恩宠。随着人的理性主体的觉醒，科学理性和技术理性把历史推进到技术统治文化的阶段，工具开始在文化的思想界起到重要的作用，社会和象征世界也开始逐渐臣服于技术发展的需要。这一阶段，在日益发展的科学精神的帮助下，工具与文化的关系由融合转变成了入侵。波兹曼为这种转变内设了技术力量的逻辑，认为神学和形而上学的力量是有限的，这就给技术留下了用武之地[1]。其实，技术力量能冲破神学的统治，主要来源于人的理性精神的彰显，技术力量是知识力量、理性力量的表现，不存在所谓先验的技术力量。技术随着人的理性的功利性——运用理性解决现实的需要、问题或危机，一步步渗透到人的生活，把理性对完美的追求，转变为用理性来控制、设计、监视社会生活的技术理性，同时，也让理性主义的意识形态表现为严密的、程序的、诱导的技术操作。因此，技术统治阶段理性嵌入技术的过程，它还没有完全破坏社会和象征世界的传统，传统价值和惯例与刚刚兴起的科学和技术的世界观并存。而当这种并存的平衡关系受到破坏时，技术就取得了控制权，于是技术垄断形成。技术垄断是一种专制化的技术统治，是一种对技术的神化，意味着文化要改而寻求技术的认可，并且在技术的侵蚀中一步步让出自己的领地。在他看来，以电视所代表的新的传播技术增加了我们文化中信息传播的容量，削弱了那些通过印刷话语所建立起来的秘密和私人的观念，导致了信息过载和无法加工、控制，从而也就使得信息防御系统的崩溃成为技术垄断在电子媒介时代最为突出的表现。他把技术垄断的文化所带来的信息过载和无法筛选、评价信息等现象称为"抗信息缺损综合征（AIDS）"[2]。在这种情况下，技术所带来的信息过载的影响扩大到了对文化机制的影响，信息曾经是帮助我们控制物理世界和象征世界的基本源泉，但现在技术一方面把信息变成了垃圾，另一方面却继续创造着信息的过渡实用性。就像人身体的生物免疫系

---

[1] 〔美〕尼尔·波兹曼：《技术垄断——文化向技术投降》，何道宽译，北京大学出版社，2007，第14页。

[2] 〔美〕尼尔·波兹曼：《技术垄断——文化向技术投降》，何道宽译，北京大学出版社，2007，第37页。

统对细胞增加的控制，所有的社会都会存在一些发挥免疫系统功能的机构和技术，其功能就是在新与旧、创新与传统之间保持一种平衡。印刷书籍带来了信息危机，于是相应的控制机制随即出现。首先，书籍形式上的改变即书页的标明，但后来的事实证明，这只不过促进了现代检索技术的发展；其次，信息所引起的焦虑和混乱也导致了17世纪现代学校的成型。学校中课程的设置就是为了组织、限制、区别可利用的信息来源。但是，在技术垄断的文化中，随着信息危机的日益严重，原有的信息控制机制逐渐丧失其作用能力。

每当媒介技术产生失控危机时，技术理性总是引领人们去寻求更大的控制技术。波兹曼这样描述信息与控制机制之间的关系：技术增加了信息的供应量，当这种供应量增加到一定程度时，控制机制就会处于紧张状态。为了适应信息的增加就要强化控制机制，而当控制机制本身成为一种技术时，它也就放弃了控制的职责，转而增加信息的供应量。由此，当信息量增加到无法控制时，文化免疫系统无法过滤更多的信息，信息的防御系统也就面临着崩溃，"当信息防御系统崩溃时，技术垄断就会兴盛起来"[1]。为什么会这样？因为技术理性的控制已经成了一副致幻剂，在媒介技术里痛并快乐着的人们相信，技术进步是人类至高无上的成就，是解决信息与媒介危机的唯一办法，这便是媒介即控制的技术理性本质。

媒介对人的控制果真有新的变化，现在，传播技术革新打破了传统媒介之间的壁垒与边界，多种传播媒质不仅共存共生，而且更为重要的是——相互融合。人类接收信息的基本能力：听觉、视觉，甚至味觉、嗅觉等将不断被发掘和使用，并以融合的形式有机地接收信息。这便是媒介融合时代的到来。媒介融合包括了至少五个层面：技术融合、经济融合、社会或机构融合、文化融合和全球融合[2]。这些层面的融合都应该被看作对人类生活环境的整体性控制，或者说，媒介环境正以融合的方式塑造着人类的思考方式和组织社会生活的方式。

---

[1] 〔美〕尼尔·波兹曼：《技术垄断——文化向技术投降》，何道宽译，北京大学出版社，2007，第42页。

[2] Jenkins, H. Convergence. I Diverge. *Technology Review*, 2001, June, p. 93.

三 人对媒介的控制与技术垄断的内在关联表现了怎样的权力运作方式？

顺着技术理性的逻辑，媒介成为人类社会生活中的一种合法权力形式，这一权力形式意味着它会得到那些臣服于它的人的支持。按照波兹曼的说法，技术垄断就是人的一切形式的文化生活都臣服于技艺和技术的统治。这其实是说，技术垄断体现为技术人的文化生活的支配性力量，这种支配性力量就是媒介权力。同任何权力形式一样，它彰显为某种影响，既通过它影响（与之有关的）其他力量的权力来界定，又通过它受到其他力量的影响来规定。这便形成了媒介权力的两面：媒介激发人的理解与想象，引发人的感知的偏向以及思考方式和组织社会生活的方式，产生人的拟态环境，这类主动的影响构成了媒介权力的一个方面；另一方面，被引发或被激发、被引诱去产生、获得"有效的"影响则构成了反向影响，亦即人在一切形式的文化生活中对媒介的控制，这种控制可以用操纵（manipulus）的隐喻来表述，把其中的本义"手灵活地摆弄物体"转变为机敏地控制、隐秘地控制[①]。在这种控制中，人不仅要顺着技术理性的逻辑去为媒介发展编制程序，制造自己所需要的媒介环境和媒介奇观，而且要通过媒介影响他人，制造操纵者所需要的行为。很明显，媒介权力的一面是技术垄断，另一面则是人对媒介的控制，它们贯通的是技术理性的内容。

人对媒介的政治控制体现的是理性主义政治的逻辑。理性主义政治的突出特点是，将理性当作纯粹的工具使用，即运用理性解决现实的需要、问题或危机，并且认为任何问题的"理性"解决，在其本质上都是完美的解决，相信人类可以用理性来控制、设计、监视社会和政治生活的一切。民主体制就一直带有理性主义政治的特点，它常常会寻求限制和决定整个思想范畴，其基本的秘诀在于，民主政治生产着各种错综复杂的权力关系，同时它又总

[①] 〔俄〕谢·卡拉-穆尔扎：《论意识操纵》（上），徐昌汉等译，社会科学文献出版社，2004，第18~19页。

是想架构这种权力关系，而"架构"的发生往往借助于普遍意愿、公共利益得以推行，吊诡的是，推行的结果往往是权力支配关系的形成和传播权力的分配。柏拉图曾认为，自由就是服从理性的统治，而个体在根据理性法则生活、实现善的能力上有差异，只有那些聪明的执政者才能自觉地接受道德权力的约束，进而约束底层社会分子，保证城邦的秩序和每个个体的真实利益与内在潜力。现在人们都明白，把传播权力给予抽象的理性人，这其中隐含了多么危险的专制逻辑。现在，在号称最民主的美国，其政治制度的逻辑是：普通民众没有进行理性的自我管理的能力，他们对公众利益不能做出最佳的判断，需要被精英引领，需要用宣传的手段来控制这些不知所措的乌合之众。美国政府一直深谙拉斯韦尔的"技巧政治"和李普曼的"艺术性的民主"。美国政治的实质内容是：占统治地位的精英阶层向民众灌输各种信条和主张，预先设定一整套思想框架。他们制造"必要的幻象"与有效的情绪化的"简单化画面"，利用媒体巧妙地制造同意和假象，以便控制民众的思想和行动，使民众在政治上保持冷漠、服从、被动的常态。在这里，媒介权力就是政治权力。

人对媒介的经济控制体现的是媒介垄断（media monopoly）的逻辑。一般说来，垄断的形成机制是：

> 在一个主要的社会单元，大量相互依赖的小的社会单元组成一个大一些的单元，它拥有差不多同样的社会权力，因此能不受以前垄断的妨碍，自由竞争社会权力手段，即主要是物质资料和生产资料，一些单元获胜，一些单元被击败的可能性是很大的。结果，越来越少的单元将控制越来越多的机会，越来越多的单元从竞争中被淘汰出去，最后越来越直接或间接地依附一个数量不断减少地单元①。

技术对人的文化生活的全面垄断使媒介垄断者深知，要想垄断得以成功并

---

① 〔德〕诺贝特·埃利亚斯：《论文明、权力与知识——诺贝特·埃利亚斯文选》，刘佳林译，南京大学出版社，2005，第132页。

不断发展，必须抓住三个环节：拥有生产内容的传媒介企业，如报纸、杂志、出版、电视电影制片公司等；拥有媒介内容的销售系统，如广播电视网和有线电视；收购或与人合资控制直达用户的硬件体系，如电话网、光缆和卫星接收装置①。就这样，技术垄断成了媒介垄断的技术理性路线，而媒介垄断又被技术垄断激发出媒介权力无限扩张的想象力。与此同时，媒介政策也顺应自由主义经济的理性安排，以公共利益让位于媒介利益。美国白宫电信政策首席经济学家欧文（Bruce Owen）在他1975年的代表作《自由表达的经济学》中指出，把公共利益责任分摊到商业广播者的身上是非常不现实的，因为对于他们来说公共利益是没有利益动机的，因此，内容管制和结构管制对于他们来说只是一种敷衍——为了拿到执照或者更新执照而不得不做的一件事情，而他们可以采取很多办法去利用这些概念达到自己的目的。他从而总结出管制应该放在结构层面：要避免编辑、播放和发行的垂直整合，而内容管制是完全不必要的，应该转而通过结构管制而促进竞争，并且鼓励更多的新技术产生更多的信息来源，比如放松对有线电视的严格控制，而限制电视网的垄断地位，并且在电波分配上建立产权制度②。

人对媒介的文化与道德控制总是表现着隐秘控制的逻辑。技术垄断呈现这样一种文化状态：文化到技术垄断里去谋求自己的权威，到技术里去得到满足，并接受技术的指令。文化层面的媒介控制包括强制性和非强制性策略，在强制性策略方面，它界定人们参与社会生活所获得的理念和知识，生产着文化趣味和偏爱；在非强制性策略方面，它通过诱惑性的、欺骗性的、令人着迷的媒介景观，构造同质化、抽象化和商品化的文化支配关系，以至于"观者看的越多，他生存的就越少；他对统治体系提供的需求形象中自己需求的认识越多，他对自己存在和欲望的理解就越少"③。而在技术理性的指引下，媒介的道德控制越来越条文化、概念化、仪式化。

---

① 〔美〕本·H.贝戈蒂克安：《媒介垄断》（第六版），吴靖译，河北教育出版社，2004，第12页。
② Owen, Bruce, *Economics and Freedom of Expression: Media Structure and the First Amendment*, Cambridge, Mass Ballinger Pub. Co., 1975.
③ 周宪编：《文化研究关键词》，北京师范大学出版社，2007，第360页。

四 如何形成平衡的、自由的媒介环境

要在技术对人类的控制中寻求媒介的控制模型，仍然要追溯到20世纪初的帕特里克·格迪斯（Patrick Geddes）。他最早研究了自然环境、人造环境以及人类文化之间的相互关系，通过从生物学类推的方法加以讨论：有机体如何发展和衰退？城市因为是有机体所以也将如此①，他提出了人类生态的理念。他用"大城市"（megalopolis）一词指代他所研究的人类现象的发展阶段，以及那些制约人类社会发展的内在规律。他的学生芒福德延续了这个理念，在1964年出版的《权力的五角形》（*The Pentagon of Power*）一书的章节中（"megalopolis：危机的预言"），奇异地令读者联想到纽约世贸中心双子大楼，而它正是大城市连绵区的"毫无目的的巨大症"和"科学技术的显露癖"的范本②。芒福德警告说："生物学中最简单的教训之一，是不加控制的数量增长将导致像先天愚型症（Mongolism）或巨大症（giantism）那样的机能失常。"③ 他用"权力的五角形"（*The Pentagon of Power*）来形容技术在现代社会对人的控制。一种"王者机器"（megamachine）伴随着政治专制、军事编组、机械发明、货币经济的出现，已经在"机械和电子的废墟上"确立起来。其具有的规模性、集中性、预见性的特征，可以使具有一个个原子式的个人组织起来，但是它具有强迫性。他表达的仅仅是人的普遍意志，而抹杀的是个人的自由意志。人被囚于这种权力系统之中，人与自然的直接联系，人的视阈自然而然地会被切断。在反思了技术垄断的现实后，我们所有的思考都将聚焦于一个问题：如何形成平衡的、自由的媒介环境？

---

① 有趣的是，他用有机体类推方法"解释"城市的生长和衰落很大程度上没有被地理学中关于这一主题的讨论所关注，他们几乎完全依赖于从政治地理学和有机体状态中进行例证这个观点主要依据 Friedrich Ratzel 的著作，可以参考 Agnew, J., Livingstone, D. N. and Rogers, A. (eds.), editors 1996: *Human Geography: an Essential Anthology*. Oxford: Blackwell., 1996: Chapter 32 中的英文叙述。

② Mumford, Lewis, *The Myth of the Machine: I. Technics and Human Development*. New York: Harcourt Brace and World. 1964, [Later editions were published in 1967 and 1971.]: graphic section 20.

③ Mumford, Lewis, *The Myth of the Machine: I. Technics and Human Development*. New York: Harcourt Brace and World. 1964, [Later editions were published in 1967 and 1971.]: graphic section 24.

波兹曼对媒介环境学的解释已提供了部分答案。按照他的说法，"把'媒介'放在'生态'的前面，就是为了说明我们感兴趣的不仅是媒介，还有媒介和人类之间的互动给文化以特性的方式，也可以说帮助文化保持象征意义的平衡。如果把生态一词的古代和现代的含义结合起来，它说明了我们需要保持整个地球大家庭的井然有序"。① 可以说，媒介环境是社会环境的镜子。环境的想象真实地触及人类面对技术、文化和伦理的种种困境，将社会的纽带不再看作一种"想象的和机械的结构"②，而是将各种力量置于一个具有自我调节能力的相互联系的动态系统中，以对宇宙秩序和人类生存的根本信仰为基础制衡当代冲突，聚焦于人如何存在此环境中。

媒介即控制蕴含的是技术理性的统治，这是一种反人性的统治。因此，波兹曼所强调的媒介环境学的人文关怀总算找到了治疗的目标，但他所开的药方却并不对症。他的人文关怀首先聚焦的问题是：一种媒介在多大程度上有助于理性思维的应用与发展？它所要表达的命题是：理性思维是人类最伟大的天赋，因此，凡是促进理性思维的媒介比如文字或印刷术都应该受到称赞，都应该被赋予很高的价值；凡是不促进理性思维的媒介比如电视都会使人恐惧。在这里，他希望借助理性主义来治疗技术垄断和媒介控制，完全没有注意到技术垄断和媒介控制背后的理性主义偏向。要消解媒介技术的反人性统治，必须抗拒这种理性主义偏向。从根本上讲，就是要回到"完整的人"的理念上来，祛除单向地把人想象为理性的人或非理性的人的观念。要知道，无论是由理性控制的人，还是由欲望、情感所导引的人，都是片面的人。虽然适度的理性主义对任何社会、任何时代来说都是有益的，但我们要深刻理解理性的内在局限以及理性的可能限度，更要看到，当社会接受理性的控制与安排时，常规与禁忌就会形成，我们会不由自主地思考得越来越少，甚至不思考。真正构成社会动力的是"全面、自由发展的人""完整的人"，这样的人绝对不是一个"孤独的自我"，而是同世界建立了各种各样关系、积极参与社会交往的有生命的个体，不是接受少数"社会贤能"理性导引的"被动的自我"，而是自然潜能

---

① Postman, Neil. *The Humanism of Media Ecology*. Keynote Speech at the First Annual Convention of the Media Ecology Association, 2000, p. 2.
② Tênnes, F. *Community and Association*. London：RKP, 1955, p. 37.

充分发展、社会关系高度丰富的交往主体。

接下来，波兹曼的另外三个药方也出现了不对症的问题。他强调人文关怀应面对这样的问题：媒介在多大程度上有助于民主进程的发展？新媒介在多大程度上能够使人获得更多有意义的信息？在多大程度上提高或减弱了我们的道义感，提高或减弱了我们向善的能力？我们知道，民主已蕴含了理性主义的偏向，建构着倾斜的媒介权力，压抑着人类自由精神的发展；而所谓"有意义的信息"固然重要，但更重要的是谁在界定有意义的信息？与"有意义的信息"相比，人与人的沟通与理解、公共表达是更关键的人性问题；至于所谓道义感、向善的能力，把问题转向道德向善或向恶的工具，终究还是会使人回到道德的理性控制，得不到更重要的道德自由。因此，真实的人文性问题是：媒介在多大程度上能放人类自由精神一条生路？在多大程度上能展现人与人的沟通与理解以及公共表达？在多大程度上能铺开通向道德自由的道路？

此文在2009年华人传播想象会议（香港中文大学）宣读，载于《新闻与传播研究》2010年第2期，第二作者为王冰。

跨文化传播的基本理论命题

怎样跨文化传播？这是不同文化背景的人与人之间理解与沟通的难题（problems），以及在解决难题的过程中需要质疑的问题（question）。当我们寻找解决这些难题和问题的可能性时，跨文化传播理论也就被我们创造出来了。不过，跨文化传播研究史表明，所有的理论都只是一种相对的解决方案，而且每一种理论都与现实的其他问题相冲突，也与其他理论相矛盾。我们感觉到跨文化传播的理论基础和实践基础很不可靠，于是，又回到文化、传播、语言、社会、陌生人、文化认同、文化多元化、文化适应等概念里寻找基础。其实，跨文化传播的基础不是什么概念化的东西，而是需要我们创造的东西。世事变幻，我们不可能固守某种概念以及由概念形成的理念、规则去进行跨文化传播，否则就是"缘木求鱼"。我们只能创造彼此交流的基础，即共同面对跨文化传播的难题和可质疑的问题，形成可讨论、可争辩的对象性问题（issues）。本文试图提出来的就是这样一些集 problem、question 与 issue 于一身的基本理论命题，它们围绕文化与传播、人与人的传播关系、他者的意义等问题展开。我们只有在实践中辨析这些问题，才能发现跨文化传播的可能途径。

一 文化与传播的同构

文化与传播的同构通常表述为"文化即传播，传播即文化"。这一观点被语言学家萨丕尔（Edward Sapir）表述过，也在爱德华·霍尔的《沉默的语言》一书中出现过[1]，在他们之后的许多学者也多次重复这一表述。有人据此

---

[1] 〔美〕萨丕尔：《语言论——言语研究导论》，陆卓元译，商务印书馆，1985；〔美〕爱德华·霍尔：《沉默的语言》，刘建荣译，上海人民出版社，1991，第206页。

从传播的角度把文化定义为：由特定传播媒介所负载、并由人们设计的传播结构加以维护、推行的社会价值观念体系，以及由传播网络限定的社会行为模式；与此同时，又相应地把传播界定为：社会赖以存在发展的通信、交流形式和文化的信息储存、放大、删减、封锁的活动机制①。这种定义并不周全，可它让我们建立起一种真实的想象：传播既是文化画面展开的形式又是文化生产的"工厂"。当我们注意画面时，必定会看到传播的偏向；当我们走进"工厂"时，可感受到传播创造文化以及文化间的关系，体会到在传播中按照文化存在和发展的需要去设计文化。这样一来，"文化与传播同构"所表现的难题就在于，当文化的偏向与传播的偏向互现的时候，不同文化背景的人与人之间的理解与沟通就会显得相当艰难。如果这个问题不解决，"文化与传播同构"的实际意义就变得非常可疑。

1. 传播是创造、修改和转变一个共享文化的过程

把文化与传播扯在一起曾经受到雷蒙·威廉姆斯和斯图尔特·霍尔的质疑和反对。特别是后者认为，"传播"这个词在实质上和方法上使研究变得狭隘而孤立，"文化"一词在人类学意义上把我们引向生活总体方式的研究，但它被"传播"取代了，于是把我们引向某个孤立的生活片段。詹姆斯·W. 凯瑞（James W. Carey）借题发挥，以此批评美国把传播界定为传递（transmission）或运输（transportation）的观念，即把传播视为一种为控制的目的传递远处讯息的过程，让传播偏向于劝服、态度改变、行为变化、影响等层面。正是在这个意义上，传播的偏向造成文化的偏向，形成某个孤立的生活片段。这就形成了文化与传播同构的悲剧性结果。凯瑞由此转向传播的仪式观，把传播看作创造（created）、修改（modified）和转变（transformed）一个共享文化的过程，并且强调其典型的情形是：从人类学角度看，传播是仪式和神话，从文学批评和历史的角度看，传播是艺术和文学②。话说到这里，似乎可以在理论上摆脱霍尔对于传播的狭隘与孤立的质疑，但接下来，凯瑞又陷入了另外一个问题，他指出，传播的仪式观不是指空间上讯息的拓展，而是指时间上对社会的维

---

① 吴予敏：《无形的网络——从传播学的角度看中国的传统文化》，中国国际文化出版公司，1998，第205页。
② 〔美〕詹姆斯·W. 凯瑞：《作为文化的传播》，丁未译，华夏出版社，2005，第26~28页。

系；不是一种传递信息或影响的行为，而是共同信仰的创作、表征与庆典，即使有的信仰是虚幻的；其核心是将人们以团体或共同体的形式聚集在一起的神圣典礼①。显然，这里的问题是，当传播指向"时间上对社会的维系"，如何解决文化的体制内专制？如何解构一切形式的权力支配关系？当传播指向共同信仰的创作、表征与庆典，如何面对各种形式的文化排他主义乃至原教旨主义？这就由前一种传播观的媒介化偏向转向神圣化偏向，传播观依然没有消除内在紧张感。其实，把传播看作创造、修改和转变一个共享文化的过程，已经构成把文化推向开放、互动、沟通、理解过程中的基础，如果向神圣和共同信仰收缩，无疑破坏了这个基础。

如何消除传播观的内在紧张感？唯一的办法是回到人的传播实践，明晰这样一个基本事实：社会距离程度不同的人之间发生言谈、信息交流、沟通、理解、对话等传播行为，为的是满足结伴、克服孤独、自我认识、环境认知、社会选择等需要，某类传播在一段时间后变得相对稳定，由此表现了某种文化与社会结构，形成文化意义的分享和文化创造形式；在应对环境、群体间竞争、内在发展需要等问题的过程中，人们又不断进行共享文化的创造、修改和转变，使文化具有流变的特点。我们可以通过图1②来形象地表达传播与文化的关系。

图1不仅充分表达了"文"字本身所具备的传播意味，而且使文化的不同领域得到了整体的体现。在此图中，由我心与天（上帝、佛陀等）的交流有对神的信仰皈依之态度，并与群体内成员分享宗教精神和宗教文化。这一传通过程既是内在的又是外在的，仅局守于我心而不上达于超越之神，则无所谓宗教精神的表现，亦无所谓宗教文化；一味倾注于超越之神，将人生的意义诉之于信仰与神话的象征，则又失去自我，舍弃内在的"仁心"，反而造成人心与天心的分裂，也就无所谓人心与天心的传通。为了交换利益、分享文化与权利、传承文化维护内群体的稳定性，为了确认某种伦理秩序等目的，我与人、人与人之间形成了日常的经济交换、政治说服、文化交流、教育传播、道德分

---

① 〔美〕詹姆斯·W. 凯瑞：《作为文化的传播》，丁未译，华夏出版社，2005，第28页。
② 唐君毅：《人文精神之重建》，台湾学生书局，1984，第601页。

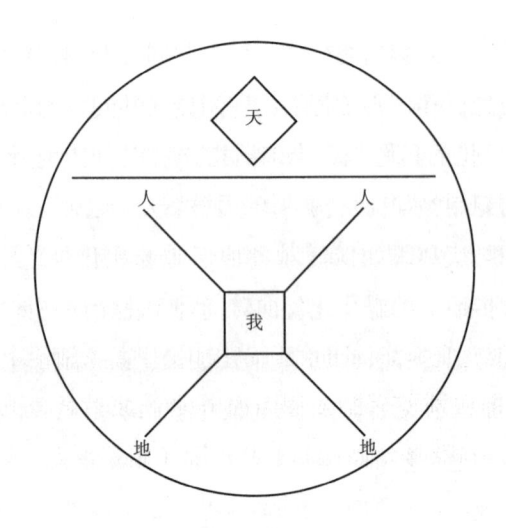

图 1　文化与传播同构示意图

享等类型。同时，在人与自然（即图 1 中所谓"地"）之间还有科学传播、艺术传播等。所有这些传播活动一旦稳定下来，便形成了或大或小的"文化圈"，于是就有了我们与他们的二元对立。在传播过程中，文化圈不断延伸、扩展，与其他文化圈发生交流关系，形成了创造、修改和转变一个共享文化的过程。

正是在这个意义上，传播表现为文化的内在张力。德国文化人类学的传播论派学者格雷布尔（F. Graebner）认为，两个文化区域的距离无论是互相邻近，还是远隔几个大洋，都不能妨碍跨文化传播，因为有神秘的"文化波"（cultural wave）存在①。也许这种神秘的"文化波"可以理解为：地理位置分割开的不同文化可能会由于人对物质和富裕生活需求而开始了文化间的互动，每一次商品交换都会增加商品成本，降低可能的利润，同时也使人们意识到其他文化的存在，当然也导致了对其他文化的许多错误认识。如"丝绸之路"使东西方的贸易频繁，基督教、佛教和伊斯兰教沿着"丝绸之路"传播开来，也增加了对远方陌生人的恐惧。

战争也是一种神秘的"文化波"。1095 年 11 月 27 日，十字军东侵。当时

---

① 林惠祥：《文化人类学》，商务印书馆，1991，第 36 页。

的罗马教皇发表演说，呼吁人们阻止异教徒对他们神圣的土地的亵渎。罗马教皇乌尔班（Urban）二世的演说成为煽动仇恨的范例。他制造出一种气氛，使一种文化攻击另一种文化的行为合理化；而受到攻击的人又认为攻击者的文化是邪恶的。十字军东侵呈现了人类文化的偏见的力量。

我们还感受到现实生活中的"文化波"：文化习惯与习俗使人类彼此分离，而人的共同本性又使不同文化区域的人们互相往来，无数个文化的"他者"（others）和"陌生人"（stranger）在与我们互动，我们在关注与被关注、理解与被理解、接受与被接受、扭曲与被扭曲的过程中，认识自我，调整自我，寻找发展之路。我们所属的文化群体，既有根据年龄、性别、家庭、种族而建立的文化群体，又有那些建立在专业、政治联合、嗜好等基础上的文化群体，或基于宗教、国籍或社会经济状况建立的文化群体。在这些复杂多变的文化群体中，文化间的互动可能是积极的、有趣的，抑或是消极的、苦涩的。

2. 文化就是按照某种方式互动和创造某种互动的方式

人类为了求生存而创造文化，同时又为了文化而求生存。在前一个意义上，文化是有生物学基础的生物活动，表现出多样性和连续性，因而人类学家习惯于把文化定义为人的生活方式①；在后一个意义上，文化是人类精神显现出来的价值物，于是哲学家常常把文化界定为人的精神活动的表现或创造。在人类学的深描与解释中，我们可以得到三个普遍性的结论：人像其他生物一样，按照某种方式与环境发生互动以维持生存；人与他人的互动是生活在集体中的一种功能；一定的社会文化结构表现为按照某种方式互动。而哲学家则剥开文化这根"洋葱"，发现其内在精神价值，以及"物质流入生命，生命升到精神，精神通过生命，以改变物质"的相互渗透的过程②。由于这种精神价值能统摄心与物、主观与客观、心与生命、生命与物、个人与社会，又运行于日常生活实践之中，因此，我们一方面认同于某种精神价值，为了文化而求生

---

① 在词源学上，中国人所说的"文化"由文治和教化合成，包含以文教施政治民、风化、教化等意思，它与"武力"相对，强调道德精神与伦理秩序的培育。英文 culture 源于拉丁文 cultura，本意为耕种和作物培育，引申到精神领域，用以指人类心灵、智慧、情操、风尚和化育。1430 年，英国的《牛津英语字典》第一次采用 culture 这个词条，对它的解释就是耕种，对自然生长的照顾等。

② 唐君毅：《人生之体验》，台湾学生书局，1985，第 150 页。

存，在互动中分享其意义；另一方面由于精神的自由本性，我们又能实现精神超越，或提升文化精神，摆脱自我的限制，或转化文化精神，以适应新的发展，而在这个层面，文化表现为创造某种互动的方式。

从更为综合的意义上讲，文化主要指那些既存在于人的行为中，又存在于人的精神和物质产品中的构想、信念、观念和世界观所组成的一个基本信息系统，它包含语言与非语言互动形式。按照爱德华·霍尔的"文化之图"[①] 来表述，文化的基本信息系统包含十种独立的人的活动：互动、联合、生存、两性、领域、时间、学习、消遣、防卫、利用。其中，互动是文化领域的核心，是万物的根源；联合是集体化的互动形式，时间和空间是发生互动的范围，其余则是专门的互动形式[②]，精神价值则运行其间。在这里，文化不是关于普遍人性的某种宏大的、一贯的叙述，而是多样性的特定生活方式，每一种都有自己独特的发展规律。这种独特的发展规律不是通过某种先验的本质去理解，而是通过互动去感知。我们只有在互动中感知相同和相异的文化，否则，就容易变成"标签化"理解。北京大学的美国留学生华纳（Eric Warner）曾经这样表述他与中国人互动后的体会：

> 来中国之前，我有这样一个强烈的印象：美国人在人际交流中比较直接，而中国人则比较"委婉"，一般不会给出直截了当的答案。但我刚刚抵达北京不久，就大大地惊讶了一回。我一个中国朋友的朋友第一次见到我时就面带微笑地说："你好胖！"尽管我确实有些超重，但这也太直接了吧！我的成见是错的！
>
> 后来，我进一步了解到，与中国人的交往越深，他们就对你越直接——中国人对你的直言程度是与他们对你的交情深厚程度成正比的。而美国人在第一次见面的时候一般比中国人更加直接，但相处一段时间之后，中国人反而变得更敢于直言了。一个最好的例子就是，我要好的中国朋友在过去几年中对我中文水平的评价直线下降：一开始是"好极了"，

---

① 〔美〕爱德华·霍尔：《沉默的语言》，刘建荣译，上海人民出版社，1991，第209~211页。
② 〔美〕爱德华·霍尔：《沉默的语言》，刘建荣译，上海人民出版社，1991，第4页。

然后是"还不错",现在也就是"一般化"了。

不少美国人认为,中国人更倾向于集体主义思维,而美国人则信奉个人主义。我的回答是:错了!看看中国过去30年了不起的经济成就就可以知道,中国人是多么乐于为自己更美好的经济生活而奋斗。

在急着为中国人贴上各种标签的时候,我忘记了,他们其实是,独特的中国人①。

文化是一种互动性的存在,当我们用某种先验的本质给文化贴上标签时,不仅是走上了单面化理解的歧路,更重要的是采取了非文化的态度和方式,最终也理解不了文化。只有回到"互惠性理解"(reciprocal understanding),即建立在对话与合作中的理解,才能超越文化偏向,超越把他者文化当作知识理解与兴趣满足的局限,形成建构跨文化传播关系的可能性。华纳无疑找到了这种可能性。文化给自身造成了两种互动:一种是按照某些观念的互动,另一种是为了改造观念的互动。当人们按照某些观念互动时,文化使孤立的个人与他人分享共同的价值。比如在集体主义的文化观里,人们更看重家庭与群体,围绕家庭和群体的价值取向思考问题;在自由主义的文化观里,人们更看重个人的价值与利益,围绕个人的权利与发展思考问题。在中国农村,不识字的农妇在待人接物的过程中显现出好客、尊重人、爱面子的文化底蕴,很明显,她们是按照祖辈父辈层层传递的一种共同的价值观在进行交往。渔民在餐桌上不准孩子翻鱼,因为人在吃鱼神在看,翻鱼的背后是"翻船"的想象性危险②。这时,餐桌上的人们是按某种禁忌观念在交流。这种按照某些观念的互动往往通向文化认同,产生无意识文化。但是,无论是在文化内部,还是在文化与环境、文化与文化之间,都存在文化竞争关系,或者说一种文化认同的产生也为自身设定了多元对话与交流关系,于是,文化必定会走向文化适应,即不同文化群体交往时文化特征的变化,从而形成为了改造观念的互动,人通过这种方式把自己从无意识文化的桎梏中解放出来,寻求有活

---

① 〔美〕华纳:《被"标签化"的中国人》,《瞭望东方周刊》2007年第36期。
② 龙应台:《文化是什么?》,《中国青年报·冰点》2005年10月19日。

力的文化。

文化在不同层面的运行都体现着互动的意义。按照爱德华·霍尔的理论，文化在三个层面运行，即正式、非正式和技术。当这些行为模式中的一种主导作用的时候，三种行为模式其实全部都存在于场景之中。正式文化是通过教诲和告诫而传授的，其方式是带有感情的责备过程：学习者尝试犯错，并被纠正。非正式文化的主要学习途径是仿效，其主要因素是供模仿的模型。在非正式文化的学习中，整个行为模式是同时学习的，通常学习者自己根本觉察不到他在学习，也觉察不到有某种规范或者规则在约束他们。技术文化的学习方式通常是，老师以明确的形式向学生传授，这是一种专门学习[1]。学习所体现的就是文化的运行逻辑。

文化与语言的特殊关系也体现着互动的意义。有人发现一个奇妙的现象：语言虽然只是文化的一部分，但它的可能性永远大于文化的整体，也就是说，文化无论怎样扩大发展，在逻辑和实践上都不可能充满语言的所有可能性。由于这一特点，文化成了一种特殊的活物，语言成了文化的核心，我们能够在语言中按照文化存在和发展的任何需要去设计文化，即通过语言，我们能够把我们赖以存在的文化整个"变成"我们可以加以制造的存在[2]。在语言的先验空间里，我们拥有无穷大的交流空间，不是我们在用语言说话，而是语言自己在说话；在语言的经验空间里，语音按照文化的基本信息系统在说话，也就是说，我们在一定的文化空间里说着有意义的话，能够与他人达成意义分享或形成隔离的话。根据贾尔斯的"言语调节理论"（Speech Accommodation Theory），我们在说话时的言语调节分为两种情况[3]：其一，"同化现象"（convergence），即讲话者将自己的讲话调节到与其对话者的语言相近的语言；其二，"趋异现象"（divergence），即讲话者在有些情况下把自己的讲话调节为与其对话者的语言相异的状态。也就是说，对话者在对话过程中遭遇到讯息

---

[1] 〔美〕爱德华·霍尔：《沉默的语言》，刘建荣译，上海人民出版社，1991，第63、101页。

[2] 赵汀阳：《一个或所有问题》，江西教育出版社，1998，第26页。

[3] Gilles, H, Mulac, A, Bradac, J, J. & Johnson, P. "Speech Accommodation Theory: the Tirst Decade and Beyond", *Communication Yearbook* (10). Ed, M, McLaughlin, Newbury Park, CA, Sage, 1987, pp. 13–48.

理解或解读的困难时，在互动中修正或试图重新建构整个互动以帮助双方理解讯息的涵义。正是通过这种言语调节，我们把文化整个"变成"我们可以加以制造的存在。在这个意义上，言语调节成为跨文化传播的可能性所在，可以帮助我们走出文化偏向。

文化的互动性还可在文化的特性上加以理解。第一，文化是后天学习的结果，这不仅因为人类的大脑是一个学习的机体，而且还在于学习是扩展意义分享的主要方式。我们出生的时候并不知道如何成为男人或女人、中国人或法国人，也不知道什么是有价值的事情、什么是值得信仰的东西，但在我们成长的过程中，我们逐步懂得了这些，并归入文化群体，分享生活方式、价值观、世界观。第二，文化具有选择性。文化价值观总是在同质的人之间传播，排斥异质的人。第三，文化具有对符号的依赖性。文化总是依赖特定的语言、文字、肢体、图像、符号、声音等符号系统来传播，表现着独特的语意。第四，文化具有变化性。在时间层面上，为了生存和发展，人类会不断调整生活方式以适应环境的变化；在空间层面上，不同文化之间的交往、渗透，必然会给文化注入新的内容。这些都使文化表现为变化性。所以，在今天，已经没有纯粹的中国文化，纯粹的法兰西文化，纯粹的英国文化。

3. 文化具有民族中心主义倾向

文化最重要、最具有反思意义的特性是，文化具有民族中心主义（ethnocentrism）倾向。即每一种文化都试图用自己的文化价值去观察和评价他者，特别是在文化冲突发生的时候，每一种文化都习惯于抬高自己的文化价值，以凝聚文化群体的信念，取得对他文化的支配权。

民族中心主义（ethnocentrism）指个人认为其他文化比自己民族的文化低等。这个概念来自两个希腊词语：ethos（指人民或国家的意思）和 ketron（中心）。整个词的意思是以自己的文化为中心，从而用自己的文化价值判断其他的文化，因此，也被称为文化中心主义。在一些政治家看来，它显现为某种战略目的或控制意图，这往往会引起人们的警惕。但糟糕的是，它在某些群体中成了一种信念，即一个人认为自己所属的文化群体——通常被等同于国家——优先于所有其他文化群体。它表现为一种民族优越感，即从本民族文化价值出发判断其他文化的价值，并认为其他民族文化的价值比本民族文化价值低。对人类来说，没有人天生具有民族优越感或民族中心主义信念，这显然是从文化群体中习得的。如果说文化意味着学习和分享看世界的方式，那么，文化可以被描述为一种"透镜"，我们通过它去评价世界，并从外部环境中选择、评价、组合信息，很自然地形成对本民族文化的信仰。应该说，相信自己的文化是好的这本身并非坏事，而且有利于在传播过程中传递被认为是重要的价值观。但是，民族中心主义太偏激了，认为一个人不能相信其他文化价值观同样好或有价值。当民族中心主义阻止人们通过他者文化的"透镜"来了解别人的观点时，它就成了一种障碍。其典型的思维是：大多数文化比我的文化落后，我们的文化应该成为其他文化的典范，不必尊重其他文化的价值与习俗，生活在我的文化中的人拥有最好的生活方式，等等①。种种调查显示，我们总是习惯于通过提升所属文化群体的价值来提升自我的价值，于是，我们越来越倾向于认同群体的文化价值观，使用群体所赋予的文化"透镜"去观察文化的"他者"，而不愿意反思自身的文化价值，不由自主地丧失文化反省能力。不幸的是，程度不同的民族优越感几乎总是参与到跨文化传播中，影响着传播的有效性，因为这常常导致个体间和文化群体间的相互排斥而不能实现有意义的信息交流。

民族中心主义与人类意识中的自我中心主义紧密相连，因而，消解或限制民族中心主义是一项战胜自我的工作。令人深思的是，"自我中心主义"（nombrilisme）的法语词根是肚脐（nombril），这一与母亲相连的生命线折射出自我与自己的根源和文化根基的紧密关系，反过来又使人领悟到民族中心主义的根深蒂固②。一般说来，人的发展既是立足于文化根源性的发展，又是面向他者的开放式发展，但是两者总是发生难以遏制的冲突。为了协调其中的矛盾，人们转而寻求普世价值，即文化与文化之间的相通价值和共同价值。可到头来，且不说所谓普世价值大体上是西方价值，仅就不同文化对普世价值的理解而言，都存在相当大的差异。

---

① Martin, Judith, N. and Nakayama, Thomas, K. Experiencing, *Intercultural Communication: An Introduction*, (3rd ed), Boston: McGraw Hill, 2008, p.54.
② 〔法〕米歇尔·苏盖、马丁·维拉汝斯：《他者的智慧》，刘娟娟等译，北京大学出版社，2008年，第33页。

与此同时，与民族中心主义相伴随的还有刻板印象、偏见和歧视，它们共同构成了对跨文化传播的阻碍。所谓刻板印象（stereo types）是我们在日常生活中接受其他文化信息时，因过分简单地归纳而形成的对他文化的概念化认识，并由这种概念化的认识形成对他文化的成见。本来，对他文化的归纳与总结是跨文化传播过程中的一种互动方式，概念化也表明人要追求对他文化的确定性的认识，一旦形成刻板印象，不同文化群体间的互动出现信息损耗，从而影响相互间的全面、准确的认识，导致偏见的产生。在历史的层面，刻板印象总是通过设想他者的邪恶、野蛮、神秘、怪癖来确立某种统治与被统治的权力关系，这种建构他者的策略基本上依靠着文本。根据美国后殖民理论代表人物霍米·巴巴（Homi Bhabha）对好莱坞电影中有关性和种族差异的作品分析，刻板印象是关于他者知识的一种形式，它针对权力不可避免地要遭遇反对意见这一情况，力图消解有权的殖民者和无权的被殖民者之间关系的不稳定性和不确定性，寻求合法化统治。如果刻板印象显示出他者是退化的，那么，它实际上暗示他者是不能自治的（无用的爱尔兰人，常醉的苏格兰人），殖民者是优越的，统治是合理的①。刻板印象提供的不是真实的他者的身份界定，而是强化自我的身份界定，如野蛮的他者是以文明的自我为前提的。它既生产着权力的合法性和权力的快感，又显示出对他者的恐惧以及对丧失权力的合法性的焦虑，而且越是妖魔化他者或者在极度的负面意义夸张他者的特性，就越显示出这种恐惧，而越是不断重复某种夸张的、虚拟的刻板印象，就越显示出内心的空虚与脆弱，对权力关系的不稳定性和不确定性的焦虑。同时，这种恐惧和焦虑也会传给他者，带来更多的不适和对抗，形成了跨文化交流的梦魇。

　　刻板印象进一步左右人们对他者的感知，导致偏见的产生。所谓偏见（prejudice）就是在没有获得全面、准确的信息的基础上对他文化作出的不理性的判断，进而由此形成对他文化的否定性态度。偏见之可怕，不在偏见本身，而在于偏见所隐含的社会文化心理机制。一个人持有对他文化群体的人的偏见，有时是为了掩盖自我，如一个殖民者更容易对被殖民群体持有偏见，这

---

① Homi Bahbaha, *Location of Culture*. London: Routledge, 1994, p. 74.

样便于掩盖自身的不公平行为；有时为了强化某种信念或价值，人也会对他文化持有偏见，比如，一个归属于某个宗教群体的人就可能对其他宗教怀有偏见，为的是提升自己的宗教信仰。

如果说偏见是一种态度，那么，歧视（Discrimination）则是一种行为。当对于他文化的否定态度转化为行动时，产生的行为就称为"歧视"，即在种族、性别、年龄、职业等层面上不公正地对待个体的行为过程。最可怕的歧视是群体对群体的歧视（如白人对黑人、民族对民族），因为在一种集体无意识中，歧视获得了正当性。

如此看来，民族中心主义、刻板印象、偏见和歧视值得我们用作分析跨文化传播障碍的工具，之所以会这样，主要在于它们能帮助我们反思社会文化结构的偏向问题，文化间交流的非理性问题，认识跨文化传播的实质，走向更全面、自由的跨文化传播。从某种意义上说，如何克服障碍去达成积极的跨文化传播的答案，就隐含在这种积极的反思中。对于群体而言，我们可以从总体性层面反思文化身份（认同）的偏向、褊狭的传播机制、倾斜的权力关系等问题，而对于个体，这种反思是从日常的跨文化传播实践出发的，可以尝试以下方式：

第一，通过旅行、留学等获得寻求跨文化生存，反思自身的"文化休克"（cultural shock），了解其他文化的价值观并加以吸收，使自己拥有多元文化价值视野。

第二，记录自己与他文化群体的人交往的经历，反思是否做到了彼此尊重，排斥或吸引因何而产生。

第三，考察本国报纸、电视、文学、电影等媒体对其他文化群体的呈现，在哪些方面扭曲了他者形象？是什么原因形成了这种扭曲？

第四，针对跨文化团体（如跨种族家庭、社区、办公室、班级、球队等）进行调查，看文化交流成功与不成功的因素是什么。

第五，当文化冲突性事件发生的时候，观察各种文化群体的人如何参与到冲突性事件之中，有什么问题是可以避免的？

我们之所以要这样做，是因为跨文化传播的基本理论问题只有转入人的日常交往实践，才有可能找到可能的路径。

二　人是传播关系的总和

一般说来，"主体"是西方近代思想的产物，它是从笛卡尔那里起步的。主体性哲学的核心范畴——主体的自主性、自主意识性和自为性，是在与客体的相关中规定的。它用"主体—客体"结构思维，认为与主体相对的，只能是客体；在主体目光的审视下，一切对象——不管是他人或物都将变成客体。应该说，这种思维模式是人的理性精神和理性能力的体现，它在处理人与自然、人与物的关系时是行之有效的，但在处理人与人之间的关系时，就遇到了"他人不是客体"的困窘。可以想象的是，在日常交往中，如果我成为他人的客体或他人成为我的客体，交往是难以真正达成的。可是，主体性哲学是从自我出发的，主体首先是自我，以主体为基点，即以自我为基点，这就免不了他人被当作客体的命运。虽然主体性哲学家希望"他的我"就是"普遍的我"，但问题是：我的世界何以能超越我的界限而达到他者？我的话语何以能成为共同的话语？历来的主体性哲学家并未给予圆满的解答。事实上，从单一的主体出发，并不能找到圆满的解答。

更为窘迫的是，现代以来的"主体性"（subjectivity）原则已经培植起它的反对力量：在现代性和反现代性的作用下，世界上各种文化传统（中国文化、阿拉伯文化、拉丁美洲文化等）以及各种文化共同体（如边缘人群体、亚文化群体、女性主义、同性恋等）获得了自己的话语权，并且开始发展了话语的自圆其说的辩护能力，于是，尽管存在着强势文化，但其他文化有了"不合作"的思想能力[1]。这样，他者可以随时从"主—客"关系中逃离出去，使那个想把自我的文化观念扩展成全球普适性的文化价值以控制他者的"我"，减弱为自言自语的单一心灵。这时的"我"逃离了多元化交流的现实，回避着已经主体化的他者，以自我的符号、语言或意义系统理解着他者，甚至想象着以此控制他者。"我"如果不想堕入冷漠、隔膜、争斗的深渊，就必须使自己处在与他者交流的过程之中。

---

[1] 赵汀阳：《理解与接受》，见《跨文化对话》（第9辑），上海文化出版社，2002，第91页。

按照"主—客"模式思考传播问题,就必然坚持传播过程中的"单一主体论"或"自我中心论",认为任何传播都在主体与客体的范围内进行,任何他者都是被我理解和传播的对象,传播过程就是主体作用于他者的活动过程。显然,这与"communication"(传播)所包含的"沟通""交流""交往""交际"等本质内涵相对立,只能是单向的传播。即使像人类学家那样倡导"深描"(thick description),对他者文化的地方知识进行语境化的理解,也没有解决单向传播的问题。"浓描""深描"虽然有理解他者的方法上的优势,强调"理解一个民族的文化,即在不削弱其特殊性的情况下,昭示其常态","把他们置于他们自己的日常生活体系之中,使他们变得可以理解"①,但这依然是单向的理解,它可以增加对他者理解的深度,却不能创造对话式、讨论式的理解,形成理解的理解。

真正说来,人是在交往中存在的,现实中的人是处于主体间关系的人,不同他人发生关系的个人不是一个现实的人。在"主—客"思维模式中,主体是相对于客体而存在的,因而主体性是在"主—客"关系中的主体属性。而"主体间性"则表达了现实的人所存在的主体间关系的内在性质。它向我们昭示了这样的哲理:主体之所以能够面对另一极主体,主体间的交流之所以可能,是因为存在着中介客体,这一客体是中介化的客体和客体化的中介,它向多极主体开放,与多极主体同时构成"主—客"关系,因此成为"主体—客体—主体"三极关系结构。其中,任何一方主体都有中介客体作为对应范畴,符合"主—客"相关律的定义规则;同时,异质的主体通过中介客体而相关和交往,相互建立为主体的关系。②。

在这里,既扬弃了传统的"主—客"关系,由主客对立、主客分离发展到主客合一,由科学理性精神提升至创造精神,又超越了单一主体性的缺陷,进入平等、自由、多元的现代交往实践领域。其实,"主体间性"早就是中国哲学的基本致思取向,如儒家所讲的"仁"即解为"从人从二",也就是多极主体或主体间之义,意指主体间的人伦关系。当然,它又明显地适应农耕文明时代封建宗

---

① 〔美〕格尔兹:《文化的解释》,韩莉译,译林出版社,1999,第18页。
② 任平:《走向交往实践的唯物主义》,《中国社会科学》1999年第1期。

法等级制的交往特点,需经现代交往实践观的洗礼才能成为我们的思想资源。到工业文明时代,人将自己视为唯一的主体和中心,统治、改造、驾驭、拷问自然客体,形成"主体—客体"实践结构,亦即"心—物"实践结构。没想到,人在科学理性精神高扬的同时,由于严重的主客对立割裂了科学与人的存在的关系,直接导致了片面的理性和客观性对人的统治,由此,人心被工具理性吞噬,人掉进了被物化、被工具化的深渊。马克思一方面以热情的人文眼光批判人的异化现象,另一方面又以冷静的社会历史眼光分析资本运行与人类交往实践的关系,认为资本运行使各个生产者在分裂的状态下生产商品,以主体自然力作用于物质客体,实现着"主—客"双向物质交换;同时又通过普遍的商品交换来形成世界市场,构成多极主体间交往关系体系。当人类进入大众传播时代后,马克思的这些分析显得越来越有价值,批判学派和文化研究学派的部分学者程度不同地发挥了马克思主义的思想遗产,在这两个方面都作了独到的研究,既揭示了文化工业背景下文化消费的负面效果,又告别主客对立意义上的单一主体,转向"主体间性",一方面坚持主体间存在的差异性和多元性,另一方面强调交往、对话和理解是弥合主体间差异的基本方式。其热情的人文眼光直面我们的生存状态,其冷静的社会历史眼光又使我们在主体间性中得以重构。

马克思曾从主体间的交往实践角度指出,人是社会关系的总和。也许我们应该更直观地说,人是传播关系的总和。这可以从三个方面理解:第一,人与人的关系总是同传播紧密地联系在一切,不可分割;第二,人与人的关系的性质由成员之间的传播所界定;第三,人与人的关系是在参与者的协商谈判中发展的[①]。

由此可见,传播是整个人类存在过程的生命,没有传播活动就无所谓主体,就无所谓文化创造;作为一种普遍的、内在的活动,传播在很大程度上决定了我们是什么样的。

从这个角度来思考问题,我们就不难看出,我与他者的关系根本不是什么传播主体和传播客体的关系,而是同一传播活动中共生的两个主体。"主—客"思维方式歪曲了事实,使我们错误地认为,人的传播活动,就是传播主

---

① 〔美〕斯蒂文·小约翰:《传播理论》,陈德民、叶晓辉译,中国社会科学出版社,1999,第451页。

体向作为传播对象的他者传达信息以期达到某种影响;大众传播就是一种媒介指向性交流,在这种媒介指向性交流中,我与他者之间的"人际关系"不复存在,而只表现出信息流向的"单向扩散"和"大范围传播"的特征;甚至认为传播是征服他者、权力赖以行使的机制。在这种情况下,我们只重视表达自我的观点,而缺少倾听他者声音的诚意,只兴奋于话语对他者的穿透,而忽略他者的解读所生产的新意义,只忠实于自己的文化价值与习俗,而失去"从他者出发"的跨文化态度,处于非交流状态。要摆脱令人尴尬的处境,我们必须回到主体与主体的传播关系中亦即"主体间性"中来。其思维逻辑在于,首先,传播是由对一切人都能相通的语言来表达的,这种语言在任何地方都是主观间性的语言。通俗一点说,传播在某种意义上是"感觉间的",是与不同主体的经验相符合的,任何传播都必须具有主体间性,才能成为主体之间交往的内容。其次,传播中的主体和主体共同分享着经验,进而形成意义分享,由此形成了主体之间相互理解的信息平台。可以说,传播中的意义不是在主体自身形成的,而是在主体和主体间形成的。最后,在人际传播中,每个人都从他人身上看到自己,也从自己身上看到他人。在这种主体间的传播中,既确定了对于自身而言的自我的存在,又确定了对于他人而言的自我的存在。从这种意义上说,我们是传播关系中的主体,我们的主体性在传播主体间延伸,亦即在传播主体与主体的相互理解、相互承认、相互沟通、相互影响中延伸,只有这样,我们才有可能实现生命存在的意义。

三 他者是主体建构自我意义的必备要素

与主体间性相关联的问题是他者(other)的问题。当主体间性成为全球化时代的交往理性后,人们很容易产生一种理论想象:只要有足够的信息,主体之间是可以理解、沟通的。于是,主体间性就仿佛成了对于"一致理解"的事实的描述,而不再是一个主体间发生的难题[①]。其实,这是一种误解,主体间性的难题远没有解决,而是转换成文化间性(interculturality)问题,即如

[①] 赵汀阳:《理解与接受》,见《跨文化对话》(第9辑),上海文化出版社,2002,第79页。

何形成文化间的互惠理解,提高每一个个体超越自身和与其他文化互动的能力,从而建构完整的自我意识。要做到这一步,只能"从他者出发",把自己的偏好悬置起来,从而看见他者、听见他者进而理解他者,建构文化的多维视野。

但是,这样做的难点主要在于两个方面:第一,在人类与生俱来的文化中心主义视野里,他者是受到贬抑和排斥的。古代汉语的人称代词"他"就显现了文化中心主义的思维特性。"他"作为古代汉语的一个后起的俗体字,最初写作"它",并不是特定的人称代词,而是一般的远指代词,意思是"彼",蕴含一种疏远的态度;进一步地,他者又指异己的在者,在价值上是邪恶不正的东西(它,非也;他心,谓私心),更多地是指作为敌对势力的外族;古人在谈到不在场但自己尊敬的或者亲近的人时,决不会用他或它相称,凡是谈到他或它或彼时,都是充满疑忌,警惕甚至敌意的[①]。一直到现在,"他"所显现的文化思维依然运行在各种文化之中,"9·11"事件以后,西方一些媒体把伊斯兰文化称作恐怖主义文化就是最典型的证明。第二,我们即使承认差异的重要性,为他者的出现留出空间,但这样的他者常常转化成同一或自我的他者,也就是占有他者或同一他者。这往往是殖民主义时代、全球化时代看待他者的逻辑。一般说来,在这种情况下,如果他者的行为因为有一点陌生而冲撞了我们,一个简单的解决办法是假设他们的思想和感情与我们自己的精神生活是不一致的,并进而得出一个恶意的结论:他者的思想和感情不仅是有差别的,还是粗鄙的、低级的[②],他者是等待我们去完善的、启发的、引导的。为了保护"他者"免受"同一"的侵害,法国学者莱维纳斯(Emmanuel Levinas)强调"彻底的他者"或"绝对的他者",其特点是"他者"绝不能还原为自我或同一,"他者"根本外在于任何自我,且抵御着自我自近代以来对万物的统摄,这样的"他者"超越我的理解,是不可还原的"陌生者",与我"相遇"的是完全不同于我的"他者"[③]。这在理论上避免了同一化,但问

---

① 黄玉顺:《中国传统的"他者"意识》,《中国哲学史》2003 年第 2 期。
② 〔英〕丹尼·卡瓦拉罗:《文化理论关键词》,张卫东等译,江苏人民出版社,2006,第 130 页。
③ 孙向晨:《莱维纳斯哲学的"他者"思想及其对本体论的批判》,《复旦大学学报》(社会科学版)2000 年第 5 期。

题是把他者绝对化就是把差异绝对化，我与他者就失去了跨越文化的可能性，失去了理解与沟通的可能性。

我们只能回到我与他者的关系层面进行辩证思考。一方面，对我来说，他者与我是有差异的，具有一定的不可知性，是令人怀疑的；另一方面，我与他者的差异又是必须的，因为他者是认识自我的一面镜子，只有在我与他者的对话情景中，我才能认识我的存在。根据斯图尔特·霍尔的总结，我与他者的差异至少显现为三种意义①：第一，在语言学层面上，差异是意义的根本，没有它，意义就不存在，因为意义是关系的产物，同时也因为我们只能通过与他者的对话才能建立意义。第二，在人类学层面上，文化取决于给予事物以意义，这是通过在一个分类系统中给事物指派不同的位置而做到的，差异的标志往往显现为文化符号的秩序。第三，在精神分析学的层面上，我们的主体性是通过向来不完全的无意识与他者的对话才得以形成的。也就是说，他者是形成"我们是谁"的不可缺少的、必要的部分。

综合上述意义，我们可以得出一个总体性结论，即他者是主体建构自我意义的必备要素。他者在我们之外，也在我们之中。对于前面提到的留学生华纳来说，中国人是一个异己的他者，有着广泛的差异、不可知性的他者，不能完全理解的他者，但是，一旦他与中国人交流起来，就处在把他者纳入我的主体意识之内、建构自我意义的过程之中，通过体验中国人的交流方式明晰了美国式交流的意义，通过感知中国人的日常生活呈现了美国式的偏见。此时，在他作为美国人的意识里已经填入了作为他者的中国人的文化内容，从特定交往的角度表达了自我的意义。他没有用贬抑的或排斥的方式做同一化的理解，而是在平等而又轻松的对话中建构"互惠性理解"，校正美国式偏见，在语境中捕捉中国人的独特性。这就有可能从东方主义话语所建构的同一性和支配性的理解结构中分离出来，走向"互惠性理解"结构。一般说来，互惠性理解表现出这样的特点：在文化差异中形成互补性知识，强调文化观念的互相印证，把在刻板印象、民族中心主义、意识形态等基础上达成的理解当作对他者的敌

---

① 〔英〕斯图尔特·霍尔编《表征——文化表象与意指实践》，徐亮、陆新华译，商务印书馆，2003，第236~239页。

意，努力基于生活事实与文化的动态发展进行对话式理解。

可是，在现实的交流中，我们并不明晰互惠性理解的意义。德国汉学家顾彬（Wolfgang Kubin）热衷研究中国文化，对中国文学提出过一些批判性意见，于是在中国遭遇了"外国人不了解中国"的质疑，听到了"请以我们的方式理解中国"的要求。对此，他借助于德国解释学的观点做了回应。

以自我为参照，我是不可能理解我自己的，我只能参照那个不同的东西。自由借助于知道我确实不是什么的那个东西，我才能确定我潜在地可能是什么。

不同的主体通过不同的个人途径上下求索以互相影响。搞得好了，我们或可相信我们理解，但是我们的理解不可能达到一种形而上的契合；这样的理解永远不会停止产生新问题和新答案。

在谈话中，我们不仅创造了他们讨论的话题，而且也创造了我们自身以及我们与别人的联系。对于自我而言，别人是至关重要的，因为在我们说话的时候，我们既听不到别人听到的声音，也看不到自己的脸（若不借助于镜子）。单靠我们自己，我们是不能否定别人对我们的声音或者我们的脸的那些说法的。①

显然，这是对互惠性理解的形象注解。从这一个角度来看，文化间的理解是相对的，不理解是绝对的，因为人们总是缺乏他者文化的"图式"（schema），习惯于只关注自己认为重要的东西，难以进入互惠性理解。这样的一种状况导致人们习惯性地对自己缺乏理解，因为人们习惯性地守着对自己的说法。与其说我们缺少自我意识，倒不如说我们缺少他者意识，或者说我们缺少一种"他者的智慧"②，即意识到他者的相异性并完全接受其相异之处，以丰富对自我的理解，同时拒绝将他者限定在我的语境中，试图在差异中理解自我的意义。

一般说来，每一种文化都会形成看待他者的文化图式，而且当一个人与文化群体内成员多次交流关于他者的特定信息和经验时，这种文化图式就会逐渐明晰并被储存于我们的大脑之中，在与他者的交流过程中，我们会印证或修改

---

① 顾彬：《只有中国人理解中国？》，《读书》2006 年第 7 期。
② 〔法〕米歇尔·苏盖：《他者的智慧：在需要共同管理的世界中尊重文化》，沈珂译，《跨文化对话》（第 24 辑），江苏人民出版社，2009，第 51 页。

或转变这种文化图式,并让它更有组织性、抽象、简洁。在这种情况下,交流会变得更加容易。当一个人的经验越多,那么他们不断发展的文化图式也就越来越精细。信息不仅更复杂了,同时也对一个文化中的成员也更加有用。在一个交流的环境中,我们主要靠"基本社会交往图式"(primary social interaction schema,简称 PSI 图式)① 与群体内和群体外成员交往。而一个文化适应过程便表现为,他者(如移民、留学生、外交官、商人等)为了生存与发展,会悬置或调适自己的 PSI 图式以寻求与主方文化成员的交流,并且融合成新的 PSI 图式;而主方文化成员如果能意识到他者的相异性并完全接受其相异之处,在差异中理解自我的意义,则会丰富自己的 PSI 图式,通向互惠性理解。

然而,难题并未就此解决。"他者"虽然由此成了我的文化身份的一个基本要素,但由于我与他者的权力竞争关系的内在紧张与冲突,使得文化身份极不稳定,人的安全感受到威胁。为了消除不安全感,人们试图保留珍爱与希望的东西,排除厌恶与回避的东西。当一种文化、群体或社会歧视或排斥他者时,它实际上是在排除或压制与文化身份的完整性、稳定性要求不协调的部分②。比如,在西方文化中,妇女、男同性恋、有色人种一再被视作他者,就是因为他(她)们被认为偏离了父权制的、异性恋的和白人的社会规范,影响了文化身份的完整性和稳定性;残疾人、艾滋病人、精神病人被排斥为他者,则是以维护理性、健康、完整的生理与心理的名义进行的;而在现今维护差别权的新种族主义言论中③,维护差别权就是把他者从自我文化身份的完整

---

① 根据日本学者西田纮子(Hiroko Nishida)的研究,"基本社会交往图式"(Primary social interaction schema)包括八个方面,即关于一些事实和看事物的方式的事实与观念图式(fact-and-concept schemas),关于不同类型和品质的个人图式(person schemas),关于人们如何看待自己或者其他人如何看自己的自我图式(self schemas),关于在特定的社会情景之中如何符合社会期望的角色图式(role schemas),关于环境与行为背景的语境图式(context schemas),关于行为规则的程序图式(procedure schemas),关于解决问题的合理策略的策略图式(strategy schemas),以及存储于长期记忆中的情感图式(emotion schemas)。
② 〔英〕丹尼·卡瓦拉罗:《文化理论关键词》,张卫东等译,江苏人民出版社,2006,第136~137 页。
③ 新种族主义的特点"首先是对文化相对论价值的翻转('种族'向'文化'移位,断言各种文化是绝对无法对比的);其次是放弃不平等的主题而将文化差异绝对化,从而否定混合,肯定各种'文化'不可挽回的相互不可吸收性"。(秦晖:《"差异权",还是文化选择权?——评塔吉耶夫〈种族主义源流〉》,《南方周末》2004 年 8 月 12 日)。

性、纯洁性中剔除出去。因此,理解他者的问题不仅是一个认识论的问题、伦理问题,更重要的是一个身份(认同)政治问题。文化身份(认同)总是在对自我权力失落的焦虑中运行,它使人失去包容性,当它转变成一种支配性的观念时,我们甚至不再质疑对他者的排斥了。20世纪90年代在跨文化传播领域兴起的白人性(whiteness)研究显示,以往的少数民族族群身份研究在"自我标签"(self-labels)方面做出了很多尝试,例如对"黑人"(black)、"非裔美国人"(African-American)、"墨西哥裔美国人"(Mexican-American)、"西班牙裔美国人"(Hispanic-American)等标签的研究,其中,对自我标签以及相应的少数群体身份的理解主要是推论式的。一个被忽略的事实是,对白人的自我认同标签的研究比较缺乏,这反映出美国白人在历史上掌握的权力,人们不去质疑白人为什么从不给自己贴一个标签,白人不在乎别人怎么称呼自己的族群,那是因为白人是特权群体,他们的身份成为了别的群体衡量自我的标准,从而白人将自己的身份隐藏起来,在日常生活中甚至无法察觉其中的复杂含义。或者说,"白"这个词就像"自由"(freedom)一样,蕴含着强大的意识形态功能,这一点在意义的生产过程中被掩盖起来了[①]。在这种情况下,我们或者被主导权力所收编,或者不知不觉被排斥为"他者",所谓互惠性理解就真的成了难解的问题。

这一问题的纠结点在于,人们只是考虑建造一种身份并且保持其坚固、稳定与安全,而忽略了现代社会的身份本质上是流动的;一味考虑差异的绝对性,而忽略了差异的相对性、互补性;偏向于保护差异权,而忽略了人的身份选择是自由的。这就形成了严重倾斜的现代身份(认同)政治,它反过来造成了我们更大的身份(认同)危机。

解决这一问题的关键是唤醒跨文化的自我。从个体发展的角度而言,"我心"能从文化转向跨文化的心理基础在于:"我心"是寻求向外发展的,"我心"是能感觉差异的,"我心"需要在同化与调适的动态平衡中形成同他者的互动关系以谋求更多的发展。此即"跨文化心理"。在从文化转向跨

---

① Martin, J. N, Krizek, R. L., Nakayama, T. K. & Bradford, L. Exploring Whiteness: A Study of self Labels. *Communication Quarterly*, 44, 1996, pp. 125 – 144.

文化的过程中，少不了本我的冲动、理性的偏向以及集体潜意识（collective unconscious）或种族意识（racial unconscious），但正是有了作为生命活力的人格动力和作为内在超越力量的"超我"，人才能真正形成使人格保持平衡的跨文化心理。

跨文化心理的典型表现是对本土文化和对个体差异的敏感，我们把它称为跨文化敏感性（Intercultural Sensitivity, ICS）。它既显现出人在不同文化交汇的情境下用灵活的方式应对文化差异的能力，又直接指向跨文化交流能力的情感层面，即人激发自己理解、欣赏并且接受文化差异的主观意愿[1]。从根本意义上讲，跨文化传播过程中的一切误解与冲突首先源于我们失去或弱化了感知文化差异的跨文化敏感。不能感知文化差异，不能发展自己的跨文化敏感，也就谈不上相互的理解与沟通。

然而，在文化与心理意义上，文化差异是矛盾的，它既可以是积极的又可以是消极的[2]。它可以为意义的生产和语言与文化的形成所必需，可以为认识自我和建构主体的意义所必需，因为只有通过差异才能感知有别于他者的自我；同时它又可以激发各种消极情感（如歧视、对抗、焦虑、恐惧等），诱发人格分裂，进而形成对"他者"的敌意和侵犯。因此，如何扩展其积极意义、克服其消极意义，就成了我们面对文化差异时的难题。这一难题的一种解答方式其实已隐藏在跨文化敏感之中。当跨文化敏感发展到融合阶段时，个体就会认同多元文化并且能够在不同的文化世界观中自由转换，从这个意义上讲，扩展文化差异的积极意义的基点在于回到文化间的互惠性理解。

在跨文化交流过程之中，我们总是在心理上有一个错觉，认为我们的主体意识是完整的，是优于他者的，因此，我们常常不由自主地漠视差异，以自己的文化意识来取代他者的文化意识。这完全背离了精神分析所提供的一个基本事实：在心理上，人从未完全作为主体被统一过，是被搅乱的、向来不完整的

---

[1] Chen G. M. & W. J. Starosta, A Review of the Concept of Intercultural Sensitivity, *Human Communication*, 1997.

[2] 〔英〕斯图尔特·霍尔：《表征——文化表象与意指实践》，徐亮、陆新华译，商务印书馆，2003，第239页。

无意识，人的主体性是通过这一无意识与他者的对话，才得以形成的。也就是说，命里注定，我必须与他者进行互惠性理解，才能更完整地理解自我、发展自我、丰富自我，最大限度地扩展文化差异的积极意义。

此文原载《华中师范大学学报》（人文社会科学版）2011年第1期。

面向交流的无奈：传播学自我救赎的路径

就像社会学是解释"社会如何可能"的学问一样，传播学是解释"交流如何可能"的学问，它提供对于人类交流的认知与修正机制，因而也提供改善交流的希望。可是，现实一次次嘲弄着传播学。"小悦悦"事件、富士康N连跳、汶川地震灾民的孤独……这反复演绎的"交流的无奈"，一次次叩问学者们的心灵：你发现了人类交流的真问题吗？你找到了走出交流困境的出路吗？可到头来，"交流如何可能"的想象力依然微弱，而且使传播学显得多余，因为它不能提供改善交流的可能，也没有改善交流的行动，更无法提供交流的希望，只是用隔岸观火的客观化方式复制着冷漠的现实，或用居高临下的道德批判回避着交流的无奈。

在一个传播革命的时代，人的交流越来越处于不确定性乃至危险的状态之中。传播学者们偏向于感知传播革命政治与技术层面，如新自由主义的兴起促使媒介集中和民主崩溃，传播技术革命带来了媒介融合，对现存的传媒制度、传播方式等形成了挑战，等等。其实，传播革命最为深刻的一面是把人推向了媒介化社会。媒介化社会正使我们生活在人际关系急增的状态，一方面使人与人之间的时间与空间距离缩小甚至趋于消失，我们与他者的交流越来越频繁，而且无论是在对象的选择还是在交往的性质上，都要比以往自由得多，形成了无限延伸的"桥"；另一方面，媒介所创造的符号真实以及交流手段的爆炸所导致的信息、知识、符号的饱和，把人们与客观真实隔离起来，与真实的历史文化分离开来，使人们热衷一种交流，而远离另一种交流，偏向于一种感知方式，而远离整体的感知，流连于媒体所推行的文化间形象互构，而疏离于文化间的真实接触，习惯于媒体所建构的"面对面"交流，而失落了人与人之间真实的面对面互动，形成了无所不在的"沟"①。媒介作为桥和沟的双重文化角色则是媒介控制这枚硬币的两面：作为无限延伸的"桥"，它形成了对路径、手段、方式等的控制，作为无所不在的沟，它又实现着某种感知偏向、文化偏向的延伸。这个媒介化也被表达为中介化，它可以理解为人通过媒介应对现实，还包括所有艺术及人力所创造出来的媒介所表现、所传播的情感历程，同时还特别包含着这些媒介对我们每个人对世界、对个人生命体验所产生的影响②。由于传播的这种变革，"交流如何可能"成了统领一切的核心问题。

"交流如何可能"植根于现实的交流困境，事关传播学的合法性建构。要理解这一点并不难，只要我们侧向观察一下与传播学密切相关的社会学的发展就可以了。

社会学家从人与社会的关系角度建构着一个总的看法：人们不再有社会的观念，"公共人"（public man）衰落了，"社会资本"（social capital）也衰落了。具体说来，人们不再通过社会交往来参与和了解公共领域，习惯于以"免于干涉"的权利作为借口不与他人交流，不再愿意把闲暇时间用在与邻居一起喝茶聊天，一起从事集体行动。于是，社会学家借用福柯的话语呼喊：必须保卫社会！从创立时期的发现社会到如今的保卫社会，这仿佛构成了社会学从诞生到重生的一个轮回。19 世纪中叶，传统社会的断裂打破了当时的正统观点，即决定人的行为的，要么是神，要么是生理机能，要么是个人的思想或精神，涂尔干（Emile Durkheim）通过自杀现象研究发现了社会整合度对个人的意义，即社会力量的确影响着个人行动，个人所属社会群体的整合度越高，自杀率越低。这种研究呈现了一个重要事实：社会是一个实体，它外在于个体的存在，并拥有无异于物质世界的真实力量。以后的社会学研究表明，发现社会是一个不断进行社会批判与重建的过程。弗洛姆所谓"健全的社会"就是批判后的社会重建，它被描述为"让人在可以驾驭和认识的范围内进行活动，使人成为社会生活的主动负责的参与者，使人成为他的生活的主人"③。现实的社会始终难以走在"健全的"道路上，它并不能使人感到舒适或快乐，相

---

① 单波：《跨文化传播的问题与可能性》，武汉大学出版社，2010，第 20 页。
② 〔美〕托马斯·德·曾戈提塔：《中介化》，王珊珊译，上海译文出版社，2009，第 8 页。
③ 〔德〕埃里希·弗洛姆：《健全的社会》，孙恺祥译，国际文化出版公司，2007，第 279 页。

反总是给人带来压抑甚至窒息，但是，如果没有"社会"，人就失去了存在的意义，如果不去建构并保卫我们心目中的"健全的社会"，我们就会难逃强权（包括国家权力）的侵害，或者在自我封闭中死亡。与此同时，在公民社会滑向市场社会或贪欲社会的紧要时刻，"社会"的消解意味着社会学合法性的消解。因此，保卫社会就是社会学重生的机遇。

其实，在发现社会的那一刻，也意味着重新发现了人的交流。按照马克思的观点，人类普遍的物质交往和精神交往是在工业革命以后出现的。由于有了人的普遍交往，才有可能出现跨越宗族、血缘、地域的社会组织，才有多样性的群体、社区、文化、结构、身份认同，才发生社会的断裂与社会的重组。发现社会意味着在结构层面发现了关系与社会网络模式，在文化层面发现了我们认为建构与自身之外的世界的关系（物质文化、认知文化、规范文化），在互动层面发现了在我们的结构地位内部文化资源的交换。而社会的每一个层面都是靠交流激活并维持的，社会在交流中运行，同时，无论是自我传播、人际传播，还是组织传播、大众传播，都是在一定的社会中展开的。按照威尔伯·施拉姆（Wilbur Schramm）的说法，社群（community）和传播（communication）这两个词汇并非因巧合而拥有相同的词根，人类无法离群索居，而只要人类聚集一处共谋生计，就必然有某种传播与沟通的行为发生①。同时，人类渴望交流，但又彼此伤害，柏拉图曾这样讲述人类交流的故事：

> ……人类分享神的赐予，首先，他是唯一对众神表示敬意的动物，他开始建立祭坛和神像；然后他掌握了发声和吐字的艺术，他发明了住宅、服装、鞋子、被子、从地里长出来的食物。然而拥有这一切的人类先是分散居住，任何城市都不存在。所以，他们总是被比他们强大而且无处不在的动物所吞噬，他们拥有的技艺虽然足以使他们维持生活，但在对付各种动物的战斗中却无能为力；因为他们还没有掌握政治艺术，而战争艺术是其中的一部分。于是，他们试图聚集一起、建立城市以自卫。然而，一旦

---

① 〔美〕威尔伯·施拉姆：《人类传播史》，游梓翔、吴韵仪译，台湾远流出版公司，1994，第55页。

聚合在一起，他们却又互相伤害，因为他们没有掌握政治艺术；结果他们又开始分散和死亡。①

从柏拉图的讲述里，我们可以体会到，"交流如何可能"是人类由来已久的问题，也是一个十分深广的问题。现代传播学把这一问题细化为无穷多样的问题，它时而面对"传播如何建构共同体"的问题、传播与民主的问题，时而聚焦传播过程中的态度与行为问题、人际沟通问题、认知效果问题，时而又涉及传播中的权力关系问题、媒介的所有权问题、公共领域的建构问题、传播伦理问题、传播与社会结构分化问题、意义的生产与消费问题。虽然这些问题来自于"人、媒介与社会"场域中的方方面面，但不断的窄化导致偏离或技术化"交流如何可能"的问题，也引发了学科危机，如前ICA主席多思巴斯（Wolfgang Donsbach）所言："越是通过个人努力去制造专业差别，研究的问题将越发细小，越发远离时代。"②

按照彼得斯（John Durham Peters）的总结，二战以后的传播学有两种话语占据主导地位，即技术话语和治疗话语③。前者把日常生活中司空见惯的信息变成了一门技术，进而形成了把自然科学（DNA为其伟大的密码）、文科（语言即是交流）、社会科学（传播是基本的社会过程）结为一体的信息传播观念；后者则针对交流的失败和人的交流困境，在心理治疗、社会批判、文化研究、传播政治经济学、媒介环境等多维度探寻拯救人类交流之道。技术话语的创新逻辑是，每当媒介技术、交流技术、信息技术产生失控危机时，技术理性总是引领人们去寻求更大的控制技术。这是一种技术理性的创新，也就是说，人不仅要顺着技术理性的逻辑去为媒介发展编制程序，制造自己所需要的媒介环境和媒介奇观，而且要通过媒介影响他人，制造媒介化社会更为精细的控制机制。治疗话语倾向于假定，良好的交流具有治疗人的异化、无根、飘

---

① Cooper, John M. (ed.), *Plato Complete Works*, Hackett Publishing Company, 1997, pp. 322 – 323.
② Donsbach Wolfgang, The Identity of Communication Research, *Journal of Communication*, Vol. 56, Issue 3, pp. 437 – 448, September 2006.
③ 〔美〕彼得斯：《交流的无奈》，何道宽译，华夏出版社，2003，第18页。

零、冷漠等病症的价值，或者消解人的意义与价值迷失，必须厘清交流的价值，必须对治交流过程中的权力支配关系。

可叹的是，技术话语和治疗话语既没有解放人的交流，也没有解放人的交流思想。技术话语在不断解构交流的不自由的同时，又建构着交流的理性控制。仿佛理性的控制是现代社会秩序的一条原则，不可避免，用拉斯韦尔（Harold D. Lasswell）的话来说，这种理性控制和过去依靠蛮力的社会控制形式相比，还略胜一筹："假如大众想要挣断铁的镣铐，他们就必须接受银的枷锁。"（《世界大战中的宣传技巧》）治疗话语热衷反思交流的不自由状态和交流中的权力支配关系，但同时又人为划分了我们与他们的道德分界线、价值分界线，使传播学不能通向日常交流实践。

回想1978年的中国，思想解放带来了西方传播学的引进。当时老百姓从思想的禁锢中解放出来，在日常生活层面改变着整齐划一和单调乏味，使自己外置于思想的控制，从麻木、冷漠的集体生活悄悄溜向温情、互动的个人生活。而老百姓一旦回归个人生活，恢复生活的选择和判断，交流的渴望就不可遏制。这样，对于缺少现代交流理念、需要走出文化封闭圈的中国来说，西方传播学的导入是很自然的事情。但是，后来的结果并非如此，而是旧的思想枷锁没有完全解除，新的思想统制却已产生，人们逐渐遁入西方传播学的象牙塔里，生活在传播学"诸神"的阴影里，自觉地服从于西方传播学所划定的思想方向、执着或陷溺于所习知识，不能面对中国传播问题进行自主的创造，从而让知识习气障蔽、阻碍了传播研究的智慧表现[1]。到1992年第二次思想解放时，人们突破了社会主义与资本主义的二元对立，转向社会主义市场经济，从而再一次把目光投向传播学，在多媒体竞争中把握媒介结构的变化，在传播过程中观察媒介功能的多元化表现，聚焦受众问题和传播效果问题以寻求对媒介市场的控制，进而实现媒介经营方式的创新[2]。同时，人们的视野也从新闻自由扩展至传播权、信息自由，从媒介竞争扩展至新技术条件下的媒介融合，从单向传播扩展至多向、互动式传播。

---

[1] 单波：《怎样表现中国传播研究的智慧》，《新闻大学》2008年夏季号。
[2] 李良荣、李晓林：《新闻学需要转向大众传播学》，《新闻大学》1998年秋季号。

从1997年开始的第三次思想解放又进一步冲破了"所有制崇拜",当一些人批判中国市场经济造成社会不公,并由此迁怒于跨国资本入侵以及全球资本主义体系时,中国把自己推进到全球化的激流之中。当人们在分析媒介全球化而使全球化成为一种观念、一种意识、一种认识方法时,思想前所未有地向西方世界敞开:一是尝试走进西方新闻媒体,仔细体会媒体碎裂化、分众化、整合化、集团化、巨型化的趋势以及经营全球化的理念,通过对话式交流,了解媒介运作和新闻报道的观念[1];二是全方位分析西方新闻媒体的结构、所有制形式及运行模式、新闻专业主义在市场模式下的困境、媒体做大做强的路径、媒体与民主政治的关系、媒体与公共领域等问题,更加全面地把握西方媒体的观念体系[2];三是探讨全球化背景下中国媒体与西方媒体的关系,在比较中反思社会公器与利润最大化的矛盾、市场选择与政府规制的冲突、境外传媒对中国媒介市场的冲击、中外媒介运作方式的差异等问题[3],寻找中国媒体的应变之道。

每一次思想解放都使得中国社会更加亲近传播学,中国传播学也在学习西方的过程中不断走向专业化。然而,西方传播学的毛病也传染到了中国,那就是既没有解放人的交流,也没有解放人的交流思想,亦不能通向日常交流实践,同时还落下一个中国式的病症:西方化和去西方化。西方化使中国传播学失去自我,跟从西方的理论与概念,不能面对中国的传播问题,自然就不能产生给人们带来启发的创造性思想或具有想象力的理论;去西方化则偏向于排斥西方的思想与理论,而非着眼于思想的交流与分享,也非着眼于综合性创造,从而形成了走向思想封闭与自言自语的危险。

社会的媒介化转型使人与媒介、社会的关系发生了重大转变,媒介成为人应对现实的手段,它无限延伸了人的交流空间,缓解了人的孤独,同时又减少了人与人的面对面交流,从而使个人休闲更加私人化和被动,加剧了社会的衰落和公共人的衰落。美国政治学家帕特兰(Robert D. Putnam)所说的"独自

---

[1] 辜晓进:《走进美国大报》,南方日报出版社,2004;苏荣才:《对话美国报业总裁》,南方日报出版社,2005。
[2] 李良荣等著《当代西方新闻媒体》,复旦大学出版社,2003。
[3] 周伟主编《媒体前沿报告——一个行业的变革前景和未来走向》,光明日报出版社,2002。

打保龄"（Bowling Alone）的现象愈演愈烈了：人们不愿把闲暇时间用于交流、谈话或参与公共生活，而是宁愿一个人在家看电视、上网，或者在网上过一种虚拟的公共生活。20世纪20年代，李普曼观察到的交流困境还仅仅是我们生活在其中的世界太大、太复杂、消逝太快，我们不可能直接去看、听、接触或了解它，我们只能凭人家报道给我们的情况来采取行动。而现在已经是这样一种局面：我们生活其中的世界被媒介化了，我们已习惯于通过媒介应对现实，也乐于创造媒介化的现实。

在面对人的交流问题时，传播学的想象力已经大大减退。在人际交流方面，鲁滨逊式的世界在现实社会中并不存在，在自我心灵世界也不存在，我不能对自己说话，筑起心灵的孤岛，因为语言都是社会性的，私人语言是不可能的。但是，我们还是常常想象着让理智的自我与弗洛伊德所说的那个欲望的本我和道德的超我对话，这种交流无疑是最具稳定性的，可危险性也存在于这种稳定性之中，无论自我、本我和超我之间的对话取得怎样的稳定性，都免不了自我的偏执。在一个群体内，我们把自我的稳定性诉求延伸转移到群体，使得一种成功的交流背后往往蕴含制造群体的偏执的危险，如法西斯主义、原教旨主义等。而在日常生活中，所谓"嘤嘤其鸣，求其友声"，那只不过是追求一个在思想和情感上与我相似的人；所谓"话不投机半句多"，反过来说，只有与我有共同话语才能交谈。说白了，还是一种在稳定性诉求中显现的自我的偏执，即从自我出发进行交流，达到"你就是我，我就是你"的交流境界。如果不是这样，很难求得稳定性互动，那我们就不由自主地悲叹交流的失败，叫喊"人心叵测""他人即地狱"。由此看来，人类对于交流的想象实在有限。

在现实生活中，交流的无奈反映了人已失去交流的自由，"人与媒介、社会"的关系已严重失衡，人与社会已消失在媒介化社会里。在这种危机下，传播学应该面对交流的无奈，帮助人们恢复对于交流的想象：建立人与媒介合一的关系，既通过人的交流实践去创造媒介世界，又通过媒介对人体的延伸来反观交流的偏向；用实践智慧统领媒介与社会的关系，即关注媒介化社会交往的真实性，构建媒介化社会交往的一般规则，同时又把一般规则运用于日常生活，提供对于人类交流的认知与修正机制。由此，在实现交流自由的过程中，建构"人与媒介、社会"的和谐关系，从而把传播学从技术话语和治疗话语的病症中解救出来，解放人的交流思想。

此文原载《新闻大学》2012年第2期，2010年10月曾以此文参加黄旦教授主持的"理论与经验——海内外华人传播学者对话会"，收入黄旦、沈国麟编的《理论与经验——中国传播研究的问题及路径》（复旦大学出版社2013）。

边缘人经验与跨文化传播研究

边缘人（marginal man）是美国社会学家帕克（R. E. Park）在考察芝加哥的城市生态工作时提出的概念，用来指生活在两个不同的世界、对两个世界都陌生的人，他们也是"文化混血儿"，是在未完全相融的文化边缘生活的个体。这个概念标示着人们由于文化差异而形成的交流障碍，也标示着某种跨文化关系。有意味的是，从事跨文化传播研究的人大多与某种"边缘人"的经验相关联：或者漫游于各种文化边缘，积累着丰富的跨文化经历；或者本身就是少数族群、移民或亚文化群体成员，在主流的边缘感知文化互动；或者立于学科的边缘，用独特的眼光审视着跨文化传播[1]。有研究表明，这些经验与美国早期的 12 位跨文化传播研究领导者[2]相伴随，支撑了跨文化传播的文化差异、文化冲突、身份传播、权力结构、文化中心主义等问题的研究[3]。从学术史的角度来看，边缘人经验既是研究者自己建构的，又是被外部社会的传统、惯例、共识以及社会过程所建构的。那么，这种建构与被建构呈现怎样的历史过程？不同类型的边缘人经验对跨文化传播研究产生了哪些影响？边缘人经验

---

[1] 单波：《跨文化传播的问题与可能性》，武汉大学出版社，2010，第 43~44 页。
[2] 这 12 位早期研究者是：Charles E. Osgood；D. Ray Heisey；Dean Barnlund；Edward C. Stewart；Everett M. Rogers；Fred Casmir；John C. （Jack）Condon；K. S. Sitaram；L. Robert Kohls；Molefi Kete Asante；Nobleza C. Asunción-Lande；Paul Pedersen。他们均活跃于 20 世纪 70 年代的美国，研究兴趣涵盖了跨文化培训、语言学、认知心理学等多个学科领域，对跨文化传播学学科的建立和发展起着重要作用。针对这 12 位早期领导者的系列研究专题参见 Steve J. Kulich et al., *International Journal of Intercultural Relations*, 36, 2012, pp. 744 – 901.
[3] Leeds-Hurwitz, W. (1990). Notes in the History of Intercultural Communication: The Foreign Service Institute and the Mandate for Intercultural Training. *Quarterly Journal of Speech*, 76, pp. 262 – 281.

的限度在哪里？本文通过对12位跨文化传播研究者①的深度访谈，试图探究这些问题。

一 经验的意义

把外在的感觉经验作为现代哲学的出发点是从培根（Francis Bacon）开始的。霍布斯（Thomas Hobbes）发展了这一观点，认为我们的一切知识最初都是从感觉经验开始的；洛克（John Locke）则进一步提出，人的心灵如同一张白纸，所有的推理材料和知识都是通过后天的经验写上去的，但这些经验并不全是外在的感觉经验，还包括人对自己心灵活动的知觉，即内在经验。在此之后，贝克莱（George Berkeley）将物体观念化，认为一切实在之物皆是人的感官感觉之结果，所谓"存在即是被感知"；休谟（David Hume）则将经验论推到了极致，认为人的观念超不出人的经验。② 概言之，经验论讲求的是"凡在理智之中的无不先在感觉之中"。

哲学上的经验论在某种程度上认为，人的内在本体与外在的客观世界之间具有一致性。这种观点为其他学科的经验研究带去了丰富的启迪。现代社会学的经验研究传统便往往把人对于外在世界的感官经验视为研究的起源和出发点，它试图让我们相信，从研究个体心智的内在经验与外在感觉经验的关系，渐次扩展到研究集体心灵的内在体验与外在社会的关系，对于分析社会是非常可行的。马克思也强调经验的作用，认为必须通过观察个人在社会中的实践来观察社会，"经验的观察在任何情况下都应当根据经验来揭示社会结构和政治结构同生产的联系，而不应当带有任何神秘和思辨的色彩"。③在社会学创立之初，早期社会学家仍然以宏大理论为主要着眼点，在迪尔凯

---

① 2013年8~11月，我和博士生刘欣雅陆续访问了世界各地12位长期关注跨文化传播领域的当代学者，包括：Clifford Christians；Colin Sparks；Cornelius B. Pratt；David Caron；Evelyn Ho；Jane Jackson；Jens Allwood；John Berry；Ramaswami Harindranath；Ronald Jackson；Sugath Senarath；Wendy Leeds-Hurwitz。

② 〔英〕罗素：《西方哲学史》（下卷），何兆武、李约瑟译，商务印书馆，2012，第64~212页；赵林：《西方哲学史讲演录》，高等教育出版社，2009，第219~257页。

③ 《马克思恩格斯选集》第1卷，人民出版社，1972，第71页。

姆之后，系统的经验研究才渐渐与理论社会学研究形成分庭抗礼之势。迪尔凯姆认为，社会学方法的基础是必须把社会现象当作客观事物，因为社会现象本身与个人的心理不同，或者说社会现象先于人的意识而存在，因此必须从社会事实的外在形态开始入手，在掌握经验材料的基础上逐渐深入社会事实本质。

美国社会学家帕克（Robert E. Park）在20世纪初期所展开的城市生态考察是最为典型的经验研究。这一考察建构了芝加哥城市生态模型：在城市中心，极端富有者与极端贫困者比邻而居，中心周围是贫民窟，再向边缘扩展到郊区，居住者的状况逐步上升。与生态模型存在隐喻式联系的是"种族关系圈"：所有群体都在为获得可利用资源而斗争，不同的群体开始接触后就发生冲突，冲突过后是适应阶段，各群体间的界限被明确地标示出来，然后进入分离阶段，最后便是同化阶段，下属群体接受了上属群体的方式，最终消失其中①。这一经验研究建构了文化适应理论的早期模板。帕克强调研究必须建立在对经验事实的掌握与理解的基础之上，他长期与芝加哥移民群体一起生活，同时又作为黑人民权组织领袖的合作伙伴从事了多年的民权运动。但他又并没有完全让自己融入移民圈子中，而是有意保持一定的社会距离，从而使他的研究视角来源于经验对象却又高于经验对象。而芝加哥学派则几乎把他们生活其中的整个芝加哥城市视为一种社会文化系统，提出了城市区域扩张的各种模式和类型。

经验论之所以把人对于外在世界的感官经验视为研究的起源和出发点，在于通过科学的方法去获得知识，但后经验主义则对"科学"持有怀疑主义或相对主义的态度，认为科学自身不会提供某种真理或普遍法则，科学之所以成为科学，与科学家的诠释不无关系，而科学家对科学的理解与诠释离不开外在的社会、文化、制度等因素。知识社会学认为，随着社会流动不断得到强化，一方面知识阶层获得更多的权力，另一方面知识垄断阶层被打破，逻辑经验主义将个人的经验与认识视为纯粹个体脑海中的理性推断的观点已经不再适用，

---

① 〔美〕兰德尔·柯林斯、迈克尔·马科夫斯基基：《发现社会之旅——西方社会学思想述评》，李霞译，中华书局，2006，第296页。

因为"单个的经验同单个人的经验溪流联系起来,并进而再同更广大的经验和活动的共同体组织起来"。① 由此,知识社会学转向揭示和分析在思想的形成过程中可能影响它的实际存在的社会环境,其研究对象从单纯的知识本身,转向研究历史—社会进程中的知识分子,研究他们塑造知识的过程。舍勒曾对早期社会学经验研究传统中重视统计数据的收集与分析的传统提出质疑,因为在他看来,搜集而来的经验材料绝非物之本原,因为收集的过程实际上就已经带有个人价值体验以及对社会结构的先验认识,这些体验和认识并不全然属于个体头脑的逻辑创造,而是以个体所处的团体知识为前提的,团体知识先于个体知识,个体的经验源自团体的生活体验,后者决定前者,而前者又经过个体内在的再造反过来推进后者的变迁,从而影响整个社会结构的变化。②

显然,后经验主义并非把经验从研究中剔除出去,而是辨析了经验里所涵盖的个人价值体验以及对社会结构的先验认识。库恩所提出的"范式(paradims)"一词,把科学革命描绘成一种经验观察和先验范式之间互动的双向过程,直接击中了实证主义将感觉经验绝对化、理想化的要害。③ 在他看来,传统的经验研究方法让研究者只是学会各种操作技巧来搜集资料,再将其与理论概括联系起来,而这不应该是科学的本质。他对传统经验研究中对"直接经验"的关注提出了质疑,他认为"直接经验"并不是自然本物,而是已经被范式所突出来、一探便知其规律的直觉特征,它是会随着范式对科学家施加的影响而改变。库恩论证到,直接经验转化为隐含在共有规范中的知识,被某一专业的科学共同体里的成员普遍接受,成为一个新的范式,并且,知识会随着规则和标准的变化不断得到重新释义,而系统性的范式却是能够经得住时间考验并可以改正的。在这个过程中,最重要的因素不是经验,不是知识,也不是范式,而是从事研究的人,"一个范式支配的首先是一群研究者而不是一个学科领域。任何对于范式指导下的研究或动摇了范式的研究所作的研究,

---

① 〔德〕卡尔·曼海姆:《意识形态与乌托邦》,姚仁权译,中国社会科学出版社,2009,第31页。
② 〔德〕马克斯·舍勒:《知识社会学问题》,艾彦译,译林出版社,2012。
③ 苏国勋:《社会学与社会建构论》,《国外社会科学》2002年第1期,第4~13页。

都必须从确定从事这种研究的团体入手"。① 范式作为共同体团体承诺的集合，本质上是一个团体的共同财产，舍此什么都不是。为了理解科学知识，我们必须认清那些创造和使用它的团体特征。

后经验主义告诉我们，在建立和支撑知识的社会过程中，传统、惯例、共识以及社会过程都扮演着重要角色。巴里·巴恩斯（B. Barnes）等人曾论证道，我们周围的环境对我们的知识研究具有实在的作用，知识必须奠定在认知者和实在之间的一种因果相互作用的基础上。个体与实在之间采用的不再是简单的人与物之间的刺激—反应模式，而是人与人之间的相互作用模式。具体哪一种个体反应会被纳入社会相互作用的模式，则有赖于个体对实在是如何描述和解释的。② 但是，无论任何个体解释任何实在，都离不开经验和传统的分类活动，"经验本身是科学活动的基础：我们用我们的语言形式描摹个体事物之间的显而易见的差异和相似；传统则仅仅是传递这种标准的描摹并且很快使后继的一代人获得这种描摹"。③ 通过可重复的学习与描摹，科学家会使用他们所继承的分类系统来对实在进行解释，从而使用他们理解和分类经验要素来建造语词与世界之间的关系。换句话说，经验在科学家对世界的建构中几乎是决定性的，这种决定作用并不仅仅取决于单一物质性的实证知识，更重要的是科学家可以将经验通过空间与时间的扩展，来把要素重新整合成为知识术语，使分类被使用、扩展和修正。

从后经验主义的代表性研究成果看来，经验或者具体的直接经验、生活经验、知觉经验都在不断地被加工再加工，而知识、范式、分类等抽象解释往往可能是研究者建构出来的，而非世界的本原，这些解释又会受到外部社会的传统、惯例、共识以及社会过程的作用。实际上，后经验主义并没有排斥经验，只不过是反对停留于直接经验、生活经验、知觉经验，反对对经验材料的单一使用，强调经验是被建构的。顺着这种逻辑，我们还可以体验到，一种经验被

---

① 〔美〕托马斯·库恩：《科学革命的结构》，金吾伦、胡新和译，北京大学出版社，2003，第161页。
② 〔英〕巴里·巴恩斯、大卫·布鲁尔、约翰·亨利等：《科学知识：一种社会学的分析》，邢冬梅、蔡仲译，南京大学出版社，2004，第20页。
③ 〔英〕巴里·巴恩斯、大卫·布鲁尔、约翰·亨利等：《科学知识：一种社会学的分析》，邢冬梅、蔡仲译，南京大学出版社，2004，第56页。

建构的时间与空间其实也是一种更丰富的经验材料，只是我们要厘清什么是个人经验、什么是呈现社会现象的经验材料、什么是被建构的经验，然后把三者统合起来，这样才有真实地面对事物本身的可能。

二 边缘人经验的建构与被建构

对边缘人的研究首先应追溯到西美尔（Simmel Georg）的"陌生人"概念。① 这一概念来自西美尔对社会流动的观察，大部分时间生活在柏林的他习惯于以都市文化人的身份穿梭于咖啡馆、酒吧、文学沙龙等城市角落，他观察过守财奴、吝啬鬼、大手大脚花钱的奢侈人士、街头的卖淫女、忧心忡忡的股票投机商，以及广义上的冷漠矜持的都市人。他发现，货币成了外乡人在社会关系网络中的润滑剂，为他扩展交往空间和生存空间创造了便利，形成人际关系互动的自由，然而，这种自由没有任何确定的内容，其状态是空虚的、变化无常的，带来了自我的萎缩，得到自由的外乡人会感到生活毫无目的、内心烦躁不安②。那么，如何为都市人的自由填充实质性的内容呢？西美尔的答案是回到社会互动的形式之中，"陌生人"就是从这种互动形式中提取出来的一个概念，用以指那些今天到来并且明天留下的人，陌生人是一个潜在的漫游者，实现了远与近的统一。③ 陌生人在实践和理论上都是更自由的人。"从根本上说，他并不致力于实现某个特定群体的特定倾向和特定组成部分……因而能够用更加'客观'的独特态度来对待事物。……这种客观独立性不受任何义务的限制，因为任何义务都会使他的认知、理解和评价产生偏见"。④ 可以说，陌生人身上显现着自由交往的基本元素：社会距离、跨界生存、同质与异质互补、开放的文化系统。帕克将陌生人概念导入社会学理论之中，并将其延伸为

---

① Everett M. Rogers, Georg Simmel's Concept of the Stranger and Intercultural Communication Research, *Communication Theory*, February, 1999, pp. 58 – 74.
② 〔德〕西美尔：《货币哲学》，陈戎汝等译，华夏出版社，2002，第 154~156 页。
③ 〔德〕齐美尔：《社会是如何可能的：齐美尔社会学文选》，林荣远译，广西师范大学出版社，2002，第 341 页。
④ Simmel, G., *The Sociology of Georg Simmel*. (Kurt H. Wolff, Trans.). New York: Free Press, 1950, pp. 402 – 404.

"边缘人"概念,形成一种连续性的边缘人经验建构,同时也被外部社会的传统、惯例、共识以及社会过程所建构,引发出一种面对流动的日常生活世界的思考:个体如何与他人相处?如何与更大的社会系统和谐相处?如何实现交流自由?

1. 帕克:边缘人经验的双向意义

芝加哥移民生活的不安定与遭受排斥的现状是帕克的经验对象,它直接导致了边缘人概念的产生。这一概念指向与两个不同的民族的亲密生活并分享他们的文化生活和传统的人。由于种族偏见,边缘人一般在新的社会里不太被接受,他们一直试图在新社会里找到自己的位置。与齐美尔的"来了不走"的陌生人不同,边缘人是一种"文化混血儿",他们的边缘人身份一般是与生俱来的,而且几乎无法摆脱。帕克认为,边缘人往往生活在两种或两种以上的文化群体之间,所接触和经历的文化冲突与文化融合远高于常人。由于他们在多元文化背景下生活的时间足够长久,积累了足够多的面对文化冲突的策略与经验,所以相比于战争,由移民所导致的文化变迁并不会是急遽破坏性的,受到移民冲击的社会秩序的瓦解与重建可以在很长的一个周期当中平缓地完成。

种族的变化往往伴随着文化的变化。那些突然遭遇到生活习惯和文化习俗上猛烈而迅速有时甚至是灾难性的变化的移民,最终会随时间的流逝慢慢调整自己的脾气习性,以适应新的文化环境,这一过程以及调整后的性格特质,正是社会与文化作用于一类独特的人群所产生的结果。也正是在边缘人的思维中,文明化(civilization)的进程是显而易见的,因此对边缘人的研究也能够让我们更好地理解文明与文化的进程,从而对我们的社会展开更为多元的研究。[1] 这是帕克研究的出发点,在他所处的那个年代,文化变迁并没有被纳入对人的生物学观察中,既有的研究成果也往往从宏观的文化或是地理环境价值入手。因此帕克提出从一种具有特殊文化身份的"人"来切入观察社会与文化,无疑是一个伟大的创举。

在帕克的论述中我们可以看到,边缘人经验具有双向的价值,一方面,他

---

[1] Park Robert E., Human Migration and the Marginal Man, *American Journal of Sociology*, Vol. 33, No. 6 (May, 1928), pp. 881–893.

们自身受到不同社会文化环境影响的过程，恰恰反映着文明的进程及其之于人的意义；另一方面，他们在与新的社会产生互动关系与文化融合过程中，虽缓慢但有效地改变着旧的社会秩序与文化模式，实现新文化的平稳交流或更替。但无论怎样，他们都不会为双方文化所完全接受，也不会与任何一方完全融合，最明显的例子就是犹太人，他们一直在寻求一个新的社会位置，形成一种新的文化模式。

2. 边缘人的处境与社会环境、文化情境相关

边缘人作为文化混血儿的经验得到扩展，如威廉姆·史密斯（William C. Smith）对夏威夷混血居民的研究发现，边缘人群已经逐渐产生出了一种既与当地主流文化群体融合又保持一定距离的新文化模式，但其内在又有差异。混血者在夏威夷扮演的是一种中间人或解释人的角色，边缘人的身份赋予他们如何更好地与多个不同种族的人群打交道的经验，他们中的一些人成为当地社团的领袖。而且，他们的多重边缘人身份让他们可以在多个文化群体中得到认可与支持，因为他们更像"世界公民"而非某一纯血统的族群成员。[①] 总的来说，夏威夷人对于不同族群的人都采取较为开放和无偏见的态度，这一地区的边缘人群有些可能反而更容易成为社团领袖，拥有较高的社会地位和社会阶层。

但同时史密斯也认为，这些具备双重或多重边缘人身份的人必须能够调整自己的文化行为，避免产生文化认识上的混淆，否则就可能因为无法遵循某一特定的文化模式而导致的生活混乱。类似的混乱在克里赛（Paul Frederick Cressey）对英—印混血人群的观察中得到了验证。英国人将英—印混血人视为低劣的杂种人并采取轻蔑的态度，而在印度人那里，凡是与欧洲人通婚的印度女人都属于低种姓贱民，她们以及她们的后代被印度人从印度文化中完全地驱逐出去。这样一来，英—印混血人在双方文化中都得不到承认，成了"没有国家归属"的人，他们在文化模式上尽可能地向欧洲靠拢，这种努力让他们更加被印度人视为"局外人"以及英国人的同盟，但事实上英国人却并不

---

① Smith William C., The Hybrid in Hawaii as a Marginal Man. *American Journal of Sociology*, Vol. 39, IvIo. 4 (1934), pp. 459–468.

承认他们。他们自己也形成了特定的小群体，但由于能够得到的资源和帮助太少，加上大多数群体成员社会地位低下，其作用都微乎其微。而一旦英国与印度政府的关系发生变化，这些混血人的生活将首当其冲地受到影响：失业、贫困、自我认知程度低（自卑、不合作、懦弱等是他们的普遍特征）等。①

上述两种研究显然是受到了帕克的影响，但研究者却建构了新的边缘人经验。与帕克的经验略有差异的是，"边缘"地位并不必然等于"低等"地位，边缘人既可能会遭到双方的遗弃、排斥与拒绝，也可以在主流文化与非主流文化这两方左右逢源且保持自己的独立性。有少部分的英－印混血人最终还是能够成功摆脱低等地位进入社会上层成为政治领袖或商界精英，但他们的个人成功并没有能够改写整个混血群体在夹缝中低微求生的命运。而夏威夷群岛上普遍的对异文化族群的开放和公平态度，让这里的混血人无论自身对其夏威夷先祖采取什么样的态度，都能够在主流话语中占有一席之地。

边缘人所处的文化情境发挥了更大的作用，而这恰恰是帕克所忽略的，他的学生斯通奎斯特（Everett V. Stonequist）却意识到了。他建构的边缘人经验是，边缘人群的人格当中最深的部分——情感、自我认知、生活习性、喜好等，无论是否清晰，都有意无意地在他们的社会遗产和社会体系中形成。这一社会体系中的各个部分（如政治机构、经济利益和族群中心主义等）如果协调发展的话，边缘人可能会更好地调节他们自身以找到自己的位置，但现实情况是，经济发展的速度远远超过其他要素，这使得边缘人往往面临一个更为复杂的社会情境。斯通奎斯特进而细分了两种影响边缘人的社会情境：一种是除了文化差异之外，还包括种族差异或生物差异的情境，另一种则是纯粹的文化差异情境。②

在前一个社会情境中，正如我们在夏威夷和印度的例子里所看到的，种族对边缘人的影响几乎是与生俱来的，在两个种族之间存在激烈对立与斗争的社会情境里，边缘人有可能会像英－印混血人那样被双方文化所遗弃，但也可以

---

① Paul Frederick Cressey, The Anglo-Indians: A Disorganized Marginal Group. *Social Forces*, Vol. 14, No. 2 (Dec., 1935), pp. 263 – 268.

② Everett V. Stonequist, The Problem of the Marginal Man. *American Journal of Sociology*, Vol. 41, No. 1 (Jul., 1935), pp. 1 – 12.

成为较弱势一方的种族领袖，如美国－非洲混血人，他们的偏黑色皮肤几乎是他们最为明显的族群标志，也因此饱受居美国统治地位的白人文化的歧视，但他们的基因里又有美国白人血统，更容易对自身遭遇到的不公平现象进行质疑与反抗，也更懂得白人的游戏规则与反抗策略，从而比纯粹的非洲人更可能成为族群代言人。而在两个种族之间的对立与斗争没有那么明显时，边缘人群则更可能向他们所处的主流文化和统治文化靠拢，同时又具有更多元的文化特征，因为他们有更多的选择自身位置和文化特质的自由。

至于纯粹的文化差异情境中的边缘人，如宗教、社会地位等，他们的边缘人经验所带来的可能更多是内在的认知矛盾，他们的可能并不会从一开始就遭遇到激烈的文化冲突，而是在渐渐熟悉了双方文化的情况下发现潜在的冲突。对于边缘人而言，他们被同时放诸于两个文化棱镜之中，每一面镜子都反射着边缘人的一个镜中自我。这种冲突也许不会带来直接的帮助，但它可以帮助边缘人潜移默化地认识自己，了解自己的不同面向。而随着时间的推移，这种情境下的边缘人比存在种族或生物边界的边缘人更能够发展出不同的应对文化冲突的策略，他们可能向主流文化靠拢，也可能将文化冲突巧妙地"略过（passing）"，也可能成为改革派来修正造成文化冲突的因素，还可能进行自我调适实现文化适应。总之，在这种情境下的边缘人经验给他们带去更为灵活与简便的应对文化冲突之策略。

3. 边缘人的身份由边缘文化界定，而非由主流文化界定

在帕克、斯通奎斯特之后，边缘人这一群体集合所形成的边缘文化开始被系统地进行探讨，不同的学者从不同的路径切入，开始分析边缘文化的特征、边缘文化对边缘人的个性塑造、边缘文化的功能等更为深入的议题。

戈德伯格（Milton M. Goldberg）从功能主义路径着手，扩展了边缘人的内涵，并提出了"边缘文化（marginal culture）"的概念。他认为，如果一个帕克所说的"边缘人"从出生之日起就已习惯于生活在两种文化的边缘；并且如果在他的初级群体中，他和其他很大一群伙伴一起分享他的这种生活与调适过程；而如果他的幼年、青少年、甚至成年时期都是在参与制度性活动中度过，这些活动主要由像他一样的其他"边缘"个体所控制；且最终如果他的边缘人地位不会成为他愿望实现的主要障碍的话，那么不应该将这个人视为单

独的"边缘人"个体，而是一个"边缘文化"的参与者。因为对他来说，他从头到尾都经历过和非边缘文化与非边缘人一样完整而真实的文化历程。①

在这个过程中，边缘文化为处于其中的个体提供了行为准则，定义他所处的社会情境。而且这种定义从他出生之日起就潜移默化地植入他的内在认知，久而久之，一旦这些准则、模式和定义被边缘人自主地选择，成为应对其他文化的一种习惯模式，那么这个人就已经完全地成为这个边缘文化的稳定一员。换句话说，在戈德伯格看来，边缘人之所以成为边缘人，其边缘地位与文化情境的定义并不是来自于主流文化，相反，恰恰是他所身处的边缘文化。这样的功能可能会产生两个结果：一方面，边缘文化赋予其成员一种文化身份与社会地位，他能够在其中获得文化认同，从而形成稳定的自我认知，能够清楚地识别并界定我群体与他群体；另一方面，边缘文化所给予其个体的期望与情境设置可能与主流文化存在差异，甚至与之完全相悖，这种情况下，一旦属于边缘文化中的个体参与到其他文化的社会活动中去时，文化冲突不可避免。

而文化冲突与差异同化（differential assimilation）是创造边缘人的基本要素。② 仅仅出生并成长于边缘群体并不足以让一个个体成为社会的边缘人，只有当这个群体在更广泛和更亲密地参与到主流文化群体的互动并遭到拒绝时，才会形成极端的边缘文化。同样，只有在群体间的文化冲突变为个体冲突浮现，并通过"危机经验（crisis experience）"成为一种个体人格的内在问题时，作为个体的人才变成边缘人。这在第二代移民当中最为严重，因为他们往往正好居于两种文化发生冲突的最尖锐之处。此时，这种文化冲突又内化为这一代边缘人的人格冲突问题。③ 但是这样一来，边缘人或边缘文化的意义讨论就陷入一个循环悖论之中：边缘文化界定了边缘人的身份与认同，使他们更好

---

① Goldberg Milton M., A Qualification of the Marginal Man Theory. *American Sociological Review*, Vol. 6, No. 1 (Feb., 1941), pp. 52–58. 译文参考余建华，张登国：《国外"边缘人"研究略论》，《哈尔滨工业大学学报》（社会科学版），2006年9月，第54~57页，有删改。

② Stonequist, E. V,. *The Marginal Man: a Study in Personality and Culture Conflict*. New York, NY, US: Scribner/Simon & Schuster. (1937). p. xviii.

③ Green Arnold W., A Re-Examination of the Marginal Man Concept. *Social Forces*, Vol. 26, No. 2 (Dec., 1947), pp. 167–171.

地实现自我人格认知，从而形成稳定的边缘群体；但同时，边缘人在与其他群体产生互动时可能引起文化冲突又可能终结这种人格上的稳定状态，并将其上升为两个文化群体的文化冲突；而这种冲突以及在解决冲突时所采取的种种不同的文化策略与文化模式又是边缘文化之得到界定的基本要素。因此，单纯将"边缘"研究按照边缘人个体与边缘文化整体这两部分进行两分法存在一个缺陷，因为不同的边缘群体对其成员的行动模式并不统一，即使是同一个边缘文化，对其成员的文化定义、准则、规范等所发挥的作用也不尽相同。

4. 边缘文化引发对主流文化的反思与批判

我们在早期从事边缘人研究的学者中发现，除了极个别的学者，其他的学者包括帕克、斯通奎斯特等，都几乎天然地将边缘人等同于底层阶级。他们因为无法进行很好的文化适应而陷入内在人格分裂或无序混乱状态，且犯罪的可能性较大。[①] 被他们当作"靶子"的典型研究对象是犹太人，作为边缘人与边缘文化的代表，犹太人被描述为承受着精神压力和神经过敏，非常容易产生心智认知紊乱。[②] 但在进入20世纪五六十年代以来，随着整个国际形势的变化，前殖民地国家纷纷独立，少数民族反抗意识渐渐觉醒，社会民权运动不断扩张，这些边缘人经验的建构遭受到了批判。

这些批判性论述中，有学者用大量数据与事实来说明犹太人和其他外国移民并没有像帕克等人想象的那样具有高犯罪率，相反，一些边缘群体还可能比美国本土居民更为自律。[③] 而另一些学者则剖析了早期边缘人研究者思维和文化认知上的"美国主义"，认为他们一方面将美国文化视为统一的、规范的、同质化的一块文化铁板，但美国精神本身就是多极化的，文化多样性几乎是美国文化的特质。另一方面，他们将边缘人视为"被迫地"受到所处的边缘文化的束缚和压迫，但事实上，犹太人可能并不觉得自己受到压迫束缚，他们自

[①] Stonequist, Evertt v. *The Marginal Man*, New York: Charles Scribner's Sons, p. 201.
[②] Elliott, Mabel A. and Merrill Francis E., *Social Disorganization*, New York: Harper and Brothers, 1950, p. 286.
[③] 参见 Niles Carpenter, *The Sociology of City Life*, New York: Longmans, Green and Co., 1931. Klineberg, Otto. *Race Differences*, New York: Harper and Brothers, 1935. Neil A. Dayton, *New Facts on Mental Disorders*, Springfield, Illinois: Charles A. Thomas, 1940.

己可能认为犹太文化和美国文化是协调相通且相互友好的。① 所以早期的研究者在分析边缘文化和边缘人的影响作用之时,既忽视了主流文化里的多样性,又忽略了不同边缘文化之间与之内的差异,还无视在文化群体中个体的自主能力。并且,他们在分析时将文化冲突和文化差异无限放大,存在一种隐含的文化进化论思想,认为美国文化是高级的、法制的、有序的,而边缘文化无论来自哪个移民群体都是低级的、令人不安的、破坏性的、无序的。还有学者开始反思,帕克将"边缘人"视为与生俱来的文化身份,这种定义是否恰当?因为边缘化并不仅仅在移民身上才能得到体现,社会的复杂性使诸多亚文化群体层出不穷,任何一个亚文化群体都可能与主流文化产生冲突,而一旦个体在两种文化的冲突之间找不到属于自己的位置,一旦这样的个体聚集在一起,边缘文化便不再由出生决定,而是由个体的文化适应和文化选择来形成,"任何人都随时可能成为边缘人"。② 既然如此,没有任何一种文化有权力和力量一直占据统治地位,也没有任何理由对异文化产生天然的歧视与偏见。

另外,一些女权主义学者认为,帕克等人对于边缘人的论述是从男权角度进行的理解,他们强调边缘文化是由男性统治、关注男性并且以最大限度满足男性在这个体系当中寻找自己的位置为主要目标。这种情况下,女性成员在边缘文化中的地位被完全忽视,她们作为"人"的存在被视为有限的、琐碎的和无关紧要的。③ 实际上,不仅边缘文化研究需要以主流文化为参照,对主流文化的研究同样需要以边缘文化作为参照。只有这样才能进行更为客观具体的比较,研究者才更有可能发现自己的缺陷与不足,从而进行反思与重建。

5. 区别边缘文化与边缘人

边缘人形成了边缘文化,而边缘文化又塑造了边缘人。但对边缘人与边缘

---

① Golovensky, David I. The Marginal Man Concept: An Analysis and Critique. *Social Forces*, Vol. 30, No. 3 (Mar., 1952), pp. 333-339.

② Simsova, S. The Marginal Man. *Journal of Librarianship and Information Science*, 1974 (6), pp. 46-53.

③ Smith M. Estellie, The Portuguese Female Immigrant: The "Marginal Man", *International Migration Review*, Vol. 14, No. 1 (Spring, 1980), pp. 77-92.

文化的成员应当加以区分。① 后者并不一定像边缘人一样具有强烈的边缘化意识和类似于原教旨主义的一成不变的思维。相反，这些成员与其他文化群体成员的互动越多，经历的文化冲突、文化休克越多，他们对世界的认知以及采取的文化适应与应对冲突策略就越可能不同，因为他们会学会根据自己的需要来选择边缘文化的指引，从而形成自己的文化模式。这些文化模式本质上与他们所属的边缘文化有较大的相似性和一致性，但与主流文化同样也不乏相通点，这可能是边缘人经验之于跨文化传播更为重要的意义：它并非单纯的文化冲突制造者，而更像建构跨文化交流可能性的提供者，他们的交流经验对于寻找跨文化传播的有效策略有非常重要的作用。

即使是在高度同质化的边缘文化群体内部，不同的个体成员对边缘化的认知取向也并不一样。边缘文化与主流文化之间的文化冲突可能非常激烈，但其内部成员并不一定就会按照边缘文化所做出的准则、模式或定义来行动，他们更可能在日常交往中选择更为温和的定义来作为自己的社会行动指引。例如，对同一个犹太人群体的调查就可以发现其中至少存在六种不同程度的亚群体，这些群体的成员从激进的犹太文化取向到积极的普适文化取向不等②，反映出边缘文化内部的不同分层对其成员在文化认知上不同程度的影响。柯克霍夫的研究说明，至少有四种主要因素在影响着边缘文化成员的边缘化程度：边缘文化状态；个体对其自身以及非边缘文化的态度；文化群体间的边界能够被渗透的程度以及前三个因素可能造成的边缘人格特质。③ 另外，有学者研究表明，在边缘文化内部，除了成员之间因文化身份而结成的初级社会关系之外，还可能会因为其他原因（爱好、社会需要等）形成次级甚至三级社会关系。④ 这些次级社会关系也会影响边缘人的文化行为。

---

① Johnson Peter A., The Marginal Man Revisited. *The Pacific Sociological Review*, Vol. 3, No. 2 (Autumn, 1960), pp. 71-74.
② Antonovsky Aaron, Toward a Refinement of the "Marginal Man" Concept. *Social Forces*, Vol. 35, No. 1 (Oct., 1956), pp. 57-62.
③ Kerckhoff Alan C. and McCormick Thomas C., Marginal Status and Marginal Personality, *Social Forces*, 34 (October., 1955), pp. 48-55.
④ Simsova, S. The Marginal Man. *Journal of Librarianship and Information Science*, 1974 (6), pp. 46-53.

由此，边缘情境经验的获得显得顺理成章，克拉克（H. F. Dickie-Clark）提出了适用于边缘文化的"等级情境（hierarchical situation）"概念，认为作为一种社会结构，边缘情境内部根据边缘化的程度不同而存在内在等级分层，所有的边缘人人格或边缘社会阶层（stratum）的排序都是依照这一等级来排序。① 作为一种社会分层，等级情境的意义在于，它首先避免了任何笼统的"边缘情境"的表述混乱，其次能够捕捉到边缘化的整个变化过程，并对其各个阶段进行定义分析，从而使其成员能够认清自己的阶层，既避免极端的文化相似主义而盲目排斥异文化倾向，又不盲从于文化同化与涵化。

这样一来，边缘人不可能每时每刻都处于被边缘化的状态里，他们有时被某一文化群体所抛出来，有时候又被拉进去，边缘化并非一个固化的、一成不变的概念，它是一个不断变化着的过程。于是，有学者将边缘化的结构化过程分解为四个阶段：同化、回归、平衡、超越（assimilation, return, poise, and transcendence）。② 而这些变化过程及其内在关联往往被早期研究忽视了。边缘文化与社会主流文化的关系不是固定的，而是一个不断变化中的参照体系，在这个互动过程中，边缘人群往往有更多的表达公平的诉求，而他们争取平等与公正的斗争也在吸引主流文化群体参与进来，社会结构与阶层之间的边界受到冲击，存在更多横向流动的可能。

总体上看，边缘人经验的建构大致形成了五方面的视角：塑造边缘人的个体认知与人格；对边缘人的关注让研究者更好地把握主流文化的参照性意义，从而形成边缘人对主流文化的更客观的认知以及更多元的文化行为与文化模式；为边缘人群提供归属感和文化身份认同，并通过边缘人个体与群体的日常生活体验，积累应对文化冲突的策略；引起主流文化对自身的反思；不同层面的边缘文化对其成员并不必然是束缚，在经历过与主流文化的文化冲突、文化休克后，边缘人反而更具备跨文化传播实践的能力，促进整个社

---

① Dickie-Clark, H. F. *The Marginal Situation: A Contribution to Marginality Theory*. Social Forces, Vol. 44, No. 3 (Mar., 1966), pp. 363 – 370.

② Weisberger, Adam, Marginality and Its Directions. *Sociological Forum*, Vol 7, No. 3, 1992, pp. 425 – 446.

会结构向流动的、多元的、客观与公正的方向发展。每一种边缘人经验同时也是被建构的，受到外部社会的传统、惯例、共识以及社会过程的作用，其中包含了边缘人的文化经验以及有关边缘人的知识的作用，从而体现为连绵不断的边缘人思想之流。

三 边缘人经验对跨文化传播研究的影响

跨文化传播研究产生于20世纪50年代，又在70年代迎来早期发展的一个高峰，颇为巧合的是，在致力于解决文化冲突问题的这些研究者当中，具有边缘人经验的学者占据绝对优势。这些学者大多亲身受过战争的洗礼，他们对于文化的冲突与对抗具有切身体会，对于解决文化冲突从而避免战争悲剧有非常迫切的需求。他们的研究兴趣往往主要集中在如何解决文化冲突上。相对于没有边缘人经验的学者而言，边缘人经验促使这些学者产生了致力于和平解决文化冲突的研究兴趣，可以说，他们中的一些人终其一生都在为实现这个目标而努力。这些学者的边缘人经验大多分为三种类型：与边缘人打交道的经验、在群体间跨界生活的经验、在边缘人之中的生活经验。

1. 与边缘人打交道的经验

一般而言，这类学者本身并不属于边缘人群体，他们拥有主流文化身份，但同时他们曾经有过长时间地与边缘人群打交道的经验。这种经验让这类跨文化传播学者的研究往往带着一种亲近边缘人的情感去理解边缘人群的文化，侧重于探讨与边缘人群交流的传播策略，分析跨文化传播的可能性。在开始跨文化传播研究之前，爱德华·霍尔有很长一段时间与异文化群体打交道，他曾参与二战，在欧洲和菲律宾服役，曾长期与美国的边缘文化群体——西北印第安人生活在一起。这种经验使得他偏向于一种自创的观察方法："当我逐渐观察到我的美国同事们在与异文化交往时所形成的某种特定回应类型时，我就能找出他们的叙述和回应中的共同点，进而开始获得对文化模式的认知。这种认知首先是对他们的回应模式，然后再慢慢扩展到他们所回应的文化上去。我的这种研究异文化的方法与其说是折射望远法（refracting telescope）不如说是反射望远法（reflecting telescope），它是用一种非直接的方式。"① 他在1950年发明"空间关系学（proxemics）"，用以解释人们如何运用时间和空间进行交流，这一术语直接来源于对他的同事们与异文化群体之间的互动进行的长期观察。

这样的研究者实际上是"在边缘人之外"，习惯站在"中心"看边缘人。在接受访谈的学者中，柯林·斯巴克斯（Colin Sparks）② 出身于工人阶级，但自以为英国的精英教育让他处在工人阶级群体的边缘，这使得他置身边缘人之外观察边缘人，认为边缘人在狭义上指"那些被社会的基础结构所排斥在外的人，例如无家可归者、旅行者等"。在广义上指"那些具有与社会主流群体所不同的生活与文化的群体，例如少数民族"。他反对将边缘人按照狭义的等级来划分，而认为要想实现与边缘人的跨文化对话，首先"要认识到每一个谈话者都是平等的，认识到'边缘'文化也许与主流文化不同，但它同主流文化一样有价值，都是一种人类对于他们自身经历的真实反映"。他进一步阐述认为，有着边缘化经历的跨文化传播学者对主流文化建构的不同方式更为敏感。"边缘性"可以通过文化适应得到消除，但保有这份边缘化意义的学者"表达出一种与居住在主流文化中的学者不同的'情感结构'"。例如对于科尔斯（L. Robert Kohls）而言，二战后被派往韩国工作的经历使得他对韩国产生了好感，以及一种想要理解其他的文化的学术好奇，这塑造了他一生的工作。③ 科尔斯和他的妻子曾两度在韩国访问，他在韩国大邱市建立了一个男童孤儿院，并学会了说韩语。他们还创建了一所初中、一所高中和一所职业学校来满足贫困地区的发展需要。更为重要的是，他们还收养了一个韩国女孩，跨种族家庭结构对激发科尔斯建立从其他文化视角来理解异文化的移情和同情（empathy and compassion）模式具有一定影响。在他看来，在这样的家庭中，文化冲突难免存在，而且并不是通过简单地求同就可以完全避免的，只有相互学习，直面文化冲突，并在学习过程中找到冲突产生的原因，才有可能在跨文

---

① Bluedorn Allen C., An Interview with Anthropologist Edward T. Hall. *Journal of Management Inquiry*, 1998（7），pp. 109 – 115.
② 访谈时间：2013年7月21日。
③ Kuruvila, Matthai Chakko, *Robert Kohls: Korean War Duty Led to a Career in Cultural Studies*. San Francisco Chronicle. 2006年9月8日，访问日期2013年4月21日，http://www.sfgate.com/bayarea/article/Robert – Kohls – Korean – War – duty – led – to – a – career – 2488759. php。

化对话当中实现对异文化的理解与同情。

克里斯琴斯（Clifford Christians）①是一个亲近边缘人的白人学者，他一直是一家非洲裔美国人机构里的董事会成员，而现在则参与为穷人提供住房、事务、医疗卫生和衣物的工作，在他看来，"边缘人"不应被当成低等的人，而是那些在能力、认知层面和美德上与主流人群有大体一致的原则的人，但在跨文化传播的语境下，边缘人用于指那些站在社会主流之外的人，那些资源匮乏的人，那些种族或社会阶级或性别使他们没有权力或仅有有限权力的人。克里斯琴斯曾与其他学者一起在13个国家里开展了一项名为"传播理论和普世价值观"的研究，目的在于比较全世界不同文化和各国家的传播伦理。他们邀请这些不同地区的当地代表来展现他们的传播理论和传播伦理学方面的研究成果，这些人中有边缘人群（如北美印第安土著）自己的领袖代表。这项研究结集出版，它证明不同人群之中的价值观、传播伦理存在同一性。克里斯琴斯列举了几位有着边缘人经验的跨文化传播学者，认为他们的传播研究证明，"边缘人在思想或行为或社会组织方面并非远古粗糙的"。

同样是亲边缘人的白人学者温迪·利兹－赫尔维茨（Wendy Leeds-Hurwitz）②认为，"边缘"与"少数"这两个词重叠度很高。"边缘化包括了那些属于少数群体的人，以及那些出于各种原因被推向群体边际的人。""少数人"可以形容任何一个小型文化群体，例如，相对于大部分白人而言的非洲裔美国人，或是相对于大多数基督教徒而言的犹太人，"边缘人"则用来形容那些处于主流文化边际的人。所以从定义上看，所有的少数群体都是边缘人，但并不是所有的边缘人都属于少数群体：例如，那些具有主流种族或宗教身份，但观点却与主流观念有差异的人也可以被视为或者视他们自己为边缘人。带着这样的思路，赫尔维茨研究了112对来自不同文化背景的边缘人群体的跨文化婚礼，并通过民族志的参与观察，发现在这些跨文化婚礼上，为了避免可能的文化冲突，保证婚礼和平进行，这些跨文化新人们往往会利用符号的

---

① 访谈时间：2013年9月21日。
② 访谈时间：2013年8月8日。

"多义性"（ambiguity）和"互文性"（Intertextuality），采取模糊化和复杂化的策略来设计婚礼的仪式，尽最大可能使不同文化背景下的双方亲友满意。①

2. 在群体间跨界生活的经验

这些学者或是自身拥有多重文化身份，或是长期旅居于各个不同的文化群体之间，拥有丰富的跨群体生活经验。这些学者共同表现出对边缘化这一个动态过程的关注，他们不约而同地持有类似的一个观点，即与边缘人的身份研究相比，塑造边缘人身份的动态过程以及其中隐含的权力结构关系应当作为研究的重点。这样的学者是寻求跨界生存的人，缺少归属感，他们所属的群体、所从事的学科往往由于各种原因而无法发声，因而希望通过自己的研究来改变他们的境况。公开声称自己是同性恋的卡龙（David Caron）这样说道②：

> "事实上，我从来没有过归属感。尽管我们是在一个工人阶级地区长大，但在严格意义上来说我们家人从来没有在文化身份认同上将自己归属于无产阶级。但正因为我们被当做无产阶级来对待，正因为我们居住的地区和我们的经济状况，我们很难不与占当地绝大多数人口的工厂工人有同样的团结一致之感。今天，即使我的工作和收入已经将我置于一个享有特权的阶级，但我仍然觉得我与整个学术圈格格不入，因为这个圈子里大多数人都来自中产阶级或上层中产阶级。而且，由于我的母亲并不是犹太人，而我的父母没有任何宗教信仰，所以我们家里没有任何宗教身份。任何我所能感受到的犹太特性都是一种历史的自然（是匈牙利的遗传），而不是文化上的或宗教上的意义。而对同性恋来说，那时在我的家乡从来都没有这样一种'群体'的说法，这些附属特性都是在后来才慢慢发展出来的。"

作为一个同性恋者，卡龙很快发现自己生来与父辈们不同，也与统治性文化不同。在他的生活周围找不到参照，而只有对同性恋的负面评价，所以他必

---

① Leeds-Hurwitz, W. *Wedding as Text: Communicating Cultural Identities Through Ritual*. Mahwah, NJ: Erlbaum, 2002.
② 访谈时间：2013年8月29日，11月17日。

须自己去寻找、解读一些符号来告诉自己是正常人,这种诠释方法在他很早的时候就已经掌握。人们通常可以通过一些明显不同于主流文化的人种特征与文化符号而将少数种族裔轻易地从主流人群中区分出来,但同性恋者看到的文化符号与其他人完全一样,从学校、家庭到电影、电视剧,人们看到所有对同性恋的态度都是负面的,但卡龙知道事实不是这样,他更加想要知道为什么人们都这样看待同性恋,从而致力于研究如何重新诠释(re-interpret)周围的文化符号。在他的半自传式的著作《父亲与我:玛莱区与酷儿共同体》(*My Father and I: The Marais and the Queerness of Community*)当中,卡龙试图解释,为什么灾难会成为一个社区共同体形成的基础。他将个体的记忆、城市的历史、文献与批判理论分析相结合,从作为同性恋的自己与父亲之间"灾难性"的关系出发,讲述了玛莱区的同性恋者和犹太人如何在面对艾滋病和大屠杀这样针对各自群体的浩劫时"抱团取暖",形成一个新的特殊的同性恋-犹太人共同体的经历。"犹太人的记忆……在同性恋酒吧里复苏了。"[1]

这种经验使卡龙认为边缘是权力互动的结果,而非权力互动的原因。边缘化实际上是权力运作的不平等所产生的效果。因此,他更愿意用"少数化(mineralization)"或"边缘化(marginalization)"这个词,它意味着某些人被赋予占据特定社会空间——或是相信他们已经占据了一定社会空间的过程,这个社会空间与权力机构分离。同时,"边缘化"这个词强调一种动态的过程而非静态的状态,卡龙认为,"边缘人"不是一种身份(identity),而是一种身份界定(identification),一种不固定的、动态的过程。这个过程通过"非我"来界定人的身份,它不会指明这些边缘人"是谁",但它会指明这些边缘人"不是谁",以此来实现对边缘人的排斥。在卡龙看来,所有的经验都是建构出来的,并被不断协商,所有的事实都是政治、历史、社会等各种力量运作的结果,社会的分类与个体的经验建构是同时产生的。边缘人经验也是被建构的,但它是真实的。"对边缘人而言,他们的边缘化不是因为他们自己是谁,而是因为他们被认为是谁",换句话说,这种个体的边缘人"身

---

[1] Caron, David, *My Father and I: The Marais and the Queerness of Community*. Ithaca: Cornell University Press, 2009, p.8.

份"、经验必然是一个不停转让协商、探寻与自己一样被排斥者之间相处关系以及与掌握排斥权力的人之间相处关系的遥遥无期的漫长过程。这种协商绝不是恒定的，权力对边缘人身份的再现以及边缘人与权力机构之间的协商，很可能让他人对边缘人群体会产生更多的误解和误读，由权力机构呈现的同性恋文化让"人们认为同性恋都是非常帅，非常时尚的，但事实上，大部分同性恋都和其他所有人一样在普通工厂工作，所以当你真正和同性恋打交道了之后你反而更会觉得你不喜欢他们，因为他们一点也不时髦，他们只是工厂打工族而已"。在这种情况下，现实生活中的同性恋个体更明显地被排除出去了。

基于对现实当中社会经验建构过程的了解，卡龙认为边缘人经验与学者研究之间的联系非常重要，其中一个很重要的原因是这些学者的研究学科本身是处于一种沉寂化的效应之中，处于学科的边缘，甚至在几个世纪里都不为人所知。而还有一些研究，例如早期同性恋研究，学者可能是从医学、心理学或是纯粹社会学视角来理解同性恋，"这和人们去理解一头大象一样。"所以跨界生存的边缘人学者研究这些边缘学科绝不仅仅是让其发声，更是因为主流文化的学者往往不能意识到其中潜在的排斥性权力因素。这些边缘人学者不仅希望能重新恢复（边缘）文化中将那些被人遗忘、从没有被研究过的领域，更希望将边缘文化的边缘化建构当中的权力运作模式揭示出来。另外，属于权力文化中的弱势成员，在与具有类似的边缘人经验的学者打交道时会更有亲近感，也更利于研究的客观展开。卡龙认为，来自主流文化的学者在研究边缘人群时会不自觉地带入主流文化的窥视欲和参照性，"在任何一种知识运作的过程当中都必然存在权力的运作，如果想要了解某种知识，作为研究主体的学者必须将自己置身于客体之外，假使一个异性恋者想要对同性恋进行研究，他必须与同性恋群体保持距离，如果他急于想要进入同性恋群体，他的这种（窥视）'欲'本身就是一种权力阻碍，而自己就是同性恋的研究者，他不会有这种来自中心权力的窥探欲，从而更能与他的研究客体保持距离。同时作为研究客体，他们是被社会权力所排斥的人，他们也会更保护自我来避免与排斥权力的施加者发生联系"。生长在非洲，长期在美国学习、工作的科尼利厄斯·普拉特（Cornelius B. Pratt）与卡龙持有相类似的观点，他认为边缘人处于新社会的边界（fringe）又不想完全忘记他们的传统，从而处于两种文化的交汇点，他们一般位于底层阶级，但可以通过接受教育、获得经济资本与文化资本而改变自己的阶级属性。在普拉特看来，造成边缘化的两个主要维度包括社会—文化排斥和结构—经济排斥，判断一个人的边缘属性要从不同的维度入手，在这个维度里具有边缘身份的个体到了另一个维度中则并不一定仍是边缘人。

同样跨界生存的印度裔学者拉玛斯瓦米·哈林德耐斯（Ramaswami Haridranath）[①]在印度的村庄成长，在英国求学，现在在澳大利亚任教，他体验到的是双重边缘化："一方面是在印度内部，我不能和那些居住在国家城市中心的人一样拥有同样的设备条件与机会，同时在全球范围里，在更宽泛的多样而多重意义上，无论是经济资本、社会资本还是文化资本的配置，居住在发展中国家的人与居住在发达国家里的人之间的关系也是不对等的。"这些经验从两个方面影响了他的工作：首先，他开始对种族身份与离散犹太人和多元文化主义（multiculturalism）之间的关系，以及对来自或关注难民群体和寻求政治庇护者的经验调查培养出了持久的研究兴趣，特别是对"庶民（subaltern）"的研究，致力于研究如何"让庶民发声"；其次，他开始持续地尝试挑战欧洲—美国在概念及理论上的霸权，这些概念和理论并不利于我们去理解亚洲、非洲和拉丁美洲人群的经历。哈林德耐斯通过对庶民的艺术再现的研究，试图让庶民真正为自己发声。他认为庶民的艺术作品"不可避免地存在政治权力的再现，也就是'再现的政治（politics of representation）'"，通过再现庶民艺术家的个人经历和艺术成果，以及方法论的改造，让研究者与庶民们一起工作生活，了解他们每天关心的主要问题是什么，使研究对象成为研究者的合作者，哈林德耐斯认为研究者可以让庶民为自己发声。

"'庶民'这个词抓住了边缘化的核心特质，他们是被拒绝发声、无法让人听到他们声音的人。在经济、社会和文化上都处于贫瘠状态，生存在边缘地带。边缘人对自己的身份认识不仅取决于'我认为我是谁'，而且还取决于'我认为外界认为我是谁'。因此，身份的概念是与主体间性

---

① 访谈时间：2013年10月22日，11月13日。

(intersubjunctive)这个词相互依赖的。如果我持续地被边缘化,我认为其他人持续认为我是边缘的,那么我就真的被越来越边缘化。"哈林德耐斯的这个观点与卡龙不谋而合。他还指出另外一种边缘人的存在,这种边缘身份与他们的"在地性(location)"有关,与前面所说的无法发声的庶民不同的是,这些边缘人可以发声,但问题在于没有人听见他们说了什么。这是因为他们与符号资源(symbolic resources)的接近性非常有限,这是造成他们边缘化的另一个原因。他们之所以被边缘化,是因为他们无法获取符号资源,他们发声的所在地持续地将他们边缘化了。这也是再现的政治的另外一方面,也即再现的在地性,这与符号资源的接近性有关。例如在对印度的生活服务类电视节目进行研究时,哈林德耐斯发现,这些节目当中从来没有出现过庶民的形象。

鉴于庶民符号资源的欠缺,哈林德耐斯认为,有边缘人经验的学者研究资料都源自他们从所属的庶民共同体里获得的经验知识,这些知识为他们的学术研究增加了新的维度,而这些维度往往是其他没有被边缘化经验的学者研究所缺失的。大部分边缘人学者都会给他们的跨文化研究成果带入有关边缘化的自反性(self-reflexive)理解,一方面这些学者会将自己置身于局外人视角,时刻提醒他们不要忘了自己来自哪里,另一方面他们会意识到作为非白人群体成员,访谈者与访谈对象之间潜在的互动关联,从而将自己的边缘人经验既当作研究的对象,又将其付诸于跨文化实践。这一点在爱德华·C. 斯图尔特(Edward C. Stuart)身上体现得非常明显。生长在巴西,后来移居到美国的斯图尔特混合了法国、瑞士和巴西血统,他和他的几个哥哥一起参加了第二次世界大战的欧洲战场的战斗,战争对斯图尔特造成了严重的战后创伤,以致他经常在夜半的噩梦中惊醒,以为自己还在德国的战壕里鏖战。这些个人经历让他对人类个体如何感知、储存和再回忆痛苦与恐惧产生了深深的痴迷,也影响了他几乎整个后半生的跨文化研究。斯图尔特从实验心理学和神经生理学研究入手,希望能够通过对人的大脑知觉活动进行分析,来尝试找出形成个体文化认知的内部更为复杂的因素。作为一个混血儿,斯图尔特具有非常新颖的多元文化视角。他的研究方式往往是透过一个"局外人"的复杂棱镜来观察文化动力的,这正是用实验心理学来研究跨文化传播的与众不同之处。通过实验心理学研究，斯图尔特提出了跨文化培训"参照文化（Contrast Culture）"的概念，并从20世纪60年代起一直在美国的"和平队"[①]中担任跨文化传播培训指导。他认为，要想实现对异文化的充分了解，需要经历对本文化有所认知——对比本文化与异文化即参照文化，并进行角色扮演——真正理解异文化过程。这其中，潜在的认知作用必不可少。

3. 在边缘人之中的生活经验

这里的"在边缘人之中"有两重含义，这些学者可能一直生活在某一特定的边缘群体当中，也有可能即使已经生活在异文化群体当中多年，但在心理上仍然强烈认同自己的边缘人身份。这些在边缘人之中的学者，尤其是后者，往往对于主流文化的权力主导地位有着非常强烈的批判意识，对边缘群体受到的压迫感知也更为尖锐。这一类学者是"在边缘人之中"的人，他们的归属感与被压迫感并存。杰克逊（Ronald Jackson）[②]说："作为一个非洲裔美国人，我从出生起就带有边缘身份，尽管现在的美国总统就是一名非洲裔美国人。我的整个一生都在被边缘化或是被不断地作为边缘人来对待。而且无论我获得何种文凭，有何种权力地位，这种边缘化仍然一直存在，因为它不是只针对个人的。这是一种群体分类。我的种族或文化已经被分类了，就像是印度的低种姓阶层一样，它被分类在边缘一类，或是不如白人那样重要或能立刻受到尊敬。"这对杰克逊的跨文化研究产生了直接而即刻的影响。他只写作边缘人的边缘化身份认同，尤其是对边缘人所遭受到的性别、种族、文化等系统性群体排斥、虐待和权利剥夺等经历。

"如果我没有这种被边缘化的经历，那么我可能不会去写这些东西。"这些经历使得杰克逊有非常明晰的边缘人概念，即"边缘人"一般是指那些不在中心的人，例如他们的身份、行为以及世界观并不被视为符合社会规范，而是这种社会规范的越轨。而且他对边缘人的描述更为具体："他们也许和其他人一样聪明、友善、有创造力、有魅力、有竞争力，但却不被与其他人一样对待。他们受到社会上主流人群的虐待，包括给他们贴标签，以及在社会现实中

[①] 和平队（Peace Corps），1961年3月由美国总统肯尼迪下令成立，任务是前往发展中国家执行美国的"援助计划"。

[②] 访谈时间：2013年8月28日。

将他们放置于边缘位置，或边缘化。正如一张纸也有边缘，边缘化的人被推到社会的外围，并且他们受到的对待就好像只有纸张中心的东西才是重要的。那些占据中心的人立刻享有特权，引人注目，极为重要并受人尊重。而这些占据边缘地位的人并非如此。这种'中心'和'边缘'的标签是一种社会归属，并且只有能够真正地占领其他区域的特定群体才能够逃脱这种标签。"他认为，和自己一样认同自己的边缘人身份的学者往往具备这一文化群体的透视力，他们会去阐释当人们觉得自己被边缘化的情况时发生了什么。但实际上，他们往往会抗拒这种被边缘化的感觉，因为他们更愿意被当作普通人或是当作社会中心来对待，希望他们的话语能够使边缘化群体成员的生活有所变化。边缘人经验无疑使跨文化传播学者敏锐地观察到了跨文化传播信息流当中潜在的不平等与可能的霸权主义，转而从处于当时社会边缘地位的社会行动者的视角出发，来研究跨文化传播中的不平等现象，以及如何消除这种不平等。为跨文化传播研究带来批判性视角。

阿桑特（Molefi Kete Asante）成长于乔治亚州的一个内部紧密团结的非洲裔美国人社群，从小便历经了美国社会对黑人种族的隔离与排斥，他的青少年时期又适逢美国黑人民权运动蓬勃开展之际，对以欧美为中心的文化中心主义观念的弊端有切身体验，进而在批判的基础上提出了非洲中心论的思想。阿桑特的非洲中心主义观点致力于考察文化对话语修辞的影响。他批判了性别传播和跨种族传播中"统一规范的决定性作用"，认为这些规范限制了跨性别和跨种族研究。① 后来他又在其他著作中补充到，这些规范和习俗反映了市场经济及全球制度化进程中的欧洲中心霸权，而抑制了非洲的知识实践。阿桑特的研究回应了美国多民族对国内种族主义和种族隔离的抗争，以及国际上对帝国主义和更高级的殖民主义的反抗，帮助启发不同人种反抗压迫的知识和政治斗争。② 而作为一个菲律宾原住民和一名女性学者，亚松森 - 朗德（Nobleza C.

---

① Smith, A. L. (aka Asante, M. K.) *Transracial Communication*. Englewood Cliffs, NJ: Prentice-Hall, 1993, p.v. 转引自 Reynaldo Anderson. Molefl Kete Asante: The Afrocentric Idea and the Cultural Turn in Intercultural Communication Studies. *International Journal of Intercultural Relations*, 36 (2012), pp. 760 - 769.

② Anderson Reynaldo, Asante Molefl Kete, The Afrocentric Idea and the Cultural Turn in Intercultural Communication Studies. *International Journal of Intercultural Relations*, 36 (2012), pp. 760 - 769.

Asunción-Lande）对墨西哥裔美国女性话语做了大量具有说服力的研究。亚松森－朗德从语言学视角入手，用"主位"与"客位"视角来从事跨文化研究，同时更敏锐地观察到文化之间潜在的竞争关系。她展现出了一种从文化研究者的一般化与泛化的视角看待文化的理论观（客位观 etic），同时又呈现一种以从特定文化中的个体自身出发来看待其文化的独特历史观、价值观、世界观的文化视角（主位观 emic）。客位观能够帮助研究者快速地发现在相似文化事件中的不同之处，而主位观则能够引导研究者去理解文化或语言建构的方式。

与上述这些学者相反的一个对照学者是加拿大的约翰·贝瑞（John Berry）[①]，他将"边缘人"分为三个层次：边缘状态（marginal situation）、边缘群体（marginal group）和边缘心理（marginal psychology），"这三个层次之间差异明显，不是所有的边缘状态会必然产生边缘群体，而每个从属于边缘群体的个体也不必然在心理上视自己为边缘人"。生活在加拿大一个法语村庄里的贝瑞一家是当地唯一的英语家庭，但在加拿大，英语人群占据绝对多数。"所以作为一个法语省份里说英语的人，我知道加拿大有更多的人说英语，因此并不认为自己是边缘人。所以这再一次证实了，一个生活在边缘群体中，处于边缘状态中的个体并不必然在心理层面上视自己为边缘人。因为他可能非常清楚地了解自己的身份。"而谈到如何平等地实现跨文化交流时，贝瑞也和上述学者不同，他将责任推给了少数群体，他认为边缘人能够通过改变和重新界定他们的文化身份和文化遗产来避免心理上的被边缘化，这也是一种文化适应策略。人们既可以通过同化（assimilation）自己，也可以通过隔离自己来试图摆脱边缘化地位。通过重新界定自己文化遗产使自己完全认同父辈们的文化来达到与他人隔离的目的。从贝瑞与其他学者的相左意见可以看出是否具有边缘人经验对跨文化传播学者的学术立场、研究角度都有非常大的影响。缺乏边缘人经验的主流文化学者，可能会在研究时流露出主流文化的优越感，希望他者能够适应自己的主流文化。而这种优越感恰恰是具有边缘人经验的跨文化传播学者所极力批判的。

[①] 访谈时间：2013年11月17日。

四 结论与讨论：边缘人经验的限度

显然，上述边缘人经验表现出对跨文化传播研究的共同影响。第一，有边缘人经验的学者表现出共同的亲边缘人的"情感结构"，进而对主流文化建构的不平等更为敏感。第二，他们先从第一手经验谈起，然后再加上他们的其他发现。有时他们会去阐释当人们觉得自己被边缘化时发生了什么，但如果研究者自己不具备这一文化群体的透视力，他就不能正确地从个人角度理解这是如何发生的、为什么会发生，这种阐释也将有失偏颇。也就是说，他们的研究资料都源自从观察、体验边缘人的生活与生存状态中获得的经验知识，这些知识为他们的学术研究增加了新的维度，而这些维度往往是其他没有边缘人经验的学者所缺失的。第三，他们对改善边缘人的社会地位有更多的政治建议和社会行动建议。他们并不是中立的社会科学家，而是会将他们的研究应用于政治、经济以及可以改善边缘人状况的非政府组织中去。第四，吊诡的是，研究者往往会抗拒这种被边缘化的感觉，因为他们更愿意被当做普通人来对待或是当做社会中心来对待，否则他们就是被虐待了。所以，对他们来说，这是一种研究上的自反设置（self-reflexive set），它能帮助他们卸下或是努力克服他们自己的边缘人经验，同时也能够教育其他人对此进行研究。

当我们翻阅那些选择他文化中心视角，对跨文化传播中潜在的霸权主义或权力不平等进行批判与诠释的作品时，我们会发现一个现象：在批判美国或欧洲中心主义研究路径的缺陷的同时，这些学者有时会陷入另一种褊狭之中，即他们可能过于猛烈地强调采用边缘文化视角，而忽视了他者文化的价值，陷入另一种文化的中心主义与偏见当中。站在"中心"看边缘人的学者对此有明显的察觉，克里斯琴斯这样谈及此问题：

> 的确，边缘人经验作为跨文化学者的一种特质确实常常会导致褊狭。我并没有确切的科学数据来指明这种褊狭是如何产生的，但它确实存在。所有的边缘人群体都包含着性别差异，有时包含宗教差异、阶级差异、教育差异和收入差异。研究者可能会因为他们本身的性别或宗教或阶级属性

而在议题的选择和呈现上存在偏见。而且有时他们的研究本身质量欠佳，并充满合理的争议，因为这些研究要展现边缘人经验，但实际上并没有做到。

但是，寻求跨界生存和"在边缘人之中"的学者对此予以否认。Haridranath 表现出对边缘人经验的强烈认同，其理由是"通过分享自己的庶民经验和研究经验中显露出来的洞察力，学者们能够产生富有成效的对话以及学者之间的共同理解"。卡龙的观点是，"如果你认为被少数化的群体为他们的权利而斗争，与那些一开始就排斥他们的人一样存在褊狭之过，那么这种观念是具有欺骗性的。当我们在处理社会不平等问题时，双方在道德上不是相等的"。

边缘人经验是多元的，但还是产生了一些相似的研究的关注焦点，相同的、共享的语言，包括一些特定概念以及文化对话的承诺，似乎形成了某种非正式诠释共同体。但差异是客观存在的，具有边缘人经验的学者大致可以简化为两种，一种是在边缘人之中，另一种是在边缘人之外观察边缘人，很明显，前者的研究往往偏重于自身的异文化视角，文化冲突感更为明显，要么对美欧文化中心主义提出猛烈批判，要么对造成主流文化与自己所属的边缘文化差异的深层原因寻求解释，而后者的研究更加关注文化冲突议题，试图解决或缓解文化冲突，更积极地从事跨文化传播实践。

比较而言，那些"在边缘人之中"的学者中大部分接受的是语言学训练，他们的研究切入点也大多从语言与非语言、修辞学等视角展开。他们的母语不是英语，而特定的语言又是特定的文化作用下的产物，反映的是这个文化的内在和深层的隐含意义，这让这些学者几乎天然地具备对语言差异与文化冲突的学术敏感。语言学研究往往具有一种"自内向外"的特质，也即从语言、非语言行为、修辞、语义等用来表达文化内涵的言辞证据出发，来探讨其所反映出的文化特质。而那些本身来自主流文化，后来才长期接触边缘文化，从而积累了边缘人经验的学者，他们大部分接受的都是心理学与文化人类学训练，这两大学科的研究逻辑几乎都是从外在行为入手，进而提供解释，得出结论。相对而言，这些学者的跨文化传播研究具有一种"自外向内"的延伸路径。这种策略包含更进一步地固化刻板印象的危险。从现实的研究来看，将跨文化传播学的思考仅仅作为获得特定文化"翻译"的一种手段，以此来跨越"文化"之间所谓的区别是有问题的，因为这样一种策略不仅忽视了对边缘化模式以及不平等的思考，更严重的是，这导致将文化和文化差异仅仅视为国家的、种族或民族层面上的固定术语，而不是将其视为一种持续变化中的可变实体，这种实体当中包含了多元政治和差异性。

不可否认，边缘人经验对跨文化传播研究非常重要，如果没有对边缘人经验的讨论可能就没有我们现在所知的跨文化传播研究。这种重要性在适者生存就是一切的资本主义非道德体系情境下尤为真实，因为总有人踩着其他人的脑袋登上社会的顶端，而被踢下去的人就在这种经济体制当中落入底层。但是，边缘人经验的运用也是充满危险的，它可能导致中心与边缘的二元对立，忽略多样性和多元关系，也可能导致边缘人身份的固化，使刻板印象更加突出。这些都是有待去克服的问题。

此文发表于 2013 年跨文化传播国际会议，刊载于《新闻与传播研究》2014 年第 6 期，第二作者为刘欣雅。

学术访谈

传播学的现实关怀与思维方法：马特拉访谈录

2003年10~12月，笔者和王志杰老师分两次访问了法国著名传播学家马特拉（Armand Mattelart）教授。在近5个小时的谈话中，这位即将从巴黎第八大学退休的学者向我们展现了一个丰富的学术世界。经过我们的整理以及马特拉先生的确认，形成了以下访谈记录。

王志杰：马特拉先生，我们是来自中国武汉大学的新闻传播学者，对于我们来说，法国乃至整个欧洲的传播学都是新鲜的，因此，我们试图通过各种各样的学术交流来理解法国以及欧洲的传播学，这其中包括对您的访问。我们注意到，从20世纪60年代至今，您发表了学术专著43部，不少论著被译成其他语言。作为法国批判学派的代表人物，您的思想在法国，以及欧洲和世界传播学界都产生了重要影响。现在，您的《世界传播》（中译本名为《世界传播与文化霸权》）已被译成中文，《传播理论史》[①]也将在近期被译成中文。可以说，您很快就会名扬中国传播学界。您将怎样让中国学者认识您呢？能否从学术的角度介绍一下您自己呢？

马特拉：非常高兴认识你们，也很愿意跟你们谈谈我自己的学术经历。我是比利时人，在我上大学的时候，比利时大学还没有传播学专业，法国大学的新闻传播专业也是20世纪70年代才创办的。当时我先在比利时卢万大学研修法律，然后到巴黎索尔邦大学学习了人口学。1962年我到了南美智利的首都圣地亚哥，在一所天主教大学任客座教授，同时研究人口社会学问题。我在天

[①] 此书乃马特拉与米歇尔·马特拉合著，中译本名为《传播学简史》，2008年由中国人民大学出版社出版，孙五三翻译。

主教学校任教不是因为信仰天主教，而是因为当时只有教会学校才聘用外国教师。起初，我们研究智利的人口政策问题。当时，智利的妇女解放问题比较突出，于是我和我夫人米歇尔便着重研究妇女问题，以贫民妇女为主要研究对象，旨在了解为什么妇女问题会集中出现在贫民妇女之中以及她们与社会变革的关系，随后由此转入对国家社会经济类型学问题的研究。

我对传播学的研究是在此后才开始的，第一本书（《智利妇女问题研究》，与夫人米歇尔合著）于1967年问世，主要涉及的是政治与文化的问题。确切地说，是关于美国帝国主义政治对文化的侵入问题。当时，在智利发生了这样一些重大事件：在私立大学就读的学生大多是出生于资产阶级家庭的青年精英，他们喜欢思考，具有反抗精神，要求参与对大学的管理，进行教育改革。而当时智利最重要的《信使报》（1827年创办）却极力反对这些学生，说他们是共产党、马克思主义者，说他们想闹革命。我所在的大学就是这样一所私立学校。学校让我们对报纸的有关文章进行研究，于是我们开始对报纸的内容进行分析，涉及的主题除以上问题以外，还有妇女问题、同性恋问题、儿童问题。我们采用的研究方法是当时很流行的语义结构分析法，这个阶段的研究主要还是分析批判式的。

20世纪70年代后，社会上开始关注新闻自由问题，如何看待反叛媒体问题，怎样管理电视、广播和出版社问题，以及如何创办其他传播媒体问题，等等。我们的研究也不再只是单纯的内容分析批判了。从1970年底到1973年秋，我们对大众文化问题进行了研究。通过对妇女杂志进行各个专题的研究，我们发现大众文化可以成为一种变革的动力或阻力。当社会变革结构与大众利益相违背时，大众文化会站出来成为一种政治力量，比如利用动画片迪士尼乐园反对暴君阿连德就是一个很好的说明。当时大众文化的各个因素都动员起来，显示出空前的民主。正是在这种背景下我们开始了对传播和媒体国际化问题的研究。具体主要涉及国际媒体对智利社会变革过程的反应与传播对策。

在智利政变后，也就是1973年我回到了法国。头两年，我为一部关于智利的电影（即《螺旋》）做导演，在这部反映智利社会发展的资料影片中着重提到了媒体的重要作用。后来，我便在巴黎七大和八大任教。我在巴黎七大视听系讲授传播理论课程，这一课程一直延续至今，当然其中增加了一些关于传播系统国际化方面的内容。当时在法国大学已经开始有新闻传播学教学了。1976年我的专著《跨国公司与传播体系》得以出版，这本书已于1979年被译成英文。在撰写这本书期间我遇到了不少困难，因为其中涉及许多当时难以被人接受的资料与信息，人们对国际化毫无概念，因此很难就此进行关于国际化的分析。因为当时还很难设想什么是国际化。直到20世纪70年代末法国已不是世界强国中心时，人们才开始明白国际化的重要意义。这一点反映了法国教育的封闭性。在布尔迪厄（Boijrdieu）和阿尔都塞（Althijsser）早期的著作中，我们也可以看到教育问题始终是问题的中心。20世纪80年代后人们才开始注意到媒介和国际化问题。这里涉及文化问题，因为法国长期是以法国文化为中心。在世界范围内发生的传播系统（电讯、媒体等）的更新化打破了这一成式。正如马克思所言："资产阶级是一种革命力量，因为它打破了现有的格局。"接着他又补充道："不过资产阶级无法把这一革命进行到底，因为其他阵营也在利用这一革命的成果，其力量也在参加这一革命。"全球化现实亦如此，传播系统的新秩序打破了成规，系统在发展，这一发展也许能促进传播研究，只是也许。

单波：看来，您是在强烈的政治关怀下从事传播学研究的？

马特拉：可以这么说。当我成为一个政治家，一个地地道道的政治家，一个对社会承担责任的政治家时，我开始对传播研究产生兴趣。因为我面对在南北问题中帝国主义的意识形态，我必须对社会负责，而不仅仅是对某个党派负责。

单波：从某种意义上讲，西方的传播学研究源于政治权利的张扬，源于现代政治制度，而且其发展过程有一条政治逻辑的线条。我们注意到，您的传播学研究也贯通着这样的逻辑。那么，您是怎样总结自我传播观念的发展过程的？

马特拉：我个人认为应该把我的学术研究分成两大时期：第一个时期，我把它称为智利时期，这个时期为20世纪60年代到1983年。在这个时期里，我主要关注两方面的问题：分析多国媒体权力的结构体系，探寻传播研究的主导构图。在南北问题当前、信息传播出现新秩序时，许多学者都会关注这样的问题。第二个时期应该是从1984—1985年开始的。当时，我和另一位学者共同为法国研究科技部（Ministère de la Recherche et de la Technologie）撰写了一份关于法国研究现状的报告。通过撰写这个报告，我开始思考这样一个问题：什么是权力？以前，我们只是从文化帝国主义这一概念出发，北欧不少学者都在研究这一问题；后来我意识到其中还缺一层因素，我们在马克思主义里找到了，那就是中介因素，换个词，即知识分子这层因素，以及知识分子与人民关系等因素。由此，我发现许多学者把权力绘制成金字塔，而不是网络。不过，福柯（Foucqult）和德塞尔多（De Serteau）不仅提出权力问题，同时也注意到学科网络这一层面。事实上，权力这东西并没有中心，而是四处蔓延。社会监控技术也无处不在，如媒体、超市、交通等。媒介的权力使传者占据主导地位。我们还记得德塞尔多曾经把消费者称为受控者，其实这些受控者可以随意地在所谓控制者之间周旋。基于这一点，我和米歇尔共同撰写了《思考媒介》这一专著。在这部专著中，我们看到一个新的模式正在形成，它不仅呈旋转阶梯上升式、等级权力式，分为基层结构、上层结构，同时还呈流线式，流入网络世界。这里值得注意的是，这一流线式网络型模式不同于传统的机械僵硬式。一方面，它能使我们对社会问题，如民主问题、媒介系统问题等进行深入的思考；另一方面，它会产生一种模糊概念，即权力分散化的模糊概念，其实这种分散化可以导致中心的加强，中心权力的加强。我认为《思考媒介》是我自己最满意的学术研究成果，也是最为重要的一本书。它探讨了一些其他学者正在研究的问题，其中包括当今人们感兴趣的受众人种研究问题，算是填补一个空白吧。

在此之后，我主要对全球传播新系统问题进行了一些思考。《世界传播》一书首先在智利出版，1992年在法国再版。在此书中我试图探讨人们如何从根本上过渡到全球资本主义这一新阶段，地理经济力量如何施展，文化因素又如何抗争（其中包括文化融入、文化干预等）。从这本书里，我开始试着远距离审视问题，开始对历史产生兴趣。比如关于全球化问题其实由来已久，在《传播的发明》《全球乌托邦史》等书中，我着意试图说明，这个全球资本主义新阶段其实从欧洲人征服美洲时就已经开始。而后逐步发展至今，所以全球化不是未来的问题，而是历史问题。我试图从历史的角度找到传播概念的形成过程，传播的形成即是在现代西方社会中的理想交流。实际上，关于交流理论在 18 世纪启蒙时期就早有论述。几个世纪以来，这种兄弟般的交流理论屏幕后掩盖了与其他人民的隶属关系和方式。而传播是一种创造，传播理念是西方现代化的一种创造，我这样说不是否认其他文化的创造。反过来说，现代西方是建立在传播理念上的，道路的修建、媒介的发展等都带来了西方的现代化。这是我写《传播的发明》的主导思想。

王志杰：我们同意您的这个见解，传播植根于西方现代性的实践。相应地，传播理念是西方现代化的一种创造，这种理念不同于东方的道德传播理念。也许，探讨东西方文明的差异，可以从传播和传播理念的发展过程来说明。

单波：不仅东西方的传播理念是有差异的，其实世界上不同的国家、民族和文化区域都有着传播理念上的差异，即使是西方也不存在统一的传播理念，特别是欧洲与北美就存在传播理念的差异。

马特拉：是这样的。欧洲批判学派产生于 20 世纪 60 年代初期，与美国社会功能学派相对立。比如，莫兰夫人（EdgarMorin 之妻 Violette Morin）关于内容分析的研究便应用了罗兰·巴尔特（Roland Barthes）的方法。她认为，在文本之后还隐藏着思想，由一系列表层论据导出的思想；而美国社会功能学派则不同，仅仅只关注概念、词义、观念等。在某种意义上说，欧洲批判学派是对美国社会功能学派的一种决裂。

以威廉斯和霍尔为代表的英国文化研究学派是对美国社会功能学派的一种反叛，意大利社会学家、著名作家安拜尔多·爱格（Umberto Eco）则是另一种形式的反叛。美国社会功能学派过于注重表面的东西，比如用词、结构等，而忽略深层的观念、思想等更重要的东西以及与其相关的领域。而这些学派则更注重"潜在的内容"，即有待重新建立的结构和内容。这也就是所谓"结构主义"的含义。换句话说，这种重新建立的结构形式可以使人们看到传者所说或想说之外的东西。的确，在 20 世纪 60 年代，欧洲是有过一阵子对美国社会学派的批判。不过，这种联系逐渐消失了。我想，最明显的证明就是在法国很少有关于美国社会功能学派的评介，可以说几乎就没有。

在法国，媒介是一个包含有各种影响其运转变量的元素。在媒介发展史尤其是科技发展史中，我们可以明显地看到这一点。美国也有历史学派，他们的研究对象只是电视、广播。而在法国，人们也研究这些，可是更多的人总会观照一些历史背景。比如，在回顾传播的各种发明时，如果仅仅只介绍道路、电视到计算机网络等这些发明，就会让人觉得不解其来龙去脉，因为它们是在不同的发展阶段产生的，但是却有着密切的联系，从其组织结构到社会结构，等等。封闭的媒介学者无法理解这些。所以不少欧洲媒介历史学家无法正确理解福柯的论著，他们不明白福柯为什么不直接就事论事。其实这是一种新史学观，文化史学观，是将媒介置于文化中加以考察的文化学方法。我发现，一个时期以来，不少欧洲和其他地区学者都在继承批判学派的这些遗产。尤其是20世纪80年代以来，亚洲、拉丁美洲以及各地的学者都在试图将这一文化学方法运用到自己的国家现实中去。网络全球化和普及化大大便利了这一新方法学的推广。

单波：这在很大程度上是方法论的差异，但要明白欧美传播学研究方法分歧的实质，还得去追问这样一个问题：是什么样的观念导引着他们研究传播现象的方法？我们看到，在北美，社会进步的信念使学者着迷于媒介在社会变迁过程中的潜力，认为媒介影响社会变迁的过程是可以预测和控制的。同时，他们以一套多元论（Pluralism）的社会假设，视权力的运作是某一个人直接影响于另一个人的行为，个人的决策过程也是可以预测和控制的。因此，确定选择行为或市场行为是主要内容，并由此确立研究问题的目标是预测和控制，思考问题的方法是：在这个主题（如人物、事件、现象等）中，有没有可测量的趋势？如果有，是什么？进一步看，其思考逻辑是市场逻辑或经济逻辑，其动力是追求媒介运作的最大利润。因此，如何争取消费者就成为最重要的问题，而任何干扰自由市场竞争的要求（如规范节目内容、保持节目的平衡、禁止跨地域媒体经营等）均被视为违反自然，同时还强调媒介产品的同质性以减少生产成本。

相反，从事文化批判研究的学者认为，社会权力的发挥，并不在于某人影响某人的单一层面，意识形态所造成的"潜移默化"的影响，才是更深层次的因素。另外，文化工业批判者构筑了当代民主政治的核心概念——"公共领域"（public sphere），即针对公共事物，在法律制度保护下，公民得以自主而理性地互动及辩论，而大众传播的商业化和舆论技术的出现限制了甚至从根本上改变了公共领域的性质和特征，使其从理性-批判论争的场所逐渐蜕变为一个文化消费领域，公共性原则也被转化为管理化的统一原则。结果是公众变成一种被管理的资源，他们被从公共讨论和决策过程中排除出去了，而一些利益集团的政治主张则被合法化了。在这种观念的引领下，他们很自然地把社会文化研究转向意义的理解和诠释，对社会冲突予以高度关注，尤其关心社会冲突中体现出来的支配——被支配的关系。由此，他们的思考方法是：一方面，媒介内容是多义的，要以动态的方式去发现外部世界、事件对人的价值和意义；另一方面，知识是通过批判而产生的，要从价值分析和判断中去寻求人类社会的解放和变革。其问题集中于：是什么造成了研究主题中的"霸权"（Hegemony）？那种霸权的价值观应不应该改变？应如何改变？其思考逻辑是文化教育的逻辑，讲求言论自由、美的品质、公共利益的考虑、观念整合、保护少数族群和青少年，重视文化认同与区域自主的保护，认为媒介在文化层面上应是多元而富有地方特色的，在告知和教育民众成为民主政治的一员方面，又极具文化上的重要意义。

当然，这些看法依然是十分抽象的。您能否让我们具体感知一下法国传播学研究的基本特点是什么？

马特拉：20 世纪 70 年代末以来，差不多就是在法国建立传播学科的同时，随着工业文化和高科技网络的发展，也兴起了对传播经济政策方面的研究。此外，法国曾经有这样一个传统，那就是对语言与文本这些文化现象的关注和众多研究。后来，人们又继承发扬了这一传统，不过与六七十年代结构主义时代已大有不同。人们不再注重引用权威作品或人物的语句进行分析，而是采用了一种叫"符号实用"（smio pragmatique）的新方法，就是在研究中更多地用日常普通语言作为对象进行分析。第三个特点是地地道道的法国特点，那就是对高科技社会应用的研究，这一热潮开始于 20 世纪 80 年代。当时，法国的电子工业发展突飞猛进，其中包括以"迷你网站"（Mini2tel）为代表的双向高科技工业计划的实施。于是，一系列关于"迷你网站"及其社会应用的研究如雨后春笋般地涌现，直到当今发展为对因特网的社会应用研究。与英格兰—撒克逊国家相比，这的确可以算是法国的专利。因为在英格兰—撒克逊国家里，人们主要关注的是信息本身，而在法国，则主要是技术。此外，他们还关注受众社会学研究，而忽略信息的反馈，这样一来，对于信息接收的分析研究就会大大落后。第四个特点，就是正在开始的另一个领域，即关于历史、技术文化史、传播方式演进史。最后一个潮流，就是如同在世界范围内兴起的新潮：对组织传播的研究。这里牵涉到组织模式的探寻这个认识论问题。这一潮流正在不断发展，此外，还包括有不同类型组织模式联盟后的跨文化管理问题。

单波：那么，法国传播学家对传播技术的研究与麦克卢汉有什么不同？

马特拉：两者开展于不同的时代。法国传播学家在20世纪80年代展开对传播技术的研究，关注的是用户研究以及有关的技术应用研究，而麦克卢汉是在60年代展开传播技术研究的，探究的是媒介的性质、本质及功能。法国传播学家并不反对麦克卢汉，而是以肯定为主；同时，法国传播学家对传播技术的研究与麦克卢汉并不矛盾，而是发展。

王志杰：在您看来，英国传播学的文化研究学派与法国、德国的传播学批判研究各有什么特点？

马特拉：德国批判学派主要是以阿多诺（Adorno）和霍克海默（Horkheimer）为代表的法兰克福学派。奥尔克迈尔从哲学的角度出发，依据文化工业化的现实提出关于真正文化，即所谓高文化的生成问题。这一思考很有意义，不过对法国没有产生什么影响，法国是工业化国家中最后一个评介引进霍克海默"文化工业"概念的国家。从这里我们也可以看到，各国间的交流实在太少。英国的文化学派是典型的大不列颠派。20世纪90年代时移植到美国。这一学派主要都是借鉴法国学者如萨特（Sarthess）、阿尔都塞（Althusser）等人的观点，没有什么发展，只能算是一种思想引进。我在想为什么法国很少评介美国的文化研究学派，很少有人了解它。法国的文化学者更多的是从书史、人类学等学科出发研究问题，而且英国也有人专门研究文化。这些可能都是原因。这一学派目前正在以其受众人种学研究打入法国，法国人对此非常敏感。在法国，文化主题常常更受其他学科青睐，而且也比较零碎。了解一下美国文化研究学派的观点也许多少有些意义。于是，霍卡力（R. Hoqari）的《贫民文化》被译成法文。此外，还有霍尔（E. Hall）等人的论著也在法国得以引进。

单波：在我看来，两方传播学在总体上是顺着自由的逻辑而发展的。这种逻辑又进一步分为政治的逻辑、市场的逻辑或经济的逻辑、文化教育的逻辑。所谓政治的逻辑，是指围绕媒介、政府和受众三者间的权利与义务关系展开传播理论表述，思维目标指向传播自由及其法律保护、国家文化认同、媒介体制与媒介政策等问题。所谓市场的逻辑或经济的逻辑，就是围绕如何争取消费者、建立自由的媒介市场展开传播理论表述，追求在绝对的自由市场中进行传播，实现其最大媒介效果。所谓文化教育的逻辑，就是着重于文化、意义和社会权力的批判性考察。如前所述，它讲求言论自由、美的品质、公共利益的考虑、观念整合、保护少数族群和青少年，重视文化认同与区域自主的保护，认为媒介在文化层面上应是多元而富有地方特色的，在告知和教育民众成为民主、政治的一员方面，又极具文化上的重要意义。这些逻辑相互对立又相互激荡，在不断拓展学术空间的同时又指向新闻与大众传播理论的终极性问题：传播何以不自由？传播如何自由？那么，从您的角度看，21世纪传播学的发展方向是什么？

马特拉：多学科性可以说是第一趋势。信息传播学处在多学科十字路口，许多学科都围绕同样的研究课题和对象。不同的是，各个学科从各自的学科出发，用各自的方法来解释这些现象。这里学科的影响力会起重要的作用。第二个趋势是跨文化性。多文化只会丰富这种多学科的内涵，否则这种多学科就会显得单一，只是西方现代模式的多学科。这一点很重要，它使人们不得不重新思考一些问题。比如，对于信息传播学的研究领域的重新认识问题，还有关于组织传播的语义理解问题。对此，我们只是从职业这个狭小的角度去理解，须知当今世界的组织形式会有多复杂。有人认为理论只不过是人们有意人为地提出问题，然后加以解答罢了，唯理论而理论。其实，理论至关重要，是一个基本问题，可以将问题深入化，继而找出答案。

王志杰：这种多学科性和多文化性会使传播学失去自身的特性吗？

马特拉：如果不能积极面对这种挑战，不是没有可能。因为现在各个学科（历史、地理、人类学等）都和传播学分享着同样的对象和研究课题。这是一个大问题。就是自然科学也在向传播学挑战，比如生物学的群体共生理论就正在触及传播学。学者们将提出问题，讨论问题，继而试图解决问题。这也许就是21世纪对我们的挑战吧。比如跨文化问题，各学科（如管理、商贸、广告、公关、人类学、经济学、哲学等）都在研究，将使其成为一个大问题。当然，我们应该找到传播学的特性，我想应该有，可是往往每当找出后又推翻。

单波：人类在传播技术上的每次进步，都是迈向自由的一步。但是，为什么人类的传播总是不自由？传播怎么样才能自由？

马特拉：应该说绝对的自由是不存在的。因为各种势力关系总是存在，而且愈演愈烈。传播可以是自由的同义词，不过需要争取。这一理想总是掩盖了隶属关系。现在越来越多的人懂得民主的确立必须以主权为前提。高新科技曾经是传播理想的新形式，可是很快又带来了新的安全危机，限制了自由，出现了新问题，成为探讨的对象。"9·11"事件后，网络安全问题、安全文化问题又不得不重新审视。现在有很多法规，比如美国的《公民法》，可以使权力机构进入公民的网区，查对个人资料，以反对和防止恐怖运动。这在20世纪90年代网络刚刚兴起时是不可想象的。总之，自由问题是一个长久的问题，涉及世界每个角落、每个事件。

王志杰：谈到自由问题，我们不得不思考这样的问题：如何认识媒介的公共占有与私人占有？怎样认识欧洲公共广播电视制度的危机？

马特拉：是的，越来越多的公共媒体逐渐走向私有化，法国电视一台也已私有化，但是很难被全面替代。在公共媒体里一般都会有视听监督部门，比如法国高级视听委员会（CSA），制定有关法规，控制内容的范围，对色情节目做出限制等，现在又有一些新的调解措施对媒体进行管理。这些只能依据每个国家的具体情况来看。我想应该推广媒体公有，这是一个观念问题，因为它不仅涉及自由，还涉及其他信息技术问题。因此，在世界传播联盟（Union internationable de la communication）里，这个问题成了人们经常讨论的议题。传播文化领域，比如媒介、教育、卫生、环境等，应该逐渐远离自由市场。如果在这些领域实行市场化，那么就难以加以控制，难以发挥其应有的作用。因为这些领域本身就是公共领域，像水的问题一样，这是一些不能商业化的领域。关于"公共"的思想一直都是争论的主题，欧美观点不一致。美国主张将个人资料放入资料库以防恐怖主义，与我们的看法完全不同。欧洲颁布了有关条例，规定不能将个人资料放入资料库；而美国一些电影里却正在建立这样一些资料库，方便查询并储存个人资料以反对恐怖主义，这是欧洲极力反对的事。美国走得太远，"9·11"事件以后，他们要求欧洲也像他们一样，通过资料库反对恐怖运动。因为这里涉及保护公共领域的问题。

的确，在法国有高级视听委员会，在其他国家也有其他机构。在公、私有制竞争中，这些机构不利于公有媒体。这个问题已成为世界性问题，而不只是地区性问题。我想如果任其发展，一切会自我调节的。当然这里有一个前提，那就是民众参与选择。如果只是由政府选择，那就太专制。学者应该让政府明白这一点，这是我们的任务。世界各国都应该如此。

单波、王志杰： 在欧洲一体化进程中，媒介发挥着怎样的作用？

马特拉： 一体化从大广告公司、大电视公司建立时期就开始了。但是尽管如此，各国总会在此基础上做相应的调整。比如，欧盟台既有英语版、土耳其语版，也有葡萄牙语版、西班牙语版等，很有意思，有一体化，就有分化。而且其他因素也会参与，比如伊拉克战争时期，还有阿拉伯语版，这和20世纪90年代海湾战争时完全不一样。由于分化差异总是存在，所以很难说有完整的一体化。

单波： 在重建国际新闻传播新秩序方面，我们主要要做哪些工作？

马特拉： 我想从我所处的角度来回答这个问题比较容易。比如我是教师、学者，我想我的任务是尽量使人们理解当今世界的复杂性。我认为，当前民众对世界的了解都是片面的。世界在急剧向前发展，民众很难明白其中的关联。但是这一点很重要。因为，在这些看起来分割的现象后有一些不同社会的不同设想和不同民主思想。当今学者不断在提出问题、思考问题，从自己与社会的联系角度审视问题。学者们应该参与交流、参与讨论。在关于信息社会世界高级会谈中，有政府代表团，有民众代表团，我想也应该逐步建立研究教育中心网，促进发展。

王志杰： 最近，以您为首在法国建立的法国媒体监察会（Observatoire français des médias）引起了广泛的关注。你们监察会的宗旨是什么？有什么规划打算？您认为前景如何？

马特拉： 我们建立的这个监察会是一个松散的民间机构，由学者、媒体专业人员和消费者等组成，才刚刚建立不久（2002年10月筹建，2003年9月正式开始运行），就已经有几十个成员了。还有不少人也都很感兴趣。这个组织的建立旨在使这个社会多一种声音，对媒介进行监督评议，同时帮助民众正确地、有意识地接收信息。我们将建立一个网站，让大家在网上交流、讨论、评议、研究。同时，还想出版有关的刊物，广泛散发。我对这个机构很有信心，相信能办好。

单波、王志杰：谢谢您接受我们的访问。

此文原载《现代传播》2004年第3期。

学术访谈

跨文化传播的现实问题及其解决之道
——温迪·利兹-赫尔维茨教授访谈录

温迪·利兹-赫尔维茨（Wendy Leeds-Hurwitz）女士是国际知名的跨文化传播学者，现任美国华盛顿特区传播协会理事会跨文化对话中心的主任，美国威斯康星-帕克塞德大学（University of Wisconsin-Parkside）传播学的荣誉退休教授，曾被聘为联合国教科文组织的专家顾问，主要从事语言与社会互动、民族志传播学、跨文化传播等领域的研究，出版《日常生活的交流：一种社会学诠释》（1989年）、《符号学与交流：信号、代码与文化》（1993年）、《作为文本的婚礼：通过仪式来进行的文化身份交流》（2002年）等代表作。2012年3月27日，温迪教授接受了我的访谈，形成一次坦诚的学术对话。以下是对话的节选。

一 跨文化传播的难题与可能性

单波：非常高兴您能接受我的邀请做客武汉大学。你的美国同行约翰·彼得斯（John Peters）曾在《交流的无奈》（Speaking into the Air）一书中说，在人类传播发展的历程中，我们先后发明了语言文字、心灵感应、传心术、电磁波等，直至今日的网络技术，人类总是想建构一个很庞大的交流与沟通的空间，可我们常常会产生像诗人艾略特在《荒原》（Wasteland）中所讲的困惑："我有嘴说不出，有眼看不见，我非生非死，昏昏然不知万物"，生活在这样一种荒谬的境地之中。让人沮丧的是，传播技术越发展，我们好像越处在一个交流匮乏的境地。人类于是总有着这样的一个疑问："我还能交流吗"？

温迪：我认为在爱德华·霍尔的作品中可以找到答案，这是在你进行媒介辅助互动（mediated interaction）时会发生的状况。如果言说者的互动是通过媒介来进行的，我想他们会丢失许多可以帮助他们理解对方意图的部分，如空间关系、副语言、触摸、气味、味道等。所以，如果双方能面对面交流，交流的方式会更具多样性。借由媒介而展开的传播，能使你同远方的人们进行交流，但它同时也会造成大量信息的丢失。在这种互动形式中，言说者真正想传达的意义不仅是在文字中，而且所有通过媒介进行传播活动的人，都认为意思就在文字之中，因为这种形式全都与文字传输有关。因此回到爱德华·霍尔所讲的，要把文字放在一个更大的情境之中去理解，如非言语行为、文化假设（cultural assumption）等，但如果通过媒介来进行互动，这些部分就会丢失。

单波：也就是说我们只有面对面的交流，才有交流的可能性？

温迪：对，它是一种完整的交流形式。通过媒介来进行互动会丢失许多与情境有关的信息，如模糊性（ambiguity）、互文性等，它会使这个互动变得不完整。对我来说，只有面对面交流才是完整的交流形式，因为只有它呈现完整的情境。当然，并不是每次面对面交流、每次跨文化传播都具有完整的形式，因为你总是会丢失掉一部分与情境相关的、有助于理解的信息。我在法国的一些经历也令我感到震惊，我去过四次一所法国的大学，但是我仍会漏掉许多与政治有关的情境，我今天早上收到一封邮件说"这些东西可以帮你解决（之前提出的）问题"，信是用英文写的，我和发信人也很熟，当时的情境我也了解，他觉得我能看懂这些信息，但是我一头雾水，完全无法理解他想说什么，也并没有解决我当时提出的疑问。对我来说这个信息非常不完整，因为我没有那些有助于理解这个情境的跨文化知识。

单波：也许我们的交流永远没有完美的形式，也许我们的面对面交流也永远没有完美的形式，所以，人类就会产生"我还能够交流吗？"这样的焦虑感。约翰·彼得斯曾说过，我们不应该问"我能够交流吗？"而是应该问"我们能够相互爱护、公正的、宽厚的彼此相待吗？"我觉得他把跨文化交流的问题变成了一个道德问题，这种建构在道德之上的跨文化交流也是不可靠的。您是怎样认为的呢？

温迪：我认同约翰·彼得斯的观点，曾有人提出过这样的建议：每条信息都传达着两个含义，第一，我们是在相互交流的；第二，我们一直在尝试着交流，我们仍在交流，即使交流的形式永远不会是完整的或完美的。这种明知交流不会完美却仍会去尝试的精神，就是属于道德层面的问题。

二 如何解决"我们"与"他们"的二元对立？

单波：跨文化传播心理研究实验证明，我们人类根深蒂固地存在着"我们"与"他们"的二元对立。如果这个心灵障碍得不到解除，我们的交流总是受到权力支配关系而难以迈开步伐，难以张开自己的嘴巴，难以去面对面。

温迪：我想您讨论的这个问题正是马丁·布伯（Martin Buber）提出的"我"与"你"（I and Thou）的观点。马丁·布伯是一位非常有名的哲学家，他非常简洁地提出了这样的观点：你永远都只能了解你自己，也就是"我"，以及那些与你有着极其相似的历史背景的人的想法，而"你（thou）"则是世界上的所有其他人，而交流的目的就在于将属于"你"的那部分人群纳入属于"我"的这部分中来，以此来了解其实其他人也有着相同的交流的目的、交流的诉求、和交流的想法，从而将他们视为完整的人。因为一旦人们不能够很好地完全理解他人，人们就容易产生恶意，容易导致战争和杀戮，容易对他人形成刻板印象，容易将自己与他人区隔开来。哲学家认为，交流的目的一直都是将属于外群体的他人纳入内群体中来。

单波：在这一点上，我们又可以引用斯图尔特·霍尔的观点，他认为"我们"与"他们"的二元对立常常显现在我们的话语之中。也就是说，我们在表征意义的时候，总是从定型化、差异化这个角度来表征意义的。比如，我们要表征黑的意义，一定要对照着"白"来说，我们要表征一个黑人的特点，就一定要对照白人的特点，我们要说明一个同性恋的特点，就一定要对照一个异性恋的特点，我们要说明一个基督教信徒的特点，可能就需要对照一个伊斯兰教徒或者天主教徒的特点。其中隐含的悖论是，差异是意义的根本，但对差异的感知又极具危险性，可以形成各种消极的情感，使得我们的对话难以持续下去。

温迪：您的说法毫无疑问是可以得到证实的。我记得我很早的时候曾学到过一个观点，我不记得是谁提出来的。这个观点说的是当人们在考虑二元对立时往往忽视了对立的双方也有相互交叉的地方，比如人们在谈论"黑"和"白"时，往往忘记了中间还有个灰，强调"我"和"你"，却忘记了"我们"。因此，在一切相互对立的两端都有个中间地带将它们联系起来。

单波：您的这番话让我想到您在讲座中用到的一个概念——"模糊性（ambiguity）"策略，即通过利用符号的多义性（polysemy）来传达多重意义。那么这个"模糊性"策略是不是就是您所说的灰色地带呢？

温迪：我以前从未这样想过，当我写下"模糊性"这个词时，我并没有将它与二元对立中的中间地带联系起来，但您的这种说法也确实很合理。

单波：您的"模糊性"这个概念对我的启发很大，人不可能完全理解对方，那么有一定的理解而又不完全的理解也是解决冲突的一个路径，但这是不是会造成我们的理解永远都是一知半解的？

温迪：一知半解并不是模糊性策略造成的，模糊性策略只不过是反映了不完全理解永远存在这一事实。

三　文化多元主义的利与弊

单波：但在我所看到的文献中，很多人在反思这种文化多元主义所带来的文化分离乃至隔离现象。这是不是说明文化多元主义还是有它的一些缺陷的存在？比如说文化多元主义可能强调了文化群体的主体性，而忽略了文化间性（interculturality），也就是如何形成文化间的互惠性理解，提高每一个个体超越自身和与其他文化互动的能力，建构一个完整的文化自我意识？这方面可能是文化多元主义所缺失的。

温迪：我想我们应当回到马丁·布伯提出的"我"与"你"的观点，这一观点探讨了人们如何在我者与他者之间划分明显的界限，以及人们试图跨越这一障碍而努力。戴尔·海默斯告诉我，在关于美国的各个族群如何命名的这一方面，如果问起这些族群的名字，他们给自己起的名字永远都是"自己人"（The People），并且将"自己人"这个词用他们特有的语言表达出来。而一旦被问及邻镇或邻街或邻村的群体叫什么名字时，这些族群就只会将他们视为陌生的"那些东西"，而不是"人"。因此每个族群都认为只有自己的成员才是真正完整的"人"，至于其他族群都是无关紧要的。在哥伦布到达美洲大陆时，北美曾有2500多种不同的语言和文化群体，而现在绝大多数语言都消失了，可能只剩下100多种语言，而且很多文化也都消失了。海默斯认为，在民族中心主义（ethnocentric）观点中有些东西在本质上是不人道的。民族中心主义就是说每个族群都认为自己是唯一合理的，自己做事的方式不仅是正确的，而且是唯一的。因此，民族中心主义偏见认为，我做事的方式是唯一正确的。而现在在美国对于这种观点也有很多争论，很明显，没有任何一种文化能在告诉自己文化成员自己的处事方式是唯一正确的情况下生存下来，因为这样一来这种文化就简单地排斥了其他做事的方法，其他群体做事的方式。

单波：文化多元主义在各个不同的族群不同的文化共存，以及少数群体权利的满足上可以说是非常好的政策，也是不同文化生存很好的环境。但是这种我们认为很好的东西它本身可能存在内在的紧张关系。比如说我们倡导尊重与珍视种族文化身份，就意味着将人们划分为界限分明的不同群体，而这就可能在多数群体和少数群体之间形成紧张感，甚至是偏见与冲突。我总结了一下，要补充多元文化主义的不足我们需要启用"文化间性"这个概念，就是从文化间性出发，可以对峙文化多元主义差异所引发的社会偏见，消解多元文化主义的政治危机。不知道您是否有更好的建议？

温迪：文化间性是倡导我们用文化相对主义而非文化中心主义的一个词汇。它让我们认识到我们不仅要关注自己的文化，同时也要关注其他的文化，我觉得这是个非常好的建议。

单波：那么文化多样性会与哪些"权力"有关？谁可能从这种文化多元主义的统一中得到好处呢？

温迪：那些有丰富跨文化经验的人，更容易找到使多元文化统一的方式。事实上，一个有着不同文化身份认同背景的人，会更擅长于管理不同的群体与不同的身份认同，但这和刻意制造一个身份认同是两码事。对于我们来说，作为一个有着多元文化的国家，我们认为文化多元主义是好的。我想，如果文化多元主义消失了，没有任何人能从中得到半点好处。也许在政治层面上，如果没有文化多元主义，人们的生活会变得简单些，但在社会层面上，文化多元主义会使人们的生活更加多姿多彩。

单波：为什么保持一个国家的多元主义常常成了一种伪善的政治策略，即让大多数边缘化的人继续保持边缘化，而那些少数有特权者得以保持他们对经济、社会和文化权力的控制？

温迪：是有可能的，但是我们通常不是这么想的，我们认为文化多元主义是有益的，并且能创造出更多的可能性，我们并没有支持或反对文化多元主义的政策，我们也不期望其他人去做这个事。我们认为，文化多元主义越多，那些不同的群体可因此获得自己的权利。所以，文化多元主义不是伪善的，文化多元主义是好的，因为它给予了人们更多的可能性。当我们谈论文化多元主义时，我们谈论更多的是赋予不同文化以表达的权利，而孤立边缘人恰恰是与文化多元主义背道而驰。因此我认为我们并不会以这种方式去思考文化多元主义。

单波：那么您认为资本主义世界体系，如全球经济一体化、市场化经济，会使全球文化最终走向单一文化吗？

温迪：在某种程度上，可能会有这样的倾向，例如，在中国的麦当劳与肯德基和在美国的不同，但我不认为它们会完全成功，这些生产商品并销售商品的公司不是为了征服世界，同样我不认为麦当劳或肯德基有政治企图，他们只是为了赚钱。我不赞同资本主义的目的就是要征服全世界这样的观点，我也不认为市场经济会征服全世界，只是可能市场经济的逐利性会导致一些负面因素，但这并不表明它要征服世界。

单波：那么您对资本主义系统将文化多元主义当做消费品来看待有什么理解？

温迪：可能会有这样的现象存在，人们会向游客销售他们自己的传统物品，如衣服，但不同文化间的贸易已经有着悠久历史，至今仍未导致单一文化，我认为以后也不会。但将文化多元主义当作消费品来销售不是一个好现象。每一个文化都是一个整体，它是由多种元素组合而成的，需要其中各元素相互关联，这样文化才能正常运作，如果有人破坏了一个文化的整体性，只强调其中的单一元素或单一文化，文化可能会停止运作。

单波：是否存在有人在利用文化的独特性来获利？

温迪：是有可能的，就像新西兰的原住民毛利人，他们会向游客销售毛利人的传统玉雕，赚来的钱都是归毛利人所有，这也没导致文化的单一性，没有导致文化多元主义的消亡。像这样的商业行为反而增强和彰显了他们的文化。商业行为为下一代的毛利人提供了工作岗位和收入，以便他们刚好保存自己的文化。我觉得这是一个很好的"反面例子"来证明资本主义或市场经济没有导致单一文化。

单波： 您对"多元文化统一于由意识形态构造的权利支配关系体系"这句话有什么看法？

温迪： 我认为，文化多元主义本身没有必要去寻求支配的权利，文化多元主义没有必要是意识形态的一部分。文化多元主义是一个事实，它不是意识形态的一部分。若非要说文化多元主义是意识形态的一部分，那我觉得世界上的所有事情都是属于意识形态的范畴。只要有不同的群体存在，让他们拥有平等的地位会十分困难，因为他们的群体大小不同、强弱不同、目标不同，但这并不意味着文化多元主义本身会导致权力支配。

单波： 由于有着意识形态霸权的存在，您认为跨文化传播还有可能吗？

温迪： 我不认为会出现单一文化或意识形态霸权这样的现象，就算出现，它也不会稳定，所以我认为跨文化交流是可能的。虽然意识形态的霸权可能会阻止跨文化交流，但是要在全球来推行这样的意识形态是不可能的。因为，单一文化是不稳定的，多元性是普遍存在的，因为每个人是不同的，当一个人在某一群体中待的时间比在其他群体中的时间长，他们会开始产生自己的传统，自己的词汇。

单波： 感谢您如此认真、坦诚地接受我的访谈。

此文刊载于《中国社会科学报》2012 年 5 月 23 日，由研究生刘欣雅整理。

跨文化时代的新闻道德推理：
克利福德·克里斯琴斯访谈录

克利福德·克里斯琴斯（Clifford·G. Christians）教授是国际知名的媒介伦理学学者，曾任伊利诺伊大学厄巴纳—香槟分校传播研究所所长。其代表作包括与威廉里·弗斯（William Rivers）和韦伯·施拉姆（Wilbur Schramm）合著的《大众传播的责任》（*Responsibility in Mass Communicaitons*，1980），与金·罗佐（Kim Rotzoll）和马克·法克勒（Mark Fackler）合著的《媒介伦理学：案例和道德推理》（*Media Ethics: Cases and Moral Reasoning*），与约翰·费雷（John Ferre）和马克·法克勒合著的《好新闻：社会道德和新闻》（*Good News: Social Ethics and the Press*，1994）等。2012 年 6 月 2 日，克里斯琴斯教授接受了我的访谈，形成了以下对话。

一　新闻伦理如何成为问题？

单波：非常高兴您能做客武汉大学，来同我们分享您的学术观点。作为一个中国学者，我今天想与您探讨的话题是：如何进行跨文化时代的新闻道德推理？试图通过这一次谈话，让我个人及中国学界能够完整地理解您的思想。

克里斯琴斯：感谢您的热情接待。在跨文化时代，来自不同地域的学者对如何进行新闻道德推理都是非常感兴趣的。有这样一个结论，媒介创造了全球化时代，媒介对我们的政治、经济、文化、语言、公民社会等方面都造成了影响，所以就有了这样一个问题：在这种情况下，我们该如何互相帮助，来进行媒介道德推理呢？我本人对此问题也是十分感兴趣的。

单波：在历史与现实的层面，新闻伦理如何成为问题？据我了解，新闻伦理作为一个问题的出现大约在 1888 年，《纽约太阳报》的主编查尔斯·达纳（Charles A. Dana）"偶然想到"的八条原则。我认为"新闻伦理成为问题"的实质是如何把新闻从谋生的职业（trade，craft）提升为专业（profession），您觉得这样的理解是否合理？

克里斯琴斯：您的理解是正确的。从历史上来看，媒介伦理不是源于哲学领域，而是来自新闻的实践。当时新闻界的一些领军人物看到，法学和医学界由于有着伦理规则的存在，发展成一个有地位的专业，所以他们觉得新闻界也应当制定一些关于新闻的伦理，从而把新闻从一个谋生的行业提升为一个专业。新闻教育也从中受到的启发，因为我们需要受过良好教育的记者，新闻记者不应是像手工作坊中师傅带徒弟那样带出来的，而应当将其作为一个专业，去接受正规的教育。

单波：因此，我们是否能说新闻道德是美国新闻发展的一个基点，是整个新闻业、新闻教育发展的基石？

克里斯琴斯：可以这样理解，美国新闻是经历过一个发展的过程，然后才成为一个专业。在发展的过程中存在着两种趋势，一种是非主流趋势，有少数记者和编辑，他们不太关注新闻是否能成为一个专业和它的地位问题，他们关注的是，在做新闻的过程中存在着许多不足与问题，他们想去解决这些问题，这也是有些人向那些道德高尚的记者去寻求伦理帮助的动机。另一种是属于主流新闻人的趋势，觉得需要提升他们的地位，把新闻变成一个专业，因此他们学习和借鉴了医学和法学的做法，来发展新闻伦理。

单波：那么，对于现有的新闻道德焦点议题，我们是否可以将其归纳为五个方面：新闻自由、报道真相（truth-telling）、社会正义、毋伤害（the principle of nonmaleficence）与媒介效益。但是，媒介效益又会与前四个方面形成悖论，它强调的是，"报纸是一种私人企业，社会既没有给他任何特权，它对社会也不负任何义务。因此，它不受社会利益的影响。报纸很显然是其业主的财产，报纸业是自负盈亏地出售其产品的"。在这种情况下，新闻界更多的是按照新闻价值的规则来进行新闻生产，而很难执行前面四个方面的要求。您是怎样看待这种矛盾的？

克里斯琴斯：当有核心价值存在时，首先公共事业，如传播事业、新闻事业自己要先认可这些核心价值，然后这些核心价值必须得到公众认可，这也是他们获得认可的唯一途径。若一个职业想要成为一个专业，同样是需要公众的接受与认可的。在认可的过程中存在着一个与公众协商的过程。新闻要成为一个专业，也需经历这样一个过程，例如，新闻道德核心价值中的新闻自由、报道真相、毋伤害、社会正义等原则在经过与受众的协商后，会得到公众接受与认可。

我同样也认为第五个价值是存在矛盾的，但是，新闻业作为一个行业，首先要生存下去，它有生存的权利，所以当我们提出媒介效益这一价值时，作为公众来说是会接受的。那么这个问题就变成了媒介效益指的是什么？你要追求多大的利益？你是否需要控制它？获得利益会不会太多？在美国的一些行业，其获得的利益是不能超过一定比例的，也就是说，要有一些规则去控制利益的膨胀。

二 波特方格与中国新闻道德事件推理

单波：我注意到您在《媒介伦理学》一书中的案例与伦理道德推理部分引入了波特方格（potter box）的推论，进而形成了所有案例分析的论证基础。在这里，我想给您提供一个中国例子，在汶川地震时期，一个女教师为了照顾自己的学生而来不及寻找自己的女儿，第二天天亮她跑去寻找时，却发现孩子埋在废墟下，早已没了气息。随后媒体不断对此事进行报道，将其作为好人好事的典型，但这件事经媒体曝光后，给这位女教师带来了巨大的精神压力，因为这种无私到不顾自己的孩子的行为在一般人眼中是难以理解的，同时，一遍遍地在媒体面前复述放弃救自己的孩子，女教师是心痛的，最终，这位老师疯了。这时人们开始怀疑起记者与媒体的道德。那么，按照波特的这个理论，您将会怎样对这个中国例子进行推理呢？

克里斯琴斯：下面，我们把这个案例用波特方格来分析一下。第一步是定义事实，虽然我们没能完全了解这个案例的详情，但其基本情况我们现在是了解的。第二步是分析其价值，此案例涉及了三个价值，分别是作为老师的社会价值、作为母亲的价值以及新闻价值。这三种价值是存在相互间的冲突的。波特方格让我们认识到，在做道德推理时，伦理不仅仅是对价值的阐明（values clarification）。大家会因不同的价值观而争论不休，媒体会说，我们的职责就是发现有价值的新闻事件，然后对其进行报道，至于老师是不是疯了，不是我们的责任。所以，在各种价值观冲突、矛盾的情况下，我们就需要进入第三步,让"原则"来告诉我们应该怎么做。一般说来,有五个基本原则可以帮助我们进行判断,其中最著名的就是密尔(John Stuart Mill)的功利主义原则,即获得最大的利益、最小的伤害。在民主社会中,我们的记者都是奉行功利主义原则的,他们需要去吸引受众,所以他们认为,我的职责就是在最小伤害范围内,听到我声音的受众越多越好。在刚才的案例中,大部分记者肯定会觉得发布这篇报道会对这位教师造成更大的伤害,但如果我们仅仅只是让她感到尴尬,这样做所带来的伤害就小多了,而且也服务了公众,之后公众还会去反思,其实当老师是不容易的,我们应当同情我们的老师。但就我而言,我不太接受这种功利主义的原则,这个原则有着许多明显的缺陷,它是结果导向的,强调新闻报道要符合大多数人的利益。在五个原则中,我支持的是罗尔斯(John Rawls)的"无知之幕"(Veil of ignorance)所显现的正义原则,该原则强调的少数人的权利,与密尔的功利主义原则是相对立的。只有把所有人都带到无知之幕的后面,还原最初的状态,才能够考虑到少数人的权益。就刚才那个案例而言,若用此原则来推理,我们需把所有人都推到无知之幕的后面,这个时候没人能分辨出来谁是教师、孩子、记者或是其他身份的人。当你不知道这些信息时,就会去保护那个最脆弱的、受苦的那个人。只有这样的推理,才会优先考虑到最脆弱的人群。在分析这个案例时,可能有些人还是会说,我就是支持功利主义的,但我个人认为,当权力不平等的时候,当有承受最大痛苦的人存在时,应当像罗尔斯那样考虑,去捍卫这个女教师的权益、捍卫少数人的权益,这样的原则才会是最好的道德原则。

单波:关于罗尔斯的无知之幕理论,也存在着一些批评,有一种批评意见说道,罗尔斯的无知之幕纯粹是种想象,现实中是无法将人还原到原初的样态,因为人已经是社会化的人了。您会如何回应这种批评呢?

克里斯琴斯:这个批评是有道理的。无知之幕的理论是很抽象的,而且在现实生活中很难将人还原,虽然存在着这样的困难,但这个理论仍十分有益,它启发人们如何去换位思考,如何去带着怜悯心去推己及人。要有这种移情的能力,以最弱者的心态来想问题,并不是说非要还原到那样一个阶段。如在刚才的案例中,记者可能会说,我就是要遵从我的职业道德,言论自由是天经地义的东西,但罗尔斯告诉我们的是,要把自己当成那个教师,当你自己的孩子遇到那种状况时，你应当如何应对。我最喜欢这个原则的原因是，在权力不平等的情况下，行为对与错的标准应当是由最弱小、最痛苦、遭受最多困难的那一方来决定，我们要记得思考他们的权利是否得到优先的考虑。总的说来，我们在原则运用上都会有所偏向，如亚里士多德、孔子的美德原则，密尔的功利主义原则，康德和伊斯兰教的责任原则、罗尔斯的正义原则或是女性和某些宗教所考虑的兼爱原则。我认为，最好的原则就是能体现对最弱者关爱的原则。

三 "无知之幕"与文化间的伦理融合

单波：我认为在进行跨文化采访时，用罗尔斯的推论可以使交流顺利进行，我们不是把他者客体化，而是以这样的方式同他者进行交流：站在他者的角度来思考问题，寻找文化的真相，这样才能理解新闻事实。您是如何看待这一点的？

克里斯琴斯：我同意您的观点。在教学的过程中，我发现对跨文化研究和媒介传播感兴趣的人所面临的一个挑战是，如何找出那个适合弱势群体的伦理原则，并将其运用到跨文化的领域。许多记者都没有真正置身于另一个文化中，所以让其换位思考是比较困难的，但即便是存在着这些困难，我认为最好的原则仍是那些能体现对弱势群体关爱、优先考虑弱势群体权利的原则。这并不意味着在这五个原则中，我们就必须要选择罗尔斯的原则，而是要以此来应对当今跨国家、跨文化的全球化复杂环境。

单波：我非常欣赏这种做法，但在其中又会存在许多困难，若单纯以最弱势群体的伦理为伦理、以它的道德为道德，这种方式在现代社会如何成为可能？所以，我考虑到了这样一个问题，不同文化、伦理之间的协商关系，我们是否能通过协商来进行不同文化间的伦理融合，伦理融合是一个我们在跨文化传播领域经常谈论的概念，例如，中国人与美国人之间有不同的伦理、道德价值取向，中国人很重视群体、国家与家庭，有一种家国同构的价值取向，而美国人十分注重个人主义，所以个人主义道德可能在美国更为流行，就是那种注重个人权利、个人生存与发展的伦理价值取向，在这种伦理下，美国人更加注重个人权利的满足,如对信息传播权、知晓权的满足。中国的伦理价值取向注重的是一种群体信念的传播,如仁、义、礼、智、信。中美之间不能仅片面的比较谁的道德要更好一些、更高明一些、更有智慧一些,而是要将这些伦理价值进行融合,因为只有在融合这些伦理价值后,人与人的相处才可能变得更好一些,处境也会更好一点。您是否同意这样的看法?

克里斯琴斯:我十分认同您的观点,因为只有通过对话、协商才能真正地理解不同的文化与不同的伦理,以寻找真正的价值与认同。其实波特方格的第四步,已经在朝这个方向努力了,它讲的是我们忠诚于谁。在刚才的案例中,那个记者如果考虑的是公众的话,那他想的就是新闻价值,若考虑的是忠实于少数人的权利,那他就会站在弱势者的角度上去想,我的这篇报道会对她造成什么影响,我应当负哪些责任。若从女性主义的伦理视角来看,我们可以借用动机换位(motivational displacement)的概念,若采用此种方法,记者在报道前,应先从报道对象、从他者的动机去想,要做到这一点,记者就必须要和他们对话、协商,去倾听他们声音。波特方格的第四步讲的是我们要通过什么方法来弄清你服务与忠实的对象。所以,我们应该把少数人的权利作为核心,去站在他们的角度上去思考问题,这不仅对跨文化研究、教学是重要的,而且对于发展保障少数人的媒介伦理来说也是非常重要的。

于2006年成立的半岛英文台(AL Jazeera),现在在全球拥有几亿的观众,他们主要雇用的是来自世界不同国家的自由记者,半岛英文台总共只有300名员工,而中国的新华社却有6000名员工,半岛电视台认为只有在世界各地雇用自由记者,才能让观众们听到那些来自复杂世界最底层的草根之声,虽然半岛电视台的这个做法可能会有缺点,但我认为它对于我们跨文化研究有借鉴的意义,若中央电视台,在重大事件发生时,在全球范围内有这样一群自由记者,可能我们就能听到更多的跨文化之声。

单波:您对波特方格的第四步"忠诚"的推论,也给我了一些启发,我觉得我们可以想象出一个跨文化的波特方格,在事实定义的层面就开始了跨文化,不同文化的人对事实感知的偏向性是不一样的,可能他们先天就存在着一个价值取向。在价值层面上,他们存在着不同的价值取向,如在中美之间,两国有不同的价值取向，中国偏向于集体主义价值取向，美国偏向于个人主义的价值取向，即便在法国与美国之间，也会因为民主价值取向的不同，对民主理解的不同，而产生对客观事实的不同理解。所以，我们在事实层面、价值层面、原则层面和忠诚度层面，都应当有一个跨文化的考量，可使波特方格的伦理推论变得更加全面。

我还想到了一个问题，是关于"窃听门"事件的。新闻界不断重演此类事件，每发生一次都会反思一次，但反思之后仍会发生，这是不是与道德的乏力感有关呢？我认为这主要是和我们的这种功利主义道德观有很大的关系，功利主义道德主要是通过行为目的正当性，来论证行为的正当性。所以，只要这个行为的目的是正当的，比如，满足知情权、满足公共利益，无论我用何种手段去做这个事，都会是正当的。所以此类事件会不断地重演，您是如何看的呢？

克里斯琴斯：我基本同意您的观点，在默多克的帝国中，媒介技术发展，企业变得越来越大的情况下，大家关注的都是效率、工具、技术，此时方法与手段本身成为企业的关注焦点，并主导着整个企业的运营，而正义、伦理被边缘化了。就如马克斯·韦伯（Max Weber）所讲，当这些媒介帝国的科层制发展到一定程度后，每个单位就会变得越来越微小，从而导致对其最终目的，如追求伦理道德、公平正义、遵守诺言的忽视，像《世界新闻报》这种在经济方面特别成功的媒介帝国，他们的中心就是技术工具，就是想方设法去获取这些东西，他们的价值被这些手段所主导了，所以目的最终也被边缘化了。此类事件还会重复不断地发生。

四 新闻道德的冷漠及其跨文化治疗路径

单波：您的分析非常具有启发意义。让我们转向另外一个问题，即西方新闻道德的冷漠。首先，新闻道德推论的原则主要来源于功利主义目的论，也就是刚才我们所说的通过行为目的的正当性来论证行为的正当性。例如，当我们来论证隐形报道的正当性时，就会用一些欺骗的方式来获取新闻的正当性，如知情权、民主政治与公共利益，我们利用了许多的目的正当性来论证隐形报道的正当性,这些做法都是十分典型的。其次,新闻道德隐含着为媒介谋利益的内在逻辑性,特别是其核心价值的第五点"媒介效益",包括了客观性原则、中立原则,这些原则都隐含了在最大数量上去吸引和保持受众注意力的利益需求,在这些道德的背后都可以和媒介的利益需求相联系的。最后,新闻道德注重主体性话语下的现代性认同力量建构,并单向地向国际新闻界来推行这种西方价值观,在这种情况下,没有让不同的价值观在伦理道德上进行协商,这种协商性没有在新闻道德上显现出来。虽说1996年人们在伦理规范里增加了让无声者发言、让弱势群体发言、不对种族、性别、残疾、性取向和社会地位持有偏见等新条款,但其中还是缺少一种协商关系,所以从这三点出发,我认为现代新闻道德内含一种冷漠的特性。所以,若想要摆脱这种道德的困境,我们需要转向跨文化传播的层面,来考察、建构新的道德。您对此有何看法?

克里斯琴斯: 我十分赞同您的分析,尤其是关于新闻道德的冷漠的分析十分精辟,这也是为什么现在西方媒介伦理被全世界的记者忽视了,它不适应越来越复杂的国际环境与跨文化环境。我认为越来越多的记者也开始认识到,应当走向跨文化转向之路,越来越多的学者、记者开始认识到西方媒介伦理的问题,尤其是您提到的第三方面的表现,西方媒体不断地推行他们的价值观,我也有许多感受,如西方媒体不愿协商的态度,总是觉得自己做的是对的,因而去推行这样的东西。目前,我与我的学生、记者和学者也在讨论,我们认为西方的媒介伦理主要是为了抗拒政府的控制,尤其表现在言论自由与拒绝审查方面,而不是帮助我们逃离商业化的控制。我相信,在单教授所说这种观点的影响下,西方记者会意识到,负责任的媒介伦理应该是跨文化的、国际化的、能容纳不同视野的,而不仅仅是西方的。

我还想补充一下您刚才所说的新闻道德冷漠的第二个方面,也就是为媒介谋利益,您提到客观性是为了去吸引更多的受众,遵循客观性会导致商业优先权(business priority),在这一点上我表示赞同,但客观性一直是西方新闻界的基石,是最核心的理念,受到了广泛的认同,所以在这个问题上若想寻求解决方法是最困难的。虽然现在有人在分析这个问题时会认同您刚才所说的那三点对于当代全球新闻界是无法接受的,但若想西方新闻记者放弃客观性是非常难的，因为现在暂时还没找到代替的方法。

单波：说到客观性，我认为应当是超越客观性，而不是抛弃客观性。超越客观性就是要求我们从主体间性的角度来把客观性放置在对话性上面，我们的新闻报道是许多个记者对新闻媒体的报道，不是迅速地被某种导向左右、迅速地被某种单一原则所控制，而是形成不同的文本之间的对话性，由此来重建新闻客观性。

克里斯琴斯：我自己也做过这方面研究，叫作"解释的充分性"（interpretive sufficiency），就是说我们在进行解释性报道时，对这个事件需要提供足够的文化、历史等背景知识，这也是一种超越客观性的努力，虽然它所讲的没那么清晰、明确。我十分欣赏您的想法，特别是当我们同记者、学生谈论此问题时，我们不是去讲抛弃客观性，而是去发展客观性、超越客观性。

五 在跨文化语境下，如何成为一个负责的新闻道德主体？

单波：现在，我们无法回避一个问题：在跨文化语境下，如何成为一个负责的道德主体呢？在这个问题上，我非常认同美国学者约翰·马丁·费舍（John Martin Fischer）与马克·拉维扎（Mark Ravizza）的观点，他们说，我们的道德是以指导控制为基础的，指导控制包含两个基本方面，第一方面是导致行为的机制必须是由行为者自己产生，也就是自做主宰，这与中国哲学中所讨论的，所谓道德就是自由的支配自己，二者所谈的问题是一样的。第二个方面是说，道德行为必须是对理性的适度反应，不能是弱理性的，更不能是无理性的、被情感所牵制的、被情感所控制的，无论道德行为是被文化偏见所控制，还是被某种民族情感所控制，以上这些因素都可能使行为主体弱化或消逝，进而导致无法承担道德责任。一个人如果被某种东西所控制，被某种东西所诱导，那么他承担道德责任的能力基本上就丧失掉了，如果您同意这种见解的话，您认为成为道德主体的关键又在哪里呢？

克里斯琴斯：我认为，这需要一个框架性的理解，作为一个负责任的记者，要遵守的不仅仅是职业道德，更重要的是对一般道德（general morality）

的理解和遵守，也就是社会公德，我们需要对我们的社会负责。例如，在社会伦理中有一个重要的概念——信守承诺，信守承诺就属于一般道德，比方说一个记者跟他的消息来源说你告诉我这个消息我会替你保密的，但后来因为这个消息非常重要，具有轰动性，这个记者没能遵守承诺把它报道出来了，这个记者遵守了职业的伦理，但并没有遵守信守承诺的社会伦理。因此在此种情况下他不是一个负责任的道德主体。在美国，有一个公共新闻运动，它号召记者们在进行新闻报道时，要去感知公众的所思所想、从他们的角度去报道、同他们住在一起等，其中一个重要的原则是，在这种复杂的国际环境下要做一个负责任的道德主体、一个负责任的记者，就是要把一般道德看得比职业道德更加重要，要从公众的角度出发，顾及他们的权益。

单波：其实在英文里，责任（Responsibility）意味着有能力应对，它包含着两层意思，第一层是某种行为直接引发这样或那样的结果，当有人质疑这个事情不太好，是谁做的的时候，责任主体就应该站出来说："这是我做的，我对此负责。"第二层意思是当别人问我们为什么要采取这一行动时，我们要申述自己的理由。这是在主体性哲学视野内的责任主体所应该做的事情，但是在跨文化的情况下，我觉得还应做点调整，应当强调主体间性的这种责任观，即这是我做的，我有我做的理由，同时，我要充满责任感地去考察一个问题：我这样做的理由你们能理解吗，不同的文化是怎么来理解我这个理由的呢？除此之外，在应对这个问题的方面，我还能怎样进行改善，能否听取不同文化的意见，若能这样做的话，作为一个责任主体，他就能发挥更大的意义。您对此如何看待？

克里斯琴斯：我觉得您说得非常具有启发性，您在原先"自由而负责任"的这个观念上增加了互动、对话与倾听的元素。从而使你在跨文化报道中做出的评价对你自己也产生了重要的意义，这同样也是施行一般道德的方式之一。我们在做报道时应持这样的观念：你是怎样想的，我希望你来指导我、来帮助我理解什么是责任，这不仅是对记者的自我意识负责，还是对我的同伴负责，对我的伦理规范负责，因此您增加的第三个层面是非常有启发意义的。

单波：谢谢您如此耐心地接受我的访谈并解答我的问题。

克里斯琴斯：对我来说这是一次非常宝贵的经验，我们不仅对这些问题进行了解答，还对一些问题进行深入的思考、交换了意见，希望此次访谈能对新闻传播领域的发展作出一些贡献。

此文原载《中国社会科学报》2013年1月9日，发表时有所删节，现恢复原文，由研究生刘闵文整理。

第二部分
作为志业的新闻传播教育

反思新闻传播教育

如果把20世纪的大学教育比作一道风景，那新闻教育无疑处于这道风景的边缘，但这边缘的风景已与中心的风景——哲学、文学、史学、经济学、法学等的教育连成一片，成为现代大学教育不可分割的组成部分，再加上它本身所经历的曲折与发展，所形成的繁荣与隐忧，所引发的现代大学教育的特殊问题，都构成了人们不得不对其加以反思的理由。

反思所面对的终极性问题是：新闻教育为什么存在？或者说，新闻教育存在的合理性在哪里？以及新闻教育怎样存在？这实质上是针对新闻教育的历史与现实发展而发问，它直接把我们的思维带到整个20世纪新闻教育的发展过程之中。

当西方的大学教育从12世纪发展到19世纪末的时候，人们开始考虑把新闻学引入大学课堂。而此时步入现代化进程中的欧美大学教育，一方面继承着中世纪的学院传统，另一方面又体现着人文主义所提倡的自由平等精神，处于对工业化进程的伴随跟进状态，是社会分工、专业化生产以及民主政治导致对教育需求的增长[①]。由此，现代欧美大学教育强调自由博雅教育（liberal education），在知性层面上建构人文科学、社会科学、自然科学的关联性。在美国，《纽约论坛报》的怀特洛·里德（Whitelaw Reid）于1872年率先提出融应用新闻学与人文学科或文理学科（liberal arts）于一体的学院课程。应该说，他的建议顺应了新闻业发展的人才需要，也有利于通过学理探讨和人才培养把市场化运作40余年的美国新闻业引上现代化道路，然而，奇怪的是，反对的声音首先来自报界，一些人坚持认为，报馆是学习新闻报道的最佳去处，

[①] 章开沅、罗福惠：《比较中的审视：中国早期现代化研究》，浙江人民出版社，1993，第558页。

而且学习的最好方式就是师傅带徒弟的方式①。在一片争吵声中,有几所大学开始讲授有限的新闻学课程,如密苏里大学(1878年)、堪萨斯大学(1903年)、伊利诺大学(1904年)、华盛顿大学(1907年)等。到1915年,美国至少有15所大学开始讲授新闻学②。具有讽刺意味的是,报界巨头普利策(J. Pulitzer)于1892年带着捐款向哥伦比亚大学校长塞思·洛(Seth Low)提出建立新闻学院的请求,竟然遭到婉言回绝,其理由很简单,设立这样一所学院会损害哥伦比亚大学的学术声誉。10年后,当尼古拉斯·默里·巴特勒(Nicholas Murray Butler)任校长时,普利策再次提出这一请求,虽然引起了巴特勒的兴趣,但依然遭遇了犹豫不决之后的冷遇③。尽管他再三强调新闻永远是文明生活中起作用的一种社会力量,负有指导大众责任的新闻职业不应完全交付给自我教育的人,再三说明报界的一些著名编辑、记者可胜任教学工作,但这始终无法改变学者们的看法:新闻学很难被认为是一门可靠实在的学问。令人感叹的是,普利策至死也没有实现其创办新闻教育的梦想,但他始终怀着这个梦想,预言到20世纪末,新闻学院会像法学院、医学院那样广泛地为高等教育所接纳④。所幸的是,在他去世后的第二年(即1912年),哥伦比亚大学即用他的捐赠成立了新闻学院。然而,反观普利策的新闻教育思想,新闻教育的合理性还仅限于职业层面,在他看来,之所以要设立新闻学院,是因为"现在培养律师、医生、教师、陆海军官、工程师、建筑师与艺术家,已有各种专门学院,但没有一所学院是训练新闻记者的。所有其他专门职业,都已从这些专门训练中得到益处,而不将新闻事业包括在这些专门职业之内",是"毫无道理的"⑤。很显然,这种职业化的定位不利于新闻教育融入现代大学教育精神,当然也就难以真正确立新闻教育的合理性。

---

① Sloan, William David, *Makers of Media Mind: Journalism Educators and Their Ideas*, Hillsdale, NJ: Lawrence Erlbaum, 1990, pp. 1 – 22.
② Bleyer, Willard Grosvenor. The Rise of Education for Journalism, *National Printer Journalism*, December, 1934.
③ 参见 Bronstein Carolyn & Vaughn, Stephen Willard G. Bleyer and the Relevance of Journalism Education, *Journalism & Mass Communication Monographs*, June 1998。
④ Pulitzer, Joseph, The College of Journalism, *North American Review*, May 1904.
⑤ Pulitzer, Joseph, The College of Journalism, *North American Review*, May 1904.

在美国新闻教育艰难起步的过程中，真正成功地把新闻教育植入现代大学教育的生命中、使新闻教育的命运出现戏剧性转变的关键人物，是被称为美国新闻教育之父的布莱耶（Willard G. Bleyer）。虽说他讲课枯燥乏味，难以吸引学生，但在办新闻教育上表现了其过人之处，即锲而不舍地追求和与现代大学精神的感通。只要审视一下其最初的新闻教育活动轨迹，我们就能看到这种过人之处：

1898 年　执教于密耳瓦基市的一所高中，开始推行新闻教育；

1904 年　获威斯康星大学英国语言博士学位，并留校任教，即开始探寻把新闻学引入大学课程体系的途径；同时，建议校长成立大学新闻处，向外发布学术研究、创造发明的信息，以培养大学和新闻从业人员的良好关系；校长接受其建议，任命他为新闻处主任；

1905 年　指导设立了1905–1906学年度的四门新闻学课程：新闻报道基础、稿件编辑、美国新闻史、现代报业组织与管理；

1906 年　把新闻学系列课程与政治学、经济学、英语和历史结合起来设计了新闻学预科课程表，试图把社会科学的训练与应用新闻学贯通起来；

1909 年　把新闻学预科课程表发展成完整的四年制本科课程体系，并按每三门课程中排一门新闻学课程的比例结构课程体系；随后逐步确立了新闻学核心课程：新闻史、新闻社会学、新闻法、媒介效应；

1910 年　新闻学的教学已拥有一个新闻实验室和100多名学生；

1912 年　学校正式设立新闻学系，附属于英国语言学院；同年，布莱耶任美国新闻教师协会（AATJ）首任主席；

1913 年　布莱耶开始要求新闻学系的学生撰写毕业论文；

1917 年　布莱耶任美国新闻学院系协会（AASDJ）主席；

1927 年　校董事会同意设立新闻学院，并任命布莱耶为首任院长。同年，为政治学、社会学、史学的研究生设立兼修新闻学的哲学博士学位①。

　　布莱耶通过30年的努力把新闻教育植入现代大学教育的生命中，更令人惊叹的是他的办学思想对今天的新闻教育依然有着重要的价值，即使学生浸润于文理贯通的博雅教育中，逐步向他们灌输强烈的社会责任感，使他们能把专业研究领域的知识创造性地运用到面向公众的新闻报道中，强调大学新闻教育（包括其他院系）与新闻界的相互合作、相互尊重②。这种思想并不是凭空构造的，而是被新闻教育存在合理性的质疑激发出来的。可以说，在这种挑战面前，他比其他人更好地解答了新闻教育存在的合理性问题。当时最严峻的挑战来自著名教育改革家亚伯拉罕·弗莱克斯纳（Abraham Flexner）——一位对建立现代医学院课程体系卓有贡献的权威人士。他始终认为在现代大学课程中没有新闻学课程的位置，同时，他把哥伦比亚大学和威斯康星大学所开设的新闻学课程与烹饪、缝纫技术等量齐观，在他看来，两校用一批缺乏学术素养的新闻从业人员讲授了一些"沉闷的"（dismal）新闻学课程，这类任何年轻人在工作中即可习得的纯技巧性课程，不仅降低人的智力，而且占用了学生学习哲学、科学、历史及其他更有价值的课程的时间，又进一步增加了大学专业教育的水分③。无疑，弗莱克斯纳向布莱耶提出了非常尖锐的问题：新闻教育有存在的必要吗？布莱耶对此作了认真的回应。他以弗莱克斯纳的观点论辩道，"每一个向现代社会提供专业服务的医生、牧师、律师、记者、教育者和工程师，都必须接受特别的培训以适应特定的服务职业"，因为按弗莱克斯纳的说法，现代社会"比任何时候都更具组织性"，因而"更需要专业服务，进而更需要专业化的学院提供培训"④，因此，新闻学院是否应该存在的问题应由未

---

① Bronstein Carolyn, & Vaughn Stephen, Willard G. Bleyer and the Relevance of Journalism Education, *Journalism & Mass Communication Monographs*, June 1998.
② Bronstein Carolyn, & Vaughn Stephen, Willard G. Bleyer and the Relevance of Journalism Education, *Journalism & Mass Communication Monographs*, June 1998.
③ Flexner, Abraham, *Universities: American, English, German*, New York: Oxford University Press, 1930, pp. 160 – 161.
④ Flexner Abraham: *A Modern College and A Modern School*, Garden City, NY: Doubleday, Page & Company, 1923, pp. 34 – 35. 弗莱克斯纳在该书中还说，"新闻作为一种极其重要的社会现象，值得纳入现代大学的研究视野"。

来对新闻从业人员的需要来决定。与此同时，布莱耶把对新闻教育的捍卫建构在这样的理念上："没有哪一样职业像新闻那样与社会的平稳发展和民主政治的成功有着更密切的相关性"，新闻从业人员承担着重要的责任，面对着众多的挑战，"没有哪一样职业像新闻那样需要更广博的知识或更巨大的才能去面对每天发生的新闻事实"①。在他看来，他所处的时代不仅是现代传播变革的时代，电气化、摄影术、电影、留声机、电话、广播等新的传播技术戏剧性地变革着媒介领域，也给20世纪的人们提供着生活基础，以至于传播的变化能戏剧性地改变人们的思想与行为；同时，他所处的时代还是"垄断资本"时代，在追求高额利润的过程中，作为公众舆论必不可少的滋养品的新闻，已被耸人听闻、浅薄无聊所"污染"，并且威胁着民主政治，更为可怕的是新闻从业人员无所适从，新闻业处于一种无序状态。因此，无论是从知识层面、新闻业层面，还是从社会、政治、文化层面，新闻教育都是必需的。

把新闻教育的合理性建构由专业化需要推扩到社会文化的发展和民主政治的健全，这不能不说是布莱耶教育思想的精彩之处，他把新闻教育提升到了理性的层面，比起那些至今仍存在的就新闻教育论新闻教育的论说，显然深刻了许多。从思想层面上看，这种理念与布莱耶所热衷的进步主义（progressivism）思潮密切相关。在19世纪与20世纪之交，这一社会思潮风靡美国，而尤以威斯康星大学、哥伦比亚大学和芝加哥大学为盛，它强调面对工业化、城市化飞速发展所引起的诸多社会问题，关注公众生活的品质，向公众提供可靠的信息，认为在一个复杂多变的、越来越组织化的社会里，学者们应针对现实的社会、政治、经济问题展开研究，而大学应和政府建立伙伴关系，共同致力于改善社会生活状况②。在这一思潮的影响下，布莱耶很自然地想到建立大学新闻处以打通大学与社会特别是新闻界的联系，很自然地把新闻记者定位成"解释信息、导引公众的专家"，相应地，他的新闻教育计划的核心是广博的知识和理性批判能力的培养，同时灌输社会责任感，其中心思想是，大学新闻教育

---

① Bleyer, Willard Grosvenor, What Schools of Journalism Are Trying To Do, *Journalism Quarterly*, March 1931.
② Bender, Thomas, *Intellect and Public Life*: *Essays on the Social History of Academic Intellectuals in the United States*, Baitimore: The Johns Hopkins University Press, 1993, p. 64。

所能给予学生的最重要的训练是批判性地思考新闻，而不是实践技能；大学新闻教育的方向是"博"而不是"专"。由此，他在教学中一方面强调新闻学和非新闻学课程的比例应是1∶3或1∶4，另一方面认为每一门新闻学课程的讲授都要教学生如何在广阔的视野中思考世界的发展，如何理解、解释新闻事件①。

显然，这种新闻教育思想与现代大学精神有着深刻的遇合，一方面，它所强调的"博"与现代大学的通才教育精神一样，着重培养学生博学多才、保持自主的心态和自由思考探索的习惯，不仅关心普遍的知识，关心如何做事（to do），同时关心如何做人、如何生活（to be）以克服专门教育或学徒式教育造成的精神世界的贫乏和人格的分裂，从而培养"统一的人格"②。另一方面，它把新闻教育的合理性由专业化需要推扩到社会文化的发展和民主政治的健全，又与现代大学精神所强调的大学作为社会变革的"轴心机构"和精神文化中心的功能有着内在的一致，或者说，布莱耶按现代大学精神所内蕴的科学精神、民主精神、求知精神设计了新闻教育，而这样一种设计又是直接面对"垄断资本"时代新闻业的危机的。在他的眼里，现代报业的危机都表现为专业规范的缺乏和记者的科学理性精神的迷失，并由此导致了社会、政治、文化的危机，新闻教育即是为治这种危机而存在的。因此，回顾布莱耶开创新闻教育的过程，我们不仅能看到专业理念的建构，而且还能感受到在广博的知识背景上的人文精神的贯通。当然，当时的新闻学学科建设是很不成熟的，但布莱耶所开创的新闻教育道路把新闻学引向了更为广阔的大众传播学领域，他的学生如弗雷德·西伯特（Fred Siebert）、莫特（Frank Luther Mott）、墨菲（Lawrence Murphy）等人又与威尔伯·施拉姆（Wilbur Schramm）一道把大众传播学的研究制度化，使大众传播学成为如此生机勃勃的公共研究领域，而得到了学术滋养的新闻教育在当今的西方高等教育中可谓"根深叶茂"了。特别值得一提的是，尽管新闻学教育和其他学科的教育一样，遭遇了二战以后大学精神的式微，存在着把新闻教育变成肤浅零乱、拼盘式的大众快餐的现象，

---

① Bender Thomas, *Intellect and Public Life: Essays on the Social History of Academic Intellectuals in the United States*, Baitimore: The Johns Hopkins University Press, 1993, p. 64.
② 杨东平：《中国进入教育世纪》，载《学问中国》，江西教育出版社，1998，第248~249页。

但在总体上仍然坚持着布莱耶的新闻教育道路。至今一些美国新闻教育家在谈起教育目标时，依然关注的是批判性思维能力（critical thinking skills）、解决问题的能力（problem solving skills）和管理能力（management skills）的培养①。

回过头来看中国的新闻教育，则是另外一种命运。晚清以"广人才"作为报纸的一项重要功能的早期办报人，很快就意识到了自己身边人才的匮乏，并且认为中国报业的"病根之根"乃在于从事报业者多为思想浅陋、学识空疏、才力薄弱之人，他们不仅"无思易天下之心，无自张其军之力"，而且"于持筹握算之事，一无所知"②，影响了报业的经营。但即便如此，人们也还很难想到兴办新闻教育，究其原因，不外乎两点：一是很少有人认识到报业为"群体之事业"，一些知识精英甚至乐于独挑大梁，因此很少有人去考虑新闻业的人才结构问题；二是处于启蒙阶段的新闻学研究还没有被人视作一门学问，直到日本人松本君平撰写的《新闻学》一书由上海商务印书馆出版后，作为一门学科的新闻学才为国内极少数知识分子所知晓。

较早地把人才、学术与中国新闻业的振兴联系起来的，当推北洋军阀时期声名显赫的新闻记者邵飘萍，在他看来，中国新闻业不兴旺的根本原因在于记者人才的缺乏，"欲救其弊，知非提倡新闻学不可"，以便用现代的新闻学理论造就一代新型记者人才，于是，他在1918年致信蔡元培校长，建议设立新闻学科③。出人意料的是，在美国一度"难产"的新闻教育竟非常顺利地为北大所接纳，先在政治系设新闻课，不久又成立北京大学新闻学研究会，开新闻教育之始。

强调大学是研究高深学问之机关的蔡元培何以把还很肤浅的新闻学纳入其中的呢？首先，在他看来，新闻学可以成为一门学问，因为"凡学之起，常在其对象特别发展之后"，就如同烹饪、缝纫、运输、建筑长久发展后始有理

---

① 钟斯：《面向二十一世纪，培养复合型人才——访美国丹佛大学传播学院院长迈克·沃斯》，载《国际新闻界》1998年5~6合刊。
② 见梁启超《清议报一百册祝词》，以及《梁启超年谱》，转引自赖光临《中国近代报人与报业》第二版，台湾商务印书馆，1987，第282、268页。
③ 孙晓阳：《邵飘萍》，载《新闻界人物》（一），新华出版社，1983，第92页。

化、树艺、畜牧长久发展后始有生物学、农学,思想、辩论、信仰长久发展后始有心理、论理、宗教诸学,音乐、图画、雕刻长久发展后始有美学①。以此类推,则我国新闻业发展(昔之邸报与新闻性质不同)数十年之后,必有新闻学的产生。同时,新闻学研究的展开,必有益于新闻业的发展。而作为"囊括大典,网罗众家"的大学学府必然要容纳新闻学。其次,我们应该看到,蔡元培是把新闻学作为"潜学科"接纳进来的,并没有让它以独立的学门立于大学学府。在他的眼里,新闻学还有待新闻学研究者进行"更为宏深之研究,使兹会发展而成为大学专科"②。这样一来,他一方面肯定了新闻教育存在的合理性,并开启了新闻教育。但另一方面,他并未把新闻教育真正纳入大学教育之中,并未使新闻教育浸润于他所确立的大学精神之中,而是期待着新闻学发展成宏深的学问后再纳入其中。同时,他所肯定的新闻教育的合理性还只是合乎新闻业发展的理性,没有推扩到布莱耶的那种合乎社会、政治、文化发展理性的认识之上,这就难免使新闻教育自限于狭窄的专业领域,再加上徐宝璜、邵飘萍所开创的"以新闻为本位"新闻学研究带有明显的治新闻之"术"的色彩,虽然这是新闻学术积累和推进的重要保证,但毕竟妨碍着人们对新闻学领域的一些整体性、共同性问题的把握,难以使新闻学成为"宏深的学问",从而形成了中国新闻教育的某种先天不足。

这种不足很快就由美国式新闻教育所冲淡。1920年9月,由美国基督教圣公会所创办的圣约翰大学开设报学系,使新闻教育正式"落户"于高等教育。伴随着中国新闻业对人才的需要日益急迫,厦门大学、平民大学、法政大学、南方大学、国民大学等校陆续设立新闻科、系。其中,最具代表性的是北京平民大学的新闻系,该系创办人徐宝璜曾在美国密西根大学治经济学和新闻学学习,也许是因为领会到了美国新闻教育的精神,他一开始就以培养"学识渊博之新闻人才"为宗旨,所开46门课程由新闻学向哲学、文学、史学、法学、经济学、社会学、政治学、心理学、统计学、时事研究等广泛领域延展③,体现了通才教育的气派。大致顺着这一思路走下来的有后来成立的燕京

---

① 徐宝璜:《新闻学》之《蔡序》,中国人民大学出版社,1994,第5~6页。
② 徐宝璜:《新闻学》之《蔡序》,中国人民大学出版社,1994,第5~6页。
③ 方汉奇:《大陆新闻教育》,载台湾《新闻论坛》1994年冬季号。

大学新闻系（1924年）、复旦大学新闻系（1929年）等。应该说，处于幼年时期的中国新闻教育大致上没有偏离现代大学精神，也培养了一批在新闻界卓有影响的人才，但这并不能掩盖其困窘：从1920年至1949年，全国59所院校新闻系科的毕业学生人数，累计大约不超过3000人，毕业后从事新闻工作的，不到50%。这个数字告诉我们，新闻教育被社会冷落了，也被新闻业冷落了。何以如此？排开各种外在的因素，其内在的原因不外乎两点：一是直接照搬西方新闻教育，从教学计划、课程设计到教学参考用书都悉数引进，这就使得中国新闻教育失去自我特点和生命，而失去特点和生命的东西是很难生存的。二是北京大学新闻学研究会以后的"以新闻为本位"的新闻学研究虽多有建树，但终因论域狭窄、方法单一，没能发展为有生命力的学问，即便是"术"的探讨也还很浅陋，自然不足以言教。不可否认，徐宝璜、邵飘萍、戈公振等先生都曾超越过就新闻论新闻的路向，在社会、文化、政治诸层面上对新闻做过至今令人回味的精彩论述。如果那些思想的火光能照亮研究的行程，那新闻学必定会很快成熟起来。可惜的是，它们被"术"的探讨方式所隐没了。

  1949年以后的中国新闻教育在新的意识形态和政治体制中发生了更为深刻的危机，随着苏联模式的引入和与计划经济体制相适应的对专门化的推崇，大学教育的目标被确定为培养现成的工程师和专家，纳入分门别类培养专才的轨道；同时，"学"逐渐被"术"所取代，大学的人文资源和人文精神严重流失，那种高贵的人文理想也逐渐被实用主义、技术主义所取代，大学越来越成为按统一标准批量生产"标准件"的"教育工厂"[①]。在这一背景下，中国新闻教育的生命萎缩了：原有的培养"学识渊博之新闻人才"的目标退化为培养专门的新闻人才或宣传工作者，在教学上由照搬美国模式转而生搬硬套苏联经验，进而又把原来丰富的人文、社会科学课程削减为以政治理论、文学历史和语言为主的知识构架[②]；更为要命的是，新闻学的学科建设从"以新闻为本位"降格到"以政治为本位"，不仅使"学"完全被"术"所取代，而且一

[①] 杨东平：《中国进入教育世纪》，载《学问中国》，江西教育出版社，1998，第246页。
[②] 参见方汉奇撰写的《大陆新闻教育》一文所提供的复旦大学新闻系和北京大学新闻专业的课程表。

些"术"的色彩较浓的课程也完全被政治内容和实践经验所笼罩，失去了对新闻运作规律的探究。与此同时，在意识形态话语中，报业经营与管理、广告学等课程被剔除，由此，新闻学专业所剩下的就是学习用现成的意识形态话语去进行采、写、编、评了。实质上，在这种情况下，新闻教育的合理性已被内在地取消了。而此时的欧美新闻教育已在更为宽广的传播学领域扎下根来。

在经历了十年"文革"的停顿期后，中国的新闻教育逐步被思想解放的浪潮推向新的发展天地，新闻教育制度得以重建，健全专业课程体系、加宽学生知识面的指导思想重新得以确立，各类人文、社会科学课程开始充实课堂，办学条件得到重大改善，"以新闻为本位"的学术传统一步步得以恢复，新闻学学科建设步入正常轨道，一些突破思想禁锢的学者把目光投向了西方传播学，并很快使大众传播学走进大学课堂。然而，面前的种种繁荣景象仍然难以掩盖新闻教育的深层危机——制度危机和知识危机。所谓制度危机即是用一套系统、精致的技术指标来规范新闻教育和新闻学研究从而使之非人文化、片面化，同时又把新闻教育置于市场机制中，使其世俗化、功利化，丧失关注新闻实践而又超越新闻实践的理性品质。所谓知识危机，一是指专门化、经验化的研究取向无法形成新闻学的知识积累，只能进行低层次的知识复制；二是指难以摆脱"殖民化"的学术话语，因而不能真正形成个性化、富于创新精神的新闻学体系建构。前一个危机使中国新闻教育远离了现代大学精神，其自身也不能成为新闻传播的创造性源泉；后一个危机使新闻教育无以为新闻实践提供思想资源，无以培养学生的创新精神和批判性思考能力，并且还给走向新闻工作岗位的学生带来知识上的不适应性①。

20世纪演绎出的新闻教育史告诉我们，新闻教育要合乎实践理性而存在，不仅要合乎新闻传播业发展的理性，而且要合乎社会文化和民主政治发展的理性，回归新闻教育本应具有的人文品质。这一抽象的原则蕴含着具体的内容，即承续现代大学精神，全面实现新闻教育的综合性、学术性和人文性。

所谓新闻教育要实现综合性，就是实现新闻学和传播学与其他学科的科际

---

① 据吴高福等人撰写的《关于培养二十一世纪新闻人才问题的调查报告》（载《中国广播电视学刊》1996年第1期）的统计，知识上的不适应占被调查记者的32.7%，具体表现为对知识的不断更新和知识范围的迅速扩展的不适应。

整合。众所周知，在人才培养上，大学无不以培养通识博学、具有高度教养和全面发展的通才为目标，以别于专门教育造就的狭窄单薄的技术人才。新闻教育要想融入高等教育的生命里，必须实现其综合性。与此同时，当代新闻传播涉及的知识领域越来越广、越来越深，仅仅靠增加新的专业方向和新的课程已不能适应其变化，只有在知识层面实行完全的科际整合，使学生能对新闻传播现象和问题作出多学科层面的分析与综合，才能从根本上适应新闻传播领域的知识变化与知识创新要求。

科际整合的核心与关键是使各学科在新闻传播现象这一"公共论域"中建立融合，而实现科际整合的关键又在变革传统新闻学的经验化、本位化研究方式，扩大传统新闻学的研究视野，提升传统新闻学的学术精神。应该说，中美新闻教育家都懂得以学术促进新闻教育，都明白"有学然后能教""离学不足以言教"的道理，但真正的分野在于，美国新闻教育家们把新闻学术推向科际整合层面，使"学"具有融会贯通的特点；而中国新闻教育家们则重"术"轻"学"，使"学"局限于狭窄的专业领域视野。这不能不说是美国新闻教育领先于中国新闻教育的关键因素所在。按照蔡元培的说法，"学为学理，术为应用"，"学为基本，术为枝干"，"治学者可谓之'大学'，治术者可谓之'高等专门学校'"①。显然，新闻学不宜通向治术之路，新闻教育也不宜走进"高等专门学校"。虽说劳动有百业，学术有百科，分工是现代社会难以避免的趋势，然而正如马克思所说："分工对于创造社会财富来说是一个方便的、有用的手段，是人力的巧妙运用，但是它使每一单个人的能力退化"②，同样，分工因导致学术视野的障蔽而使研究者的学术能力退化，而学术能力的退化必然导致新闻教育的落后。因此，把新闻学术提升到科际整合的层面而不仅是新闻学学科体系的层面，是新闻教育向前发展的重要基础，也是新闻教育的学术性的真实内涵。

更进一步地，新闻教育要合乎社会文化和民主政治发展的理性，回归其应具有的人文品质，维护以人为中心的主体价值，综合性地开发人在身心活动层

---

① 杨东平：《中国进入教育世纪》，载《学问中国》，江西教育出版社，1998，第245页。
② 《马克思恩格斯全集》第42卷，人民出版社，1979，第148页。

面、政治社会层面、历史文化层面、美感经验层面、人伦道德层面、批判精神层面的价值认识。这便是我们所说的新闻教育的人文性。它是新闻教育的目标，也是由综合性、学术性所达成的新闻教育的境界，由 20 世纪新闻教育的发展所演绎出的新闻教育的方向。只有这样，新闻教育才能成为推动新闻改革、建设社会文化、促进民主政治的重要角色，才有其存在的价值。

此文原载《新闻与传播研究》1998 年第 4 期。

媒介融合时代的新闻传播教育创新

技术与教育有着难分难解的关系，技术拓展着教育的边界，改变着教育的方式与内容，教育则扩展着人们对技术的想象与探索，使人们学习对自然、社会、文化、经济、精神诸领域更加全面的技术控制，而那些反思技术对人的控制的人文性研究也不得不追逐技术留下的足迹。

在口语传播时代，家庭通过教导子女以维系其生活方式；到文字传播时代，书记学校逐渐扩展为一种培育宗教及政治服务人才的机构；印刷术的推广，使得公共教育和注重阅读的、跨越时空的自我学习成为可能[1]；广播、电视等电子媒介的运用，推倒了学校的围墙，使人们能够分享运用视觉与听觉经验、进入开放式学习的乐趣；网络的出现，则全面解构知识权威，进入开放、互动与知识融合、文化融合的学习时代。现在，传播技术革新打破了传统媒介之间的壁垒与边界，多种传播媒质不仅共存共生，而且更重要的是——相互融合。人类接收信息的基本能力：听觉、视觉，甚至味觉、嗅觉等将不断被发掘和使用，并以融合的形式有机地接收信息。这便是媒介融合时代的到来。

媒介融合的意义和内涵超越技术层面，延伸到人类社会的其他领域。对此，不同的学者从多维视角提供了不同的见解。李奇·高登（Rich Gordon）在《融合一词的意义与内涵》一文中总结了"融合"在媒介组织中6个层面的含义。根据宋昭勋先生的译介，它们是：媒介技术融合、媒介所有权合并、媒介战术性联合、媒体组织结构性融合、新闻采访技能融合和新闻叙事形式融合[2]。杰金斯（Henry Jenkins）对媒介融合的研究与思考更为宏观开阔。他提

---

[1] 威尔伯·施拉姆：《人类传播史》，游梓翔、吴韵仪译，台湾远流出版公司，1994。
[2] 宋昭勋：《新闻传播学中 Convergence 一词溯源及内涵》，《现代传播》2006年第1期，杰金斯的原文见：Convergence? I Diverge. *Technology Review*, June 2001, p. 93。

出，媒介融合至少包括了 5 个层面：技术融合、经济融合、社会或机构融合、文化融合和全球融合。这些层面的融合都应该被看作对人类生活环境的整体性影响①。

每一次技术的发展都会带来对人才的新要求，媒介融合也不例外地产生了对两类新型人才的需要：一类是能在多媒体集团中整合传播策划的高层次管理人才，这类新型人才不同于传统的传媒管理人才，必须是精通各类媒体的专家，了解技术发展为新闻传播所提供的可能性，以及如何运用这些技术使新闻内容得到更好的表现；另一类是能运用多种技术工具的全能型记者编辑②。然而，这种归纳只是说明，新闻传播教育在媒介融合背景下要强化综合技术培训，形成技术与能力的增量，也就是说，新闻传播教育要走技术化道路。这无疑会形成新闻传播教育的"偏向"。

这种技术化偏向在新闻传播教育起步的时候就已产生。19 世纪末，当一些新闻传播教育的先驱试图把新闻学引入大学课堂时，反对者以技术主义的方式进行阻拦，认为新闻人才主要学习新闻报道的技术，而报馆是学习新闻报道的最佳去处；而像普利策这样提倡新闻教育的人又大多把新闻教育定位为职业教育，难以与现代大学的博雅教育（liberal education）精神相贯通③。可以说，以职业化形式表现出来的技术化路线曾经是横亘在新闻传播教育走向大学道路上的障碍，幸好美国新闻教育之父布莱耶（Willard G. Bleyer）深谙大学教育之道，把新闻教育的合理性建构由专业化需要推扩到社会文化的发展和民主政治的健全，与现代大学教育精神一样，着重于培养学生博学多才、保持自主的心态和自由思考的习惯，不仅关心普遍的知识，关心如何做事，同时也关心如何做人，以克服专门教育或学徒式教育造成的精神世界的贫乏和人格的分裂，从而与大学作为社会变革的"轴心机构"和精神文化中心的功能保持一致。顺着这种思维，新闻传播教育的目标主要在于关注批判性思维能力（critical

---

① Jenkins, H., Fans, Bloggers & Gamers: Exploring Participatory Culture, New York: NYU Press. 2006.
② 蔡雯：《新闻传播的变化融合了什么？——从美国新闻传播的变化谈起》，《中国记者》2005 年第 9 期。
③ 单波：《反思新闻教育》，《新闻与传播研究》1998 年第 4 期。

thinking skills)、解决问题的能力(problem solving skills)和管理能力(management skills)的培养①。

现在,媒介融合赋予这些能力更丰富的内涵。

在批判性思维能力方面,媒介融合呈现了新的反思对象——"融合文化"(convergence culture),这是一种文化转型,而且这种转型"……如同文艺复兴一样,会影响我们生活的方方面面。因为消费者、生产者和把关人目标的冲突,会使我们在政治、社会、经济和法律领域发生相应的争论。而这些争论既会推动文化多样性,也会推动文化同质化,既会推动文化商品化,也会推动草根文化生产。"② 融合文化并不像传统政治经济学派所认为的那样,所有的文化生产和消费都是一种合作,是构成霸权的方式。因为毕竟在融合文化中,受众的媒介文化生产和消费确实影响了媒介中的内容生产与传播;另外,融合文化也不应该因为拥有更为积极的受众,从而如同文化学派所提出的那样,由于具有大众的文化经验而赋予信任。即使在融合文化中,我们依然可以看到受众的抵抗是非常有限的。因此,对于融合文化的研究,我们既要继续对文化同质化保有警惕,予以抗议,同时还要利用这次文化转型中各种利益集团的协商,突破过去对文本意义的关注,通过寻求打破已经固化的权力勾连,探索新的大众的文化权力实现途径,以更为开放的视野探讨媒介生产者和消费者之间的变幻莫测的权力互动。

在解决问题的能力方面,媒介融合提出了知识与技能多样化、综合化的要求。过去由报刊主要提供文字和图片,广播主要提供声音,电视台主要提供声像,而在网络的媒介平台上,所有采集的信息被电子化地分解为更便利快捷、利用与再利用的信息,相同的新闻可以同时出现文字、声音和移动图像不同组合的多种形式,这就在客观上形成了对知识与技能的多样化要求。与此同时,媒介融合形成了"杂交的媒介生态",即商业的、公共的、政府的、个人的、专业的、业余的等一切机构与群体甚至个人发布的信息都混杂在一起,难以剥

---

① 单波:《反思新闻教育》,《新闻与传播研究》1998年第4期。
② 参见 Jenkins, H. Pop Cosmopolitism: Mapping Cultural Flows in an Age of Media Convergence, In M. M. Suárez-Orozco & D. Qin-Hilliard (Eds.), *Globalization: Culture and Education in the New Millennium*. California: University of California Press, 2004。

离,也无法简单地概括与区分,这就需要运用综合化的理论知识分析媒介生态的媒介化社会的复杂问题。

在管理能力的培养方面,媒介融合不再仅仅要求对于单一类型媒体的管理能力,而是对于媒介平台的综合管理能力,也不再仅仅要求对于媒介的管理能力,而是对于媒介化社会和融合文化的综合管理能力。

因此,从某种意义上讲,媒介融合可能在推进媒介人才能力融合的基础上形成新闻传播教育融合,即推进新闻传播教育向博雅教育前进,形成科学性、人文性、综合性和专业性的统一。过去,大学新闻传播教育很难达到这种统一,在形式上为各种媒介形式所切割,如在中国大陆,新闻学专业、广播电视新闻专业、广告学专业、出版与编辑专业、传播学专业等把学生框定在狭小的专业技术领域,其中,传播学专业被肢解成网络传播、公共关系、媒介经营管理等专业方向,失去了传播学所应有的学科内涵。在教学内容上,除了伪通识教育课程(如毛泽东思想、邓小平理论和"三个代表"重要思想概论、军事理论、英语等,占总学分的25%),就是越来越技术化的专业课(占总学分的37.57%)。为什么会这样?主要在于我们迷恋于专业技术化而不能自拔,而我们之所以迷恋于专业技术化,是因为人们更容易自觉接受它的控制,而且人们越是要求自己不受不确定性的事物的影响,越是愿意接受技术的统治而不愿为自由创造去冒险,技术专家就越是有更多的机会强化他们的权力。这就带来了新闻传播教育的两种危机:一是制度危机,即用一套系统、精致的技术指针来规范新闻传播教育和新闻传播研究,使之非人文化、片面化,同时又把新闻传播教育置于市场机制之中,使其世俗化、功利化;二是知识危机,即专门化、经验化的研究取向无法形成新闻传播学的知识积累,只能进行低层次的知识复制,或者无法摆脱"殖民化"的学术话语,不能形成个性化、创造性的研究。

那么,我们可以借助媒介融合来改变这一状况吗?这取决于我们看待媒介融合的角度。如果我们只是认为媒介融合是技术融合,只是看到传媒业需要通过融合扩大媒介内容发布管道,依次扩充利润;消费者需要运用更新的媒介技术掌握媒介内容流通的主动,并实现更强大的互动,那么,我们依然只是会走技术化教育道路。如果我们能充分认识到媒介融合赋予人才能力的丰富内涵,看到技术融合背后的经济融合、社会或机构融合、文化融合和全球融合，我们就会有意识地推进新闻传播教育的"融合"，即科学性、人文性、综合性和专业性的统一。

媒介融合使当代新闻传播涉及的知识领域越来越广、越来越深，仅仅靠增加新的专业方向和新的课程，已不能适应其变化，只有在知识层面实行完全的科际整合，让各学科在新闻传播现象这一"公共论域"中建立融合，使学生能对新闻传播现象和问题作出多学科层面的分析与综合，才能从根本上适应新闻传播领域的知识变化与知识创新要求。更进一步地，新闻教育要合乎社会文化和民主政治发展的理性，回归其应有的人文质量，维护以人为中心的主体价值，综合性地开发人在身心活动层面、政治社会层面、历史文化层面、美感经验层面、人伦道德层面、批判精神层面的价值认识。唯有如此，我们才能真正实现新闻传播教育在科学性、人文性、综合性和专业性上的统一。

此文原载《湖北大学学报》（哲学社会科学版）2010年第4期，第二作者为陆阳。

《跨文化传播》的案例教学：
意义、问题与路径

在一个缺少案例教学的研究生课堂，一般难以产生良好的教学效果，原因有三：第一，学生远离具体的情境与语境学习理论，难免形成"生吞活剥"的学习效果；第二，课堂讨论难以形成真正的互动，学生由于缺乏对具体问题的体验与认识，最多只能围绕老师提出的一些理论与现实问题做肤泛之论；第三，由于缺少问题意识，学生们也难以形成创造性的学习以及对研究方法的深入研习。这便是我把案例教学引入研究生课程《跨文化传播》的主要原因。本文试图以学生的作业为案例，分析案例教学的意义以及存在的问题，并寻找完善案例教学的路径。

一 案例教学法对于学习跨文化传播理论的意义

《跨文化传播》课程的核心任务是帮助学生理解"跨文化传播如何可能"的问题，即"我们与他者如何交流，以及交流如何跨越性别、国籍、种族、民族、语言与文化的鸿沟？"[①] 这种学习既是反思的、批判性的学习，也是体验式的学习，它要求从自我反思出发扩到人与社会、人与文化、人与媒介的多维互动关系的，它围绕四个核心问题展开：我能够交流吗？"我、我们与他们"的关系如何走向自由、平衡？文化的多样性统一如何可能？如何面对媒介作为桥与沟的双重文化角色？由此，老师可以帮助学生撑开跨文化传播的立体思维，以理论的姿态即全神贯注地观看的姿态去发现跨文化传播的可能路径。

---

① 单波：《跨文化传播的问题与可能性》，武汉大学出版社，2010，第1页。

所谓"全神贯注地观看",就是使思想聚焦于特定的理论问题,通过具体的事实加以呈现、理解、解释,达到创造性的建构。它表现着理论所具有的"感性的呈现与理性的观照"的姿态。可是,我们总是把理论学习局限在归纳、演绎、推理、解释的模式里,习惯于顺从理论概念、假设所指示的思想方向,偏向于接受抽象的意义或"名词思维"训练,诸如文化是什么、传播是什么、文化适应是什么等①。在这种情况下,学生常常只能成为理论知识的接受者,很难成为跨文化传播现象的"认识者",更难成为跨文化传播领域的"创造者"。要改变这种状况,必须使学生"面向事实本身",检验理论,提出问题,开拓思维。

面向事实本身,即面向真实存在的事情、反映真实情况的信息、通过相关信息被认为是真实存在的事情,以及被证实的观念,即经过科学研究被证实的事情。而《跨文化传播》教学就是让学生面对"跨文化关系事实",这种事实可以分为两大类:一类是真实存在的事情,包括"共文化"(co-cultural)群体、跨文化生存者、旅居者等行为体本身,也包括这些行为体(包括我在内)的跨文化体验及其言论、行动和意图。另一类是有关事实的文本,即新闻记者、网络群体、作家、影视导演以及各种观察者和研究者对于跨文化事实的报道、描述、表现和解释。跨文化关系最基本的表现就是不同文化背景的人之间的互动,也就是文化间、群体间、个体间的相互联系、相互影响和相互作用。这是跨文化传播理论表述的场域,在这里,我们不仅能领悟理论所表之意和所表之实,更重要的是能在观察与体验之中发现理论的解释限度,提出新的问题与解释以超越理论的局限,设计并开拓我们所需要的跨文化传播实践。

案例研究(case study)无疑是最能体现这一教学理念的方法,其意义表现在以下几个方面。

第一,案例研究关注鲜活的现象及过程,既可以把跨文化传播理论还原到具体的情境之中去理解,又可以发现新的跨文化现象和问题。

有一位学生以"玉米"粉丝团(即李宇春的粉丝团)的网络群体传播为案例,呈现了亚文化群体身份的传播过程,在一定程度上验证了身份传播理论

---

① 刘良华:《从"现象学"到"叙事研究"》,《全球教育展望》2006年第7期。

(communication theory of identity) 的部分假设,如身份有个人、社会和他群体特性,而且是持久的和不断变化的,这种特性在"玉米"粉丝团成员身上有明显体现;同时,通过粉丝团的内部对话、讨论以及符号表达,证明身份传播的另一种假设,即身份涉及主观和赋予意义,身份是代码,这表现在谈话并确定社区成员上,身份有语义属性,这表现在核心符号、意义和标签上,身份标明适当和有效的沟通模式。在此基础上,"玉米"粉丝团的网络传播有表现出身份的四种框架:第一,个人的身份即个体的自我认知和自我形象,它存在于个人层面,作为个人特征的分析;第二,表现化的身份,指个人表现的或者表达的身份,人们在传播中表现他们的身份并且交换表现的身份;第三,关系的身份,即身份是交际双方社会关系的一部分,是双方互动协商的结果。第四,群体身份,即集体是定义的身份,群体身份超越个人,是群体或者集体的一个特征[1]。与此同时,这一案例研究发现,在整个传播过程中出现了沉默的大多数,而依靠多媒体构建起来的群体源于特定的符号而缺少现实的情感基础,这就使得"身份都是情感的、认知的、行为的和精神的"假设受到了质疑。

第二,案例研究者不控制研究对象,直观事实本身,这使得案例本身的"时空边界"与由研究者所选定的概念、问题和理论框架所组成的"知识论边界"构成了一种"接合"关系,这意味着理论会通过接合,连接众多不同的"时空边界",用认同、协商、反抗三种解读形式拓展理论的意义空间。

有一位同学把贝利(John Berry)的文化适应模型"接合"到对上海异乡人的观察之中,界定了特定的研究边界,即在特定的上海人口流动和社会环境中,非主流群体和主流群体的相互作用以及如何产生不同的策略。最终得出了与上海文化对应的"异乡人文化适应理论模型",即城市主流文化群体的"包容、熔炉、分离、排斥"策略对应于异乡人的"整合、同化、分离、边缘化"。虽然缺少对贝利理论的质疑与补充,但还是用细致的观察拓展了理论想象的空间。

另一位学生则以自己与外国人的一次交流为个案,试图说明文化适应的悖

---

[1] Hecht, M. L, A Research Odyssey: Toward the Development of a Communication Theory of Identity, *Communication Monographs*, Vol. 60, 1993, pp. 76 – 82.

论。这名学生在外地演出时与一位 30 岁的奥地利小提琴手 Mike 在谈话时提到了敏感的台湾问题。Mike 坚称"从开始就一直认为存在两个中国",这直接导致了这名女生的不悦,但她"及时抑制住自己激动的情绪,担心不礼貌的反驳会引起对方的反感,于是想从原因入手,再摆明立场"。而此时,Mike 大概也看出了这名学生的质疑,于是边道歉边表示理解她所认为的"台湾就是中国的"。但是,即便做出让步并表示出一定程度的理解,Mike 仍然不肯放弃自己的观点。几轮谈话过后,这名学生表示,他们两人为了使气氛不致太过尴尬,"很有默契地转移了话题"。显然,这位学生是以一种体验、投入、参与、对话的姿态来面对事实的,她摆脱了概念对思维的诱导与遮蔽,从而直观呈现她所感受到的事实,即自动调适是文化交流活动中的一种积极态度,能在很大程度上缓解交流的不畅、立场的对立,避开文化冲突过程所带来的不快和冷遇,防止对话陷入僵局,而使双方掉入文化鸿沟的深渊。同时,这名学生也看到了自动调适的弊端,即这种情感的调适在一定程度上扮演着"调停人"的角色,总会在文化冲突的交锋中息事宁人,将矛盾扼杀于萌芽之中。至此,学生得出了在一个特定视域内的结论,即自动调适是一剂"温柔的毒药",在传达出尊重文化多元性信号的同时,扼杀了深入交流与理解的可能。这样,就把文化适应理论、陌生人理论、身份传播理论"接合"成了新的意义空间,一个在自己的视域内形成独特体验的意义空间。在这样的意义分享之中,也就真正达成了教与学的互动价值。

第三,案例研究强调多种方法综合运用,处理大量变量,有助于在微观分析中展现多维分析视角。

有一位同学以河南省淅川县库区移民在湖北省钟祥市的生活状态为例,分析外迁型移民与当地人的文化融合过程中的群体偏见。他从移民迁入地钟祥市柴湖镇这个社会背景入手,在社会认同理论的指导下肯定了移民与迁入地居民之间的群体偏见的存在,进而分析了群体偏见形成的前提,即源于语言习惯、生活习惯、风俗民情、思想观念等方面的差异而引起的文化冲突,进而从河南淅川和湖北钟祥两地的地理环境、气候因素、耕作方式、食物结构、语言特色、风俗习惯及人们的行为模式等方面分析两者的差异,建构了群体偏见的多维分析角度和多种变量。这使得该生发现,在移民与当地人的融合过程中,当地人的群体偏见主要表现为群体歧视，双方都有将对方"污名化"的现象；而移民的群体偏见则主要表现为群体对抗和自我隔离。在此基础上，该生又敏锐地观察到，群体偏见之所以造成当地人和外迁型移民的不同表现，既与两个群体在社会中所处的地位有关，也与外迁型移民群体的特殊性有关，这表现在两个方面：一方面是移民群体受群体偏见影响更容易感受到歧视的存在，另一方面是外迁型移民的群体偏见持续时间、强度都要高于一般移民群体。显然，当差异与偏见这类概念被高度抽象化之后，我们要通过这种宏观变量去看待事实已经不大可能，唯有把它们移入具体的情境与行为之中，进一步找到更细微的变量，才能看到那深深隐藏着的跨文化事实。

总的来说，案例分析强调发掘、呈现、解释社会问题的复杂性，这有助于磨炼学生的格物致知的功夫，使之沉入语境式的学习过程。

二 案例教学法在《跨文化传播》教学中呈现的问题

虽然与单纯讲授式教学相比，案例教学有着较好的效果，能够更好地完成教学任务，但是也不可避免地存在着一些问题，主要体现在以下方面。

第一，方法的局限：易受主观影响，材料多而分析少，缺乏普遍性。

部分案例中暴露了这样一个问题：学生在分析案例的时候容易陷入自己主观思维的旋涡，得出脱离文本的结论。例如，一名学生提交了一份题为《谈文化身份的遗失和寻找——以土耳其裔德国电影〈在人生的另一边〉为例》的研究报告，对电影的分析集中于文化身份认同问题，重点展示了电影中主要人物文化身份的遗失、错位与冲突。在结论部分，作者提出解决冲突及找寻身份的方法和途径，认为可以用一种被理想化了的爱来解决冲突，但这样的结论只是她主观思维的一部分，与文本分析毫不相干。

偏向于罗列材料而忽视文本分析的情况也是方法上的一大问题。例如，在一个题为《对我国"圣诞热"现象的跨文化传播分析》的案例中，学生在第一部分介绍了"十博士联名抵制圣诞节"事件，并附上了倡议书全文，第二部分则罗列了圣诞节的历史渊源、宗教文化内涵及习俗；第三部分又借用评论文章中的观点表达了对民族传统节日逐渐被遗忘的忧思，直到最后一部分才用较短的篇幅提出了自己的结论，即对待洋文化应该借鉴"南风效应"，丰富我们本有的传统节日的文化内涵，并且随着时代的进步而赋予其新的含义。通观这份研究报告，绝大部分内容都是背景材料的堆砌，鲜见对倡议书的内容分析，以及针对围绕倡议书的讨论而展开的话语分析。也正是因为这样，结论显得苍白无力。

此外，易受主观影响还容易造成案例缺乏普遍性的问题。学生一旦沉浸在自己的主观思维中，分析思路过于个人化，而不去寻找调查数据和网络讨论等材料的支持，不但使得分析逻辑不具有普遍性，而且使其结论难以成立。例如，在《"加油！东方天使"选秀节目关于选手娄婧的身份分析》这一案例中，学生选取的是典型的身份传播案例，具有较高的研究价值，可惜的是他自始至终都在谈论自己的主观推论，而没有在娄婧的自我身份认同、粉丝的身份认同与网民的身份认同之间的关系中展开观察，从而难以从这个"个别"事实中抽象出一般规律。

第二，理论印证式或概念阐发式研究比较多。

在某些学生的选题中，会出现一些纯理论研究的案例，学生往往抓住跨文化传播研究中的某一理论，将其放到某一个领域或者一个文化群体中间，从多个角度来证明该理论的合理性，或者就是围绕着一个理论观点从多个角度加以说明，其结果，观察的往往是理论、概念，而非事实本身。

在《我看互联网中的跨文化传播》这一案例中，学生首先对跨文化传播的概念及研究历史进行了简单总结，然后分析了网络和跨文化传播的相互影响，即互联网为不同文化背景的人们提供了一个自由交流的平台，增进了东西方文化群体间对彼此的认识，而跨文化传播过程中所表现出来的差异（尤其是矛盾、冲突）促使网络传播手段发生适当的改变（以适应不同的文化），而改变后的网络传播又反过来促进了跨文化的交流。

在概括了网络与跨文化传播的相互影响之后，学生提出了两个问题：网络能否消除价值观差异？网络是否真正促进了文化多元？在回答第一个问题时，学生用"把关人"在网络文化中的消解来证明在网络上人们可以自由、频繁、直接地接触异文化，从而减小差异，但是无法根除差异。而第二个问题的答案，学生认为我们不该持过于乐观的态度，因为西方国家正使用其话语霸权和文化霸权试图渗入东方文化之中，我们要避免被同化和异化。在这个案例中，学生用来证明自己结论的证据都是似是而非的,比如学生说因为没有了"把关人",所以人们能直接接触异文化,从而不同文化群体之间的差异就会减少。但是这个结论是怎么得出来的呢?没有了"把关人"人们就真的可以直接接触异文化了吗?或者说你接触到的是真正的异文化吗?就算我们可以直接接触到异文化,那我们相互之间的差异就真的可以减小吗?宏观理论问题的思辨固化了该生的思维,使其失去对这些具体问题的亲切体验。

第三,分析角度单一,缺少对跨文化关系的细节描述,流于抽象的概括。

案例教学始终受到一个普遍现象的困扰,学生在进行案例分析的时候往往会出现分析角度单一,不能多维度深层次地对问题进行解析,从而无法得出眼光独到且具有普遍意义的结论;也有学生由于参考了较多相关的案例,在分析自己的案例时往往受他人影响,分析角度不够集中,且往往导致泛泛而谈,无法"沉潜"于案例的细节,抽象的概括往往使学生停留于跨文化事实的表层。

在《一支日本猎枪引发的蝴蝶效应——由电影〈通天塔〉谈跨文化传播中的障碍》这一案例中,学生选择了一个比较有意思的话题,在跨文化交流中存在差异的个体和群体之间往往会产生冲突和矛盾。他试图通过分析电影《通天塔》中表现出来的跨文化交流障碍,来给出解决方案。在这一案例中,学生首先考证了"通天塔"一词的由来,它来源于圣经,隐喻的是处于不同文化的人们彼此之间由于猜忌和怀疑而无法交流的现象。然后通过对同名电影的剧情描述解释了"蝴蝶效应"的社会学意义,即最初的一个微小的偏差可能造成存在巨大差异的结果,以此来说明在跨文化交流中,由于差异是无法避免的,因而差异所导致的交流的障碍也是无法避免的。此时,如果紧接着分析跨文化语境中导致交流障碍的多维情境、多种心理,就有可能展现电影本身所蕴含的多向的跨文化意义。遗憾的是,这位学生直线导入一个通行的结论,即造成这种障碍的原因是民族中心主义、偏见、成见和歧视。这不仅体现了单一线性因果律的思维缺陷,而且把原因概念化,失去对原因的具体体验,自然也就难以深入下去了。

第四,难以由现象到本质,透视本质性的问题。

由于受到相关案例、自己的科研能力等主客观方面的限制,很多学生除了揪住理论大谈特谈,对概念进行毫无新意的阐发之外,在进行案例分析的过程中,他们遭遇的一个最主要的问题还是就案例而案例,在对一个具体的跨文化传播现象除了作细致的说明,往往无法透视本质性的问题。

有一位学生在对北京、武汉两个地区进行介绍之后,根据字典定义了"朋克",然后花了大量的篇幅呈现朋克的历史片段,概括了北京朋克与武汉朋克的文化形象,并将二者进行了对比,在根据两地朋克的遭遇描绘了他们不同的未来走向之后,匆匆给这个案例下了一个无关痛痒的结论:存在即合理,朋克音乐与其他音乐一样有其存在的理由与价值。很有意思的选题,但就是没能将朋克文化置于跨文化语境中,显示文化冲突的实质性含义。

三 《跨文化传播》案例教学法的路径

所有的问题都集中到一点:如何面对事实本身?从实证研究的角度,我们可以提出这样的建议:系统地记录并整理数据,慎重考虑因果关系,通过不同的研究对象切入个案,注重与研究对象的对话,等等。但是,由于跨文化交流关系的不确定性,这使得学生的研究成果,即使有很好的逻辑性、丰富的数据和细节,也往往经不起检验。他们在实证研究中可以提出因果关系或相关关系的解释,但事实的不确定性却会导致检验失去意义,使得按照规律进行的预测与事实不符。他们也可以通过诠释文本提出某些意图与意义的解释,但由于不可以观察,因而也无从检验。

在这种情况下,要解决案例研究中存在的问题,必须引入现象学方法,学习面向事实本身。与实证的方法比较,现象学更重视"个别"事实,并在"直观"个别事实的当下领会、领悟事实的本质。现象学称为"本质直观""现象学直观"。实证科学虽然也从个别事实着手,但实证科学更期望从"个别"事实中抽象出"一般"规律。现象学是把普遍的一般的规律"还原"为"个别""特殊""偶然"事实的活动,实证科学是从个别事实中"抽象"出"一般""普遍""必然"规律的活动①。现象学的态度是不离开个别去寻找所谓的本质、本性,是在观看个别事实的过程中直接获得直观的领会、领悟,这

---

① 刘良华:《从"现象学"到"叙事研究"》,《全球教育展望》2006年第7期。

在一定程度上消解了理论印证式或概念阐发式研究所带来的问题。

从现象学角度改造案例研究可从以下几方面进行。

第一，要调整视域，使自己能看清所要面对的事物，就像在视力测试中一直调整到我们看得清的状态，以知道我们真实的"视力"。比如，有的同学大谈基督教文化与伊斯兰文化的冲突所引发的人与人之间的冲突，实际上，在现有的知识与经验范围内，很难"看清楚"基督教文化与伊斯兰文化的冲突，只能以别人的叙述代替自己的"看"，自己是没有那个"视力"去看清楚的。把一个看不清楚的东西当作原因来论说，如何能让人信服呢？倒不如把视域调整到自己摸得着、看得清的生活世界，或者把"事实"放在自己看得见的某种语境、场景、情节、故事之中，才有面对事实的可能性。

第二，在面对一个事实时，研究者应该改变寻找理论、概念以寻求论证的习惯，把他原来有关这个事实的所有"概念""理论"统统"悬隔"起来，不让它们干扰研究者的观看。其实，事实不是存在于理论之中，而是存在于我们的生活世界和感觉世界，它需要我们通过调动感觉、体验、回忆去呈现。比如，当我们用同化、融合、分离、边缘化这些概念去观察某个群体的文化适应时，先要暂时放下这些概念，直面特定的群体以及特定的群体间关系，获得某种新奇的感觉，或者是某种刺激以及受到刺激后对特定问题的焦虑，这样才能真正发现所要研究的事实。如果我们拿着理论、概念去寻找可证实或证伪的事实，事实早就从我们身边溜走了。

第三，如果要激活自己的感觉、体验、回忆，就必须返回日常跨文化交流实践，观看者最好由"认识""测量"的姿态转换为"欣赏""交往"的姿态[①]，与研究对象融合在一起，体验人的交往实践。事实上，所谓跨文化的思考方式就是"描述""描写"，是欣赏、投入、参与、对话、提问并倾听，也就是以跨文化传播的姿态去研究，这样才能看到跨文化事实。

第四，进一步脱离抽象语言，返回"日常语言"，把所观察的跨文化事实以直接展示和直接指示的方式加以描述。一个处在跨文化交流过程中的人，本身就是脱离了抽象语言的人，他必须掌握不同文化、不同语境的言语代码，才

[①] 刘良华：《从"现象学"到"叙事研究"》，《全球教育展望》2006年第7期。

能与他人进行交流。所谓直接展示和直接指示,就是用这些言语代码叙述,呈现独特的视角、立场、感觉和想象,还原事实本身,而抽象语言只能阻隔我们认知事实。

跨文化传播的案例教学是一个通过面向跨文化事实而创造跨文化生活实践的过程,最重要的态度还是返回生活世界,而非停留于概念与理论的灌输,这是案例教学成功的关键。

此文为研究生课程《跨文化传播研究》的教学法探讨,原载《新闻与传播评论》2010年卷。

中西新闻比较的问题与方法

在比较学领域，比较新闻学（Comparative Journalism）的资历较浅，直到20世纪20年代才出现。它一般针对各个国家、地区、群体、机构的新闻业的相似性与差异性展开研究，探讨全球新闻业的内在矛盾与竞争关系，寻找新闻传播规律。这里的"journalism"是指宏观意义上的"新闻"，通常与"新闻业"或者说"新闻行业"这两个含义紧密相关。无论在哪里，它都是在寻找一种可以使自身与政治、经济、文化、社会背景相协调的方式，并为公众提供其独特的服务，因此，它不再只是一种来源于西方的单一现代性成果，而是使现代性变成了复数，即多样性的现代新闻业，从而为比较新闻学提供了基础。中西新闻比较正是从这一背景走来，而且因为中西新闻之间的独特关系而成为比较新闻学的独特论域。这一背景也决定了中西新闻比较的问题的复杂性与方法的多维性，并进一步给我们提出了三个重要问题：如何定位中西新闻比较？中西新闻比较的核心问题是什么？基于这些问题的方法论体系又该如何建构？本文试图给予初步的解答。

一 中西新闻比较的定位

中西新闻比较是中西比较的一个边缘部分，它受制于核心部分——中西文化比较，又丰富着中西文化比较，而中西文化比较在根本上所表现的是中西文化权力关系的历史纠结，这一点与其他地区和西方的关系有相似之处，并汇入西方与非西方的关系体系之中。

那么，西方是什么？从历史意义上讲，西方是一个文化概念，它是通过与文化意义上的东方的比较来界定的。按照雷蒙·威廉斯（Raymond Williams）

的考察，东西方的对比由来已久，其最早的形式来自3世纪中叶欧洲罗马帝国分裂所产生的东西对立，即西罗马帝国和东罗马帝国；随着文化的变迁、分裂与重组，"West"被定义为属于基督教、希腊罗马的文化，相应地，"East"被定义为伊斯兰的文化，或者较常用的定义是指从地中海延伸到印度、中国的区域①。本来，世界文化圈一分为四，即古希腊、罗马一直到近代欧美的文化圈、从古希伯来起一直到伊斯兰国家的文化圈、印度文化圈和中国文化圈。唐君毅把四大文化系统看作整个人类精神的表现或上帝精神的表现，并以人的四肢来比喻："印度文化如上帝之右手，中国文化如上帝之右足，回教文化如上帝之左手，西方文化如上帝之左足"②，这意味着不同文化的生命及其病痛都可从人类文化的整体性来观察。遗憾的是，这种整体性视野早已被破坏，随着西方的力量逐步凸显，特别是随着航海业的发展、资本主义的扩张，其他文化圈被想象性地结合为东方文化，划出了虽不明晰却能通过简化的方式左右人们的东西文化二元对立思维。在这种背景下，一些西方学者热衷于通过凸显西方文化内涵来维持二元对立，比如法国学者菲利普·尼摩（Philippe Nemo）认为，西方国家之间的深刻关联性界定了"西方"，这种关联性主要建立在五个重要的事件上，即古希腊人创立城邦，并创造了法治自由、科学和学校，罗马人发明了法律、私有财产、"人格"和人文主义，《圣经》的伦理学和末世学革命，11~13世纪的"教皇革命"实现"雅典""罗马"和"耶路撒冷"的首次真正融合，在欧美发生的重大民主革命完成了自由民主的提升。而那些对这五大事件完全陌生的国家便是非西方国家，如阿拉伯—穆斯林国家、大洋洲国家、非洲国家、印度、东南亚国家。在西方与非西方之间，存在接近西方的国家，如中欧、拉丁美洲、信奉东正教的国家以及以色列③。这样的划分有些谱系化的味道，接近西方而又发生分离现象凸显了纯粹"西方"的存在，反对西方则使西方称为对象化的存在，一些非西方国家（如日本、韩国、中国等）的西方化，似乎从另一个角度证明了"西方"的存在。

---

① 〔英〕雷蒙·威廉斯：《关键词：文化与社会的词汇》，刘建基译，生活·读书·新知三联书店，2005，第518页。
② 唐君毅：《人文精神之重建》，台湾学生书局，1984，第553~554页。
③ 〔法〕菲利普·尼摩：《什么是西方》，阎雪梅译，广西师范大学出版社，2009，第3页。

按照一般的说法,明末利玛窦来中国,实现了西方与中国的伟大相遇,其实就是基督教与儒教、佛教、道教的冲突与调和。从那以后,中西比较成为中西方对话的重要形式,很多西方学者怀着各种目的进入这一领域,最终还是想通过划定西方与中国的界线,更明晰地理解西方。法国学者弗朗索瓦·于连(Francois Jullien)曾这样解释其研究行为:

> 为什么要选择中国呢?因为我要同希腊思想拉开距离,进入中国文化是为了更好地理解希腊,我希望给自己找到一个外在的立足点,以便远距离观察欧洲传统。那么为什么要通过中国呢?其实答案不言而喻:要想走出印欧文化传统,就要排除梵文;要想走出历史的投影,就要排除阿拉伯文与希伯来文;同时要找到一个明辨的、见诸文字又是独立发展的思想,就要排除日文。将这三个条件综合起来,剩下的就只有中国。欧洲-中国乃是完全不同的思想体系,恰如两条分途的思想大道,"要么摩西,要么中国"。摩西代表欧洲这一条象征主义的、一神教的、超越的传统思想,而中国则完全不同。

中西比较呈现了中西文化的相遇与互动,中国人和西方人看待彼此的过程与态度竟是如此不同:西方文化对中国文化的反应大致在17世纪是好奇,在18世纪是赞美,在19世纪却是有点鄙视了;而中国文化对西方文化的反应则表现为17世纪居高临下的优容礼遇,18世纪的淡漠置之,19世纪的震惊警醒了[1]。到20世纪上半叶,西方人进一步划定中西文化界限,拉开与中国文化的距离,加强了西方支配中国的合法性,中国人则在屈辱中认真分辨中西文化的时代性差异和民族性差异,逐渐形成通过沟通中西文化以建构中国新文化的思路。改革开放以来,西方人对中国的发展陷入惊奇与惊恐的矛盾境地,重新把中国纳入世界体系考察,中国人则逐步把中西比较提升到对话与创新的层面,试图实现中国文化的复兴。

什么是西方新闻业?人们一般会比较统一地说新闻业来源于西方,但似乎

---

[1] 何怀宏:《中西文化的相遇与冲突》,《单元领导干部十七堂文化修养课》,华文出版社,2010。

很难认同有统一的西方新闻业。按照西方学者的考察，新闻业成型于17世纪的欧洲，逐步发展出具有现代特色的制度化、职业化、市场化、社会化的新闻传播运作体系。这种运作体系独立于19世纪，其特征率先被英美的新闻界界定，在1833年出版的《威斯敏斯特述评》上首次出现了"journalism"一词，形成一种"盎格鲁—美利坚"式的发明；相比较之下，法国的报刊则始终没有摆脱它与文学的联系，法国报人并没有英国报人那样从事新闻事业的热情和职业理念，他们把办报作为通向文学殿堂的阶梯①。《报刊的四种理论》试图通过对立比较来凸显西方新闻业的单一模式，事实证明那是不成功的。到现在，最流行的是丹尼尔·哈林和保罗·曼奇尼（Daniel Hallin and Polo Mancini）对西方新闻业运作体系的比较性总结，即极化多元主义模式（如地中海国家法国、希腊、意大利、葡萄牙和西班牙）、民主法团主义模式（如北欧国家匈牙利、比利时、丹麦、德国、芬兰、荷兰、挪威、瑞典和瑞士）、自由主义模式（英国、美国、加拿大、爱尔兰）。显然，西方新闻业并不是一个简单孤立的新闻运作体系，其背后有不同的法规、政治、道德、伦理、宗教等因素在推动。在新闻传播思想体系方面，西方也不是一个统一体，梅里尔（John C. Merrill）也只能含混地总结为"更为多元、开放的体系"，与发展中国家和威权主义国家的"统一的、国家控制的体系"相对照②。

没有统一的西方新闻业概念，其实并不会使中西新闻比较失去对象，本来这种比较就是在具体的国家、社会以及传媒发展的特定问题中展开的。如果制造所谓统一的西方新闻业概念，那比较就会在简化与极化的过程中被虚化了。

这个多元、开放的西方新闻业对中国的影响是历史性的、全方位的。从近代以来，西方新闻业一直是作为中国新闻业发展的参照体系而存在，西方新闻观的导入与渗透也一直是中国新闻观变革的一个重要变量；在国际新闻传播的权力支配体系中，西方新闻传播业构成了强大的压力；在"传统—现代—后现代性"的多重力量体系中，中国新闻业无限发展的可能性总是与西方新闻

---

① Conboy, Martin. *Journalism: A Critical History*, London: Sage Publications, 2004; Chalaby, Jean K. *The Invention of Journalism*, Palgrave Macmillan, 1998.
② 〔美〕阿诺德·S. 戴比尔、约翰·C. 梅尼尔：《全球新闻事业：重大议题与传媒体制》（第五版），郭之恩译，华夏出版社，2010，第3页。

业联系在一起的。有一个典型的例子可以帮助我们理解这一点。2006年年底，中国政府公布了《北京奥运会及其筹备期间外国记者在华采访规定》（以下简称《规定》），在《规定》施行期间，记者赴中国各地采访，无须向地方外事部门申请，只需征得被采访单位和个人同意；外国记者来华采访，不再必须有中国国内单位接待并陪同；外国记者还可以通过被授权的外事服务公司，聘用中国公民协助采访报道工作。《中国青年报》就此事件发表的评论反映了一种复杂的心态[①]：

> 由于意识形态、政治制度上的巨大差异，西方媒体和受众，对中国的认识有一种根深蒂固的偏见。直至今日，缺乏真实性和带有偏见的中国报道，在西方主流媒体中仍然占有相当大的比重；中国改革开放20多年的发展，承受着来自西方媒体刻薄的批评和嘲讽。与此同时，世界资讯约有80％来自西方主要媒体。这就是说，中国在国际上的形象，很大程度上受到西方主流媒体的左右。我们需要他们真正走近中国，了解中国。
>
> 在西方媒体大量涌入中国的时候，各级政府提升政府与媒体，特别是与西方媒体打交道的能力，转变思维、改变态度、掌握方法，恐怕是必须补上的一课。在西方，最流行的说法是，"媒体既非政府的朋友，也非政府的对手，更不是政府的敌人"。我们可以把这样的说法，解读为政府与媒体之间的积极合作。其实，重视媒体的自身规律，宽容舆论、尊重记者，用传播理念和技巧，把握政府与媒体的关系，是现代中国在国际上树立大国形象必须面对的问题。过去那种面对媒体不愿说、不会说抑或不屑说的状态，都需要改变。
>
> 法拉奇们来了，我们是以足够的自信和从容，敞开大门欢迎他们来的，我们期待他们客观、公正地看我们、说我们，帮助我们在世界舆论中重塑大国形象。

可以看出，作者赞成新闻的对外开放，同时又意识到西方与中国在传播力

---

① 张农科：《法拉奇们来了，北京准备好了吗？》，《中国青年报》2006年12月8日。

量上的支配与被支配的权力关系,基于开放的立场,强调要改变自我,面对西方新闻媒体,理解西方新闻观念,同时,这种理解又难免转换为中国式的话语,把媒介与政府的关系解读为"政府与媒体之间的积极合作"。另外,以前视西方传媒进入中国为"狼来了"的话语转变为"法拉奇们来了",似乎转向了对西方新闻专业主义人格的认同,本来,用"法拉奇"来指称就有一些似是而非,但紧接着一句"帮助我们在世界舆论中重塑大国形象"却又回到了本位主义立场。中国与西方的新闻传播关系建构就在这种复杂的心态中展开了。

中西新闻比较常常面对这样的迷思:中西新闻业发展不平衡,要摆脱西强我弱的局面,只需全盘移植西方先进的新闻理念与新闻实践经验,不用比较;中西新闻业分别归属于不同的意识形态和政治制度,中国新闻业要走的是具有中国特色的社会主义道路,没有什么可比的。前一种迷思视现代新闻业为朝向西方现代性力量的单维独进式的发展,有人甚至一边面对西方新闻业大喊"狼来了",一边崇尚"狼"的力量,大叫"我们也要成为狼",表面上以提升传媒竞争力为目的,实际上已经顺从于西方和非西方之间的支配与被支配的权力关系,失去了创造性。后一种迷思视自我发展为封闭式、排他性发展,表面上追求中国新闻业发展的独特性,实际上已经把中国新闻业置于全球新闻业之外了。要想从迷思中走出来,必须面对这样一个事实:中国新闻业一直在寻找一种可以使自身与政治、经济、文化、社会背景相协调的方式,同时也与西方和非西方国家发生广泛的联系,寻找着建构国际新闻传播新秩序的方式,成就中国式现代新闻业的发展模式。

二 中西新闻比较的基本问题

比较能使我们超越单一视野、单一理论、单一研究范围,发现新闻传播领域的新问题,但是,比较如何能超越比较者的局限性,超越"我们与他们"的二元对立的想象,应对人类新闻传播活动的多元性与复杂性?这便是中西新闻比较的根本难题(problems)。在解决这一难题的过程中,我们需要面对相似与差异、同质与异质、多样与统一、绝对与相对、真理与宽容、对立与超越,提出中西新闻比较领域可质疑的问题(question)。针对中西新闻比较的难题和可质疑的问题，我们还要进一步形成可讨论、争辩的对象性问题（issues），以便明确研究方向。下面提出来的就是这样一些集 problem、question 与 issue 于一身的基本问题，有助于我们创造中西新闻比较的思维空间。

第一，如何在比较中认识中国新闻发展的历史与文化方位？比较源于人的自我意识，因此，中西新闻比较首先是一个心理层面的问题。自我意识是指向人类自身内部的各种关系、体验以及人在世界中的地位意识，它形成对主体自身的各种观念、体验和认识。自我意识可以是人作为特殊个体的自我意识，同时也可以是集体、团体、阶级、民族和社会的自我意识。它把作为主体的"自我"从客观环境中突出出来，使主体意识到自己在社会中的地位、与他者的关系以及自身的能力、利益，并获得自我价值感。职业化的新闻人一般以集体、团体、阶级、民族和社会的自我意识为基点，常常产生"我们"与"他们"的二元对立，这使得自我意识总是与对象化的他者相联系。如此一来，自我意识和对象意识就显得很可疑，要么局限于自我，陷入自我中心主义或民族中心主义，通过建构对象化的他者而排斥他者，要么贬抑自我，使自我虚无化，失去自我价值感。比较来源于自我意识，更是为了解放自我意识，超越"我们"与"他们"的二元对立，在全球新闻业发展背景中认识自我新闻发展的历史与文化方位，建构更完整的自我意识。可是，比较者如何克服自己的自我意识局限呢？这只能依靠反反复复地比较实践。

第二，如何建构中西新闻比较的批判意识？批判是自我意识的积极活动，是消除异化、恢复人的主体意识与能动的创造意识的手段。中西文化比较过程中的"中体西用""全盘西化"之所以值得批判，主要原因在于，只要传统文化或西方文化成为一种异己的支配力量，就会压抑人的主体意识和创造意识。自晚清以来，中国新闻业的历史在一定意义上就是一部应对西方新闻观念影响的历史，大体呈现四种模式，即"中体西用""全盘西化"自我封闭、综合创造。如何消除前三种模式中的异化现象、形成中国新闻的综合创造？如何解构权力支配关系、建构中国新闻人的积极的自我意识？这就是中西新闻比较的批判性问题。

第三，如何面对中西新闻的差异性与相似性？比较研究最大的作用莫过于能够检验宏观变量对中西新闻的影响,具体来说,就是在政治制度、文化背景、市场经济、社会结构、媒介环境等变量中考察中西新闻的差异性与相似性。但是,比较也是充满风险的科学探索,一是常常使人简化、极化或弱化彼此的文化,将应有的丰富性大大削弱;二是时时面对可比性的难题,即强调比较的时代共通性时,往往用一种标准或框架将比较的双方同质化,强调比较的跨时性时,往往因为找不到统一标准而否认有效的对比和对话的可能性;三是通过建构二元的比较框架,导引出合理性的文化排斥,不仅有自我中心论和西方中心论带来严重的意识形态暗示[1],而且还有专业主义的职业意识形态给既有秩序合法地位,强化对西方新闻观念的依附。[2] 具有反讽意味的是,这种比较以科学的名义,让我们用比较思维开掘各种文化资源,摆脱单一思维的束缚,同时,又寻求建构基于西方偏向的全球新闻业的普遍性,教化或规训非西方化的新闻业,偏离相异而相容、相感、相通的新闻世界,从而形成比较的悖论。这里面需要质疑的问题是:政治制度的差异只能造成中西新闻业的相互排斥吗?市场经济会使中西新闻业趋同吗?多样化的社会结构如何作用于中西新闻业?对传统媒体与网络媒体之间的关系建构会使中西新闻业相容吗?

第四,如何建构中西新闻业互动与对话的空间?在任何社会文化活动中,互动意味着共同的形式和多样化的意义或内容之间的结合。在新闻传播领域,纳入比较视野的主要有两种互动,一是新闻机构与社会的互动,二是不同国家和地区的新闻人之间的互动。研究者一般热衷于前一种互动的比较研究,因为里面包含了丰富的社会内容;而对后一种互动颇为迷惑,认为新闻领域的"职业意识形态"自西方向东方扩散,并逐渐趋同[3],从而产生可比性的疑问。事实上,一些研究表明,西方的那套"职业意识形态"并不必然为其他国家所认同,因为新闻生产离不开其文化、政治和历史背景,因此,我们必须在不

---

[1] Starck, Kenneth and Anantha, Sudhaker. Reconceptualizing the Notion of Journalistic Professionalism across Differing Press Systems. *Journal of Communication Inquiry*, 1979, 4: 33 – 52.

[2] Halloran, James D., Social Science, Communication Research and the Third World. *Media Development*, 1998, 45: 43 – 46.

[3] Golding, Peter. Media Professionalism in the Third World: the Transfer of an Ideology. In J. Curran, M. Gurevitch, & J. Woollacott eds. *Mass Communication and Society*, 1977, 291 – 308.

同文化中检验理论解释的适用性①。现实的难题在于，一方面，新闻人的意志如果脱离了新闻的社会文化形式（比如偏向宣传），就无法获得公共的新闻观念表述；另一方面，如果缺乏内容，且脱离了特定的新闻业发展目标、动机、旨趣、思想、经验，则作为共同形式的新闻就成了空洞之物。在这种情况下，比较就会失去意义。为了摆脱这一困境，转入对话是必然的选择。对话则意味着意义的分享，并因此能在新闻共同体内萌生新的理解和共识。但其前提是对话各方必须彼此信任，将个人的主观观念搁置起来，从而听见他者的观念，然后审视自己的观念，寻求启发与补充。这无疑是对话的理想之境，在现实的话语权力、媒介权力面前，中西新闻比较研究如何建构中西新闻业对话的空间，依然是一个激发人们想象的难题。

三　中西新闻比较的方法论体系

中西新闻比较包含什么样的总体思想？这是一个仁者见仁、智者见智的问题。从一般意义上讲，比较是从人的实践的相似性与差异性出发的，中西新闻比较也不例外。新闻传播是植根于人的物质交往与精神交往的实践活动，既具有地域性、对象性、历史性、文化性，又不断突破人类交往的局限性，在通向普遍交往的过程中建构着世界新闻共同体。中西新闻在这种实践背景下形成了广泛的、多样的互动关系，以及复杂的、多变的问题，可以概括为前面所分析的中西新闻比较的总体性问题。这些问题决定了中西新闻比较必须整合文化、社会、文学、政治、经济、法律等领域的比较视野，建构一种比较方法论体系，它包括三个层面，即中西新闻比较的哲学方法、中西新闻比较的多学科方法、比较新闻学方法。

第一，中西新闻比较的哲学方法。这里的焦点在于实践哲学以及哲学的比较理念。

为什么中西新闻比较要从实践哲学出发？这涉及比较的客观性与整体性问

---

① Kohn, Melvin L. Cross-National Research as an Analytic Strategy: American Sociological Association, 1987 Presidential address. *American Sociological Review*, 1987, 52: 713-731.

题。站在理性的角度进行比较曾经是让人激动的口号，但实际上，在认识的过程中，理性可能满足了客观性，却由于理性的限度而难以达到整体性。也有人习惯于以民主和自由作为中西比较的基点，很快就落入以西论中的怪圈，再加上民主和自由不能囊括中西文化，这样就既失去客观性，又难以顾及整体性。说到底，这两种比较都是以精神和观念的方式把握对象，可实践不一样，它是以生活的、感性的方式把握对象，呈现人类社会特殊生存方式的特征，体现人和社会的主体性、创造性、社会历史性，构成了通向比较的客观性和整体性的基础。也许还是有人会提出质疑：实践具有不确定性，如何站在实践的角度进行比较？消解这个疑问很简单，换一个角度看，实践的不确定性表现的是实践标准的相对性、条件性，沉浸在具体的实践情境之中可以避免比较的绝对化、非语境化。实践哲学的一些基本理念会启发我们的比较思维：其一，随着实践的发展，一般会逐步分化和产生出各种具有相对独立性的实践形式以及相应产生的实践职能的社会分化，我们由此会思考，新闻业这种独立的实践形式是如何从中西方分化出来的？又经历了怎样的社会分化过程？其二，实践活动就是要把实践观念具体化、现实化，在这个意义上，新闻观念是如何在中西方新闻实践中被具体化、现实化的？其三，一定的实践方式综合地反映着人类实践活动的自觉性之高低、能动性之大小、社会性的发展程度，并决定着人类改造世界的深度。这无疑拓展了中西新闻实践方式比较的思维空间。

　　哲学的比较理念讲究一个"和"字，也就是西方人所讲的二元乃至多元的对立统一。"和"是自然与社会的根本法则，同时，人需要顺应这一法则，在实践中创造各种各样的"和"，以建构良好的生存与发展空间，如天地之和、人际之和、性别之和、民族之和、国家之和。有人习惯于讲"优胜劣汰，适者生存"，其结果是"去和而取同"，如果以此为比较的出发点，则很容易使比较走向同一，用绝对的标准和主观的尺度来裁定一切事物，导致更大的偏见。要落实"和"的比较理念，还必须转向主体间性，即一方面注重主体间存在的差异性与多元性，另一方面把交往、对话和理解当作弥合主体间差异的基本方式，把从他者出发作为通向完整的自我意识的基本路径。

　　第二，中西新闻比较的多学科方法。根据中西新闻比较的一些重要问题，此处略举几种研究方法。

1. 文化人类学方法

新闻传播是人类日常生活的重要组成部分，它创造着自己的习俗、规则、道德、趣味、仪式、生产与消费，并与人类其他领域的日常生活发生着广泛的互动与对话关系，同时，在不同的新闻文化之间也发生着广泛的互动与对话关系。于是，你会发现，互动与对话关系形塑着新闻传播的相似性与差异性，要理解其中所蕴含的深层问题，必须从文化人类学入手。

人类学先驱往往选择深入实地，到一个既定区域内，把感兴趣的特殊社会现象的形式加以比较，以便找出某些基本类型，并把所研究的形式划分到这些基本类型中去。同时，研究者对不同区域的文化特质和异质文化的共通性的观察，也构成了可比性的来源。文化人类学家所确立的方法论基点是，人类学的目的不是决定某种文化比另一种文化更先进，而是为了探寻造成特定人类行为或思维的文化原因，那种带着"先进文化"对"落后文化"的先入之见所作的观察往往容易陷入文化进化论的褊狭之中，研究者需要与他的研究对象进行平等的互动，通过"参与式观察"来达成研究的目的。其中的典型案例是《三个原始部落的性别和气质》，美国人类学家玛格丽特·米德（Margaret Mead）分别对居山区的阿拉佩什人（Arapesh）、居河边的蒙杜古马人（Mundugumor）和居湖边的德昌布利人（Tschambuli）的各方面生活进行比较，以探究是文化还是性别等生物因素决定男女各自的气质，同时也探讨了社会中正常行为和不正常行为的区别。在这三个地理位置极为接近的部落里，拥有相似气质与相同性别的社会成员所受到的社会评价与认同却截然不同，造成这种现象的原因是什么？米德在对同一现象所产生的不同结果进行比较分析的基础上发现，那种认为人的气质是由其生物属性所决定的观点并不可靠，社会文化通过儿童的教养、对特定行为的鼓励与惩罚、对英雄人物的描绘等手段，有选择性地强调了某些气质而压抑了其他气质。虽然这种文化决定论的观点没有充分考虑文化中的例外现象，但米德对文化选择性的观察会启发你思考这样的现象：在中西方不同的地区，硬新闻与软新闻在多大程度上对应于特定社会的性别阅读选择？新闻的软化或"女性化"是如何通过社会文化选择来实现的？新闻媒体的同质化与异质化体现了怎样的社会文化逻辑？

与文化决定论的思路不同，文化人类学的结构主义论者关注一种文化意义会通过什么样的相互关系（也就是结构）被表达出来。为此，他们通过对地方的特定习俗或仪式过程进行观察，揭示在一个特定文化的深层结构当中，意义是如何被创造或再造的。其方法论基点在于，在任何文化结构当中，意义的创造与再造都有其特定规律，原始社会里人的言谈举止、习俗仪式、宗教神话等文化现象不仅在与现代文化的差异中显示自身的价值，更因为人们内在的思维结构具有共通性，从而产生了比较的可能。这样就给我们一个启发，比较不同社会文化里人的思维结构，从而将文化与行为的互动过程呈现出来，就能弄清楚文化如何影响人的思维这一问题。比如通过人们对媒介与生活、新闻与现实的思考，就能呈现文化与新闻传播的互动，也能看到新闻的偏向是如何通过这种互动被表达出来的。

但是，结构主义毕竟存在否认民族社会发展的嫌疑，从而限制了研究深度，为此，解释人类学另辟蹊径，不主张将文化视为一种能够包罗一切社会的固态结构，相反，它可能只是特定地方性知识的产物，但不同地方的意义生产有其规律性，人类学家的工作就是对行为背后的意义进行深度描述，以此来找到这种意义生产的规律。解释人类学创始人克利福德·格尔兹（Clifford Geertz）的方法论要点在于：人类学家工作的对象是比较不可比较的文化，在承认地方性知识体系和解释话语的自主性的同时，努力寻求人对社会解释的共用符号媒介[1]；文化不应被单纯地视为某种结构，而应该视为"人"的文化，人对文化行为的解释、赋予的意义，才是人类学比较研究的主要目的；正因为人的社会活动有其规律性，人类学家应当从各个特殊的地方性知识的细节中寻求普遍规律，理解不同文化当中共通性意义符号。唯此，不可比较的文化才具有可比较的意义。他在《深层的游戏》里所描述的对巴厘岛的斗鸡观察与解释，可以窥见这一方法论的精髓。不过，人类学家的视角毕竟只是一个方面，如果采取"主位观"与"客位观"[2]的双重视角，将研究对象对自己的行为

---

[1] 王铭铭：《格尔兹的解释人类学》，《教学与研究》1999年第4期。
[2] 〔美〕马文·哈里斯：《文化唯物主义》，张海洋、王曼萍译，华夏出版社，1989，第37~54页。其中"主位"概念是指被访者做出的对事情的解释，便于旁观者获得一种人们必须懂得的范畴和规则的知识，以便像一个本地人那样思考和行动；"客位"则是人类学研究者从自身视角出发对事情的解释。

进行的解释与人类学家对这些行为的解释进行比较,则可以使这种方法更加全面。现代新闻业常常与地方性知识生产联系在一起,比如新闻专业主义的本土化、公民新闻的社会运动建构、各种社会阶层与群体的媒介使用、文化问题的媒介建构等,显然也可通过解释人类学进行比较研究。

2. 比较社会学方法

新闻是人的社会化发展的成果,同时,新闻也成为人的社会化的工具。新闻业以何种形态存在?体现怎样的传播效果?新闻会表现怎样的风格?新闻记者将倾向于什么样的职业行为?这些都是社会选择的结果。因此,中西新闻比较必须立足于社会比较。

比较社会学的创始人之一迪尔凯姆(Emile Durkheim)认为,人类社会的复杂性决定了每一个社会类型都有自己的特质与组合程度,不可能将所有社会类型合二为一,沿袭一模一样的发展阶段,社会的继承形状,不是几何上的直线形,而是像一棵树那样,树干枝叶参差不齐,各不相同。由此出发,形成了迪尔凯姆的比较社会学方法,即从每一个社会本身入手,先从这棵大树上选取具有代表性的枝丫,将一个社会中发生的事实作为比较的材料;进而分析承载着这些枝丫的躯干,来比较同一社会类型中各个社会所发生的事实;然后还可以选取森林中其他的树木来和这棵大树作对比,将不同社会类型中各个社会所发生的事实作为比较的材料。他进一步解释道:"首先,可以将一个社会的历史与其他社会的历史相对照,观察一种同样的现象在相同条件下,随着时间的推移而发生的演变情况在各个社会中是否相同。然后将这些不同社会中观察到的变化情况进行比较。"① 进而将一个社会类型中的社会制度所表现出来的各种不同形态,在以往各种不同类型的社会中进行比较。最后,则是解释差异背后的原因,而且社会现象的确切原因应该从那些以往的社会现象中去寻找,必须在这种现象与某种社会目的的关系中即社会效用的关系中去寻找。

迪尔凯姆特别强调,社会学的目的不是发现社会现象之功效,而是首先定义某种社会现象,将其与其他社会现象进行区分,进而解释造成这些社会现象之间差异的原因。在解释原因时他特别推崇共变方法,这种方法不是从两种事

---

① 〔法〕迪尔凯姆:《社会学研究方法论》,胡伟译,华夏出版社,1989,第111页。

物的表面异同方面,而是从事物的内部关系方面去比较它们,以建立事物的因果关系。它可以将这两种事物的内部关系用连续的方式一一表现出来,使人们至少可以知道这两种事物的性质以及它们之间的关系。考察一种现象,必须考察这种现象表现的自然性质;了解两种现象之间的关系,必须了解这两种现象表现出来的自然性质是否有关系。因此,在共变方法中,稳定的共存条件是一条重要规律,不管现象的状况能否进行比较,这条规律都发挥作用。① 但是,共变法并非唯一的原因归结方法,还有剩余法、求同法、求异法等,但共变法应当作为社会学解释原因的主要方法。由此可见,迪尔凯姆的比较社会学方法特别强调对社会事实材料,尤其是统计学数据的演绎与归纳,他当然也并不排斥其他诸如民族志的方法,但他认为民族志所搜集来的材料只能作为辅助分析,而不适用于作为主要材料,因为这些材料的搜集可能没有数据来的可靠。对于扎根于不同社会形态的中西新闻业来说,这无疑提供了科学的分析方法。

韦伯不同于迪尔凯姆,他侧重从主观意图、个人行动去探讨对社会的理解、诠释。他沿袭的是一条比较社会多元发展模式的历史社会学路径。韦伯的着眼点在于"理性化",他握住贯穿于文化整体中的理性要素这个线索,通过对各大文明的探索,来凸显西方基督教文明的特色。而在凸显西欧近代文明特色的同时,韦伯其实也点出各种文明的特色,将每一个文明独特的理性内涵,与他所熟知的西方近代理性特质相对照,以凸显出西方近代文明的特质。② 颇有些自我中心主义的比较味道。这实际上与韦伯所使用的"理想型"(deal type)方法有关。根据韦伯的解释,理想型是一个纯粹的心灵建构,这样的一种类型从来没有在历史、社会的真实里真正存在过,顶多我们只能发现有极相近的情形而已③。但只有通过清晰的理想型建构,才能够让我们从纷繁复杂的经验材料中找出最为关键的要素。这是一种与描述性的比较分析极为不同的抽象比较。以比较宗教社会学的研究为例,韦伯首先着手的是分析中古以后西欧历史的演变,从中抽出一些他认为是促成西欧近代资本主义发达的主要因子,

---

① 〔法〕迪尔凯姆:《社会学研究方法论》,胡伟译,华夏出版社,1989,第106页。
② 〔德〕马克斯·韦伯:《新教伦理与资本主义精神》,简惠美、康乐译,广西师范大学出版社,2010。
③ 〔德〕马克斯·韦伯:《学术与政治》,冯克利译,三联书店,2005。

再将其系统地组合起来,"取出若干就其本身而言有意义的性质整合到一个统一的思维图像中去",这就有了一个西欧资本主义之形成的"理想型"。再进一步检视其他文明的相关成分,将之有机地构筑成那个异文化社会的"理想型",再以此与西欧近代资本主义社会的"理想型"做比较,从而为"近代资本主义为何只在西欧产生出来"这个问题提供解释①。理想型方法帮助我们从纷繁复杂的社会现象中去除掉无关的细节,而从中提炼出一个抽象的框架,这个框架并不一定真实存在,不一定代表现实,它可以是一种理论、一种视角、一种分析工具。人们往往用某一个理想类型来分析不同地方的相似现象,观察其中的不适应现象,由此对理想型理论进行修正。从理论的角度来说,它需要经过一个文化适应的过程,而从他者文化的角度来说,外来的理想型则需要一个本土化的过程。比方说,新闻专业主义就是一个类似于理想型的理论范式,用它来考察中国新闻人的实践,就可以看见中西方新闻活动的相似性,也可以呈现新闻专业主义在中国社会的"失灵"现象或"变异"现象,从而对来自西方的新闻专业主义进行修正,形成适用于中国社会的理想型新闻传播。在这里,新闻专业主义是一套解释新闻专业特征的基本原则,但它并不是也不能代替新闻领域的社会事实,它只是我们认识新闻领域的社会事实的一个工具而已。

3. 比较文学方法

从一定意义上讲,新闻就是讲故事,即在事实的基础上建构出一个故事,使受众不仅看到事实的总和,而且要辨识出事实之间的关系。这个特点告诉我们,新闻是一种社会建构。无论从历史还是现实来看,这种建构不仅未能脱离文学的影响,而且深深地扎根于文学的话语体系,承袭着文学的精神传统和语言风格。比较文学方法可以帮助我们了解新闻文体风格差异的文化成因,以及受到文学传统影响的新闻表达偏向(如英雄表达、悲剧表达、冲突表达、生命表达、情感表达、形象表达等),更为重要的是,比较文学的发展为比较新闻学示范了一种层层递进的文本研究理路:从影响研究开始,再进入平行研

---

① 〔德〕马克斯·韦伯:《中国的宗教 宗教与世界——韦伯作品集 V:宗教与世界》,康乐、简惠美译,广西师范大学出版社,2004。

究，然后一步步开放视野，转向互文性研究、双向诠释等层面。

最初，法国学派的影响研究预设了一个影响路线：从放送者到媒介再到接受者，形成具体的研究方法：从放送者的角度研究一位作家、一部作品、一种文体、一个国家的整个文学在他国的成功、声誉和影响；从媒介的角度研究使一种外国文学的著作、思想和形式被另一个国家采纳并传播的那些个人媒介、社会环境媒介、书籍媒介；从接受者的角度去探讨一位作家或一件作品在传播中发生任意变化的"源流"，后来的研究者转而强调接受者作为一个能动的主体对影响轨迹的改变甚至颠覆，认为从筛选、接受、模仿、过滤、误读、误释、转变到叛逆的过程，与其说是某种影响的单向流入，不如说是接受者与影响力的博弈[①]。影响研究在比较新闻学领域有所改造，它关注整个西方媒介在形式、内容、理念等方面对中国社会的渗透，以及西方媒介对新闻信息流、媒介资本、文化资本的垄断，关注某种影响得以形成的社会文化环境与媒介竞争环境，从接受影响的角度来看中国媒介如何应对西方媒介的挑战，与西方媒介进行互动与对话，在形式、内容、理念等方面的创新路径。它和比较文学的影响研究一样，难以克服一个先天的缺陷，即带有进化论和欧洲中心主义的先入之见。

平行研究克服了这一缺陷，它基于这样一种方法论：任何一个民族文学中具有重大意义的母题、典型和主题必定是超越政治和语言界限的，它们既反映出各民族文学的共性，同时又保持着地方特色。它以作品本身为问题的焦点，以作品存在的方式、结构、文体、想象、韵律、式样等为研究中心，着重考察文学作品的内部关系，对没有直接的影响关系的两个或多个不同文化背景的文学现象进行类比或对比，研究其同异，归纳文学的通则或模式[②]。平行比较可以开放中西新闻比较的时空，可以在新闻与文学、新闻与社会、新闻的历史记忆、新闻语言风格等重大主题上寻找共性，辨析差异，揭示其中可能存在的某种发展逻辑。

20世纪60年代，西方的文本理论一反确定性、自律性、客体化、科学化

---

① 〔法〕梵·第根：《比较文学论》，戴望舒译，吉林出版集团，2010，第46~89页；〔美〕哈罗德·布鲁姆：《影响的焦虑》，徐文博译，江苏教育出版社，2006，第14页。
② 杨乃乔：《比较文学概论》，北京大学出版社，2002，第176页。

和中心化的诉求，转而追求文本的不确定性、未完成性、互动性、非线性、非中心化，在这个背景下，克里斯蒂娃（Julia Kristeva）强调任何文本都是由引语的镶嵌品构成的，都是对其他文本的吸收与转化①，由此提出"互文性"（intertextuality）概念，其中蕴含两层基本含义：一方面，互文性是指一种关系，它是一个已知的确定文本与它所引用或改写的早于它存在的文本之间的关系；另一方面，任何一个文本都可以认为是互文性的，因为它来自对过去的文本的改编，并且同时它也将会成为未来某个文本的参照。所有的文本共同构成了一个开放的意义系统，当下的文本、过去的文本和未来的文本都存在于意义的网络中。通常来说，已知的确定文本是当前的文本，而先于它存在的互文文本可以被称为"前文本"。前文本包含了历时和共时两个维度，历时维度的前文本指的是文本接受者长期所处的文化和社会背景，共时维度的前文本指的是文本接受者当前所处的社会环境。一切语境包括整个世界都可以视为文本化的，意义的理解和互动都可以看作互文性的。这种方法可以使我们关注中西新闻报道中的互文性现象，摆脱对新闻文本的相似性与差异性、真实性与客观性的简单比较，在对话与互动层面进行新闻文本比较，暂时把中西方的权力关系搁置起来，通过对话聆听并吸收对方报道新闻的视角，进而形成一种你中有我、我中有你的调和与融合，保持一种平衡的对话状态。

当然，要使这种分析更有效，还必须进入诠释学的视野，体悟其方法论②：第一，不同的主体在不同的时间和空间对同一对象有不同的诠释，这种解释是没有止境的，因为个体的精神世界总是不断发展变化的；第二，无论用什么方法通过作品来构成作者和读者的对话都是一种理解和诠释的过程；第三，主体和客体都是在相互认知的过程中发生变化，重新建构自身，共同进入新的认知阶段，理解的过程就是互动的、双向的重新建构的过程，也就是实现从自我的观点来阐释他者，再从他者的观点来阐释自我的"双向阐释"。

4. 比较政治学方法

在马克斯·韦伯那篇《以政治为业》的演讲里，"政治"就是指争取分享

---

① 李玉平：《"影响"研究与"互文性"之比较》，《外国文学研究》2004年第2期。
② 乐黛云：《诠释学与比较文学的发展》，《东南大学学报》（哲学社会科学版）2003年第4期。

权力或影响权力分配的努力,为政治而生存的人,从内心将政治作为他的生命,或者是因为拥有他所行使的权力而得到享受,或者是因为他意识到服务于一项事业而使生命具有意义,从而滋生出一种内心的平衡和自我感觉①。这显然暗合了新闻工作的特质,于是,新闻工作顺理成章地被归入以政治为业的领域。这样一来,政治就成了新闻比较的一个重要维度,其基本问题是:政治差异在何种意义上造成了新闻的差异?新闻的政治危机(比如权力寻租、公共性缺失、权力依附、侵权等)表现出怎样的普遍性和特殊性?

现代比较政治学针对政治体系、政治过程和政治行为、政治发展、政治文化、政治与经济、国家与地区政治等多个方面展开研究,重点关心的是政治差异如何形成,而非仅仅描述差异。比较政治学是一门用普通概念来发现和解释各国政治体系异同的方法②,通常使用那些可以在多个国家通行的概念来进行比较研究,比如民主、人权、公平、正义、公民参与等。

在方法论上,现代比较政治学研究采用系统论的视角与结构—功能分析视角来分析政治活动。系统论将体系与环境的互动关系视为输入、转换和输出,阿尔蒙德(Gabriel A. Almond)采用这个视角,将政治体系与外部环境的关系视为影响政治决策的外部输入因素,体系间或体系内部的互动过程被看作内外部环境因素(包括国际环境、政治文化、政治结构等)作用于政治体系而产生的运作,而具体的决策或公共政策视为这种互动的结果。在这样一种因果互动链之中,政治体系被看作一个有计划、有规则的系统,其中的层次、结构与功能同时并存且相互作用,体系本身的稳定也有赖于这三个层次间的动态平衡。③ 在这一研究路径下,不同的国家、政体、民族乃至政治体系都被视为运动和互动的动态过程,一切差异或相似之处都有其前因后果可循,从而得以进行更为系统的比较与归类。这一方法为观察新闻差异的政治原因提供了有效的路径,比如,反全球化运动新闻报道框架的差异、君主立宪制国家和

---

① 〔德〕马克斯·韦伯:《学术与政治》,冯克利译,三联书店,2005。
② Mair, Peter. Comparative politics: An introduction to comparative overview, In Goodin, Robert E.; Klingemann, Hans-Dieter. *A New Handbook of Political Science*. Oxford: Oxford University Press, 1996, pp. 309 – 335.
③ 〔美〕加布里埃尔·A. 阿尔蒙德等:《比较政治学:体系、过程和政策》,曹沛霖等译,上海译文出版社,1987。

非君主立宪制国家对王室新闻报道的差异、实现多元文化主义政策的国家在边缘人群体报道方面的内在差异等,都可在政治体系与环境的互动关系中得到解释。

作为政治发展的一部分,媒介发展可按照比较政治学的方式界定为组织和程序的制度化,而制度化就是组织与程序获得价值与稳定的过程,组织与程序可以通过适应性、复杂性、自治性和凝聚性来衡量。如果这些标准能够被识别和测量,那么,媒介系统就能在制度化水平方面进行比较。所谓适应性,就是适应环境挑战和时代的一种机能,组织和程序的适应性越强,其制度化程度就越高;所谓复杂性,就是组织分支的多样化和组织分支各个类型的歧异化,一个组织越复杂,其制度化程度就越高;所谓自治性,就是组织和程序独立于其他社会集团和行为方式而存在的程度,自治性越高,制度化就越发展;所谓凝聚性就是一个组织团结的程度,凝聚力越高,制度化程度就越高①。与此同时,媒介制度的稳定与变革比较与政治文化紧密相连,要解释其中的原因,还可借鉴比较政治学所建构的政治文化与民主制度的关联性,其理论逻辑在于,生活满意度、政治满意度、人际信任以及对现存社会秩序的支持往往互相协调一致,塑造着人们对所处世界的态度特征,而这些特征又与民主制度互相协调,满意度、信任度、宽容度高的社会,更可能采用和维持民主制度,相反,民主制度很可能在满意度、信任度、宽容度低的社会中挣扎②。由此产生一个有趣的观察角度:中西媒介制度和这种建立在满意度、信任度、宽容度基础上的政治文化,到底建立了多少关联性?

5. 经济人类学方法

新闻价值的本义是通过新闻市场实现新闻交换,这种交换体现的是新闻与人的关系,它有时候被总结为产业化的新闻公司基于生产性需要提炼的某种新闻性标准,有时候也被看作有新闻价值事件的假定性质(如重要性、接近性、

---

① 〔美〕尼考劳斯·扎哈里亚迪斯:《比较政治学:理论、案例与方法》,宁骚、欧阳景根等译,北京大学出版社,2008,第77~79页。

② 〔美〕尼考劳斯·扎哈里亚迪斯:《比较政治学:理论、案例与方法》,宁骚、欧阳景根等译,北京大学出版社,2008,第94~95页。

冲突性、反常性、趣味性等），以及新闻消费者的假定需要[①]。这样一来，新闻交换就被理论化为某种共同标准、共同性质、共同需要，被抽象为普遍的市场竞争，比较新闻学所要做的就只是新闻媒体的市场化程度分析，难免使比较走向窄化。如果转换到经济人类学视野上来，就会产生对交换的新看法：对于任何共同体而言，交换的前提总是建立在某种共同价值标准的基础上，总是意味着共同体成员某种价值共意的确立，其核心体现的是社会整合，意味着共同体内"均质性"的形成；当共同体内部在不同交换模式的演变中，表现出从直接交换向间接交换的转化趋向时，就标志着共同体社会整合的规模性扩展，以及共同体特定的价值共意的有效性或合法性的范围扩展[②]。由此来看，最初在欧洲各国形成的关于什么样的新闻是值得报道的意见，可看作每一个新闻信息交流共同体内的某种价值共意；当新闻业追求大范围发行时，就标志着新闻信息交流共同体的社会整合规模随着资本的力量向外扩展；而对那些被渗透的共同体（包括中国在内）而言，会因为社会结构、社会习俗、文化需要、宗教背景等方面的差异，决定不同形式的新闻信息交流、不同层面的新闻价值取向。这就把新闻交换置于社会文化结构中，可以观察各种不同的市场化路径。

经济人类学对于消费问题的看法还可进一步深化此类研究。它不是让我们着眼于商品本身，而是看到商品消费背后的社会关系和文化因素产生这样的理论想象：商品的选择持续地创造出确定的区别形式，对其他的形式进行压制或增强，因而商品成了文化的可视部分；商品是中性的，而它们的使用是社会性的[③]。由此一来，新闻消费比较不在于新闻本身，也不在于某种假定性的受众需要，而是去观察：人们选择新闻的背后隐含了怎样的社会文化意义，与文化消费的历史转换是否发生关联？这样就回到了新闻作为特殊商品的消费分析，摆脱把新闻作为一般商品的狭隘视野。

---

① 参见〔美〕约翰·费斯克等编撰《关键概念：传播与文化研究辞典》（第二版），李彬译注，新华出版社，2004，第184页。
② 陈庆德、潘春梅、郑宇：《经济人类学》（修订版），人民出版社，2012，第223页。
③ Douglas, M. and Isherwood, B. *The World of Goods*：*Towaeds to an Anthropology of Consumption*, London, New York：Routledge, 1996, pp. 40-44.

第三，比较新闻学方法。

新闻业的发展有很明显的特点：作为一种现代性的体系，它是从西方开始成型的，虽然其内部并非是统一的，但它还是携带着现代性的力量，即技术的、政治的、资本的、宗教的力量，向非西方世界扩散而去；在打破各种地方性传播体系的同时，又被各种地方性经济、政治、社会文化体系所改造，形成了各式各样的现代性新闻体系，从而构成了多样的、非平衡的全球新闻体系。基于这一特点，比较新闻学一般遵循三个原则：一切从新闻传播实践出发，把握新闻业的整体性；影响与平行研究并重，双向观察新闻传播领域的西方化与去西方化现象；把自我置于各国新闻业之间、新闻业与社会之间的互动与对话的场域，实现语境化的双向诠释。

新闻传播是随着社会分工而分化出来的具有相对独立性的实践形式，从实践辩证法的角度来看，它体现出自主性和社会性的新闻传播实践主体、表现为专业性服务领域与服务对象的实践客体、新闻传播实践理念等方面，既连接着人对新闻传播的认识，又包含各种建构新闻传播制度、专业规范、社会互动关系的实践活动。因此，从新闻实践出发既可以立于主体性角度通观中西新闻业之大全，进行综合创造，又可以立于主体间性角度建构中西新闻的交往、对话和理解关系。这便是中西新闻比较应有的实践态度。任何形式的以西论中或以中论西，都会偏离实践的自主性、社会性和主体间性，也破坏了比较的功能对等（functional equivalence）原则，韦弗（D. H. Weaver）在比较记者的职业角色时，对中国大陆、中国香港地区、中国台湾、韩国、巴西和大西洋群岛发放的问卷几乎完全是从针对美国设计的问卷翻译而来，这样就失去了各个国家和地区对记者职业角色理解的对等性，降低了研究的可信度[①]。这其实也使比较失去了包容性（inclusive）和对话性（dialogic），只不过把非美国记者他者化了。

中国新闻业和其他非西方新闻业一样，从产生到发展都经历了西方新闻业的影响与压力，所谓反西方并不意味着把西方排除出去，只不过是把西方新闻

---

① Hanitzsch, Thomas, Comparative journalism studies, In Wahl-Jorgensen, K., & Hanitzsch, T. (Eds.). *The Handbook of Journalism Studies*. Routledge, 2008.

业的影响与压力深深地嵌入中西二元对立关系之中了。现在，随着"去西方化"（Dedwesternizing）语境在政治、经济领域的出现，新闻传播领域的"去西方化"也渐成气候①，通过反思全球化新闻传播体系，寻找失落的国家的、民族的新闻传播体系，面向不同的语言、政体、权力结构、文化传统、经济基础、国际关系和历史文化，或与媒介的跨国资本主义发展相抗衡，或批判并修正西方的传播体系和新闻理念，使之适合于本土环境。这就形成了"西方化"和"去西方化"相互交织的现象，因此，一方面要分析西方新闻传播体系对中国的影响，并把它放置在西方与非西方的权力关系中考察；另一方面要通过平行研究展现多元主义视野内"去西方化"的新闻实践，揭示中西新闻传播体系的多元关系。

中西新闻比较总是与这样的语境相联系：新闻机构之间的频繁访问、交流，记者之间的竞争与合作，新闻的风格、内容、理念的接受与改造，新闻机构与受众之间的互动与对话。这些语境将会凸显整体性比较的意义，如果观察者参与其中，实现从自我的观点来阐释他者、再从他者的观点来阐释自我的双向诠释，就使比较真正进入交往的境界了。

此文原载《新闻与传播研究》2013年第9期，荣获该刊2013年度优秀论文。

---

① 参见〔英〕詹姆斯卡伦、〔韩〕朴明珍编《去西方化媒介研究》，卢家银等译，清华大学出版社，2011。

品评博士论文

《理性与传媒发展》序

柯泽君的博士论文《理性与传媒发展》终于出版了，笔者为他的学术成果得到社会承认而感到欣慰，同时，也为他在笔者主持的教育部人文社科基地重大课题"西方传媒的社会控制研究"中贡献如此具有创造性的思想而深感快意。

柯泽君乃有理想的电视人，在湖北电视台辛勤工作十余载，和同事们一道在电视节目制作方面开拓创新，慧解特出，不让时贤。年近不惑时，极具反思与批判精神的他不满于传媒界使人困惑的种种乱象，决意跳出来反观传媒发展的问题，遂走进珞珈山，与我等切磋学问，在比较新闻学的视野中探讨中国传媒的发展之道，以此安放愤世嫉俗的心灵。柯泽君天生一个读书人，痴迷学问，以至在为生活而四处奔波时也不弃书本，不离思考，且尤能在理论与现实的结合点上做学问，不落俗套，别有会心，最终成就了他近几年心血所寄的博士学位论文。

摆在读者面前的这本书便是作者在博士论文的基础上认真修订而成的。它值得大家去阅读，首先在于作者构筑了一个笼罩日常生活的思想空间：面对作为人类生存环境的媒介，我们如何理性地发展它，把它变成人类的精神家园，而非窒息人类的坟墓？或许有人会说，世界既已疯狂，为何要寻找传媒发展的理性？我只能说，这是我们每一个人的责任，这是拯救我们自己的重要路径，如果我们不去提升传媒的理性，就会成为制造"娱乐至死"的同谋，毁灭的是我们自己。在电影《疯狂小镇》中，新闻媒体毫无节制地寻找冲突性细节的疯狂毁掉了作为新闻事件主角的黑人雇员，从某种角度而言，那千千万万乐于把电视新闻报道当娱乐片欣赏的观众，同样是毁灭者，可怕的是，谁也没有想到，这场媒体谋杀，最终指向的是我们自己！

在提倡新闻真实性的过程中，有人曾经发问：世界充满谎言，为何要求新闻真实？我欣赏这样的回答：正因为世界充满谎言，所以新闻必须真实。这便是新闻的理性。人们或多或少向往权力，最起码害怕失去权力，被剥夺权力，可是人们很难体会到，要解决无权的问题，首先要解决无知的问题，因为不能真实、清晰、明白地了解世界，我们就无法面对权力、争取权力、维护权力。所谓聪明才智，指的就是判别真假是非的理性，又名良知或自然光明，与盲目信仰对立，并不与感觉对立，这便是广义的理性。一般来说，感官只能得到个别的、片面的知觉，只有理性才能获得普遍的、必然的认识。如果新闻媒介只停留在感官的层面，甚至追求感官刺激，那就无助于人们去认知权力、平等地获得权力，只能接受蒙昧、欺骗、奴役，而这一切，人类是可以靠理性的怀疑精神、去伪存真的精神去冲破的。理性不仅是一个与感官（感性）相对的概念，而且是一种求真的认识方法，回到笛卡尔的话语中，我们可以得到理性的明确信息：

> 凡是我没有明确地认识到的东西，我决不把它当成真的接受，也就是说，要小心避免轻率的判断和先入之见，除了清楚分明地呈现在我的心里、使我根本无法怀疑的东西以外，不要多放一点东西在我的判断里[①]。

柯泽君努力以这种理性精神审视新闻传媒业在世界各国的发展历程，辨析它所处的制度环境、文化环境和政策环境，认真求证不同国别形态、制度形态和文化形态中的新闻传媒业发展的普遍的理性原则，探讨新闻传播活动如何反映和认识世界。他在总体上把传媒理性分解为传媒政治理性、传媒文化理性和传媒经济理性，从而形成了一个立体论述框架。在认知传媒发展的普遍法则方面，他呈现了一种更具综合性的见解。比如，他指出，传媒政治理性建立在国家政治理性的基础之上，二者彼此依赖和制约，构成一种共生关系，这种共生

---

① 〔法〕笛卡尔：《谈谈方法》，王太庆译，商务印书馆，2000，第16页。

关系包括制度保障、理性互构以及公民的心理结构，虽然他所讨论的传媒理性的内容还局限在传统的普适性价值里，但是，有了这种共生关系作为理解的基础，就能创新传媒政治理性的问题意识，得到这样的新见解：传媒政治理性所要解决的问题是以理性为切入点，将传媒置于政治控制与反控制的背景之中，去揭示传媒与政治之间深刻的互动关系，从而揭示传媒生存的政治意义。

在探讨传媒的文化理性时，作者展现了独特的思维方式，认为传媒文化在本质上是一种人类认识社会、认识自我的精神活动，这一活动的目的依然是求得人们对历史与现实的准确把握，求得人与人、人与社会合乎理性的互动，求得一种理性的社会制度的实现，并最终求得人自身精神的完善。这一论说导引出传媒文化的道德理性、价值理性，启发人们从人的内在精神上去建构传媒文化，走出传媒的荒谬处境。同时，又使人的文化精神在传媒文化的流通机制、传媒文化产品的构成、传媒技术的发展、传媒符号的表现等日常传媒活动中分殊展开，形成文化理性的张力。

柯泽君在论文写作之初就表现出对理性精神的崇拜，后来，在开题答辩和论文答辩过程中，他部分地接受笔者和其他老师的意见，注意辩证思考理性问题，警惕理性主义的负面影响，但读者依然可以在现在的文本中读到这样的论述：媒介所有者的逐利本质并不会造成媒体的堕落，这不仅因为人是有理性的，人类在整体上来说总是会对包括新闻产品在内的精神文化产品做出理性的选择，而且还因为人类的伦理道德与市场本身具有内在的统一性。虽然笔者和部分读者一样对这样的论述持怀疑态度，但还是乐于去以理性的态度思考：这如何可能？

仔细读他的论述，我们会发现，他在谈及传媒理性的时候，并不像有些论者那样设置一些僵硬的教条和框架去窒息新闻传播活动的勃勃生机，而是为了开辟丰富多样、与时俱进的理性之路。而且，只要你注意到中国传媒发展理性不足、价值缺失的现实，你就会理解他的用心。

不过，笔者还是要在这里向柯泽君交流笔者对理性的看法。理性不仅把控制人的非理性当作目的，还把征服自然、改造自然、调节社会当作目的。在理性主义看来，世间万物转瞬即逝、变化万端，只有一种影像一类的实在性，真正实在的事物是共相或理念。人为了追求确定性的认知，为了超越自我的限制，不得不服从理性的控制，并把理性的控制当作生活据以运行的基本方式和常轨，于是，技术成了理性主义的一种物质化身，官僚政治成为理性主义的另一种化身，旨在对社会生活进行理性的控制和安排①。

适度的理性总是与感性保持着辩证关系，但是，绝对的理性则追求绝对的控制，全面统治人的感觉世界，使人类生活组织不断理性化，常常使理性凝聚为空洞的理念或固化的意识形态，以致伤害理性自身。虽然理性会调整自身，回到感性世界，但反映着人对待自然的理性方式的媒介技术里已经嵌入了意识形态偏向，也就是用一种方式而不是另一种方式构建世界的倾向，或者说它赋予一种事物更高价值的倾向②。在柏拉图的《理想国》中，有一个著名的洞穴比喻来解释理念论：有一群囚犯在一个洞穴中，他们的手脚都被捆绑，也无法转身，只能背对着洞口。他们面前有一堵白墙，身后燃烧着一堆火。在那面白墙上他们看到了自己以及身后到火堆之间事物的影子，由于他们看不到其他东西，这群囚犯会以为影子就是真实的东西。最后，一个人挣脱了枷锁，并且摸索着走出了洞口。他第一次看到了真实的事物。他返回洞穴并试图向其他人解释，那些影子其实只是虚幻的事物，并向他们指明光明的道路。但是对于那些囚犯来说，那个人似乎比他逃出去之前更加愚蠢，并向他宣称，除了墙上的影子之外，世界上没有其他东西了。柏拉图在这里试图要说明的是，受限于影子一样的现象界造成了人的无知、愚昧，而只有超越影子一样的现象界、找到光（象征真理）与影（象征现象）的关系的理性才能使人通向知识、智慧。吊诡的是，由于理性超越感性之后，建构了人对抽象性和普遍性的崇拜，使人们进入理性的抽象生活，受控于理性的人把理念当作真实，甘愿守在理念所构筑的洞穴里信奉理念的影像，而不愿越雷池一步。于是，在现代社会，人的政治、经济、社会、文化生活都得到理性安排，但是，理性的无限僭越和滥用，又使人生活抽象化、片面化，使人不得不遭遇李普曼所说的"拟态环境"，在自己的社会里成为局外人③。一位美国作家所观察到的电视转播月食时的景象表征

---

① 〔美〕威廉·巴雷特：《非理性的人——存在主义哲学研究》，段德智译，上海译文出版社，1992，第285页。
② 〔美〕尼尔·波斯曼：《技术垄断——文化向技术投降》，何道宽译，北京大学出版社，2007，第7页。
③ 〔美〕威廉·巴雷特：《非理性的人——存在主义哲学研究》，段德智译，上海人民出版社，1992，第36页。

了理性生活的常态：人们本来把头伸到窗外就可以看到真实的东西，但是他们却宁愿在荧光屏上凝视它的"映象"[①]。从某种意义上讲，我们落入"媒介洞穴"，在媒介所提供的映象世界里甘心过着抽象性的生活。

理性嬗变为技术理性的奥秘在于人追求确定性和将知识等同于技术。人不仅关注事实的确定性、生活的确定性，而且考虑意识的确定性、实现梦想的确定性，而科学似乎是唯一满足确定性标准的那种方法。但是，人偏偏疏忽了这样的问题：一是既然科学可以被制定为规则、原则、准则之类的东西，那么，理性就免不了落入对人的抽象规定；二是当不确定成为人的一种普遍存在状态的时候，普通人的理性能力就成了值得怀疑的事情，而在理性主义的出口处，就只剩下少数精英替我们把握社会生活的确定性了。这样一来，理性在人的疏忽处乘虚而入，实现对人的生活的理性安排，而媒介就在理性嬗变为技术理性的过程中表现着理性控制的本性。如果作者能充分地考虑这一点，也许对传媒的理性发展会增添更多的想象力。

笔者和柯泽君都是再平凡不过的读书人，有着读书人的倔强、偏执与局限，但这不妨碍我们像先贤那样向往理性和自由。我们为中国传媒的理性发展而苦苦思索，为的是让自由的媒介空间回归我们的生活。这也许是书生一梦，但我们为此而快乐着，并将继续为此而快乐着。

是为序。

[①] 〔美〕威廉·巴雷特：《非理性的人——存在主义哲学研究》，段德智译，上海人民出版社，1992，第286页。

《话语偏见的跨文化分析》序

　　人是说话的动物，通过说话与他人分享交流的意义和交流的自由，但话一出口就存在因话语偏见而"伤人"的危险，这是一件让人类沮丧的事情。于是，思想家们一直在尝试解构各式各样的话语偏见，如种族主义话语偏见、民族中心主义话语偏见、男权中心主义话语偏见、群体间话语偏见等。熊伟君博采众家之说而又另辟蹊径，在跨文化传播层面综合性地解析了跨文化语境中的话语偏见及其消解之道，形成了这部颇具创见的学术著作。对于处在多元文化互动时代而又深陷话语偏见困扰的人们来说，可以从这里获得某种可贵的启示。

　　海德格尔有句名言：语言是存在的家。以笔者的理解，"家"（haus）的比喻暗示了语言的悖论：它既澄明又遮蔽了存在，既显示又隐蔽了人的存在及其文化，表现出交流与不可交流的矛盾。语言既内化为人的思维方式、价值关系，又外化为人的语言规则、言语代码、交流方式等方面。这一方面意味着语言显示了无限可扩展的交流空间，或者说任何一种完备的语言所共有的语言能力或言语潜力，这使得一种语言能够翻译和解释其他语言中的任何一种表述，达成意义的分享；另一方面语言的现实空间在很大程度上被具体文化的思维方式、价值关系所决定，由于文化的不可通约性，就难免发生意义的遮蔽。语言这种既"显"又"隐"的矛盾性表现的是人的矛盾性，人渴望交流与理解，生活在语言与言说的世界里，同时又把语言变成包裹自己的工具，使语言成为文化身份、意识形态、权力竞争的空间，不再是反映客观世界和内心思想的透明的媒介[①]。话语作为使用中的语言很典型地表现着语言的悖论，由文化身份、意识形态、权力竞争等因素产生的偏见运行在日常语言之中，形成语言偏见，而语言偏见又反过来维护、再生着偏见，使偏见"脱口而出"，变得自然化、习惯化。人若要超越偏见，进入交流的自由之境，就必须面对这种如影随形的语言悖论。

---

① 单波：《跨文化传播的问题与可能性》，武汉大学出版社，2010，第144页。

事实上，很多著名的思想家、文学家也难以摆脱这种语言悖论的束缚。以作者在书中提到的英国作家吉卜林（Joseph Rudyard Kipling）为例，这位周游世界的诗人感悟到了隐含在日常话语中的"我们与他们"的二元对立，表达了超越互为他者、互相敌视的良好愿望："所有善良的人们都同意/所有善良的人都说/所有像我们一样的好人是'我们'/其余的人们是'他们'/然而一旦你们穿洋越海/而不是在路的那一边/就不会再把'我们'看作仅仅/是一群某种'他们'！"可是，"我们与他们"的诗意表述只不过再现了文明与野蛮、光明与黑暗的西方式认知，这样一来，殖民者的优越感还是镶嵌在他的一些文学性的话语之中，如"他像东方人一样说谎"（He could lie like an Oriental，小说《吉姆》）、"殖民地的人民通常是一半是恶魔一半是孩子"（half-devil and half-child，诗歌《白人的负担》）。

就如同纸是包不住火的，语言也是包不住偏见的。社会心理学家对群体间语言偏见（linguistic intergroup bias）的不断验证说明了这样一个事实：语言刺激既反映又影响和引起了交流参与者的思维和认知内容，一个人不管如何深谙语言技巧，懂得用语言去掩饰自己的偏见，但是，语言还是会把潜藏在心灵深处的偏见显露无遗。比如，我们常常听到这样的话语：我不是种族主义者，但我认为要尊重我们之间的差异权；我对黑人没有偏见，但的确很多犯罪事件与他们相关；我并不认为伊斯兰教是恐怖宗教，但那些信徒确实参与了恐怖活动。这类话语极尽掩饰之技巧，但话语结构还是把说话者的意识形态和偏见显示在每一个听者面前。正是因为语言的这一特点，才构成了我们研究语言偏见的可能性。

早在20世纪50年代，美国社会心理学家奥尔波特（G. W. Allport）就发现了存在于群体间交往中的语言偏见现象，根据他的观点，语言可以微妙地反映人们的思维结构，特别是在内群体对待外群体的时候，我们可以从语言中看到内群体对外群体的刻板印象或对内群体的偏爱[1]。意大利心理学家安妮·马斯（Maass, 1989）等人循此提出群体间语言偏见（linguistic intergroup bias）

---

[1] Allport, G. W. *The Nature of Prejudice*. Reading, MA: Addison-Wesley, 1954.

理论①，认为在群体间交往的语境下，当遇到与关涉内—外群体的预设观念不一致的信息时，语言的使用体现着刻板印象的痕迹。当描述一个内群体成员的积极行为或外群体成员的消极行为时，人们往往使用更为抽象的语言；而当提起内群体成员的消极行为或外群体成员的积极行为时，人们则使用更加具体的语言。这一理论把研究语言偏见的可能性变成了可操作的心理学方案，即在群体间交往的语境下，测量认知他者、传播刻板印象的心理过程与信息的语言表达形式之间的互动关系，由此形成了一个总体性的见解：群体间既存的偏见导致了偏见语言的使用，反过来，偏见语言的使用又巩固和维护了既存的偏见。熊伟君通过细密的梳理，完整地把握了这一理论的思维框架，同时也敏锐地察觉到其中的不足，如局限于词汇的具体—抽象度来表征群体间语言偏见，不能结合文本的整体结构、具体语境、传授双方的身份、价值观念、意识形态等因素分析；对语言偏见产生的原因解释不足，未能触及更为深层的社会文化原因，特别是未能考虑到内群体和外群体之间的不平等权力关系对语言偏见的影响；注意到了不同的语言偏见形式对接受者认知的影响，但忽略了接受者的批判性解读。这种理论反思意味着群体间语言偏见研究的跨文化转向，即从语言抽象程度转向跨文化交流语境，更深入地揭示话语（作为使用中的语言）是如何微妙地表达偏见的。相应地，心理学分析路径换成了批评性话语分析方法，即以诺曼·费尔克拉夫（Norman Fairclough）的三维批评性话语分析理论为基础，着眼于文本分析（语言形式特征分析）、话语分析（生产和接受过程分析）、批评分析（社会文化语境分析），从而揭示隐蔽性的语言策略所表现出来的偏见。显然，这种转换将构成对群体间语言偏见理论的有益补充。

顺着这种研究路径，作者让我们感知到，在文本分析层面，语言可以通过各种策略（词汇、语法、篇章等）间接、微妙和策略地反映、建构和维护偏见；在话语的生产与接受的实践层面，话语偏见不仅与文本的生产者有关，还与接受者解读文本的方式有关；在社会文化语境层面，话语偏见的生产与理解过程，以及文本的语言形式特征还受到更为宏观的社会文化语境的影响和制

---

① Maass, A., D. Salvi, A. Arcuri & G. Semin. Language use in intergroup contexts: The linguistic intergroup bias. *Journal of Personality and Social Psychology*, 1989, 57: 981–993.

约，如意识形态（如东方主义）和权力关系（不平等的传播权力），反过来它们又维护和巩固了既存的不平等权力关系。这些分析深刻地揭示了一个事实：人与人之间、群体之间的话语实践常常为权力关系所架构，人们很难拥有产生互惠性理解的对话机会，当这种情况持续发生的时候，某些弱势的语言群体要么因发现自己原有的身份被社会所贬低，而使对话偏向消极效应（如偏见、不信任和冲突），要么被强势语言群体所支配而丧失自我语言的表达能力。这就是我们常常担忧的话语权的丧失，既失去对话能力，又失去说话能力。

面对人的语言困境，作者基于语言与社会的互动关系，试图从语言对社会的反作用力上做文章，以寻求策略性改变。他导入费尔克拉夫的"解放的语言"（emancipatory discourse）概念，即干扰和打断既存的意识形态话语的"常识"性，打破常规，改变现有的话语秩序，使之"去自然化"（denaturalized）和"陌生化"（defamiliarized）。以笔者的观察，这其实是有成功的先例的，墨西哥恰帕斯州的印第安原住民的信息化游击运动就是一个典型的案例。那里的人们用语言改变命运，将自己化为了一个叫作"萨帕提斯塔（Zapatista）"的符号——这个符号代表着他们对现实社会的控诉、对生存权利的渴望、对社会认同和身份认同的诉求——他们称这个符号是为全世界的边缘群体所共同创建的，无论你在世界的哪个角落，人人都是萨帕提斯塔，他们由此建构了印第安人的身份认同，而且把它扩展为全世界边缘群体的身份认同。更使人瞩目的是，他们并不仅仅局限于守住印第安文化或玛雅文化，而是形成了改变生存处境的积极的沟通策略①："我们必须要说话，而且要让别人听到。如果我们现在不这样做，别人会替我们说，谎言就会不由自主地从他们的嘴巴里说出来。必须找到说我们自己的话的途径，说给那些想听的人。"他们通过这种策略冲破了英语的牢笼，部分突破了"被英语说"的格局，同时也解放了自身被方言分割的语言空间，使之成为内群体沟通和群体间沟通的力量。这其实就是后殖民主义的"反话语"策略，即发展文本策略，寻找对话空间，消耗主流话语的偏见，找回自己遗失的说话能力。

---

① 〔美〕曼纽尔·卡斯特：《认同的力量》（第二版），曹荣湘译，社会科学文献出版社，2006，第85页。

当然，每一种理论建构都会存在自身的偏向与缺失，这本书也不例外。作者所依赖的批评性话语分析路径，强调反思语言使用中的社会不平等，认为语言使用具有建构性、历史性、社会性和政治性，受到历史、社会、权力、意识形态的影响，试图解释语言偏见生成的社会文化条件以及在权力斗争中的作用。这使得作者偏重于宏观层面的反思，忽略了对语言偏见的心理学分析成果的吸收与转化，这样一来，对语言偏见的分析常常停留于抽象的层面，难以形成面向事实本身、面向语言意识本身的现象直观。一般来说，理论（theory）的姿态就是"全神贯注地看"，实际上，所有的科学方法都是在创造一种看的方式，虽然各种看的方式难免相互矛盾，但我们并不能因此偏向一隅，而是要解放看的方式，创造新的方法。如果作者能给批评性话语分析注入现象直观的内容，更多地关注日常话语实践的案例而非偏重于政治性话语实践，也许能为话语偏见的跨文化分析打开更广阔的理论视野。

熊伟君乃仁厚君子，身处权力纷争、偏见丛生的世界，心忧文化冲突、权力宰制，向往理解与沟通、信任与合作的跨文化理想，为此而沉潜于跨文化传播领域，心无旁骛，殚精竭虑，深造而自得之，实现了为人与为学的合一，为学界诸君所称道。作为他的朋友，我真诚地祝福他永葆学人本色，乘着跨文化理想的翅膀，跃上学术新高度。

是为序。

地方社群的重建与公众的发现
——评《美国的公共新闻运动》

20世纪末的美国，一批新闻学者和新闻业界人士感觉到，愿意参加政治活动的美国民众越来越少。他们希望通过新闻业务改革，把缺乏热情、不关心国家大事的民众拉回到政治活动中来，于是发起了一场名为"公共新闻"的改革运动。郑一卉在读博期间就热情关注这一运动，我鼓励他一探究竟，不仅要完整呈现美国式新闻改革的来龙去脉及其所蕴含的思想纷争，还要为当下中国式新闻改革提供某种参照。后来，他又到美国拜哈林（Dan Hallin）、舒德森（Michael Schudson）等传播学家为师，几经修改、补充，最终出版了摆在读者诸君面前的《美国的公共新闻运动》（北京语言大学出版社，2012年8月版）。

我最有感触的是书中对美国公共新闻运动的思想来源的探索，特别是建立了美国哲学家杜威的民主观与这一运动的关联。作者观察到，运动的支持者宣称，公共新闻最简短的定义就是"杜威思想"。当然，所谓"杜威思想"，不是指杜威的全部思想，而是指他在20世纪20年代与政治评论家李普曼辩论时提出的一些民主政治观念，主要内容是提倡通过加强人际交流、重建地方政治社群、恢复乡镇集会的传统来培养出能够管理国家的公众，推进参与式民主。

杜威当年之所以提出这样的主张，一方面是因为他认为地方性社群、乡镇集会是美国民主的源泉和基础；另一方面是因为他感觉到地方性社群正在消失。20世纪初，随着工业、交通、通信和科技的发展，那些原本相对隔绝的地方性小社群与其他社群建立起了联系，形成了突破地域限制的、复杂的大社群，即格雷厄姆·沃拉斯所说的"大社会"（the Great Society）。"大社会"中的人们不再对地方有很强的情感依附，在非人性化的力量挤压下，地方社群开始分崩离析。

但是，公共新闻运动发端于20世纪90年代，而杜威与李普曼的辩论是在70年以前。这也就是说，公共新闻运动的支持者秉持的是一个尘封已久的老旧观念。作者还指出，除了发起公共新闻运动的新闻传播学者，一些当代学者，如社群主义者和商议式民主理论家也在重读杜威。通过这种观察方式把公共新闻运动背后的思潮疏理下来，清晰明了，实在是一个聪明的做法。

为什么杜威的思想会在世纪之交重放光芒？难道是因为美国的地方社群再度分崩离析，让当代知识分子与早已去世的杜威产生了共鸣？在杜威看来，"地方是终极宇宙，就如同存在那样是绝对的"，"近距离、直接交流和情感依附关系所拥有的活力和深刻性是无可取代的"。但根据美国学者迈克尔·舒德森的分析，杜威所说的"终极宇宙"在20世纪三四十年代就已消失，因此不可能再度分解。作者认为，当代知识分子重读杜威，是因为社会环境和媒介环境让他们有了与杜威类似的对现实的焦虑，即民主和公众正在遭遇的危机，而这样的焦虑让他们把眼光投向了过去。其实，还应该看到，公众在新媒体技术、反全球化浪潮中的"复活"也是重要原因之一，但靠几个知识分子"挖掘公众"是靠不住的。20世纪90年代公民新闻的出现还可以看作是公众的自我救赎的努力。

杜威的主张有没有被实施？虽然杜威从未说明如何在"大社会"中重建地方社群，也从未说明它如何与现代性、科学相协调，但还是有不少人按他的主张开始了实践。书中指出，在美国历史上，力图复兴政治生活，回归乡镇集会的传统的实践不止公共新闻一个，在此之前已有过多次尝试。但这些尝试均未能重现"过去的好时光"，就连公共新闻也没有摆脱这种宿命。

那么，可以说公共新闻运动重建地方社群的努力是一种毫无意义的"无用功"吗？这种说法也许有些偏颇。作者指出，公共新闻绝不是新闻学者的幻想和纸上谈兵。若公共新闻乌托邦色彩浓重，它又怎能成为一场大规模运动？若看不到一点成效，又何以延续了十多年？也许可以说，即便公共新闻运动忽略了在当代社会重建地方社群的可行性，但它建立公众论坛、发起公共活动的努力仍有助于保持民主的想象力。这应该算是一种历史主义的评价。

进入21世纪后，公共新闻运动逐步退潮，但这不意味着"公众"的消失。作者指出，美国的公共新闻就像是一个已经落下的果实，在这个果实内部，有一粒叫"大众民主"的种子，只要遇到合适的环境和时机，公共新闻就会再度发芽。这一结论似乎过于抽象了一些，如果进一步观察一下2003年以来的美国媒介改革运动，就会发现，公众已经成为媒介改革的主体，当全球化把他们抛向边缘而大多数社会精英袖手旁观的时候，他们只能继续走在自我救赎的道路上，从这个意义上讲，公共新闻运动重新发现的"公众"还在路上。不过，如何把知识分子重建地方社群的努力与公众的自我救赎结合起来，是一个更值得探索的问题。

从总体来看，作者跳出来就新闻谈新闻的路数，把公共新闻运动置在了宏阔的社会、政治视野中。但是，对于杜威的思想重新受到重视的原因，作者笔墨不多。这是一个很有意思的话题，对它的深入探究有助于更好地理解现代民主政治的发展方向。

若想理解新闻与民主政治之间的关联，探索新闻界的前行方向，此书是个不错的选择。另外，此书附录中的《公共新闻运动年表》和公共新闻运动中的典型案例很有价值，能为后续的研究者提供借鉴。

此文原载《青年记者》2013年第28期。

读书意义的分享

致读书会的同学

诸位学友，很荣幸能和大家一同走进读书会。从今天开始，我们将以"博学之，审问之，慎思之，明辩之，笃行之"的态度，建构我们的求知生活，并以此引为同道，展开我们的精神交往。

我应该赞美诸君的幸福，因为你们的青春正好落在这样一些日子里，你们可以自由自在地专心从事真理与科学的探讨。得到诸君的信赖是我的荣幸，亦是一种缘分，但我更希望你们信赖科学，信赖自己，鼓起追求真理的勇气，在学习中提升对于精神力量的信仰。

很高兴回答你们向我提出的第一个问题——"我该如何读书"，这真是应验了贺麟先生的一句话——"人是读书著书的动物"。根据我的体验，读书是人类的一种交流方式，它让我们通过文字或符号去认识、结交那些文化星空的"在者"，一旦有所触动，我们便会与思想共舞。那种喜悦，我们称为"开卷有益"。可惜的是，我们常常把"我该如何读书"的问题弄得十分沉重、紧张，远离了读书的交流意义。一方面，在所谓"书山有路勤为径，学海无涯苦作舟"的说辞里，有的人陷入死读书的泥潭，最终"读书至死"；另一方面，在所谓"书中自有黄金屋，书中自有颜如玉"的想象中，有的人失去了一卷在握、宁静致远的心境，走上了知识就是权力的歧路。其实，读书作为交流方式，用学与思两个字来概括足矣。学就是与他人智慧对话，丰富自己的见识；思就是在与他人智慧的对话过程中发挥自己研判能力的练习，以便使自己明智。

"我该如何读书"的问题可以从四个方面去思考：第一，这一问题就像

"我该如何做人"的问题一样,应该先向自己提出,并求得初步思考,然后在我们的讨论中确定读书路线,这样才体现为一个互动式学习的过程。第二,读书必须带着问题去读,在探寻问题的过程中与作者对话,用问题意识激活知识系统,开辟知识的道路。第三,每个人都有自己的性情、兴趣、才能和需要,因此,读书方法不必相同,应体现自己的特点。第四,读书有广泛的含义,不仅要读用文字写出来的书,而且要读自然、人生、社会等不成文的书,即用一己之生命去观察、体验,这样,所得的学问将更为真实、更为创新、更为灵活。我们之所以把书本比作"阶梯",是因为我们通过书本进行着跨越时空的知识与精神交流,寻找着通向智慧的路径;我们之所以把生活比作"源头活水",是因为我们的创造永远植根于对生活的理解。

我们必须清楚,新闻传播学是一个"处在十字交叉路口"的研究领域,它所涉及的媒介文化、媒介经济、媒介与民主政治、媒介体制、媒介社会、媒介伦理、媒介法制等问题,延伸到哲学、文化学、社会学、政治学、伦理学、经济学、法学、美学、人类学等领域。我们只有通过普遍学习、普遍思考,才能获得透视人类新闻传播现象的"透镜",进而不断发现新闻传播过程中的问题,又在解决问题的过程中开展自己的读书生活。我们的读书方法是:史论结合、中外对比、多维思考、关注现实。

与此同时,特定的研究领域又要求我们把解读西方传媒及跨文化传播现象作为读书的重点,去读懂特定的传媒历史与个性、特定的媒介事件、典型的媒介人物、独特的媒介文本……总之,从细节处修建探索之路,让思想着陆于具体的事物,以求得真实的理解与体验。

读书如临战场,这是一场与自我的成见、偏见和情欲进行的战斗,我们要用创造性打开前进的道路。朱子所谓:"读书须一棒一条痕,一捆一掌血",最足以表示这种如临战场的读书精神。我这样说并不是想把读书弄得紧张万分,而是通过与自我的成见、偏见和情欲的战斗开放自我,把自我超越的精神贯穿于读书生活之中,使自己的智慧深深植根于思想自由交流的过程之中。

此文原载《武汉大学报》2010年5月30日。

知识·Power·文化·生命力

《现代传播》1995年第1期发表朱光烈先生的《"知识就是力量"吗》一文，质疑最为中国人所熟悉的培根名言：知识就是力量，提出文化就是力量。北京《中华读书报》和上海《新民晚报》报道了朱文要点，之后引发激烈争论。我深受朱先生的启发，但又对"文化就是力量"的观点充满疑虑，遂以书信的形式向朱先生表达自己的看法，朱先生直接将此信刊载于《现代传播》1996年第2期，列为争鸣文章，让我得以首次公开发表读书体会。

1995年4月捧读大文《"知识就是力量"吗》，颇受启发，本想就您所论问题略述一二，以便与您以及和我一样对大文感兴趣的读者达成交流，不料为杂事所扰，始终未能了此心愿。后又在贵刊读到张光斗、杨樽二位先生对大文的批评意见，再一次产生思考冲动。现在我把思考结果整理出来，呈送于您，以期指正。

先生对"知识就是力量"这一传颂了几百年的名言提出大胆疑问并进行翔实论证，的确语惊四座，因为您打破了一种思维惯性，打破了渴望现代化的中国人的心灵活动中自觉或不自觉的出发点。您从人文主义立场出发，分析了"知识就是力量"产生的背景，冷静地指出了这一观念的历史局限及其所带来的严重后果——人的异化，在承认科学技术仍然是一种伟大力量的前提下，提出文化是一种比科学技术更全面、更伟大、更带有根本意义的力量，知识只有与主体个性相结合并升华为文化才具有力量，知识不可能形成力量本身，而文化对经济和社会发展带有根本的影响。所有这些都体现了您的极富个性的思索，而您所提出的问题对当今世界、对当今信息社会、对中国的未来发展都具有相当重要的理论意义。而对持科学主义立场的人比如张光斗、杨樽二位先生来说，您的观点显然是有悖情理的，是不符合我国当前"尊重知识，尊重人才"的价值取向的。很有趣的是，您在文章中所说的人文主义与科学主义的对立，在大文刊发后又实际地发生了。看来，在理论认识没有解决之前，大文所说的"让人文主义与科学主义共同执掌天下大事"只是幻想而已。

1995年过世的哲学家冯契先生曾在其《〈智慧说三篇〉导论》中说"科学主义和人文主义、实证论和非理性主义的对立，是近代西方科学和人生脱节、理智和情感不相协调的集中表现"，这种对立，"不论是在西方还是在中国都继续发展着。在中国，'五四'时期的中西文化论战、科学与玄学的论战，正反映了这两种思潮的对立"。的确，看到张、杨二位先生的文章后，我就马上联想到了1923年的科学与玄学论战。当时，科学派多半是西化派，强调以现代西方科学为基础来建立科学的人生观，玄学派认为人生观领域非科学所能够解决，多数强调东方文化有其优越性，在他们看来，中国传统讲"天人合一"，自然与人生统一于道，哲学家之道与哲学家之人格应是统一的，在人生观问题上，正需要继承和发扬这种中国传统。当时论战的结果，玄学派似乎失利，但客观而言，这两种观点都有其理由，也各有其片面性。在我看来，张、杨二位先生承续了科学派的深刻，也承续了科学派的片面——在充分认识科学的作用、充分吸纳西方科学层面的东西的同时，又带有"科学万能"的认识偏向，忽略人文精神层面的东西，忽略科学与人生的脱节，忽略科学作为工具对人的宰制。其实，科玄论战已表明，就中国来说，既需要科学，也需要人文精神，那么，怎样解决科学主义与人文主义的对立问题呢？这是许多哲学家在考虑的大问题。您所提出的"文化就是力量"的观点尽管有待检验，但不失为一种解决这一问题的思路。按庞朴先生的观点"文化，从最广泛的意义上说，可以包括人的一切生活方式和为满足这些方式所创造的事事物物，以及基于这些方式所形成的心理和行为。它包含着物的部分、心物结合的部分和心的部分……文化的三个层面，彼此相关，形成一个系统，构成了文化的有机体"。① 在这样一个有机体里，确如您所言"知识不过是主体文化里的营养和催化剂而已，它不可能形成力量本身。而文化却是和力量紧密结合起来的"，靠着文化的合力，科学主义的和人文主义的东西便可被整合在一起。按庞朴先生的观点"文化，从最广泛的意义上说，可以包括人的一切生活方式和为满

---

① 庞朴：《文化的民族性与时代性》，中国和平出版社，1988，第82~83页。

足这些方式所创造的事事物物，以及基于这些方式所形成力量本身。而文化却是和力量紧密结合起来的"，靠着文化的合力，科学主义的和人文主义的东西便可被整合在一起。

  细细体味，当你提出"文化就是力量"时，"力量"一词的内涵已不同于"知识就是力量"中的"力量"（power）。让我们先来看一看"知识就是力量"的英文表述，听翻译行家言，译成"力量"并不准确，"power"的本意是"强迫服从的权力控制权、支配权"①，而"力量"只是引申义。按培根时代的语境，power是在其本来意义上使用的，Knowledge is power 即是说"知识是制服自然的力量"，强调认知主体对认知客体的控制、支配，这正与英国经验主义的经验理性相吻合，也正与如培根一样的经验论者试图以感觉经验为基础、为人类的知识提供必然性和合理性证明的努力相一致。就这句话的语境来说，当时在结束宗教神学的独断统治之后，西方便兴起了理性的复兴运动，随之科学得到迅速发展，科学——技术理性逐渐取得了支配地位，由于理性被科学化，"科学"便成为一切理论的标准模式，其他种种意识形式都不能不向科学理性靠拢、看齐，于是形成科学技术理性支配文化形态的时代。所以从语境上理解，也是在本来意义上使用的。

  我们还可以把这一语境推向西方理性精神的发展史。理性在西方哲学史上是一个经典概念，"理性完全从无意识的原始水准超拔出来，乃是希腊人的成就。"② 而且主要归功于柏拉图，正是在他的身上，理性意识本身从人类历史上第一次分化出来，成了一种独立的精神功能，"而且由于有了这种分化，西方文明随后便具备了有别于东方文明的特征，科学本身，这种特别地属于西方的产品，只有通过理性的分化和高扬，才有可能成为至高无上的人的能力。"③ 我们常说中国的科学不发达，其深层的原因还在于，在我们这个民族的文明进程中，理性不曾完全同人的精神存在的其他部分如感觉和直观分离出来，区别开来，当然，这是题外话（我加了着重号的地方表明了科学成为"人的能力"的前提，可作为大文所说的"知识不能形成力量本身"的理论佐证）。我们可

---

① 参见《英汉辞海》，第4097页。
② 〔美〕巴雷特：《非理性的人》，段德智译，上海译文出版社，1992，第83页。
③ 〔美〕巴雷特：《非理性的人》，段德智译，上海译文出版社，1992，第83~84页。

以看到，凭借理性，人可能透过变化不定的现象经验，认识和把握世界的本质、法律、秩序——这构成了西方人的理性主义信念，以至于科学成为西方哲学的一大主题，这一主题往往和经验现实、经验理性方法、真理、事实、认知等问题相联系，并通过这些问题表现出来。特别是到近代，西方哲学差不多全都把人设想成一个认知主体，特别强调认知理性，英国经验主义的经验理性、启蒙理性主义的科学理性内涵等，均是认知理性的不同发展形态。认知理性专注于人类如何认识世界，确立了理性的科学精神和科学权威，主张追求知识真理，强调科学认知的功用效能，特别推崇技术和知识，将科技知识视为人类改造自然的强有力手段和工具，也称为功用理性或技术理性，马克斯·韦伯的"形式理性"和法兰克福学派的"工具理性"，就是指的这种技术理性。总的来看，认知理性自身成为自足完善的认识功能体系，形成独断理性主义。

从这一简短考察中，我们便可发现，西方理性主义传统下所崇尚的"power"，不是一种简单的力，而是控制权、支配权，正如《菲德罗篇》中关于灵魂的著名神话，理性作为双轮马拉战车的驾驭者，用马鞭和缰绳对情感、情欲组成的白黑骏马，传达出约束和强制的观念，西方人在近代以来，一直在用科学知识驾驭认知客体（包括人在内），尽管认知理性是非完备性的，尽管有人文主义的对立，但对这种控制权、支配权的崇尚一直没有停息，因为理性主义的传统并没有终结（虽然对这一传统有困惑，有批判）。

而"文化就是力量"中的"力量"显然不能作此理解。按照我的体会，您在这里所强调的是一种生命力，是生命流动过程中的整合力，而这便是最为根本的力量。指出这种力量的前提便是尊重人的整体性、人的人格，尊重"由人的人格所创造之文化"，尊重人"在文化中所表现之创造精神"，只有这样，才能如哲学家唐君毅先生所说，"自文化中看出生命"，"以文化之生命"充实个体之生命，这样，个体之生命"将随人类文化之开拓，而日进无疆"[①]。从而显现出人的力量——一种生生不已、大化流行的生命力。

希腊的理性分化以及由此产生的理性精神，确实使人类迈出了巨大的和必要的一步，但同时又是一种损失，"因为人的存在的原始整体性因此也就被分

[①] 霍韬晦编《唐君毅哲学简编》，香港法住出版社，1992，第24~25页。

割了"，以致理性和非理性之间的分裂，"长期以来一直是压在西方人身上的沉重负担"①，科学的发展也因此遭遇了危机，梁任公先生在1920年撰写的《欧游心影录》中这样描述道："当今讴歌科学万能的人满望着科学成功黄金世界便指日可出现。如今功总算成了，一百年物质的进步比从前三千年所得还加几倍，我们人类不惟没有得着幸福，倒反带来了许多灾难。好像沙漠中失路的旅人，远远望见个大黑影，拼命往前赶，以为可以靠他向导。哪知赶上几程，影子都不见了，因此无限凄惶失望。影子就是这位'科学先生'。欧洲人做了一场科学万能的大梦，到如今都叫起科学破产来，这便是最近思潮变迁的一个大关键。"

的确，科学危机被许多西方人士深切感受到。这是一种怎样的危机呢？哲学家胡塞尔在20世纪30年代撰写的《欧洲科学危机和超验现象学》一书中指出，这里的所谓科学危机不是指物理学或数学等具体学科本身的危机，而是指由于科学的社会作用所引起的文化危机，因而，从根本上说，这是一场人自身的危机。胡塞尔认为，19世纪与20世纪之交，实证主义思潮开始流行，人们被实证科学的表面繁荣所迷惑，让自己的整个世界观受实证科学的支配，结果，被人们理想化和神化的科学世界排斥了人的问题，导致了片面的理性和客观性对人的统治。从这种意义上看，科学危机的实质是科学同人的存在相分离，结果使科学失去了意义，甚至危害人类。

这一分析的范围还不够广，必须扩展到自然科学以外的领域，事实上，在今天人们提起科学、提起知识，已包括自然科学、社会科学、人文科学等，谁也不会像培根那样狭窄地理解知识（正如张光斗先生所言）。科学研究对象的拓展，与理性主义传统有关联，因为在理性主义预设的客观世界里，人也包括在其中。这样，科学研究范围必然要从自然科学，到心理科学、社会科学、人文科学（唐君毅先生称为文化科学），满足理性对"人是什么"的追问。于是，人类的情感意志、人的一切文化表现，无论建筑、绘画、音乐、文学、宗教、道德、政治、经济等，都可以对之作科学研究，把它们视作客观对象，将它们客观化，并且都可以通过冷静、客观的研究，得出相应领域的真理性的知

---

① 〔美〕巴雷特：《非理性的人》，段德智译，上海译文出版社，1992，第86页。

识，但我们须知，这种真理性知识，并不等于生活自身，"科学所得的关于那些生活之真理，只是那些生活之共相，只是那些生活与其他东西或其他生活之因果关系等。"① 对这些"生活之真理""生活之共相"的抽象了解，不免使人们多少看轻对具体生活具体体验，同时使人们同科学家一道产生"科学精神在一切人类生活之上"的幻觉，当科学至上被人公认而不敢反对时，便以知识、真理的简单获取去牺牲科学生活以外的一切文化生活体验，从而背离整个人文世界，造成科学同人的存在相分离。而当人们简单地获取关于建筑、绘画、音乐、文学、宗教、道德、政治、经济等的知识性结论，简单地把这些知识性结论等同于现实文化生活之时，人们同时也丧失了科学之精神。

于是，我们看到，近代以来，在"知识就是力量"这一观念的导引下，认知理性或工具理性具有自身的权能，其充量发展就能成为世界的主宰，严重破坏了人类文化应有的平衡，损伤了其整体生命力，致使人文精神失落。人们追逐知识，习惯于根据一定的科学结论以形成其宇宙观、人生观及科学技术应用，背离整个人文世界，面向自然，攻伐自然，征服宇宙，从而形成生态破坏、环境污染、能源危机、核子威胁、技术整治、人生物化等世纪病。可见，割裂人的整体性，让认知理性或工具理性占据控制权、支配权（即 power），人类终将毁灭自己，自己喝干自己酿造的苦酒。从这个意义上讲，"知识就是力量"的观念应该被抛弃了，但这并不是说我们要抛弃知识，抛弃科学技术，它本身仍然是一杯美酒，是整个文化构成的一部分，我们要从尊重人的创造的角度去尊重它，同时要抛弃科学至上的理念，把科学文化拉回到人类文化的整体性构架上来，正如唐君毅先生所说："科学只是人文之一种，科学意识，只是人生意识之一种，建基于一时之科学结论的宇宙观人生观，只是人之宇宙观人生观之一种。我们必须以人文之全体和协调发展之理念，代替科学至上之理念。"② 我想，这才是我们对科学应取的态度。

否定"知识就是力量"也并不是要抛弃人的理性，而是把理性的人拉回到整体的人、本真的人、全面发展中的人来。我认为巴雷特的观点非常独到：无论

---

① 霍韬晦编《唐君毅哲学简编》，香港法住出版社，1992，第263~264页。
② 霍韬晦编《唐君毅哲学简编》，香港法住出版社，1992，第270页。

理性的人还是非理性的人都只是一种"片面"的人,一种"不完全"的人,因而也是"抽象"的人,"非现实"的人;"本真的人"应当是"完全的人"或"完整的人",应该是理性与非理性的合体,应该是既有血有肉又有头脑有思维的人,也只有这样的人,才是具体的、现实的、活生生的人。① 我们可以看到,巴雷特极有说服力地为我们抽掉了"知识就是力量"背后的理性主义观念,使理性回归到了人的整体发展之中。我想,从此基点考虑,我们还有什么理由抱住"知识就是力量"不放呢?它只是作为经验理性的用语才有其合理性。

尽管有文艺复兴作背景,但"知识就是力量"并不能算传达人文主义,对知识论的倚重表明,这一话语以及它所代表的经验论,不能把握人的自作主宰性或自本自根性,人只能如培根所言,"是自然的仆役和解释者","要命令自然就必须服从自然",认识自然,用知识去主宰自然。② 培根的观点仍然源于亚里士多德的"人是理性的动物"(与文艺复兴时期的人文学者复兴希腊、罗马文化的目的是一致的),人的整体性被培根用经验理性所肢解,这是我们需要加以认清的。

提出"文化就是力量",就是要回到人的整体性,回到文化生命的整体流动过程之中。

文化作为人的存在对象为人所创设,又成为人的生命的血脉,在这里,科学文化与人文文化是合一(即科学为人文之一种)的,理性与非理性(情意)是整合的,人类的各种文化是互补的。在生命的汇通之中,文化成就了人,文化塑造了人,文化规定了人。在文化的世界里,人和世界保持着统一性,这是一个参与其中并作为价值主体的,保持着目的、意义和价值的世界,因而也是一个有生命力的世界。这并不是灵机一动的"发现",而是一种生命体悟,尽管不是人人都能体悟到,但"文化就是生命力"确实是真实的判断。

当我同一部分人讨论您的这一观点时,他们说,文化都发生了危机了,还谈什么"文化就是力量"!我则告诉他们,这正好从反面说明,文化是有生命力的,因为你们看到的正是一种生命萎缩现象。文化危机来自其生命体内人的

---

① 〔美〕巴雷特:《非理性的人》,段德智译,上海译文出版社,1992。
② 《简明社会科学词典》,第890页。

价值失落，人文精神失落，来自人生物化，即人的神圣本性被压抑、扭曲、掏空，因而文化生命有机体被损害，但这并不意味着文化从此失去生命力，而是意味着文化更新、综合创造时代的到来，因为人要保持自己的生命存在，必然更新文化血液，迎接挑战。

唐君毅先生曾深切悲叹中国文化与中国人心，"已失去一凝摄自固的力量，如一园中大树之崩倒，而花果飘零，遂随风吹散；只有在他人园林之下，托荫蔽日，以求苟全；或墙角之旁，沾泥分润，冀得滋生。这不能不说是华夏子孙的大悲剧。"① 但唐君毅先生并没有一味沉入这一悲情之中，而是充分感悟到中国文化的生命力，提出"灵根自植"，在返本开新、回应西方文化挑战中综合创造，开创中国文化新的生命力。在他看来，文化的生命是无限的，其根源便在于人的"无限之精神存在"。

我认为，这便是我们体悟"文化就是力量"的根本所在，也是我们在文化转型期进行文化创造的出发点。回顾"五四"时期，我们大量吸收西方文化中的理性、科学、民主等东西（当然也带来了好处），但同时又深深地斫伤了中国传统文化，片面地实行全盘西化，推行欧洲中心论，其内在原因恐怕在于忽略了文化作为有机生命体的存在，其结果大大损伤了中国文化的原创力，以致这种负面影响至今难以消除，实在令人感叹。

其实，在文化转型期，文化生命力在向新的层次进化时，是不可脱离其生命之源的，否则，便只有"花果飘零"。所以，在面向21世纪的文化选择时，我们必须树立"文化就是力量"的理念，充分关注文化的整体性、原创性、创新性，在新的层次上使文化的生命得以延续，使人的创造精神、人的本性得以光大。而在"文化就是力量"的理念里，理性得以回归到人的整体性上，认知理性或工具理性与价值理性将保持内在的平衡；知识也得以与智慧贯通，置于人文智慧之中，摆脱科学文化与人文文化、科学与人生的对立。

在学术园地里很久没有找到"共同话题"了，今得此"共同话题"，畅谈一番，甚是痛快，望这痛快也能传达给先生。

---

① 霍韬晦编《唐君毅哲学简编》，香港法住出版社，1992，第342页。

论管翼贤的新闻观

在中国现代新闻史中，管翼贤（1899-1951）是一个非常活跃的报人，同时又是一个被历史尘封的报人。因其汉奸经历，人们大多不愿正视甚至干脆忽略他的办报活动与新闻思想。但殊不知，这种主观的历史建构，并不利于我们整全地把握历史，相反会使我们仅得到一些历史"碎片"。在中国新闻史研究领域，人们常常存有对人为的"禁区"的恐惧，而恐惧又使得寻找新闻规律和认识新闻规律失去可能性。正如哲人所言，"认识是勇敢无畏的行为，是对恐惧的胜利"①。只有超越恐惧，我们才能呈现新闻发展的规律、价值与意义。当然，超越恐惧就意味着要面对历史的"痛苦"，而不能用"正义战胜邪恶、进步取代落后"式的思考来逃避历史的"痛苦"，因为它和历史的"喜悦"一样，也呈现在新闻发展的规律、价值与意义之中。本文试图通过评析管翼贤的新闻观，去直面中国新闻史的一段痛苦的记忆，以补充人们对中国现代新闻观念发展的认识。

俗话说："时势造英雄"，其实，时势也造"汉奸"。抗日战争爆发之后，敌占区就出现了两种泾渭分明的报纸和报人，一种是伸张民族大义、宣传抗日救国的报纸，以及这样一批报人：以笔作刀枪，同敌伪进行殊死搏斗，用鲜血和生命捍卫新闻的尊严，抒写崇高的民族气节；另一种是充当敌伪喉舌、丧失民族精神的报纸，以及丧失人格报格、从事奴化宣传的"汉奸"报人。我们常常凝感情于"气节"二字，偏重于品味前一种报纸的报格和报人的人格，而对后一种报纸和报人，则简单地斥之以"没报格""没骨头"了事，不忍回顾那民族精神被强暴的一幕。这多少说明了我们心灵深处的脆弱。其实，不管怎样，我们都不能回避这样的事实：1937-1940年，日伪在我国19个省的大中城市约有报纸139种，出版最多的时候达六七百种（东北地区尚未统计在内），其中稍具规模的大约有200多种，较大的杂志有100多种，各种汉奸组

---

① 〔俄〕别尔嘉耶夫：《论人的使命》，张百春译，学林出版社2000年版，第20页。

织办的主要报刊也有 200 种左右①。无论对重建中华民族精神，还是对考察 20 世纪中国新闻观念的演进，这些"汉奸"报纸和报人都具有反思价值。其中，管翼贤及其新闻观念就是一个值得反思的典型案例。我们从中可以了解到中国新闻观念的又一个面相。

管翼贤早年留学日本，在东京法政大学政治经济科毕业，20 世纪 20 年代初步入新闻界，任天津《益世报》驻京记者以及神州通讯社记者，是当时北京新闻界的活跃人物。1928 年，他在北京创办了闻名一时的小型报——《实报》，该报以下层市民为主要读者对象，采取"小报大办"的方针，对大量的稿件实行精编、浓缩，版面编排也生动活泼，受到读者欢迎，发行量最高时曾达 10 万多份，居华北各报之首②。初创时，它就有明显的政治倾向，拥护南京国民政府。"九·一八"事变后，其政治立场还是抗日救国的，曾发表过一些抗日言论，举办过为抗日战士募捐药品、钢盔等活动。但北平沦陷后，管翼贤即发生人格上的分裂，沦为汉奸。现有的资料还无法呈现其转变的"心迹"，仅仅从表面的情况看，他似乎是"嗜"报如命，以至于甘愿以丧失人格、国格为代价，通过日军报道部追回已被人占据的《实报》资产，继续其已失去了新闻意义的办报生涯，因为《实报》也随即沦为日伪宣传工具。然而，这毕竟只是表面现象，要真实地理解管翼贤，还必须结合其新闻观来考察。

在他所担任的诸多伪职中，其中有一项是日本华北军报道部"中华新闻学院"教务主任兼新闻学总论教授，这使他有机会纂辑成《新闻学集成》，并于 1943 年由日伪"中华新闻学院"印行，成为敌占区新闻理论的代表。关于该书的撰写，《前言》中有这样的说明："本书纂辑之材料，系就以往燕大、平大、朝大、民大及最近三年来于本院讲述新闻学总论之教材，重加整理而成。其中理论部分，多译自东西新闻学名著，实际应用方面，则汇集个人二十年来经营报业之心得，要以内容力求充实，体系益期完整也。"通观全书，我们可以发现，该书在理论层面是照搬法西斯新闻学说的，而在业务层面的探讨

---

① 刘家林：《中国新闻通史》（下），武汉大学出版社，1995，第 325 页。
② 刘家林：《中国新闻通史》（下），武汉大学出版社，1995，第 326 页。

则大多基于小型报的新闻实践。其理论思维上的分裂,多少也能反映出作者人格上的分裂。

一般的新闻爱好者都要通过各种表述来呈现他们对新闻力量的崇拜,如"新闻是世界史的秒时指针"。但管翼贤对新闻力量的崇拜是空前的。在他看来,人的社会知识不外乎是由新闻所图式化了的社会形象,因此,一方面,"新闻是虚伪的储藏,是浸入人们知识中的一种谬误";另一方面,人们仍相信新闻所报道的事实是真实的,常常把"新闻化的世界"当作"真实的世界",而"真实的世界"则变成了"虚伪的世界"。也就是说,对于发生判断上的倒错的我们,"在新闻上所显示的世界是真实的,不在新闻上所显示的实在毋宁是虚伪的"。本来,这样的论述角度可以引发对新闻传播的文化批判,但他并未从价值层面作批判研究,而是认为,正是人的意识上的倒错,"纵然完全虚无的事实,只要新闻把它作为事实报道出来,在社会上就具有实在性。新闻具有'由无生有'的神秘力"[1]。于是,他对新闻力量的崇拜就集中于这种"神秘力",在他的眼里,"新闻好像是一根魔术杖,一切东西,甚至空虚的东西,只要经新闻的魔术杖一接触,就获得客观性和具体性。因为新闻具有一种特殊的力量,超越单纯报道(社会事实的反映)的机能上"。由此,新闻可成为"支配多数个人的意识内容、以支配统一多数力量,而展开新的创造或高贵的社会目的的一种方法"[2]。带着这样一种崇拜,他很自然地步入法西斯新闻理论的思维轨道,认为新闻是对国民进行新政治教育的国家机构,对国民负有教导的责任,"使国民对建国之理想、国民之使命,有深刻之认识与坚强之自信"。这就把新闻纳入了思想专制的领地,与希特勒所谓"新闻是一种教育手段,它要使七千万国民归于一个统一的世界观"[3],已是高度一致了。

不仅如此,他还站在日本人所谓"东亚新秩序""东亚民族"的角度,进一步指出,在战争时期,新闻是国防上思想战的有效工具,"吾人欲达目的,在吾国力能控制敌人之一切,由国家新闻发挥其威力,以我之思想,转移敌人

---

[1] 管翼贤纂辑《新闻学集成·总论篇》,(伪)中华新闻学院,1943,第3页。
[2] 管翼贤纂辑《新闻学集成·总论篇》,(伪)中华新闻学院,1943,第4页。
[3] 此为希特勒在1934年5月国社党新闻会议上所言,转引自管翼贤纂辑《新闻学集成·各国新闻篇》,(伪)中华新闻学院,1943,第12页。

之思想，以我之精神，征服敌人之精神，使敌人由心理上之崩溃，进而为国家之崩溃，必如此方称战略上之全胜，必如此方足以言国防"①。在这里，我们再也体会不到半点"学理"，而只是奴才的话语了。此时，学术研究到这一步，不再有对人的信念，只剩下对人最可宝贵的新闻自由的嘲弄，认为它欺骗人民大众，"不论出自何人，都可成为漂亮的词句"，它"恰如外交官脸上浮起的微笑，那是暧昧的笑，那是如橡皮一般的可以任意的伸缩"②。进而宣告自由主义新闻的崩溃，也就是否定《实报》曾经赖以存在的基础——大众化、商业化、以新闻为本位，其理由是：

> 现代新闻，为了营利的目的，具有一种反映舆论形成舆论的力量，然而这是以大众作基础的浮动的舆论，不能从国家的、社会的、伦理的立场去指导舆论。
>
> 现代新闻既是以大众作基础，所以，读者层越扩大，越容易暴露新闻的浅薄性和低劣性，因为一般大众是以无知识的、教养很低的人占多数的。而且这种读者的仆从性，常常会在"为了舆论"或"为了民众"等等美名下，形成了民众的恶俗的理论，而置正确的舆论于不顾。③

很明显，他是从否定人的理性能力的角度，来否定大众化、商业化和以新闻为本位，强化服从国家意志的"指导性"的。由此，他认为新闻业要来一次体现法西斯新闻价值观念的转换，即"否定现代的商品新闻、报道新闻、大众新闻"，"压制非国家的言论、非国家的报道、非国家的利敌报道，强化新闻的检查"。经过这样的转换后，新闻自由就被他解释为，"是立脚于新闻使命之上的自由意志"④。根据这一概念，新闻报道不过是为法西斯意志服务的工具。他进而主张用"全体主义"（亦即集权主义）的报业体制取代民主主义的报业体制，使新闻机构由财团控制变为"由国家直接指挥统制"。这时，

---

① 管翼贤纂辑《新闻学集成·总论篇》，(伪) 中华新闻学院，1943，第 16~17 页。
② 管翼贤纂辑《新闻学集成·各国新闻篇》，(伪) 中华新闻学院，1943，第 151 页。
③ 管翼贤纂辑《新闻学集成·各国新闻篇》，(伪) 中华新闻学院，1943，第 35 页。
④ 管翼贤纂辑《新闻学集成·各国新闻篇》，(伪) 中华新闻学院，1943，第 36、40 页。

其"理由"直接来自法西斯"语录"——意大利首相墨索里尼说:"新闻主义必须为现实社会服务",德国宣传部部长戈培尔说:"新闻纸必须为国家服务。"① 以谬论佐证谬论,无须归纳演绎,就把新闻思维毫无保留地交给了法西斯话语,从而躲进了法西斯主义新闻理论的"保护伞"。

其新闻理论的面目是如此"狰狞",以致令人从心底里生出对理论的邪恶与邪恶的理论的恐怖。而对管翼贤而言,由于认同并照搬了法西斯新闻理论,从而获得了继续从事办报活动的合法性,也获得了展开新闻业务研究的合法性。这样一来,报也"活"了,学术也做了,可他所"失算"的是,节也毁了,"理"也失了。实际上成了一个失去言论自由、寄人篱下的汉奸报人。具有讽刺意味的是,当1944年日寇因种种困难而压缩新闻事业时,《实报》与《新民报》《庸报》等报纸一样,突然间消亡了②,最终他心爱的报纸也未能为法西斯主义新闻理论的"保护伞"所保护。

奇怪的是,在转向新闻业务层面的探讨时,管翼贤的理论又换了一副"面孔",变得"温和"起来,且理论话语趋向他所否定了的大众化、商业化和以新闻为本位。对于报纸的工作,他认为主要是"搜集和传布有公共重要性,或有相当公共兴趣的新闻",正确是这一工作的第一原则③。其思考的逻辑是,报纸担任着社会服务功能,因此应当使真实成为一种确切的责任,成为新闻选择的第一条件。显然,一转向熟悉的报纸业务问题,他就恢复了报人的经营意识,回到"以新闻为本位"上来。同时,他也很自然地恢复了对于新闻的大众化和商业化的知觉,在论新闻选择时,他说:

> 新闻挑选之第一个原则是公共兴趣的程度。在选定以为刊登的新闻中,大部分不可缺少的性格是兴趣,因为兴趣,惟有兴趣本身,才能使报纸有引诱力,才可以卖出。一个报纸若毫无兴味,就卖不出去,而且报纸上所刊登的新闻,公共兴趣愈大,则其报纸的销数愈广。此处值得重说一遍的是:报纸除非卖了出去,则没有人看,若没有人看,则无论发行这个

---

① 管翼贤纂辑《新闻学集成·各国新闻篇》,(伪)中华新闻学院,1943,第246页。
② 刘家林:《中国新闻通史》(下),武汉大学出版社,1995,第327页。
③ 管翼贤纂辑《新闻学集成·编辑篇》,(伪)中华新闻学院,1943,第131页。

报纸的目的如何高超,是没有用处的。民众对于使其发生兴趣的新闻的嗜好,是不能不顾的,而且每段新闻的价值,将以其所能激起的兴趣的程度来衡量。①

这给人明显的感觉是,他从法西斯主义新闻理论跨越到了美国实用主义新闻理论,把"公共兴趣"当作新闻业的重要问题来论说。进一步地,他又提出"新闻觉"的概念,作为测量"公共兴趣"的必备条件,指出"它是一种直觉上的对事实的估计,而这种估计,一部分是由本能而来,一部分是运用辨别新闻的经验的结果",它所包含的具体内容,一方面,是有"兴趣是依事实距离人的远近而定大小"的经验,即平常事实的传播,距离越大,新闻价值越小。因此,地方新闻有特别的重要性和优先性,"是所有报业的基础,是报业依为转移的轴心,是报业依以为生的桌上的面包"。另一方面,"新闻觉"也包含这样一种经验:"我们对于新闻的兴趣,不限于我们个人的或地方范围以内",除了最密切最直接的与我们有关系的新闻之外,我们还想知道世界其他地方有什么新闻发生,"因为我们的兴趣的范围愈广,我们从而所得的知识愈多,而我们的了解与同情也愈广"②。根据这一点,他又提出了新闻选择中的相对接近性或关系切近性原则,作为对新闻价值的"距离说"的补充。与此同时,他不满足于形式化地论述"兴趣",而是进一步从心理层面总体把握"人类兴趣"的正面与负面因素。他说:

人类兴趣的意义是一种激动力,这种激动力会使人感情的而不是智力的共鸣——就是一种对本能的而不是对思想的激动。人类兴趣包括所以生命的戏剧之各种异同的方面。在每天新闻之中,有悲剧与喜剧、困苦忧愁与喜乐、快乐与痛苦、德行与罪恶、富有与贫穷、破坏与建设,这些新闻激动着人类的同情、怜悯、美慕与竞争、正义的激愤与责备的心理,也往往激动着一些更为卑下的本能。……

---

① 管翼贤纂辑《新闻学集成·编辑篇》,(伪)中华新闻学院,1943,第133页。
② 管翼贤纂辑《新闻学集成·编辑篇》,(伪)中华新闻学院,1943,第35~136页。

……从事实的意义来说,"人类兴趣"一词很少引用到重要的事情上去,乃特别的用在对社会关系的情绪及各种引诱上;用在人道的与非人道的各种不重要的表现上;用在能够激动人心、恨怨、贪婪、嫉妒、欲望上;或用在不管有礼无礼地对他人的举动行为与情况之好奇心上;总而言之,就是引用在其本身有许多劣点与优点的事情上。这一种新闻的激动人的力量是这样的重要,对大众有这样的吸引力,以致想用报纸全篇来登这类新闻,用大字标题以引人注意,当其还没有水落石出,就去寻找,或小题大作,故意创造这种新闻的倾向极大,而且在报纸的各部分之中,报业特权与责任之被滥用,以此为甚。①

根据这样的分析,他得出一个富有新闻道德意义的结论:一个有良心的新闻记者,在新闻选择中必须要辨别呈现"人类兴趣"的新闻,用一些有教育性的、建设性的消息,与反映不正当行为的新闻相抗衡,以便使报纸在读者中留下永久的印象,为社会谋求改良与进步。因此,报纸所刊载的新闻应是有内在新闻价值的新闻,可为人们提供有益的知识而深具教育性的新闻,传播事实的价值与利害以及关系和意义的新闻。这样一来,他就从"唯兴趣论"中走了出来,认为假如一个报纸只以直接的兴趣而判断新闻的取舍,则这种新闻的登载,犹未能实现其对公共与对自己的责任。最好的新闻是既有趣味又有价值的新闻,同时报业为了实现其对公共的责任,刊登有重要性与价值而无趣味性的新闻也是必要的②,因为这类新闻是有关公共事务的,是必须让人们知道的。而在他看来,报业对社会服务最小的地方,就是在公共事务上激发公共的兴趣③,而如何培养读者对公共事务的兴趣,也是报业实现其公共责任的关键。

在编辑决定新闻的取舍的过程中,最具争议的问题是犯罪新闻。管翼贤主张报纸应当登载犯罪新闻,其理由是,犯罪与恶行构成社会所必须应付的问题,假如社会要有效地去应付这一问题,则必须对它有认识和了解;同时,在

---

① 管翼贤纂辑《新闻学集成·编辑篇》,(伪)中华新闻学院,1943,第137~138页。
② 管翼贤纂辑《新闻学集成·编辑篇》,(伪)中华新闻学院,1943,第138页。
③ 管翼贤纂辑《新闻学集成·编辑篇》,(伪)中华新闻学院,1943,第141页。

寻求法律解决的途径时，还必须有公共舆论的援助，而只有人民充分认识了具体的犯罪事实后，才能形成公共舆论的援助。相反，不予登载犯罪新闻，乃是蒙蔽公理的眼目，因为"罪恶永远是盛行在黑暗的世界，由于人之隐讳而增长，由于社会之不晓其活动而来之漠视的态度，而渐渐蔓延"，所以，新闻必须呈现罪恶的真相、性质与范围。在他那里，报道犯罪新闻是一种公共义务和公共服务。但是，如何看待犯罪新闻对人的本能的激发呢？他认为，罪恶都是因为人的本能的误用而来，人在正常运用本能的时候，不会产生罪恶，而只有在滥用本能的时候才有罪恶的发生。"我们对于犯罪有兴趣，是因为犯罪是反常的行为，而这种兴趣对社会来说是出于自卫的心理。这种兴趣可以使罪恶昭彰，可以把它深印入我们的良心与想象之中，强迫我们对之加以审查，认识它的错误与危险所在，而不断的严防我们自己，好不被它侵袭。往往联想的模仿或取得的本能，可以使这种兴趣在一些人中成为走入邪路的影响。不过，大体说来，这种兴趣的结果是对罪恶的讨厌与反对"[1]。这样一来，他把对犯罪新闻的兴趣问题由心理层面提升到了道德理性层面，认为虽然罪恶新闻能产生罪恶的引诱力，但正是因为人有对善的追求，才不会被罪恶的本能所战胜；假如对犯罪的兴趣会使人犯罪的话，那么罪恶早就成了"胜利者"，而恰恰相反，对犯罪感兴趣的人能看穿罪恶的性质、危险和结果，因而总是能制止罪恶[2]。但是，根据他的观点，人的兴趣里又包含着由贪欲引发的好奇，也就是包含着罪恶的本能，因此，那些仅仅只能刺激人的贪欲的新闻，或以对淫荡行为的详细描写来刺激人的不良好奇心的新闻，是不应当刊载的。他强调报纸在精神上和文词上都应当是纯洁的，丑陋的事实要用洁净的字句报道出来，不应该加以渲染，使其刺激人的不良好奇心，否则，就会降低报纸在公众面前的社会地位。由此，他对犯罪新闻的取舍作了这样的总概括：

> 报业于发表犯罪与恶行的新闻所作的服务，是暴露它们的丑态，昭示出它们的丑陋程度与危险，而这乃是一个真正的、必要的服务。不过，报

---
[1] 管翼贤纂辑《新闻学集成·编辑篇》，（伪）中华新闻学院，1943，第148~149页。
[2] 管翼贤纂辑《新闻学集成·编辑篇》，（伪）中华新闻学院，1943，第149页。

业自己要去辨别什么是服务，什么不是服务；什么有正当的公共的兴趣，什么没有这种兴趣；什么有合法新闻的价值，什么是对不良好奇心之反映；总之，报业要依其自己的适宜的标准，而辨别何者适于登载，何者不适于登载，在另一方面，一个报纸若成为污秽事体之传达者，不能不有乖于礼法，而降低公共对其判断正确的信任。①

在对犯罪新闻的取舍作出了道德层面的决断后，管翼贤接着对编辑的新闻价值判断作了说明，认为这种判断不仅要以一般的新闻价值为根据，"更要以该报读者的新闻价值为根据"。这无疑是一个具有大众化色彩的表述，其具体内涵是：

……虽然有很大一部分新闻，对各报都很重要，不过有好些新闻，其重要性则以报纸发行的目的与其读者的性质为转移。那就是说，对于一个报纸有价值的新闻，也许对别的报纸毫无价值，或价值很小。所以，一个编辑不仅要考虑富有一般兴趣的新闻的比较重要性，也要考虑报纸所在地方的民众的兴趣口味。自然的，在编辑之间，判断亦各不相同。这是因为他们的脾气、社交与意见各有差异的。此种差异使一位编辑弃置另一位编辑所采用的新闻，或者把别人要以显著地位登载的新闻，简报数行。不过这些无非是使生活互异的人格之不同。此种人格的不同，也使报业互异其趣，因此报业是生活的一个象征。但无论此种人格的不同至何种程度，有良心的编辑——大多数的编辑是而且应该是有良心的——都认为发表对其读者真正重要的新闻是一个无尚的义务。②

可见，管翼贤在对报纸编辑业务的探讨中"复活"了一个报人对"报格"的追求，使人明了"报格"即人格，即编辑风格和编辑的社会责任感，即报纸置身于民众之中、为民众服务的生命活力。可是，他唯独不去考虑的是，在

---

① 管翼贤纂辑《新闻学集成·编辑篇》，（伪）中华新闻学院，1943，第151页。
② 管翼贤纂辑《新闻学集成·编辑篇》，（伪）中华新闻学院，1943，第153页。

法西斯专制统治下,这种"报格"是可能的吗?在报人失去自由、独立的人格的时候,这种"报格"是存在的吗?在他对报人的人格设计中,自由、独立已被抽去"权利"的内容,而只剩下对"义务"的抽象描述了。于是,在谈到新闻记者的特性时,他这样写道:

> 简洁、明了、平易、兴趣,是写新闻时应该念念不忘的标语。但也可以把这四项作为新闻记者的特性。也就是:这种时候,所谓简洁,意思就是在精神上是灵活的,应该迅速而正确地思考一切事物。所谓明了,意思就是不要逡巡于物象,而空自趋于深刻。平易就是不落于炫博迂腐,应该永远为大众之友。趣味就是乐天的,永远以笑来对待事物。①

与邵飘萍对记者的论说比较起来,这里面所缺少的重要内容就是自由、独立的品性。在论述报业伦理时,他只是以纯粹职业的语言来描述,得出了一些较为独特的见解,如认为"报纸所过的是公开的生活,也必须是公开的生活。不论它的行为好坏,都要公诸社会的观察与批判,因为唯有向民众发表新闻,它才能存在。报纸不能有私生活,既然以发表为业,则不能隐蔽自身"。此处已涉及报纸的公开性,但就是不能呈现自由、独立的内涵。他对报业伦理的论说,主要取自美国的新闻伦理观,但偏偏遗漏了对自由、独立的引入。好几次触及了新闻的自由与独立,但他却在语言上绕了过去,如他从新闻伦理角度对新闻失实进行的考察,在大量涉及商业化、庸俗化等因素的同时,也触及"新闻检查与宣传"因素,认为政府常常利用检查新闻的方法封锁对己不利的消息,采取宣传的方法扬己之善,因此,"记者及编辑必须格外的努力,始能为其报纸取得真实的新闻",而对于由官方所提供的消息,"必须十分的注意考察之,因为政府也想利用报纸以影响民众的舆情"②。行文至此,他却戛然而止,不再延伸到自由、独立的话语中去。

相应地,管翼贤对"报纸的人格"的认识,也有一些模糊的意味。他认

---

① 管翼贤纂辑《新闻学集成·新闻记者篇》,(伪)中华新闻学院,1943,第2页。
② 管翼贤纂辑《新闻学集成·报纸篇》,(伪)中华新闻学院,1943,第170页。

为，报纸如人一样，必须有人格，且这种人格是内在的，而不是外在的。"报纸的表面与装饰、所登新闻之性质与排列方法，诚然可以表示出报纸的人格，不过不能组成报纸的人格，惟有在社论栏里所表示的思想，才能告诉人家报纸以内有一个脑子与灵魂的存在"。也就是说，报纸的人格唯有在其思想中表现出来①。那么，这种思想以及所表现的人格的实质内容是什么呢？他没有正面回答，只是从经验的层面说，虽然报纸常常都用同一的方式登载同样的新闻，使报纸产品趋于一致，但是，"各报总有几个不同之点：有可资辨别的外貌的不同；有能相当反映出各报人格的报纸性质、姿态与行为的不同；有为任何使报纸趋于一致的力量所不能取消的、各报单独的创造方式与方向的不同"②。这表明管翼贤是很重视报纸的个性的，在他的眼里，报纸不是一个毫无感觉的"发表的工具"，而是一个能够自我表现的、有生命的东西。但个性毕竟不同于"人格"，报纸的生命不能脱离人而存在。可他重在强调报纸的组织人格，认为它"能取得一种影响舆论的势力"，并且"要比报纸只当作个人发表的工具所能取得的势力更大、更深远、更有说服的力量"③。从而抽去了报纸的"人格"内容，只剩下对新闻传播权力的崇拜。

不过，对报纸个性的注重，使管翼贤对新闻采访中的性格表现出独到的体会。和一般研究者一样，他认为，采访新闻在报学上的意义，就是采访事实，即记者奔赴事件发生的地点，用观察、询问的方法，尽量准确地找出事件中的显著事实来。所不同的是，他进一步提出，要在新闻采访中得到正确的事实，有赖于新闻记者的品行与性格。他说：

> 两个人采访同一事件，可因他们个别的性格，以至一个的报告平淡无奇，另一个的报告明白有味，他们的差异，也许在后者有较高的"新闻觉"，能抓住可引起大多数人类兴趣事实的要点，或者只许明显的事实加以修饰，所以有较大的引诱力。不过这种差异，也许在后者有高超的叙述的能力，有做清晰紧凑、连贯之叙述的天才，会选择和穿插字句，或在能

---

① 管翼贤纂辑《新闻学集成·报纸篇》，（伪）中华新闻学院，1943，第106页。
② 管翼贤纂辑《新闻学集成·报纸篇》，（伪）中华新闻学院，1943，第108页。
③ 管翼贤纂辑《新闻学集成·报纸篇》，（伪）中华新闻学院，1943，第109页。

引人兴趣的地方，特别的加重描述。因为虽然采访事实是最主要的工作，并且需时常运用智力和高超的天才，那毕竟只是搜集出版的材料而已；从新闻的意义来说，这种材料的价值，乃大部由其所需的叙述性质如何而定。所以，报纸的价值，有赖于表达新闻之方法者，有赖于叙述之中表现艺术之程度者，有赖于艺术所赋予新闻之兴趣者，均不在对事实的材料的依赖之下；不过有一条件：就是在表现上无论用什么方法与艺术，都不能牺牲事实的真实性与其轻重。①

在这里，他实际上表述了报纸的生命表现形式，即记者在发现新闻、表述新闻过程中的个性化创造。而且他还能认识到这种创造必须以真实为基础，认为虚构也许有时骗得过编辑和公众，也许有时能使记者获得成功，但是，它必然使记者的道德意识减少，失去分辨真假的能力，损害报纸的信誉②。这无疑体现了他对报纸生命的专业化体验。与此同时，他对社论的性格也有较为全面的体验，概括起来，主要有六个方面：其一，社论是"编辑的呼声"，虽然社论的话不是个人的，但读者都知道说话的人是编辑，而编辑常常以批评家、读者的朋友、预言家等身份撰写社论。其二，社论可以制造舆论、表达舆论、影响决策，即由事实的评述而唤起读者对特别重要的事实的注意，这样可以渐渐地指导舆论的方向，形成对特殊事实的观点；同时，社论可以反映舆论，传布其影响；另外，社论可以攻击地方的不良政治，提供"改善之方策"和各种建议。其三，社论可以使新闻与意见分离，假如没有社论，事实与意见就会在新闻报道中混为一谈，使读者难以分辨。其四，社论版是一个丰富多彩的园地。他说，"理想的社论版，内容是那样的广泛，可以使各种人都有所得于其中。在这里，事实之因果如何、详细解释，报纸由之任领袖地位。匆忙的人，可以得到消息，倦了的人，可以得到娱乐。在这里，编者与读者相谈，而于各种重要事情上，制造读者的舆论。此外，还有别人发表意见的文章。所以在社论版中，有报纸的意见，有评论家的文章，有思想的读者的通信。总之，材料

---

① 管翼贤纂辑《新闻学集成·采访篇》，（伪）中华新闻学院，1943，第6~7页。
② 管翼贤纂辑《新闻学集成·新闻记者篇》，（伪）中华新闻学院，1943，第63~64页。

丰富，可以供人思考"。其五，社论可以鼓动某种行动，怂恿、领导读者。其六，社论可以发表报纸的政策，"报纸社论版为报纸对各种问题所持态度发表意见之所在"①。总的来看，这里面混杂了他的法西斯主义宣传观与大众化的新闻业务观，是一个矛盾观念的混合体。

而综观其新闻观念的矛盾性，又能使人反观其人格的分裂，也就是说，在法西斯主义新闻理论话语下获得新闻业务研究的合法性，与他在侵略者的保护下从事新闻业、延续其所谓报业的生命，是非常一致的。而无论是报业的生命，还是新闻理论的生命，都被他抽去了人格的意义。因此，他在新闻业务层面所作的一些合理探讨，被专横的新闻学消解了。这便是管翼贤学案的悲剧意义。

此文原载《新闻与传播研究》2001年第2期，亦被收入《20世纪中国新闻学和传播学·应用新闻学卷》（复旦大学出版社2001年版）第四章第九节。

---

① 管翼贤纂辑《新闻学集成·社论篇》，（伪）中华新闻学院，1943，第155~159页。

新闻"女性化"的真相：
解读《时代》的"女性封面"

《时代》（*TIME*）周刊是美国主流媒体中极具代表性的综合新闻周刊。它一直保持着对美国及世界时政的敏感体察和密切关注，主要刊登"硬新闻"和调查性报道，每周讲叙当权者之间没完没了的斗争，一派"男性化"新闻风格，与美国新闻界那种注重煽情、娱乐、隐私、消费的"女性化"新闻风格形成鲜明对照。特别是在它的"封面故事"（cover story）中，男性面孔占据绝对多数的事实，更是这种"男性化"新闻风格的"标榜"。然而，自20世纪70年代以来，特别是近10年来，《时代》中关于女性题材的报道不断增加，其封面的"首席"位置上也出现了更多女性形象，我们将它称为"女性封面"。那么，这种女性符号和女性讲述的增加是否意味着《时代》的新闻正向"女性化"转化或渗透？而更为重要的问题是："女性报道"所表现出的社会文化真相是什么？这即是本文探讨的重点。

一 "女性化"的"时代"背景

《时代》周刊1923年创刊时，美国妇女已开始崛起，在第一次妇女运动过后，于1920年正式获得选举权，她们得以与男子一样参与公共社会生活，自身的某些特殊权益也得到保护。但是她们的好日子并没有真正到来，妇女在就业、工资等方面仍然受到社会歧视，许多人仍然生活在父权与夫权的阴影中[①]。这时，女性是被媒体边缘化的群体，在《时代》中也如此。

自20世纪70年代开始，《时代》周刊与女性相关的报道有所增加，至90年代这一趋势更加明显。其直接的社会背景是发生在60~70年代，持续到80年代的西方第二次大规模妇女运动。这次浪潮最早兴起于美国，相较于第一次妇女运动，妇女主题已从单纯争取政治权利平等向更广泛的方向发展，涉及社

---

① 庄锡昌：《二十世纪的美国文化》，浙江人民出版社，1993，第18页。

会生活各个领域。其基调是要消除两性差别,要求各个公众领域对妇女开放,缩小男人和女人的差别。1966年,西方最大的妇女组织——全国妇女组织(NOW)在美国成立,号召妇女立即行动起来,充分参与到美国社会的主流当中去,真正享有平等伙伴关系的一切权利和责任。

这次运动对社会许多领域造成巨大影响。而媒介对女性的态度也在这次运动所带来的妇女研究(women's study)热潮中开始有所重视。再加上20世纪70年代相伴发生的平等权益运动,对女性的报道态度有所改变。而美国联邦通讯委员会更是直接下令要求媒体必须吸纳一定人数的女性工作者。[1]

在经济领域,到妇女运动第二次浪潮兴起之后,女性大量就业已经成为现实。在美国,20世纪20年代时只有1/4的女性就业;到了20世纪60年代,就业妇女已占到妇女总数的40%。随着妇女的普遍就业和对社会公共领域的更多参与,原本被认为是私人问题(private problem)的女性问题开始在政治和社会议题的范畴内被公开讨论。妇女运动第二次浪潮中流行一个普遍的说法是:个人问题就是政治问题(The personal is political)。这一切都使公共媒体面临着无可回避的女性议题。《时代》《纽约时报》等主流媒体对女性报道的比重都有明显增加。

但是女性在社会和媒介的地位依然没有根本改变,同时许多新的问题又呈现出来,比如女人仍旧面临着如何在平等工作机会与传统母亲的角色与职责之间取得平衡的问题;另外,媒体,尤其是主流媒体,一方面迫于压力增加女性报道数量,但另一方面又有难以改变的观念和成见,这使他们对女性报道的态度变得暧昧和圆滑,造成对社会公众意识更危险、更难以察觉的诱导和暗示。

在这样的背景下,我们试图去解读《时代》周刊女性封面报道的真实媒介含义。

二 "女性化"背后的商业逻辑

一般来说,西方"高品位"的媒体主要发表"硬新闻"和调查性报道,

---

[1] 季思聪:《无冕女王》,时事出版社,1997,第61页。

内容涉及公共事务、国家与国际安全以及经济发展等，并使之成为"头条新闻"或"封面故事"。这类新闻乃权利话语，它逐日叙述当权者的活动，同时也代表整体自立但是个人无权的人民群众，向那些当权者提出质问。正是在这里，新闻确定无疑地维护着它对现代化、进步和追求真实所作出的承诺，表现着所谓"男性化"新闻风格：理性、批判、公众服务、信息传播，等等。①《时代》周刊的"封面故事"便是这种风格的典型代表。它在权利话语的表述中一直忽略着女性和女性化风格。

近 10 多年来，这种情况发生了改变。从 1990 年 12 月 3 日关于撒切尔夫人辞去英国首相的报道，到 2002 年 2 月 18 日《关于乳癌的全新思考》的报道，《时代》周刊在 20 世纪 90 年代以后 12 年的时间里，共推出 642 篇封面报道，其中以女性人物及女性问题为封面主题的报道 37 篇，加上其他与女性有关的报道共 40 余篇，约占全部报道总数的 6.3%。比 70 年代 2.9% 的比例上升 3.4% 左右。近 5 年（1998 年 1 月～2002 年 5 月）的《时代》封面，女性报道分别达到 1998 年 7.7%；1999 年 9.9%；2000 年 7.7%；2001 年 7.3%；2002 年 11%。

值得注意的是，在内容比例上，10 年前的《时代》封面故事中，政治外交要闻比例高达 23%，而 1998 年已下降到 5%，所增加的是生活、医药科学和商业理财等方面的内容。

近 5 年的女性封面故事共 19 篇，即女性人物报道 12 篇，其中包括女性政要如奥尔布莱特、撒切尔夫人等人的报道 3 篇，影视及体育明星如朱莉娅·罗伯茨等人的报道 6 篇，其他女性人物如莫妮卡·莱温斯基等人的报道 3 篇；另外，女性生理健康问题报道占 4 篇；与女性有关的社会问题报道 3 篇。除了这些，还有一些有关理财、环保之类被认为是女性更感兴趣的问题报道，也通常划分到女性报道之列。

从数据统计情况看，近年《时代》封面故事中女性所占比例确实有了明显增加，"她们"接管了政治外交封面新闻移交过来的席位，让《时代》的

---

① 〔英〕约翰·哈特利：《从权力到识别：大众新闻与后现代性》，黎信译，载马戎、周星主编《二十世纪：文化自觉与跨文化对话》（一），北京大学出版社，2001，第 245～246 页。

"表情"有了更多女性的色彩。同时，在内容上越来越注重情感、性、消费、家庭等私人领域。显然，这表明《时代》周刊正在向女性化渗透，在"男性化"新闻风格的延续中，容纳着女性化新闻风格，在权力话语的新闻表现中，注视着女性，把新闻话语的主体逐步带入过去属于边缘性质的私人领域。

在西方新闻界，这是一个较为普遍的现象。随着女性的普遍就业，以及社会中下阶层购买力的普遍提高，女性的经济影响力也相应提高。所谓"新女性"的出现，其特点是女性在经济上更独立，她们有经济能力去追求时尚、度假和购买杂志等读物。同时，女性走到了家庭消费比重日益扩大的现代消费经济的中心，她们作为具有巨大市场潜力的消费群体，日益受到广告商的重视。这直接导致了西方媒体商业利益坐标的变化，即依靠吸引女性这个有待开发的受众群体来尽可能地争取广告商。于是，新闻受众越来越多地被想象成由妇女构成。增加女性感兴趣的报道成为媒体市场营销的策略。从某种意义上讲，女性符号在媒介中的增多与女性在消费领域中地位的上升直接相关。

这样的商业逻辑始终贯穿在《时代》的营销策略中。20 世纪 30 年代末，《时代》在美国本土的销量已经达到 300 万份。在那时，为了进一步扩大销量和争取更多的读者，《时代》就曾把目光投向妇女的兴趣，并为吸引女性读者而在杂志内容上作出相应的调整。其创办人之一亨利·鲁斯（Henry R. Luce）就在他的备忘录中这样写道："大多数妇女，和很多惯于舞文弄墨的记者一样，对商业报道不感兴趣。但是，妇女也是十分现实的，她们对于金钱的兴趣比男人强得多。因此如果你想使一名妇女，或一位艺术家对商业报道发生兴趣，就得谈钱。"[①] 显然，这种认识还是非常肤浅的。

真正的变化发生在 1968 年，当时，格林沃德（Henry Grunwald）接任《时代》主编，为了在和《新闻周刊》等媒体的竞争中获得最大媒介市场，他把女性读者列为被尽力争取的目标受众，为此对《时代》栏目作出了很大调整，除了恢复"表演"（Show Business）专栏外，于 1969 年 4 月增加"舞蹈"（Dance）专栏，8 月增加"环保"（Environment）专栏，而在 1973 年更是增

---

① 汪琪、彭家发：《"时代"的经验》，台湾东大图书股份有限公司，1986，第 23~25 页。

加了"两性"（Sexes）专栏，以更详细地报道有关"妇女解放"的新闻①。到1986年，《时代》在美国国内的销量就上升为2300万份，其中有1000万份的读者是女性②。

可见，《时代》在营销策略上所走的"女性"路线从市场利润角度看无疑是成功的。但如果考察《时代》所增加的女性报道的内容分割，可以发现在这种商业逻辑主导下的女性报道，仅仅是对女性读者的阅读兴趣做了庸俗的商业化的迎合。比如封面故事报道的女性人物中，主要选择朱莉娅·罗伯茨一类的娱体明星，因为她们是这个消费休闲经济时代的利润符号，她们在《时代》这样一本时政综合周刊上越来越高的"出镜率"，代表的并不是女性这个社会群体媒介地位的上升，而只不过是《时代》出卖给广告商的"受众商品"。

当然，"女性化"现象的商业逻辑也不全是悲剧性意义，有美国学者指出，女性作为消费者的一个积极意义在于，它帮助女性扩大了她们作为读者的公共参与领域。③ 女性问题的报道，女性视野的展开，女性风格的表现，客观上使《时代》周刊把女性读者吸纳到对公共事务的关注中来。在这个层面上，"女性化"至少让女性的媒体地位开始得到应有的重视。但是，女性的"被看"与女性的"我要看"、女性的"被表达"与女性的"我要表达"的冲突，是商业逻辑不曾去考虑的。

三 "女性化"只是以男性为中心的媒介选择

早在20世纪60年代，美国女权主义者就从权力的角度批判过媒体的表现。她们对广告世界大肆渲染的女性特征而将女性降低为男性的玩物的地位，表示大为不满。一批女权主义者曾经愤愤不平地谴责："我们的大腿、胸脯、眼睛、嘴唇、手指、头发、腹部和阴道，都被用来推销长筒袜、奶罩、流行服

---

① 姜敬宽：《时代七十年》，台湾天下文化出版股份有限公司，1993，第96~97页。
② 汪琪、彭家发：《"时代"的经验》，台湾东大图书股份有限公司，1986，第23~25页。
③ Carter, Cynthia. Branton, Gill & Allan, Stuart. *News, Gender and Power*, London and New York: Routledge, 1998, pp. 20 – 21.

装、化妆品、染发剂和男人怎么也不会考虑的种类繁多的节育用品。"① 然而，商业化的运作总数不断地强化着这种媒介表现。

据美国一个专门从事女性报道调查研究的"女性、男性和媒体"（WMM）小组的调查显示，1989-1995年，美国20家主流报刊在这些媒体中出现的女性人物基本是"刑事案件和灾害的受害者、死者以及某位重要男性的母亲、妻子或女儿"。② 所有情况都表明，新闻报道的"女性化"所呈现的依然是以男性为中心的媒介选择，以男性视角为依据的价值判断和男性化的审美倾向。

《时代》"封面故事"所作的女性报道亦存在着这种带有性别成见的媒介选择。它所呈现的女性人物主要可分为三类，却无一不是在男性视域中所定义的女性。

其一，围绕在总统这类"重要男性"身边的女性。她们成为被媒体所选择的女性人物的代表。比如关于杰奎琳·肯尼迪、希拉里·克林顿等美国第一夫人的报道就达7篇之多，而与总统闹出桃色绯闻的莫妮卡·莱温斯基就更成为《时代》等媒体不依不饶追踪的对象。在接受《时代》的访谈时，连莱温斯基自己也不得不说："我之所以会陷入麻烦是因为我曾不断地告诉别人我和克林顿之间的关系，但是今天，我所遭受到的惩罚却也是必须向媒体向法庭一遍又一遍地去复述这段关系。"③

其二，处于被侵犯和被伤害等弱势地位的女性形象。不是遭到性骚扰的女性（1998年3月《关于性骚扰》），就是因为情感受到伤害而被动地选择单身的女性（2000年8月《女人单飞》），她们在《时代》关于女性社会问题的报道中成为典型的女性形象。相反，在政界、商界等社会其他领域因自身努力而取得杰出成就的女性则被这个媒体"时代"所"遗弃"，比如《时代》从来没有把商界的许多杰出女性作为封面故事进行报道。

其三，男性视域里弱化成身体符号的娱体女星。这种以男性视角为中心的媒介选择甚至在对体育女星的报道上都显出了充满男性"意趣"的倾向。在

---

① 庄锡易：《二十世纪的美国文化》，浙江人民出版社，1993，第196页
② Bridge, M. Junior. *Slipping from the Scene: News Coverage of Females Drops Facing difference Race, Gender and Mass.* Pin Forge press, 1997, pp. 103-106.
③ Duffy, Michael. Monica up Close, *TIME*, March 15, 1999, pp. 30-40.

20世纪90年代仅有的4次体育女星的封面报道中，3次关于女子花样滑冰运动员，1次关于"网坛姐妹花"，这和美国大多数媒体所表现的一样，那些能强调女星身体特征的具有观赏性的体育项目的女运动员，往往受到媒体的过分"青睐"，而从事铁饼、举重等更多地被社会认为是偏向男性化的运动项目的女运动员，则始终无法在媒体中拥有相当的"出镜率"。

除了媒介在女性人物的选择上带有男性中心的性别偏见外，媒介对于女性的报道文本也表现出对女性的刻板成见（stereotypes）和符号贬抑（symbolic annihilation）。

首先看对于希拉里·克林顿的报道。《时代》关于希拉里的封面故事共4篇，分别是《一个女人的高升》（1993年）、《希拉里与丽蒂》（1996）、《希拉里步入五十岁》（1997年）和《议员希拉里——她自己的战役》（1999年）。1993年作为第一夫人入住白宫的希拉里首次登上《时代》封面，在这篇报道中，作者始终强调的是希拉里作为一个妻子的角色内涵，并用肯定和赞赏的语气不厌其烦地描述她在家庭中的事务[①]：

> 希拉里和每个地方的妇女一样：一天只有24小时并承担着办公室以外的许多责任。对于她来说家庭任务占据了主要位置——从观看足球比赛和辅导切尔西家庭作业，到购物和组织生日派对。她还要照顾她的母亲……
>
> 当全世界都在看她怎样完成角色的扩展时，她承担起作为第一夫人的传统职责。……她把一张桌子和白色的椅子移进楼上的厨房，这样一家人就可以比较舒服地进餐。……她装点了她丈夫的私人书房，移进了一个立式书桌、一个CD机和她自己的大幅照片。

可见，在对女性的报道中，刻板成见始终影响着记者对女性的描写。很多西方学者认为，这种刻板成见是指对女性做含有性别歧视意味的判断的固有意

---

① A Race of Her Own, *TIME*, May 10, 1993, pp. 30 – 31.

识标准，从而使女性在父权社会的从属地位被符号所强化①。正是这种带有刻板成见的新闻写作活动，使婚姻、家庭、年龄、外表成为对一个女性人物描述的中心，婚姻角色也始终是女性人物受到媒体肯定和接受的角色。据统计，在美国主流媒体报道中，只有12%的男性被提及婚姻地位，而64%的女性被置于婚姻角色中。此外，媒体中对女性的符号贬抑也经常出现。比如在报刊上，"公众观点"这一短语常被表述为"街头男人的观点"；而如果新闻的来源是女性，则常常被额外地标注为"女人的判断"②。

再来看《时代》关于莫妮卡·莱温斯基的一篇封面报道（1999年3月15日）。这篇报道采用了访谈实录的形式制作而成，既然是所谓的"实录"，那应该说女性在报道中的呈现会相对完整而客观。但客观的只是形式，在这种形式背后隐藏的是文本的狡黠（insidious），女性在媒介中依然无法"自由"地呈现。记者反复提的是这样一类问题："你感到悔恨吗？""你现在懊悔吗？""你现在认为你要负多大的责任？""你认为你要对这些（这个国家的人们、这个话题的出现和这件事被讨论被传播的局面）负责吗？"诸如此类。记者通过这样的提问，始终想要呈现的是一个在绯闻中做错事并充满悔恨和自责的女人，在采访她之前，记者其实已假定了她的罪责，这种假定已随处流露在本文中③：

>这个出生在比弗利山一个破碎的家庭中的缺乏安全感又过于肥胖的孩子，她需要爱和关注，这导致她去勾引一个总统。
>
>莱温斯基为她在过去的日子里对这个国家所做的事感到悔恨……

作者刻意塑造出了一个在刻板成见里遭受到媒介符号贬抑的女性。甚至在莱温斯基提到她为发生的事经常在夜晚做噩梦时，记者没等她说完就插进问题："一些人经常梦到自己裸体的样子，你是梦到什么呢？"如此强烈的性暗示导引着一种语意编码信息：在这场性丑闻中这个女人负有主要责任。正如一

---

① Allan, Stuart. *News Culture*. Buckingham Philadelphia: Open University Press, 1999, pp. 148~156.
② Allan, Stuart. *News Culture*. Buckingham Philadelphia: Open University Press, 1999, pp. 148~156.
③ Duffy, Michael. Monica up Close, *TIME*, March 15, 1999, pp. 30-40.

些美国学者所指出的,在西方的报道中,与女性有关的色情暴力事件常被新闻文本表现成是"自然"发生的,而在男性暴力事件中女性又多被信息编码暗指成事件的"祸端"①。

正是这种带着性别偏见的文本倾向和带有性别含义的语意编码,媒介对女性的描述始终存在或明或暗的压抑。在《时代》那里,这种现象总是通过感性化的琐碎描写或者带着性暗示的词句呈现着。显然,这表明女性在媒介中的含义往往受到男性中心的语言秩序的界定,因此,"女性注定要遭到象征符号上的消解,即被责难、被琐碎化,或根本不被呈现",媒体表面所显示出的"女性化"倾向,实际是女性在男性视域里更多地遭受到带有刻板成见的新闻写作的束缚和贬抑。

四 "女性化"实际表现为女性的"私人化""边缘化"

《时代》在20世纪80年代调整报道比例之后,开始出现更多女性社会问题的报道,比如关于女性单身、家庭暴力等问题的报道,还包括女性生理健康问题如乳癌、少女青春期提前等问题的报道。在这些报道中,《时代》往往会加上几句带有女权色彩的口号,诸如"谁需要一个丈夫!"或者"谁需要乳房!"

这似乎代表了《时代》在女性问题报道上开始具有女权主义的倾向。但只要稍做分析就会发现,议题设置本身的失衡已让这种女权主义失去意义。不论是家庭暴力、女性单身这些问题还是乳癌、少女发育问题,这些报道的议题都局限在女性私人化的社会问题领域,而女性在公共领域的社会问题常被媒体刻意回避掉。女性在家庭和婚姻中遭到的困境,她们在生理健康方面遭到的麻烦,已在媒体中得到越来越多的关注,然而,报道一旦只局限在家庭和个人这些领域,女性作为一个社会的性别整体则被微妙地"解体",她们所具有的社会力量也在无形中被分化和减弱。

---

① Allan, Stuart. *News Culture*. Buckingham Philadelphia: Open University Press, 1999, pp. 148–156.

比如在失业问题上,包括《时代》《华盛顿邮报》在内的许多主流媒体在报道中就只把它看作"男人的失业"(male unemployment),而女性的失业问题则被回避。还有女性参政、教育、工酬等其他问题都被湮没在对女性婚姻家庭或者健康的私人化的关注里,而没有得到媒体应有的呈现。《时代》关于女性问题报道的一个特点就是,让关于女性生理健康问题的报道逐渐成为女性问题报道的主流,从而回避对女性社会问题的关注,以期用这类"冷静"的科学报道去消解女性报道在西方社会面临的诸多争议和困境。应该承认,《时代》对女性生理健康和生活科学的关注具有关照女性个体生命的意义,但当这种关照走向越来越生理化和私人化时,便会忽视女性这个社会弱势群体实际生存环境和社会地位的关注。这是西方主流媒体对社会矛盾所采取的回避态度,这种回避态度使得女性在社会生活领域的状况得不到真实反映,也使媒体对女性的报道在总体上丧失客观报道的原则,而媒介本身应该承担的社会责任和对社会的监视功能也在无形地削弱。

这样一来,与私人化相伴随的是女性被"边缘化"。在美国主流报刊中,女性只得到很有限的呈现,即使出现,也往往在次要的版面上居多。统计显示,在选择出的同样数量的男性报道(male-centered stories)和女性报道(female-centered stories)中,有78%的男性报道出现在第一版或第二版,而只有48%的女性报道出现在类似的重要版面上。对新闻图片的考察也显示了同样失衡的比例,《华盛顿邮报》上男女照片的比例是3∶1,《洛杉矶时报》也为2∶1。而头版几乎都为男性照片所占据,女性照片则有一半出现在生活版面上,大大超过男性在这类版面上10%~15%的出现率[1]。

而美国财经类杂志如《福布斯》(Forbes)、《财富》(Fortune)及《经济周刊》(Business Week)等,就更是"男人的天下"。

应该说,美国主流媒体对女性的报道比例与美国妇女的社会生活严重不相符合。美国妇女在全部人口中占52%,在全部工作岗位中占45%,女性所拥有的企业雇用的人数比世界500强企业的雇员总数还多35%,越来越多的妇

---

[1] Bridge, M. Junior. *Slipping from the Scene: News Coverage of Females Drops Facing difference Race, Gender and Mass.* Pin Forge press, 1997, pp. 103–106.

女介入关键性的公共政策决策和政治领域。与此相比较，在美国主流媒体中，妇女所占有的媒介资源及空间始终处于绝对的弱势。

当然，人们也注意到，女性在西方小报等非主流报刊杂志中的"上镜率"，远远大于她们在主流新闻媒体中所占据的位置。然而，尽管女性在这类小报的读者群中占很大一部分，但令人惊奇的是小报表现的女性依然是男性定义的"女性"，女性被呈现为"性物"（sex object）。如英国的《太阳报》（Sun）从20世纪70年代开始将小报的流行性向"性化"（sexualised）的方向引导，"三版女郎"（Page Three girl）的登台让媒介成为对女性身体做私人想象的工具，而女性成为"被看的对象"[1]。

男人看女人，女人看着自己被看，这不仅决定了男人和女人之间的关系，而且也决定了女人和她们自己的关系。其悲剧意义在于，女性在无意识中接受了这种媒介呈现，并在不自觉中也把自身当作男人的视觉对象，于是，小报的女性读者越来越多，而小报对女性的"性"化扭曲也在不断上演。

西方女性杂志依据各自读者群的不同层次，在女性报道上也表现出明显的差异。传统的女性杂志如《女人节》（Women's Day）和《红书》（Redbook）等，因为主要针对大多数的普通女性读者，故而在报道中往往轻视女性工作角色的重要性，而是强调今天的女性依然在从事的传统事务，如做家务、照料孩子等。

另外，作为女性杂志中的新锐力量，一批新出现的时尚女性杂志纷纷涌现，抢占了很大的媒介市场，并逐渐成为女性杂志的主流。如《职业妇女》（Working Women）、《时尚》（Cosmopolitan）和美国最大的女性杂志《小姐》（MS.）等。这类杂志的读者群主要由白领和其他具有相当文化品位和社会地位的女性所组成，因此它们所报道的女性也和传统女性杂志相反，刻意呈现的是抛弃了传统工作、和男人一样就职、经济独立并以追求生活享受为目标的现代女性形象，并让这类女性成为自我角色的代表[2]。

---

[1] Berger, Arthhur Asa. *Media USA: Has MS. Undergone A Sex Change*. White Plains: Langman publishing Group, 1998, p. 87.
[2] Berger, Arthhur Asa. *Media USA: Has MS. Undergone A Sex Change*. White Plains: Langman publishing Group, 1998, p. 87.

但应该看到，这些女性杂志所强调的是女性如何取得和男性一样的金钱和权力，这使得女性追求平等的表现只局限于个体在物质生活上的满足和享受。而女性杂志在走向时尚化和娱乐化的同时，也逐渐放弃了对社会政治、文化等其他领域的媒介监察和参与，并且使自身对于女性的关注只局限在很小的一个群体上，忽略了对其他经济地位低下的女性群体的关注和报道。

可见，不论从何种层面来考察，新闻报道"女性化"的真相其实是女性在媒介整体中的地位更加"边缘化"。而《时代》不仅没有阻止这种"边缘化"，而且制造着这种"边缘化"。

五　对新闻报道"女性化"的反思

通过以上考察可以看到《时代》周刊封面故事"女性化"的真相，即增加的只是作为生理性别的女性符号，而从社会文化层面看，这种"女性化"实际是女性在媒介中被边缘化和个体化，并在男性视域里遭受到更大的文本贬抑。

首先，西方社会的媒体资源和媒介力量在媒体的竞争中越来越集中到少数男人，尤其是白种男人手中，这使得一方面主流媒体的女性报道更统一的表现出单一的男性视角；另一方面用来发表反对意见的媒介空间被缩小，尤其抵制由女性主义者的关注而引起的不满和争议，因为这被认为会威胁到对市场很敏感的新闻机构和她们的广告商。可见，尽管女性主义者为媒介对女性的贬抑做出过长期抗议，但仍然没有根本上的改变。

其次，媒介从业人员以男性为主，而女记者通常被认为缺乏理性思维，其报道的客观冷静也遭到怀疑，这使女记者所拥有的版面通常被局限在生活的版面。而女记者在表现自己能力的过程中，不自觉地接受男性视角的新闻观，放弃自己的女性视角。如简·阿萨斯（Jane Arthurs）指出，大量的女性进入这个行业是不够的，真正需要的是更多对女性的从属地位能有政治性的理解，并决心去根本改变它的女性媒介决策者[1]

---

[1] Carter, Cynthia. Branton, Gill & Allan, Stuart . *News, Gender and Power*, London and New York: Routledge, 1998, p. 19.

另外，在西方主流媒体中形成的传统的职业认同，总是倾向于把严肃的社会政治和公共领域事务的报道看作所谓的"好作品"并给予奖励，而把社会生活方面的报道和女性议题的报道看作次要的报道和没有太多新闻价值的报道。这种职业偏见使女性议题在媒介中得不到应有的重视。

因此，在这个以男性为主导的媒介空间里，女性题材的报道常常被区隔在"软新闻"——分量轻的、偏重人的兴趣的，以消费、家庭、生活、娱乐为基础的新闻的范围里，而"硬新闻"——严肃的、以事实为基础的新闻则一度成为"男人的新闻"。比如我们看到《时代》增加的女性封面故事大多只局限在婚姻家庭、健康和娱乐这些"软新闻"的领域里，它们出现的板块也只是《时代》周刊的音乐、健康版这些属于从属地位的板块上。就像女性通常和大众文化联系在一起，而男性则被认为掌握着主流文化的特权那样，媒体将男性和政治、公共事务做了预设的联系，而女性则被预设的文本倾向区隔在私人家庭的"软新闻"领域。如同豪勒（Patricia Holland）所述："当媒体因为要吸引女性受众而开阔了新闻信息民主化的视野，并拓展了女性像男性那样参与公共争议的基地的同时，女性和社会低等的公共地位之间的联系实际上先已根深蒂固地存在。"[1]

对新闻传播者来说，了解新闻"女性化"的真相不是目的，建构在性别层面的合理"媒介权力"架构、把女性从被观看被性化的处境中解救出来，才是真正的目的，在存在着固有性别差异的文明社会，作为代表着主流文化的主流媒体，更有责任秉持尊重弱势群体及落实社会多元化的理念，重视女性及其他社会的弱势族群的声音，使她们成为媒介权力主体的一部分。

此文原载《现代传播》2004年第2期。

---

[1] Carter, Cynthia. Branton, Gill & Allan, Stuart. *News, Gender and Power*, London and New York：Routledge, 1998, p. 19.

理性的驾驭与拯救的幻灭：
解读李普曼思想的价值与困局

一般来说，李普曼常常被定义为一个政治自由主义者，但他的自由主义与自由放任主义尖锐对立，更多地表现出对社会权威和政治秩序的依恋，他的精英主义民主论以及对民众理性能力的怀疑，都是这种依恋的结果。而在依恋的背后，有着理性主义思想的支撑。他试图运用理性解决现实的需要、问题或危机，相信人类可以用理性来控制、设计、监视社会和政治生活的一切方面，建构良好的政治秩序。西方传媒的理性控制思想也因此生发出来。

在柏拉图的《菲德罗篇》中，有一个关于灵魂的著名神话：理性作为双轮马拉战车的驾驭者，抓住白色骏马和黑色骏马的缰绳，白色骏马代表人的勇猛或情感部分，对理性的命令较为驯服，黑色的骏马难以驾驭，代表着欲望或情欲，必须受驭手鞭挞才肯循规蹈矩。在这里，理性意识从人的身上分化出来，成了一种拯救人的精神力量。而在《理想国》的另一个神话里，人类的实际状况非常可怕：人坐在洞穴的暗处，上着镣铐，他们背向阳光，只看到投射到他们面前墙壁上的物体的阴影。有个囚犯获得了自由，转过身来看到了他先前只能看见其阴影的物体，以及造成阴影的光本身，甚至可以继续走到洞口，看到外面的太阳。柏拉图以此寓意人走向理性的命运转换，亦即从黑暗到光明，从无知到有知，从遭受遗弃到获得拯救的进步。可以说，在人类罪恶不断上演、资本主义矛盾层出不穷的20世纪，李普曼扮演了"理性的驭手"角色，试图拯救民主、社会、新闻与公众，然而拯救的愿望最终落空了，不得不以对社会权威和政治秩序的依恋作为了结。因此，从理性主义角度重新审视李普曼思想的价值与困局成为一种很重要的研究路径。

一 理性的驾驭：使民主秩序具备科学的精神

在1913年出版《政治序论》之前，李普曼在理性主义与反理性主义之间已摇摆多时。威廉·詹姆斯（William James）赞颂直觉和实验、反对教条和抽象的唯理智论使年轻的李普曼浮想联翩,而乔治·桑塔亚纳(George Santayana)担心过分的民主会导致大众的暴政,强调"理性的功能是驾驭经验"①,这又使李普曼"确定了为尽善尽美而奋斗的信念,并把它作为由理性主宰的生活的最高目标"②。弗洛伊德(Freud)、伯格森(Henri Bergson)、尼采(Friedrich Nietzsche)、索莱尔(Georges Sorel)等人的思想证实了李普曼对19世纪唯理论的不信任感和质疑感。格雷厄姆·沃拉斯(Graham Wallas)主张把政治学与心理学联系起来,认为"人们作出的政治上的判断,不是基于明智地权衡事实以及可能的后果,而是和他们作出其他判断一样,是通过本能、偏见和习惯作出的"③,这种将人性及公众的心理问题纳入政治学研究范畴的思路又深深影响了李普曼。到写作《政治序论》(A Preface to Politics,1913)时,思想的天平似乎暂时倒向了反理性主义。

原因何在?从总体上讲,在当时的美国,到处可见经济和政治权力集中化和固定化的现象——无论是华尔街银行家们的小型董事会和公司主管们手中的权力,还是由政治机器操纵的民主制度,或者是刚刚在工作场所出现的等级控制,甚至包括像《独立》这样面向全国发行的周刊本身所具有的左右民意的能力等,这一切都使美国人分享了对于作为理性主义化身的官僚政治的恐惧:即官僚政治试图对社会生活进行理性的控制与安排,支配人们的生活,腐蚀个人主义的基础和自由的理想。针对这种情况,当时的进步主义者确定的目标是,通过增加平等的内容而使资本主义人性化,通过把政治权力归还给全体公民、把公民和谐归还给分裂的社会,从而使民主重新焕发活力④。在李普曼看来,要改变现状,就必须反叛传统制度所谓的理性控制与安排,探寻创建新政治的路径,人们不应当为传统制度与社会习俗所束缚,而是要成为能运用想象力塑造环境的革新者。为此,李普曼突出了人性在政治生活中的地位,亦即人的自发性、欲望、自由自在对于政治创新的作用。在《政治序论》中,他在沿袭旧例的常规者和发明者之间作出了区分,认为常规者应当承认

---

① 〔美〕罗纳德·斯蒂尔:《李普曼传》,于滨等译,新华出版社,1982,第40页。
② 〔美〕罗纳德·斯蒂尔:《李普曼传》,于滨等译,新华出版社,1982,第39页。
③ 〔美〕罗纳德·斯蒂尔:《李普曼传》,于滨等译,新华出版社,1982,第48页。
④ 〔美〕埃里克·方纳:《美国自由的故事》,王希译,商务印书馆,2002,第207~208页。

每一个强烈的欲望都有某种文明的印记,但他却运用"禁忌的专制来窒息欲望的动力",常规者通常不是将欲望导向正确的方向发展,而是禁止欲望本身,无论何时,当面对人们表达强烈要求改变的愿望时,"常规者处于惊恐状态,所以求助于禁忌"①。很明显,李普曼反叛的是保守的理性主义,理由在于它抑制了政治创新的动力——人的欲望和自由天性。但真正来说,成为李普曼靶子的,与其说是理性主义,倒不如说是存在于各种常规、禁忌中的"抽象性",正是这种"抽象性"使人看不到实在的生活、实在的需要,沦为政治的"囚徒"。

然而,书中流露的反智主义倾向,显得批判性有余,而建设性不足,无法通向进步主义所设定的目标,也无助于克服民主政治的危机,因为这难免走向另一个极端:在动荡不安的现实面前随波逐流,忽视人自身的理性能力,被动接受生活安排的一切。李普曼逐渐意识到,无论是保守主义者也好,还是无政府主义者也好,其共同点都在于没有找到真正应对现实的正确途径,这就如同在与希腊神话中的九头怪蛇搏杀时,没有直接攻击它的心脏要害,而是一味地砍杀它的头,可是,保守主义者和无政府主义者都忘记了,九头怪蛇的头永远也砍不完。因此,面对这两类不同的放任形态,要想在这个复杂的社会中求得生存,解决问题的根本方法在于:学会驾驭。这样,便有了1914出版的《放任与驾驭》(*Drift and Mastery*, 1914)。

虽然在这本书里李普曼依然坚持认为,任何可行的政治理论都必须面对人的非理性,要抛弃传统理性主义的偏见,但他已从伯格森的生命之流转向科学的方法,不再指望人的直觉本能或创造性的神话,而是求助于科学。为了真正在这个动荡的现实中找到一种确定感,人们应该动用自我理性对生活中的一系列问题进行反思,"反省我们在生活舞台中扮演的角色,仔细审视我们自身和外部的世界,找到隐匿于意识自觉性背后的动力"②。因此,驾驭意味着"让理智进入我们的无意识生活","以明确的意向取代无意识追求"③,使民主秩

---

① Leuchtenburg, William E. *Walter Lippmann's Drift and Mastery*, The University of Wisconsin Press, 1985, p. 4.
② Walter Lippmann, *Drift and Mastery*: *An Attempt to Diagnose the Current Unrest*, The University of Wisconsin Press, 1985, p. 148.
③ Walter Lippmann, *Drift and Mastery*: *An Attempt to Diagnose the Current Unrest*, The University of Wisconsin Press, 1985, pp. 148 – 149.

序具备科学的精神。在他看来,"放任"意味着国家和社会将继续奉行已过时的个人自主,保守主义者将继续沉溺于回忆与被动接受现状的态度之中,无政府主义者也将长久陷入无明确目标的激进行动及理论与实践的割裂之中;"驾驭"则明确表明要对社会问题和冲突进行科学理性的探索,并运用这种科学理性的精神重塑国家和社会。为什么要通过科学来实现驾驭呢?按照他的逻辑,科学精神就是民主的内在规定,意味着"采取行动不是缘于一时的兴致或刻守一种禁忌,而是明确认识到:什么是可能的,生活的可能性是什么";而有了科学的指导,"人们就可以从放任中脱身而出,将事实与想象区分开来,弄清楚真正可能实现的梦想是什么"[1]。

由此,李普曼为解决美国的民主危机指出了科学的理想主义方向,它不再激进,也不再保守,不再放任非理性的泛滥,也不回避人的非理性,不屈从于各种常规、禁忌,而是遵从事实与真相,开放人的主体意识。在这里,驾驭意味着每个人运用科学与科学精神以有明确目标的意识自觉性取代无意识追求。为了避免理性的"抽象性",李普曼将驾驭的概念运用到商人、工人、妇女、国家等各种不同角色上,认为对商人而言,意味着驾驭自己投机赢取暴利的动机;对工人而言,意味着以有目标的运动取代盲目的暴力反叛行为;对妇女而言,意味着将科学更深更广泛地运用于有组织的家庭生活之中;对国家而言,意味着政府权力的扩大。

表面上看,李普曼似乎为诊治美国社会的混乱开了一剂适度的理想主义药方,但他还是没有摆脱理性主义的局限,即过分专注于确定性,将知识等同于技术,从而让理性嬗变为技术理性,免不了使人落入某种控制体系。他不仅关注事实的确定性、生活的确定性,而且考虑意识的确定性、实现梦想的确定性,而科学似乎是唯一满足确定性标准的那种方法。在这里,至少有两方面的问题被他忽略了:一是既然科学可以被制定为规则、原则、准则之类的东西,那么,理性就免不了落入对人的抽象规定;二是当不确定成为人的一种普遍存在状态的时候,普通人的理性能力就成了值得怀疑的事情,而在理性主义的出

---

[1] Lippmann Walter, *Drift and Mastery: An Attempt to Diagnose the Current Unrest*, The University of Wisconsin Press, 1985, pp. 149–151.

口处，就只剩下少数精英替我们把握社会生活的确定性了。这便演绎出了他在新闻与公众舆论观上的矛盾。

二 《自由与新闻》：营造理性生活的环境

一战期间，曾在美国情报调查局供职的李普曼深深体验到，在"国家利益"的感召与强制性的新闻检查之下，新闻界充斥着宣传、欺骗与谎言，尤其在巴黎和会的报道现场，记者们为一些支离破碎的新闻你争我抢，互相交换一些谣言，然后把这些东西倾注到报刊杂志的头版发表，甚至那些经验丰富的记者在这些谣传谎言、走漏风声和捕风捉影的迷宫中也茫然不知所措。新闻审查和宣传使人们难以区分究竟什么是事实，什么是谣言，"传统的言论自由和意见自由没有建立在一个牢固的根基之上"①。同时他还意识到，自从约翰·亚当斯（John Adams）以来，还未曾见过执政者对宪法规定的自由进行如此执着而异常危险地进攻，如对异己分子不经审讯就加以驱逐，对政治犯进行残酷判处，严格实行一战以来的新闻审查制度等，凡此种种，都构成了一种"恐怖的君主统治，在这种统治之下，不允许有诚实正直的思想，不支持温和节制的做法，疯狂取代了理性，政府不但不设法缓解人们的慌乱，反而集人类之能事，对一个已经抽了风的社会火上浇油"②。

1920年春，李普曼在给《大西洋月刊》（*The Atlantic Monthly*）的编辑埃勒里·塞奇维克的信中写道："我发现舆论是可以被左右的，因此我决定写一篇长文，全面地探讨一下在新的情况下，思想和言论自由是如何表现自己的，以及由此产生的新的问题。我的这一想法是逐步形成的，这是因为我和官方的宣传机器打过一些交道，也是由于我试图重新阐述一下，在由政府进行统治这种现代社会条件下，和在具备了如何操纵人们头脑这种现代知识的情况下，思想自由这一问题又是如何表现自己的。"③ 于是，便有了1920出版的《自由与

---

① Lippmann Walter, *Liberty and the News*. Transaction Publishers: New Brunswick (U.S.A) and London (U.K.), 1995, p. 21.
② 〔美〕罗纳德·斯蒂尔：《李普曼传》，于滨等译，新华出版社，1982，第257~258页。
③ 〔美〕罗纳德·斯蒂尔：《李普曼传》，于滨等译，新华出版社，1982，第263页。

新闻》(Liberty and the News, 1920)。

李普曼没有从书本出发进行自由原则的抽象论证，而是琢磨一个现实问题：在20世纪初的美国民主社会中，报刊已取得自由的合法性，但仍不能履行其职责，这是为什么呢？他给出的答案是，这是因为在当时不存在报刊自由赖以生存的基石——真实的事实。同时，面对以谎言和欺骗为业的新闻界，他提出质疑："当意见的自由显现成为错误的自由、幻觉的自由和曲解的自由，那么这种自由几乎不可能激发出比自由本身所代表的更大利益，这种意见的自由是完全抽象化的自由，是对主智主义思想的过度改良。"[1] 为了唤起人们对事实这一新闻实体的感悟，李普曼在《自由与新闻》一书中试图阐释三个疑问：新闻最高级的法律准则是什么？现代自由意味着什么？如何拯救自由的危机？

根据霍尔姆斯大法官（Justice Holmes）的宪法理论"事实是人们愿望赖以实现的唯一根基"，李普曼作出判断："只要那些提供新闻的人将自己的信念解释为比事实更高级的法律，那么他们就是在攻击我们宪法体系的根基。在新闻工作中，没有比告知真相与羞辱恶人更高级的法律准则了。"[2] 当然，归纳出新闻的高级法的确是一个认识上的突破，但一战前后的美国报刊是否遵从了这条准则呢？当然没有。于是，李普曼进而认定：当前西方的民主危机在于新闻业的危机，说得再确切些，现代民主的危机在于新闻业中事实的匮乏。

事实为什么会匮乏？美国的第一宪法修正案（The First Amendment）不是已经为报刊自由的合法性提供法律保障了吗？在李普曼看来，"自由的学说在严峻的考验下无一例外不成为其他理念的附属品。自由从来都不是目的，而是为实现其他目的的手段"[3]。既然如此，那现代自由的真正意蕴究竟为何？

其一，自由不是指宽容弥尔顿提出的所谓"无关紧要的差异"。这个概念是弥尔顿为自由申辩的核心要点，他希望自由意见的获允范围包括某些新教教

---

[1] Lippmann Walter, *Liberty and the News*. Transaction Publishers: New Brunswick (U.S.A) and London (U.K), 1995, p.59.

[2] Lippmann Walter, *Liberty and the News*. Transaction Publishers: New Brunswick (U.S.A) and London (U.K), 1995, p.15.

[3] Lippmann Walter, *Liberty and the News*. Transaction Publishers: New Brunswick (U.S.A) and London (U.K), 1995, p.23.

派之间的"和谐差异",只要这些"和谐差异"对行为和道德没有真正的影响。于是,弥尔顿得出结论:某些教义间的冲突因为不重要所以可以宽容。以这种逻辑推而广之即意为:当人类不感到害怕时,他们就不害怕意见;反之,当他们没有安全感而感到恐惧时,他们就会惧怕任何看上去似乎是煽动性的言论或事物。在李普曼看来,在一个公众舆论具有决定权的社会中,意见形成中有价值的要素没有哪一个可能真正是无关紧要的差异,当社会意见很敏感且具有决定意义时,这种对自由的宽容标准就不起作用了,因此,"'无关紧要的差异'概念作为自由的传统核心是一个如此缺乏活力且不真实的原则,以至于它无法保护自由的目的所在,自由的目标在于营造健康的环境,在这个环境中,人们可以通过判断和质问成功地组织人类的生活。"① 也就是说,自由的目标是营造理性生活的环境。

其二,自由也不意味着"当发表意见的情况足以使意见的发表成为指向某种伤害的积极煽动时,也要失去其特权"②。密尔为自由争辩的理论前提是,当社会禁令下的大多数意见对社会并没有利害冲突时,不应该对这些意见加以阻挠,但如果意见会直接影响社会秩序时,个人的自由就应当被限制,因为他不能使自己因干扰到其他人而成为一种他人眼中的麻烦。事实上,密尔对自由界限的规定却常常成为社会压制自由的借口。

虽然李普曼的自由思想同弥尔顿和密尔所倡导的自由精神有一脉相承之处,但对于两位前人论证的观点和逻辑,他却仍有保留。在他看来,他们对于自由的争论只是将自由作为手段而非目的,所以几乎很少切实关注到自由本身的存在问题。因此,一战期间人们看到了自由的另一种畸变:在战争的特殊时期,许多报道在"爱国主义"口号的感召下充斥着谎言,公众无法了解事实的真相,在这里,自由成为撒谎的自由,成了为实现特定宣传目的的工具,是印证"目的使手段合理"的又一桩个案。

除了将自由作为手段外,还有其他原因导致人们无法了解事实的真相,

---

① Lippmann Walter, *Liberty and the News*. Transaction Publishers: New Brunswick (U.S.A) and London (U.K), 1995, p. 34.
② Lippmann Walter, *Liberty and the News*. Transaction Publishers: New Brunswick (U.S.A) and London (U.K), 1995, p. 30.

如记者个人能力的有限性，战时的新闻审查制度削弱了真实的可能性与全面性，新闻编辑的程式化处理。真相经历重重关卡后，造就了这样一种现实：公众失去了与客观事实之间的联系。当我们失去意见自由赖以存在的事实依据后，自由被架空了，成为了虚无的自由。如何来拯救自由呢？李普曼认为，必须转移自由争辩的方向，"我们不可能通过颁布一系列许可令和禁令来成功地界定自由或成功地实现自由，因为这种做法有利于意见的形式而忽略了意见的内容。最重要原因是，这种做法是试图从意见的角度来界定意见的自由，这是一种循环且缺乏想象力的逻辑。只有在人类生活的主要事务中搜寻自由的原则，才能获得一种有用的关于自由的定义。也就是说，自由是在人们培养自我的反应力并且学习控制周遭环境的过程中获得的。在这种观点中，我们要采取措施以保护和增加采取行动所依据的信息的真实性，这些保护和增加信息真实性的措施就叫做自由。"① 显然，李普曼是把真实性当作民主政治的确定性来加以维护的。

为了实现这种自由，李普曼认为，必须将报纸行业从一个随意的商业转变为一个规范的职业，并下决心为社会输送一批真正的新闻人才，他们不仅是会挖掘新闻的聪明人，而且是有耐心、无惧怕的理性人，可以通过详细分析来探究世界究竟是什么。但是，新闻的规范与人才的理性还不是问题的关键，尤其是在报道政治新闻方面，即使"那些财产最富有、资源最丰富的报纸在努力报道'华盛顿'新闻方面并不成功，人们注意到社会的焦点、争论及轰动的事件，但是无人能通过阅读每天的新闻报道使自己知晓关于国会议员或政府各个部门的信息"②，造成这种情况的原因之一就在于行政机构权力的集中程度远甚于国会，这种情况已超出传统代议制理论为双方规划的权力比例范围，虽然行政机构是政治新闻真正的消息源，但报道行政机构比报道国会难得多。基于对现实困难的认识，两项有趣的实验产生了，一个是建立或多或少带有半官方性质的政府研究机构，另一个是增加专业的私人机构，以期为政府各部门的

---

① Lippmann Walter, *Liberty and the News*. Transaction Publishers：New Brunswick（U.S.A）and London（U.K），1995，p.61.
② Lippmann Walter, *Liberty and the News*. Transaction Publishers：New Brunswick（U.S.A）and London（U.K），1995，p.80.

工作进行一个技术性的总结。听起来好像很复杂，可实际上这两项实验的原则很简单，它们就像有组织的内行记者一样，集中精力致力于三项任务，即做当下的记录、做一个连续性的分析，以及在以上两方面的工作基础上提出计划。具备了这样一种观察政治和获知政治新闻的才智，记者就不再是威廉·詹姆斯（William James）笔下那个需要通过自己在墙壁的裂缝中慢慢攀爬来摸清房屋构架的蚂蚁了。

总之，在李普曼看来，新闻业的拯救在于两件事情："最根本的目标是，将具有新观点和受过新训练的人才注入新闻机构之中；当下的目标是，集中独立自主的社会力量以反抗新闻机构中墨守工作常规人士自满与糟糕的服务。当我们学会谦卑，当我们学会寻找真相、揭示真相、发表真相，当真相与不确定迷惑中的争辩特权相比，我们更关心真相时，我们将会取得进步。"[①]

综上所述，李普曼为我们构筑了这样一幅自由的全景：新闻自由的高级法原则是告知事实与羞辱恶人，但囿于传统的通过划分自由与许可之间的界限来规范自由的方式，人们只注重了自由的形式而忽视了自由的内容，自由有时甚至沦为"目的使手段合理"的范本，因此，李普曼认为真正的自由在于保护消息来源，以确保公众能自由接近事实真相，培养专业的记者队伍，并将报纸行业从一个随意的商业转变成一个规范的职业，是拯救新闻自由的必经之路。

传统民主理论的前提是假设公众具有理性认知的头脑，但没有考虑到舆论的力量，故而现实民主的危机在于以歪曲事实来左右舆论。在这本小册子中，李普曼设想的解决方法并未脱离传统民主理论的思维取向，仍然认可公众的理性，但前提是必须确保能源源不断获知准确、真实的消息。

三　公众舆论危机的求解：诉诸理性

当李普曼追本溯源，将民主的危机归根于人类自身无法改变的能力局限性

---

① Lippmann Walter, *Liberty and the News*. Transaction Publishers: New Brunswick (U.S.A) and London (U.K), 1995, p. 92.

时，李普曼信奉的传统民主理论走进了死胡同。想突破，要么退步三尺，重新探寻原因；要么继续向前，把胡同走到底，然后纵身一跃或凿墙钻洞，进入另一种路径。面对两条道路，李普曼选择了后者，即穿透传统民主理论观，奉行现实主义民主观。

在《自由与新闻》中，李普曼认为公众舆论大体上不是对事实的反映，而是对存在于外部世界与公众之间的"拟态环境"（pseudo-environment）的反映，因此，他强烈谴责"那些未经分析的文字所具有的欺骗性"①。在当时，李普曼认为公众之所以不能正确认知事实，是因为新闻界没有提供真实的信息。但随后，李普曼又进一步产生疑惑：如果问题不是由新闻报道和政府干预所致，而是公众在其形成舆论方式的性质方面出现问题，那又是怎样一种情形呢？顺着这条思路，1922 年他完成了《公众舆论》（*Public Opinion*，1922），进而又在 1925 年出版了《幻影般的公众》（*The Phantom Public*，1925）。

受沃拉斯《伟大社会》的影响，李普曼认识到现实世界太大且变幻莫测，人们难以全面了解世界发生的事情，再加上官方设置的审查制度和保密制度的存在，事实本身也欠缺全面和充分，"根本就不存在值得信赖的新闻报道，而且也无须指望以后的报纸会出现令人信服的报道"②。鉴于此，人们对事务形成的判断要么建立在有限的信息上，要么建立在报界提供的和自己想象的"拟态环境"之中。文章一开头，李普曼便以柏拉图的洞穴理论相类比，认为处于"拟态环境"中的现代公民没有时间也没有精力思考纷繁的世界事务并作出明智的判断，他们只能充当"局外人"。

在这里，李普曼不经意间呈现了理性的悖论：在现代社会，人的政治、经济、社会、文化生活都得到理性安排，但是，理性的无限僭越和滥用，又使人生活抽象化、片面化，使人不得不遭遇"拟态环境"，在自己的社会里成为局外人③。在李普曼看来，人对世界的认识受挫于"刻板成见"，"大多数情况下

---

① Lippmann Walter, *Liberty and the News*. Transaction Publishers: New Brunswick (U.S.A) and London (U.K), 1995, p. 5.
② Riccio Barry D., *Walter Lippmann—Odyssey of a Liberty*. Transaction Publishers: New Brunswick (U.S.A) and London (U.K), 1994, p. 59.
③ 〔美〕威廉·巴雷特：《非理性的人——存在主义哲学研究》，段德智译，上海人民出版社，1992，第 36 页。

我们并不是先理解后定义，而是先定义后理解。置身于庞杂喧闹的外部世界，我们一眼就能认出早已为我们定义好的自己的文化，而我们也倾向于按照我们的文化所给定的、我们熟悉的方式去理解"①。而且，他也看到理性遭遇了非理性的挑战，大部分人对世界的认识是通过他们的感情、习惯和偏见这个三棱镜的反射而得到的，因而总是容易混淆事实与虚构之间的界限，更为重要的是，"不加批判地固守成见，不仅会无视许多需要考虑的东西，而且一旦因此遭受报应，成见土崩瓦解，那么明智的考虑很可能会和它一起毁灭"②。

然而，李普曼并未反思理性自身的局限性，而是赋予理性某种怀疑的、超越的性质，即理性就是要用怀疑的、批判的精神面对成见，面对事实，就是超越个人利益面对全局利益。由此观之，一般的公众是缺乏理性能力的，所谓的理性自治只是一个幻想。那么，谁有理性能力管理国家和社会呢？在李普曼眼中，这个任务非专家型社会精英莫属。一般的公众不可能独自面对外部世界，而是面对一系列的自我。社会角色的多元化决定了个人自我类型的多元化，只注重个人利益的普通公民既不了解情况，又无理智，只能是"局外人"。只有属于"社会贤能"的少数"局内人"能着眼于全局利益，在受过特殊训练后，可以通过专门的"情报机构"得到信息从而做出明智的判断，并能以宣传左右"局外人"的意见走向。

但人们会疑惑，作为专家的知识分子是否能真正独立于"行为人"呢？尽管作为专家的知识分子不是某一党派人士，但是，他可以在其能力范围内使自己的意识形态与专业技能相分离吗？当他的利益取决于行为人时，他有能力使自己摆脱所有党派偏见的印记吗？知识分子能豁免于一般的罪恶本性（如自私）难道不是自欺欺人吗？这些问题很难在李普曼那里得到自圆其说的解释，但我们可以看到他的一个非常明晰的思维：在民主政治和公众舆论因失之于理性而发生危机之际，拯救之道还在于诉诸理性。虽然他在《公众舆论》的最后一章非常勉强地写下"诉诸理性"的结论，而且意识到以理性的方式对付非理性思维的世界，要么因太绝对、太僵硬而使人难以遵从，要么落入空谈和幻想而派不上用

---

① 〔美〕沃尔特·李普曼：《公众舆论》，阎克文、江红译，上海世纪出版集团，2006，第62页。
② 〔美〕沃尔特·李普曼：《公众舆论》，阎克文、江红译，上海世纪出版集团，2006，第84页。

场,但他还是认为应该在某种直觉中树立对理性的信念,用我们的智慧和力量为理性开辟一席之地,原因在于,危机虽然巨大,却不是无所不在,"有腐败,也有廉洁。有混乱,也有奇迹。有弥天大谎,也有人在决心揭露谎言",人可以对社会生活的很多方面感到绝望,但"不能对人类已经表现出的品德所带来的前景感到绝望"①。他所说的"社会贤能""局内人"在某种意义上集中了人类的品德,是理性与良知的代表。诉诸理性就是寄希望于他们在专业主义氛围下,以科学的方式思考问题、管理社会,为民主政治导航。

于是,不知不觉中,李普曼放大了理性的功能。他在《公众舆论》的导论中提出了一个理论假设:"如果我们能准确再现我们脑海外的世界,那么我们就能准确再现这个世界"②,因此,知识的本性在于大脑能够建构再现。究竟哪些属于再现领域呢?李普曼按再现程度将所有文化划分为三块:能很好地再现现实的领域(如科学),不那么擅长再现现实的领域(如艺术),根本无法再现现实的领域(如新闻)。李普曼认为,"现实是'可以用图像呈现的',真相可以通过独立而客观的、图像化的现实,而不是用与现实相对应的评议来表现。但新闻不能像图像一样呈现现实或提供相应的真相,就像雷达扫描时的光点,新闻只能提供一种信号,表示有些事正在发生。它更多地提供有伤风化的照片与刻板成见的伪现实。只有当现实简约为统计报表,新闻才大致是真实的"③。这种表述实在绝对,以至于从"劣根性"上否定了新闻业存在的意义。更要命的是,理性被绝对化以后,对公众的理性能力的怀疑越来越深重了。

《公众舆论》完成后,李普曼毅然离开令他压抑的《新共和》而来到普利策的《纽约世界报》(The New York World)。由于李普曼在《纽约世界报》面对的读者数量是《新共和》(The New Republic)的10倍之多,他对大众的暴虐更加恐惧,于是一边给《纽约世界报》写社论,一边埋头撰写《幻影般的公众》,他力图阐明,假如舆论本身在知识和精神质量方面没有任何改进的

---

① 〔美〕沃尔特·李普曼:《公众舆论》,阎克文、江红译,上海世纪出版集团,2006,第291~296页。
② 〔美〕沃尔特·李普曼:《公众舆论》,阎克文、江红译,上海世纪出版集团,2006,第3~23页。
③ 〔美〕詹姆斯 W. 凯瑞:《作为文化的传播》,丁未译,华夏出版社,2005,第55~56页。

话，舆论会起什么作用？怎样做才能更为行之有效呢？

在《幻影般的公众》中，李普曼对公众理性能力的怀疑到达极致，让他难以相信的不只是普通公众能否治理国家，而是认为"公众"这个群体好像实际上并不存在，我们所称的"公众"只是一个"幻影"①：

> 因为当个人在政治上度过了浪漫主义时期，就不再为了陈腐的狂热的口号而激动，当他清醒不再激动时，他在公共事务中的角色对他来说显得那样虚假、平庸和微不足道。于是你不能直接以公民责任、奉献之类的话打动他，在他面前挥动国旗或是派一名童子军紧跟其后让他表决也无济于事。他是一个从战场上回来的人，为了使这个世界变得与以前不同变得更加美好；他被整个事件的泡沫戏弄了，看透了其中的空话。

这是时事使然，亦是理性主义的内在逻辑。当理性主义被推到极致时，它会进入两个相反的方向：一是形而上学的方向，即试图用一种纯理性的因素，来说明那稳定内在的结构；二是引出激烈的怀疑主义或相对主义②。此时李普曼所诉诸的理性便完全进入了后一种方向。

既然无法改变公众天生的能力缺陷，并且也无法通过改变生存环境来影响公众，那么人们究竟能对幻影般的公众做些什么呢？在此前的《公众舆论》中，李普曼提出建立一个专业的事实查证机构，以向公众传递真实、准确的信息，但是在续篇中，李普曼却认为专业的事实查证机构已毫无用处，因为这些事实查证机构只能偶尔给予普通公众一些微小的帮助，调查结果对一般读者来说太复杂，而且大多数结果的意义并不大。但是，这并不是说专业调查机构完全失去了价值，只是说它的价值对象从公众转向了各式各样的专业服务机构，通过向它们提供情报，以帮助社会精英在一定程度上实现国家管理。

当然，李普曼并未完全放逐公众的自主决定的权力，而是为公众确定了

---

① Lippmann Walter, *The Phantom Public*, Transaction Publishers, p. 5.
② 〔美〕罗伯特·福格林：《行走于理性的钢丝上》，陈蓉霞译，新星出版社，2007，第2页。

一种在他看来再合适不过的角色——精英的贤内助，即通过遵循"程序主义"以确保统治者对特定程序担负责任。这种角色使公众不再是传统民主理论中的自由意见主体，而成为现代民主理论中的外围主体，外围于社会精英，他的权力在很大程度上只意味着在"同意"与"不同意"之间作出选择。李普曼认为唯有如此，才能解构公众的非理性，"摆脱那帮懵懵懂懂的乌合之众造成的暴虐和喧嚣，而得以自由自在地生活。"① 顺此思路，他又把公众舆论的作用简化到一个十分保守的地步，即其作用仅仅是"在问题出现危急之际使人民团结起来支持那些有能力解决危机的人"。可是，对于一个太过无知以至于无力对实质性事务进行判断的公众来说，他又如何有能力理解程序方面的事情以至于确保统治者按程序办事呢？《幻影般的公众》没有对这个问题作出清楚的回答。但我们可以体会到，李普曼对公众理性的怀疑来自于对大众的暴虐和喧嚣的强烈反思，而且这种反思越是加深，这种疑惑就越是加剧。

与此同时，李普曼进一步陷入相对主义，他通过无情地鞭挞进步主义视"公众"为单一政治集合体的概念，把公众想象为具有多元价值的组合体，由此创立了后进步主义时期新的理念：政治是一个"现实主义"的代理过程，代理公开的以利益为基础的多元主义，这种政治中公共利益不再有那么高的地位。

引人注目的是，李普曼对公众理智能力的逐级否定使美国的自由问题发生了转向。美国曾流行这样的看法，"如果人是自由的，那么他们将拥有完善的信息；如果信息是完善的，那么他们可以理智地选择最有效的手段来达到个人的目的，如此一来，在人的行为上，就会产生社会善行"，因此，美国的"新闻工作者关心的问题就是如何确保自由的环境，以对抗破坏势力，那些势力被认为是政治的和机构的，而不是心理的。一旦拥有对抗这些势力的自由，真理与社会进步就能得到保障"②。然而，李普曼认为，"自由的传播系统并不能确保信息的完善，即使在自由的条件下，也不能确保事物的真相；自由的敌人如

---

① 〔美〕罗纳德·斯蒂尔：《李普曼传》，于滨等译，新华出版社，1982，第330页。
② 〔美〕詹姆斯·W. 凯瑞：《作为文化的传播》，丁未译，华夏出版社，2005，第55页。

今不再是国家和不完善的市场,而是新闻和新闻采集的本质、受众的心理以及现代社会的规模"①。值得注意的是,李普曼在此将自由的诠释从道德、政治的权力角度转向了认识论本身,将大众媒介的讨论基础从公众、权力、自由转向知识、真相及刻板成见,这种转变严重低估了国家与阶级权力所扮演的角色,容易导致公共领域的"去政治化"。

20世纪20年代,美国的现实主义民主理论正处于巅峰时期,信仰者认为非理性的无知大众是当今社会稳定的心腹大患,普通人不能够积极参与对自己生活的决策,决策的权力必须由精英执掌,因为只有精英才具备有效统治的知识和技能,群众可以定期参加选举,由此决定是否让同一批精英继续执掌统治他们的权力,民主社会只需要让群众享有有限的民主参与权,就能保持民主的正常有效的运作。而信奉传统民主理论的杜威却认为,世界受害于领袖和权威远比受害于群众为烈,只有在原民主基础上更为民主,才能真正拯救民主,而现实民主存在的问题"与其说是大众民主,还不如说是伟大社会本身"②。杜威力图让人们明白,大多数人类渴望参与影响他们生活的决定;而李普曼则得出结论,无论怎样激励大众,他们大体并不想深深陷入政治之中。事实上,杜威也承认,李普曼对大众冷漠态度的剖析的确是现实的反映,但是,他并没有像李普曼那样因为存在问题就将大众直接打入"冷宫",而是认为成熟的理性公众还未真正形成,进而得出结论,"民主系于未来而非当下,当公众变得理性,当社区不再是人工合成的结果,民主就会形成"③。

进一步探究发现,杜威和李普曼不仅在对公民素质高低及民主实现路径方面持不同意见,对人的根本生存价值也存在不同理解。在杜威看来,自治是个人目的、群体目的的和谐交融与实现,是人存在最根本的利益。但在李普曼这样的民主现实主义者看来,自治只是人的众多需要中的一种,而且还不一定是最重要的。人类关心各种各样的事情,如秩序、权力、富足、声色之乐、新奇

---

① [美]詹姆斯·W. 凯瑞:《作为文化的传播》,丁未译,华夏出版社,2005,第55页。
② Riccio Barry D., *Walter Lippmann—Odyssey of a Liberty*. Transaction Publishers: New Brunswick (U.S.A) and London (U.K), 1994, p. 74.
③ Riccio Barry D., *Walter Lippmann—Odyssey of a Liberty*. Transaction Publishers: New Brunswick (U.S.A) and London (U.K), 1994, p. 75.

变化，等等，人并不为自治本身而求自治，人求自治是为其结果。因此，用来衡量政治的尺度不应该是公民的自治程度，而应该是能否保证某种最低程度的健康、好的住房、物质需要、教育、自由、快乐和美。李普曼认为，在现代工业化民主社会中，自治只不过是一种需要扩展的次要的利益而已。可是，从怀疑公众的理性，到取消公众的理性，公众的利益如何保证？失去了理性的公众如何被拯救？诉诸专家理性对失去理性的公众还有可能性吗？这一切都成了政治理性主义的悖论。李普曼提升了人们对公众舆论和民主政治的反思力度，却还是没有找到拯救之道。

四 理论的盲点、拯救的幻灭及超越之道

按照李普曼的观点，谁都难免有盲点，这是刻板成见造成的结果。这句话用在他自己的身上也非常合适。通过上面的分析，我们可以做一个总结，其根本性的理论盲点在于：夸大公众理性能力的缺失，同时又忽视理性自身的内在局限，从而陷入由科学所导引的技术理性的幻觉。对于人的理性，康德早就有过深刻的揭示①：

> 人类理性具有此种特殊命运，即在其所有知识的一个门类中，为种种问题所困，此等问题因由其理性自身的本质所规定，故不能置之不顾，但又因其超越理性所有之一切能力，故又不能解答之也。

就是一方面人的理性本能有一种冲动要对宇宙做纯粹的理性说明，但另一方面人的理性技能又不足以满足此种冲动。在康德看来，摆脱此种矛盾问题的唯一方式就是，理解和承认人的理性的内在局限，给出其限度，从而将人的理智能力限定在其规定范围之内。虽然李普曼也意识到理性有时使人陷入绝对、僵硬或者空谈、幻想，对公众的理性缺失也有深入的分析，甚至也想突破传统理性主义对人的欲望与自由天性的抑制，及其为人所设置的常规与禁忌，让人们面

---

① 〔德〕康德：《纯粹理性批判》，蓝公武译，商务印书馆，1997，第3页。

对事实与真相，依稀呈现出存在地感知社会生活的路径，以及灵动的、适度的理性主义的可能性，但可惜的是，他把理性与人剥离开来，一般人因感情、习惯和偏见的左右而远离理性，而少数"社会贤能"之所以能获得"理性"，是因为他们能遵从理性的规则，着眼于全局利益和科学方法。这样一来，自然形成了对公众理性认知能力的消极否定，以及"局内人"与"局外人"的成见，从而消解了公众与少数"社会贤能"作为理性主体与传播主体的平等权力；在取消公众的理性主体后，民主危机的拯救几乎成了一句空话，因为公众已经没有理性能力与少数"社会贤能"沟通了，也没有理性能力对公共事务发表见解了。当他转而把目光投向情报机构的建构，试图让理性与道德精神照亮民主的现实时，公众舆论运行过程中权力关系的复杂性与多样性又被严重简化了，到头来，公众舆论受制于权力的难言之隐依然挥之不去；同时，李普曼由对公众的怀疑到对公共利益的否定，再转向绝对的"公正无私"式的道德幻想，最终也抛弃了公众意义分享过程中的公共意识建构。所有这些，都使其诉诸理性的驾驭拯救民主危机的愿望几乎落空。

写完《幻影般的公众》之后，李普曼马上意识到，从人种、社交或宗教方面来看，美国已不再是一个同质性的社会，稳定世界已被打碎，要想灌输一个共同的信仰，如果不是不可能的也是相当困难的事。于是，原先整齐划一的信仰被怀疑所取代，然而，怀疑主义虽与科学精神气质相近，却对既定的权威造成了严重的破坏，如美国生活中世俗化的趋势、家庭关系的松动以及传统权威衰落，等等，这些都并未像早期的反叛者想象的那样会带来解放，相反，它造成全社会信仰的虚无，到处弥漫着的不愉快气氛使人们茫然若失。因此，李普曼开始写作《道德序论》（*A Preface to Morals*，1929），从伦理学角度出发，探讨现代世界道德权威的衰落，思考西方发达工业国家面临的共同问题："大多数公众不相信任何既定的和权威的信仰"[①]。也就是说，他开始思考精英式民主所面对的基本现实问题。

人们为什么从根本上拒绝信仰呢？李普曼总结了三个方面的原因。首先，

---

① Barry D. Riccio, *Walter Lippmann—Odyssey of a Liberty*. Transaction Publishers: New Brunswick (U.S.A) and London (U.K), 1994, p. 82.

应归结为美国的自由传统。"美国的社会制度是变动的、革命的、新教徒的。它没有确定领导人和明确的行为标准，也无人被认定为道德的阐释者和喜好的仲裁者。在这儿，没有社会等级制度，没有公认的统治阶级，没有众所周知的权利和义务的体系，没有行为方式的准则"①。其次，城市化的进程破坏了乡村生活的安定感，都市成为暂时居住、漂泊无根的代码，信仰更可能存在于乡村的平静生活之中，现代化的进程只能是信仰的终结者。最后，社会角色的多元化加快了道德确定性的瓦解。具体而言，一个主体可以同时扮演两种角色，如债权人和债务人、买家和卖家、父亲和士兵、雇主和雇员、贸易联合会官员和政治家等，自我利益的多元化使他不可能只忠实于任何个人或任何机构，于是民主党人和共和党人同属于一个国家俱乐部，新教徒和天主教徒互相通婚，不同利益间的宽容使政治行为的党派偏见下降，这无疑是好现象。然而，宽容是有代价的，尤其是在宗教领域，"一想到我们总是以相同的方式对待现实中每天经历之事的所有方面后，我们很难执着地坚信，某一方面的权威是神圣的。"② 另外，信仰缺失还有其他原因，如，技术的进步使理想奇迹般实现后，想与牧师的信仰保持同步就成为一件困难的事；女权主义和出生率的控制对家庭权威形成挑战；艺术已完全丢失了其宗教意义，不管艺术家是迎合需要还是只描绘反映自己的偏好，都面临艺术缺乏坚实权威的现实。科学的普遍性能否弥补信仰虚无的状态呢？虽然李普曼一直崇尚科学，但他同时也意识到，科学和信仰的关系很有可能根本无法得以和解，两者代表了两种完全对立的宇宙观，科学并不能代替宗教。尽管如此，他还是试图使纯粹的科学成为宗教的化身，这种观点扭曲了科学本身，甚至连他的老师桑塔亚纳都无法赞同。这就是李普曼式的悖论：明明反思到了现代性的问题，却还要在现代性方向上拯救民主，明明看到了科学的局限，却还要以科学代宗教。

在道德、宗教、信仰、权威等诸事务的幻灭面前，李普曼虽然没有愤然走上道德绝对主义的道路，也并不建议回到教会统治时代或服从世俗国家的权

---

① Barry D. Riccio: *Walter Lippmann—Odyssey of a Liberty*. Transaction Publishers: New Brunswick (U.S.A) and London (U.K), 1994, p.82.

② Barry D. Riccio: *Walter Lippmann—Odyssey of a Liberty*. Transaction Publishers: New Brunswick (U.S.A) and London (U.K), 1994, p.83.

威,而是寄希望于人自身,但他强调的是使自我与世界保持距离,变得"超然物外",认为唯有如此,人才能对命运不感到焦虑,不为恐惧所萦绕,以坚忍刚毅面对痛苦,并把痛苦从灵魂中悄然除掉。为了使人的道德自救更有力量,他还辅之以伦理学家的道德理性导引功能,认为"伦理学家的任务不是说教,而是给予人灵感;不是挑起争端的,而是精神上的引导;不是劝告,而是分析性的言说;不是劝诫人向善,而是解释善是什么"[①]。这些已远离公众舆论问题的论调,明显地显现了李普曼的矛盾与无奈。

不过,这本书出版后,大萧条的发生使李普曼更加迷恋道德权威与社会秩序。他对一批无法找到工作的哥伦比亚大学毕业生说,"世界最大的弊病是,最终确实掌权的民主不过是过眼云烟。如果在民主之上没有权威,没有控制民主舆论的宗教、政治和道德的信念,民主就没有连贯性和目标。这种民主不会长久,它必须,而且是不可避免地让位于某种更为稳定的社会秩序"[②]。然而,在稳定的社会秩序出现之前,真正的学者"要筑起一道抵御混乱状态的大墙,在这道墙后面,他将像在人类历史上凄凉惨淡的年月一样,把他的真正诚意献给无形的理性王国,而不是眼前的"[③]。尽管民主与权威的现状不尽如人意,但"世界总要前进,更多的危机会随之而来,如果在我们之中有人置身于世外,而不感到焦虑和过分担心,而是冷静并进行探索,并能回顾久远的过去,放眼于更为遥远的未来,那么世界就会向最好的方向发展"[④]。与其说李普曼在此给人的是希望,倒不如说是令人揪心的幻灭,因为在矛盾与混乱之中,在利益得不到保证而权力控制着社会舆论的情况下,谁能像他那样去迷恋道德权威与社会秩序呢?

我们现在可以明白,理性与科学在被李普曼作为概念实施于现实中时,不可避免地出现了悖论和不自恰性,进而导致幻觉,要么是推崇少数"社会贤能"的理性,或以科学代宗教,建构良好的社会,要么是怀疑公众的理性能力而寄希望于他们的道德理性,或者把政治导入代理公开的以利益为基础的多

---

① Barry D. Riccio, *Walter Lippmann—Odyssey of a Liberty*. Transaction Publishers: New Brunswick (U.S.A) and London (U.K), 1994, pp. 86–87.
② 〔美〕罗纳德·斯蒂尔:《李普曼传》,于滨等译,新华出版社,1982,第410页。
③ 〔美〕罗纳德·斯蒂尔:《李普曼传》,于滨等译,新华出版社,1982,第410页。
④ 〔美〕罗纳德·斯蒂尔:《李普曼传》,于滨等译,新华出版社,1982,第410页。

元主义。而对于新闻业来说，若现实真如李普曼所言，那么源于人本身的能力局限性，作为新闻主体的人无法准确还原信息，作为接受新闻的公众也无法准确理解信息并通过新闻机构实现民主参与的角色，那么，新闻机构就失去了存在的全部意义。

从整体来看，李普曼的思想流变让我们体悟到由于现实复杂性所带来的现代民主危机，当时，李普曼阐述的现实复杂性是指美国报业存在歪曲事实的新闻报道，同时公众由于能力的局限性而无法准确理解事实，并因此导致"多数人统治"的大众暴虐。如今，李普曼所经历的新闻危机不仅没有结束，反而愈演愈烈。一方面，新闻被无实质内容的信息垃圾所污染，公众参与民主政治的新闻空间被压缩；另一方面，社会政治权力、经济力量乃至社会偏见渗入媒体的机体之中，事实与虚构、新闻与娱乐、信息与广告的界限越来越模糊，导致新闻的民主能力和作为民主机构的角色仍不断被推向争论的前沿。

杜威和李普曼都希望理性照亮现实，前者提出的民主参与理论能给人以无限的想象力，但由于忽视了传播过程中阶级、地位与权力的作用，因而理想色彩过重；后者的思想极具批判性，只是由于其反思问题的路径退缩到公众的大脑认知结构本身，因而将一个"如何可能的问题"转化为一个"根本不可能完成的问题"。从他们的思想价值与困局中，我们可以寻找某种超越的可能性。

首先，要回到"完整的人"的理念上来，去除单向地把人想象为理性的人或非理性的人的观念。要知道，无论是由理性控制的人，还是由欲望、情感所导引的人，都是片面的人。虽然适度的理性主义对任何社会、任何时代来说都是有益的，但我们要汲取康德所说的理性的内在局限以及理性的可能限度，更要看到，当社会接受理性的控制与安排时，常规与禁忌就会形成，我们会不由自主地越来越少思考，甚至不思考，出现一位美国作家所观察到的电视转播月食时的可悲景象：人们本来把头伸到窗外就可以看到真实的东西，但是他们却宁愿在荧光屏上凝视它的"映象"①。真正构成社会动力的是"全面、自由发展的人""完整的人"，这样的人绝对不是一个"孤独的自我"，而是同世界

---

① 〔美〕威廉·巴雷特：《非理性的人——存在主义哲学研究》，段德智译，上海人民出版社，1992，第286页。

建立了各种各样关系、积极参与社会交往的有生命的个体，不是接受少数"社会贤能"理性导引的"被动的自我"，而是自然潜能充分发展、社会关系高度丰富的交往主体。这是民主政治的基石，也是公众舆论和新闻媒介发展的保障。

其次，作为民主参与主体之一的新闻传媒一方面要像杜威一样维护民主的理想，主动汲取参与式民主理念的思想精华，源源不断地将真实、准确的一手信息传递给公众，使公众在参与式互动中形成对公共事务的恰当理解，并于参与过程中逐渐培养积极的、具有公共精神的公民品质；另一方面新闻传媒又要像李普曼一般警惕现实的危机，使新闻传播免受个人利益和偏见的扭曲伤害，防止将体现民主精神的公众参与形式化、仪式化，使民主成为泡沫之上的幻影假象。

最后，尽管李普曼对公众的理性能力和多数人的舆论力量持否定态度，但现实中，我们不能因某些失望的沮丧和客观的局限就将公众弃之不顾，甚至超脱于新闻实践的广袤土壤，相反，新闻传媒应视公众为值得尊重的传播主体，且无须假定他们在政治进程中完全理性、积极、智慧，因为新闻传媒的真正使命在于深入现实，将丰富多变的政治生活描写得更为清晰，通过真实的事实展现塑造公民的政治兴趣和参与精神。事实上，新闻媒介在现实中并没有多大权力通过传播某种价值观以影响公众，它的政治角色是考察现有的价值观能否在实践中保持活力。另外，新闻媒介不应该只关注权利的行使，更应该清晰地呈现权力运作的过程，把自身塑造成为了公众利益而监督政治过程的看门人[①]。因为真正的"理性的驾驭"是让公众面对真相、面对事实，提供讨论公共利益的无限多样的可能性，相互尊重每个人的传播权利。说到底，还是回到"人的全面、自由发展"的目标上来。

此文原刊载于《新闻与传播研究》2008年第1期，第二作者为罗慧。

[①] 单波、黄泰岩：《新闻传媒如何扮演民主参与的角色——评杜威和李普曼在新闻与民主关系问题上的分歧》，《国外社会科学》2003年第3期。

奥威尔问题统摄下的媒介控制及其核心问题

同大多数关注媒介控制的知识分子一样，诺姆·乔姆斯基（Noam Chomsky，1928— ）追寻的是对事实的理解和解释，即媒介为什么会反民主，为什么为各种利益所控制进而控制大众，应在哪里改变它们？与众不同的是，半个世纪以来他所养成的对语言的敏感性融入了这种理解和解释之中，显现出政治认知的内在问题：我们为何相信所属的统治集团的宣传，尽管其主张与众多明显的证据相悖，甚至与我们的常识相悖？他一直批评行为主义语言观的目的是"通过观察和操纵说话者的物理环境来预测和控制人的语言行为"，这又使他对媒介控制的理解和解释含有对政府和媒体语言使用的剖析。更为重要的是，在奥威尔问题的统摄之下，他建构了反思媒介控制的独特话语，为我们认识民主政治背景下的媒介控制提供了理论问题和思考方法。

一 奥威尔问题的内涵与意义

乔姆斯基一生都致力于解决人的本质问题（The Problem of Human Nature）。他认为，要解决人的本质问题必须回答两个相关的命题：一个是柏拉图问题（Plato's Problem），另一个是奥威尔问题（Orwell's Problem）。对于柏拉图问题罗素曾对此做过最好的表述："尽管人类在其短暂的一生中与世界的接触是如此有限，为何他们的知识却如此丰富呢？"[①] 与此相对，奥威尔问题则是："为什么人对事实似乎知之甚少，尽管现实中的证据是如此丰富？"[②] 这两个问题合在一起便形成了一个悖论：人有充分认知外部世界、实现自由的能力，但在认知的过程中，人又无不处在控制之中。

乔姆斯基认为"柏拉图问题"具有科学意义，与语言研究联系密切，他

[①] Chomsky Noam, *Knowledge of language: Its nature, Origin, and Use*, 外语教学与研究出版社，2002，前言第37页。

[②] Chomsky Noam, *Knowledge of language: Its nature, Origin, and Use*, 外语教学与研究出版社，2002，前言第39页。

希望通过语言研究来揭示人的认知方式进而揭示人类心智的本质。至于奥威尔问题，他认为这是个严肃的现实问题，与政治经济问题紧密相关。他试图通过大量的事实剖析来揭示人性如何受到压制和扭曲，统治阶级如何掩盖事实，歪曲、操纵和控制信息从而控制民众思想维护其统治。柏拉图问题涉及认知的许多方面，可简单表述为"尽管生活中证据如此之少，我们的知识为何如此丰富呢？"特别是：我们为何具有如此复杂的母语知识？我们如何获得这些知识？相反，奥威尔问题是一种政治质疑，"尽管生活中证据如此之多，我们为何如此无知？"特别是：我们为何相信所属的统治集团的宣传，尽管其主张与众多明显的证据相悖，甚至与我们的常识相悖？在形成政治观念的过程中，我们似乎对众多显而易见的证据视而不见。

对于柏拉图问题，乔姆斯基（Noam Chomsky）从语言学角度给予了明确的解答。按照他的生成语法论，人在大脑中有一个先天的语言官能（language faculty），这个语言官能本身内含的一种普遍语法构成了人的语言官能的初始状态和深层结构。这种深层结构为不同的语言提供某种程式，并转换为各种语言的表层语法。乔姆斯基认为，正是因为有"语言官能"这一生物机体进化遗传的禀赋，人才有认知世界的巨大能量和能力，才能用一种逻辑结构来观察、认知和理解世界，于是，人才有无限认识世界的可能性，才有属于人的创造性和综合判断。

这一解答实际上又蕴含了另一个问题：人的认知能力受限于人的"语言官能"及其提供的语言程式。于是，问题的另一面便是奥威尔在两部小说《动物庄园》与《一九八四》中揭露的"语言的堕落"：语言成为掩盖真实的幕布，粉饰现实的工具，蛊惑民心的艺术。《动物庄园》所呈现的一种令人震惊的语言控制现象是：为极权统治服务的宣传家总是把过去的处境描述得可怕，让很成问题的现状显得美不胜收，缺乏理解能力的民众欣然接受了实际上更加残暴的奴役；而之所以这样，是因为民众从不思考，没有疑惑，活得充实，活得愉快，他们不相信自己的判断力，只相信被告知的结论。于是，麻木和冷漠的民众是专制政体最稳定的群众基础。在日常政治生活中，宣传家玩弄语言如同玩弄魔方与七巧板，用语言篡改过去，粉饰现在，许诺未来，把残暴和无耻置换为崇高和无私。《一九八四》揭示的语言毒化问题也折射了语言控制现象：控制所有的记录，从而控制人的思想，使过去的事成为没有客观生命的东西,仅仅存在于文字记录和人的记忆里;同时接受两个相互矛盾的事实:一面故意撒谎骗人,另一面诚心诚意地相信自己的谎言;一手遮盖客观事实,另一手却紧握这个事实,等到于己有利时便拿出来使用;以指鹿为马地服务于权力的"新语"缩小人类的思想范围,使人们拥有的表达思想的语言少得连思想犯罪也不可能。乔姆斯基认为,奥威尔问题的核心在于社会建制和政治力量能束缚人们的认知能力,意识形态更能闭锁人们的视野。这里且不说在一个极权体制下,国家能有足够的力量统辖和封闭人们的思想和认知,即使在像美国这样一个号称最民主、自由和多元的社会中,国家宗教(the state religion)和控制着媒体的意识形态机构也能通过"制造共识"(manufacture of consent)和"操控同意"(engineering of consent),使得民主社会的百姓们成为无知或头脑简单的傻瓜。这样一来,奥威尔问题便指向更内在的社会批判。在他看来,大众媒体是一个向公众传播信息与符号的系统,其功能是娱乐大众、提供信息,向个人灌输价值观、信仰和行为规范,把个人整合进大的社会机制之中。在一个财富集中、阶级利益矛盾凸显的世界里,要想达到这些目的就需要制度化的宣传。美国的媒体除了具有其他功能以外,其最重要的作用就是宣传。虽然美国政府对宣传一词讳莫如深,实际上美国的大众传媒就是政府宣传的工具,是国家控制民众思想的工具①。

很明显,乔姆斯基已转换了"奥威尔问题"的语境,即从极权主义跳到了资本主义民主政治。其逻辑在于,极权主义体系的思想控制远没有民主社会有效,因为知识分子只是服务于国家,鹦鹉学舌般地复述官方教条,人们很容易识别出这种纯粹的宣传。相反,民主体制寻求的是限制和决定整个思想范畴,它让基本的设想都没得到表达②。在极权主义体系中,人们一旦识别了基于思想控制的宣传,往

---

① 乔姆斯基研究美国媒体的主要著作有:《美国的权力与新官僚》(American Power and New Mandarin, 1969)、《制造共识:大众传媒的政治经济学》(Manufacturing Consent: The Political Economy of the Mass Media, 1988)、《必要的幻象:民主社会中的思想控制》(Necessary Illusions: Thought Control in Democratic Societies, 1989)、《威慑民主》(Deterring Democracy, 1991)、《媒体控制:宣传的辉煌成就》(Media Control: The Spectacular Achievements of Propaganda, 1997)、《宣传与公共意识》(Propaganda and Public Mind, 2001)等。
② David Barsamian, Chronicles of Dissent: Interviews of Noam Chomsky, http://www.zmag.org/chomsky/interviews/dissent - excerpts.html/.

往会推动思想解放；而在资本主义民主政治中，人们在公平正义、平等表达的语境中接受着基于利益关系的思想控制，而把这一切视为理所应当。当民主以全球化的方式推行时，我们越来越失去对民主的反思力量，越来越失去对"奥威尔问题"的警惕，习惯于坐享某种民主制度、程序与理论，而失去创造民主的动力，在这种情况下，我们有必要面对奥威尔问题统摄下的媒介控制问题。

二　民主政治的宣传逻辑

民主体制为什么会寻求限制和决定整个思想范畴？其基本的秘诀在于，民主政治生产着各种错综复杂的权力关系，同时它又总是想架构这种权力关系，而"架构"的发生往往借助于普遍意愿、公共利益得以推行，吊诡的是，推行的结果往往是权力支配关系的形成和传播权力的分配。柏拉图曾认为，自由就是服从理性的统治，而个体在根据理性法则生活、实现善的能力上有差异，只有那些聪明的执政者才能自觉地接受道德权力的约束，进而约束底层社会分子，保证城邦的秩序和每个个体的真实利益与内在潜力。现在人们都明白，把传播权力给予抽象的理性人，这其中隐含了多么危险的专制逻辑。而在卢梭的主权在民的民主观里，所谓"必须尽力表达普遍意愿""抱着道德责任感行事和考虑公众的利益"，又预设了制造共识的玄机。托克威尔（Charles Alexis de Tocqueville）曾这样审视美国民主政治下的"舆论的暴政"：

> 在美国，多数在思想的周围筑起一圈高墙，在这圈高墙内，作家可以自由写作，而如果他敢于越过这个雷池，他就要倒霉了。这不是说他有被宗教裁判所烧死的危险，而是说他要成为众人讨厌和天天受辱的对象。……他在发表自己的观点之前，本以为会有人支持，而在发觉无人支持后，已把自己全部暴露于众人的面前。于是，责骂他的人喊声震天，而与他想法相同的人，则失去勇气，不敢做声，躲避起来。他只好表示让步，最后完全屈服，保持沉默，好像不该说真话而后悔了。①

---

① 〔法〕托克威尔：《论美国的民主》（上卷），董果良译，商务印书馆，1988，第293页。

在这种民主思维中,所谓的"舆论的暴政"呈现的是舆论的社会控制机制,亦即舆论在权力运作中被建构的过程:在民主社会,人们珍视主权、渴望主权,但当他们越是想通过巴结大多数的思想而赢得公民权利时,他们就越会失去主权,其深层次的原因在于,人类与生俱来的权力欲使人拜倒在多数人的支配权面前,为获取传播中的支配权而自觉接受多数人思想的奴役。这时,"主权在民"、"公共精神"等民主政治理想不复存在,有的只是工具化、程序化、官僚化的"多数人的统治"以及人的奴性的再生产。

虽然与传统的民主主义相比,托克威尔更注重思想与人格的独立以及人与人的平等,但他并未进一步揭示报刊如何制造"舆论的暴政"、如何迷失独立与平等的价值,而是注目于在达成人与人之间的交流与了解、形成一致的意见和共同的行动等方面,报刊所扮演的角色。其主要原因在于他受到了这样一种思想的支配:在民主国家里,全体公民是独立的,但又是软弱无力的,"他们几乎不能单凭自己的力量去做一番事业,其中的任何人都不能强迫他人来帮助自己。因此,他们如不学会自动地互助,就将全都陷入无能为力的状态";同时,"人只有在相互作用之下,才能使自己的情感和思想焕然一新,才能开阔自己的胸怀,才能发挥自己的才智"①。于是,他指出,报刊的作用主要是向大多数人提出共同的计划及其执行办法,使分散于各地、互不认识的人知道彼此的想法和感受,形成一致的意见和共同的行动。

可是,乔姆斯基正是从这种由媒介建构的一致的意见和共同的行动中看到了资本主义民主政治的宣传逻辑,自20世纪70年代以来,他与赫尔曼(Edward Herman)一起致力于研究美国新闻媒体如何迎合上层阶级、愚昧百姓,如何在民主的外衣下操控普通民众的生活。他认为只有使民众认识到媒体的报道与事实之间的差距,只有让他们了解到美国媒体宣传的运作模式,才能使民众幡然醒悟,明白统治阶级的所作所为,那么他们对政府的行为就能进行更加理智的判断,对损害公众利益的举措进行抵制以维护自己的合法权益,进而实现真正的民主。

乔姆斯基看到在美国这样一个民主社会存在着两种截然不同的民主观念。

---

① 〔法〕托克威尔:《论美国的民主》(下卷),董果良译,商务印书馆,1988,第637~637页。

一种民主观念认为，在一个民主社会里公众能有效地参与自己事务的管理，而且获得信息的途径是公开的、自由的。另一种民主观念认为，必须禁止公众管理他们自己的事务，同时必须严格控制获得信息的途径。而后者在理论和实践中已由来已久。美国宪法是以维护上层阶级特权的汉密尔顿（Alexander Hamilton）传统为主导的，其目的用詹姆斯·麦迪逊的话来说"是为了保证国家的永久利益不被颠覆，其'永久利益'就是财产权，那些无产者或毫无希望获得资产的人不能指望得到足够的权利"①。麦迪逊宣称，政府的责任是保护少数富人。这就是美国民主体系从最初到现在的指导原则。宪法保护的是有产者的权利，它确保的是富裕的少数人的利益不受贫穷的多数人的侵犯。被富人把持的政府会使普通民众分化、边缘化，因为他们害怕普通民众的力量。于是政府和商业集团紧密结合设定议事日程，通过宣传操纵公众舆论，潜移默化地塑造、控制民众的思想。250年前休谟曾说，政府是建立在思想控制的基础之上，这一原则存在于最专制和最军事化的国家，同时也存在于最自由和最民主的国家。乔姆斯基认为，政府"越自由民主"，就越有必要控制民众的思想以确保他们对统治者的服从②。

在20世纪初美国的进步运动（the Progressive Movement）中，宣传大行其道并引起了早期媒介理论家拉斯韦尔（Horald Lasswell）的注意。他结合了行为主义理论和弗洛伊德的学说形成了自己的宣传理论。他认为传播者需要有一个精心谋划的长期宣传策略创造出主导符号或集体符号。他预设了一个长期而复杂的宣传过程，认为成功的社会运动是通过各种媒介长年累月地宣传主导符号而获得力量的。在这个世界上，要进行理性的政治辩论是不可能的，因为普通大众愚蠢无知并且囿于自己的精神病症，只能屈从于宣传家的操纵；民族唯一的希望就是让社会科学家驾驭媒体的力量来宣传"正义"，抵制"邪恶"③。拉斯韦尔当时认为大众媒体的控制权应该掌握在新的精英手里，并把这些人称

---

① Noam Chomsky, *On Nature and language*, New York: Cambridge University Press, 2002, p. 181.
② 〔美〕诺姆·乔姆斯基：《新自由主义和全球秩序》，徐海铭、季海宏译，江苏人民出版社，2000，第28页。
③ 〔美〕斯坦利·巴兰、丹尼斯·戴维斯：《大众传播理论：基础争鸣与未来》，曹书乐译，清华大学出版社，2004，第81~82页。

为"科学技术专家"。他倡导的为正义而宣传的理论成为美国政府和官方机构努力"改善"和传播民主的基础。

与他同时代的李普曼（Walter Lippmann）也持相似的观点，他认为普通民众不可能像经典民主理论所假想的那样管理自己，因为他们没有能力弄明白周遭的世界并理性地决定自己的行动。有着长期新闻从业体验的李普曼逐渐抛弃了传统的民主理论和新闻角色理论，形成了自己的现实主义民主观。他主张"民主艺术性的变革"以用来"制造共识"（manufacture consent），即通过新的宣传手段使大众在意见上达成一致。他认为大众根本无法理解公众利益，公共事务只能被一个"特殊阶层"（specialized class）中足够聪明的"能负责任的人"所理解和处理，普通民众是不知所措的乌合之众（bewildered herd），他们只能是民主活动的看客①。李普曼认为对媒体进行温和而有效的控制是十分必要的，为了使社会免遭愚昧者践踏应该让那些善意的"技术专家"用科学的方法去伪存真、控制信息。李普曼一生中直接参与和间接影响了美国历史上的许多重大的国务和外交事件，从老罗斯福一直到约翰逊的美国历届总统都极为重视他的立场和观点，他对美国国家政策制定产生过不可低估的影响。

对于拉斯韦尔和李普曼的宣传观，乔姆斯基在其几乎所有的论及媒体的著作中都进行言辞激烈的讽刺和批评。因为他们的宣传理论或多或少地受到了当时流行的行为主义"型塑"（shaping）观和刺激反应（Stimulus-Response）模式的影响，其立论基础是普通民众不具备知识和能力来理解、判断、处理公众利益的。这与乔姆斯基对普通人能力的认知是截然不同的。在长期的语言学的研究中，乔姆斯基看到人具有先天的语言能力（innate language faculty），这种能力深深置于人脑之中，进而他认为人类的智力能够通过它自身内部的源泉而获得知识，它也许要利用外界的感官材料，但它建立的认识体系所依据的概念和原理却独立地发展起来，全然超越任何训练和经验②。在乔姆斯基那里，民众具有普遍的、先天的认知能力与知识结构，他们本身并不是头脑一片空白的愚

---

① Noam Chomsky, *Media Control*: *The Spectacular Achievements of Propaganda*, New York: Seven Stories Press, 1997, pp. 10 – 11.

② 〔美〕诺姆·乔姆斯基：《乔姆斯基语言哲学文选》，徐烈炯等译，商务印书馆，1992，第23页。

昧者。而行为主义理论认为人类的知识来自经验并通过所谓的"刺激—反应"学习模式来获得的，这样人类行为则完全由其行为的后果塑造和控制。乔姆斯基对此持强烈的批判态度。他指出，行为主义的相关理论之所以受到统治者及其知识分子的青睐，是因为他们可以以此为借口，对民众进行塑造、操纵和控制。在这一点上，乔姆斯基与奥威尔遥相呼应，后者在目睹一个小男孩赶马车的情景时曾联想到："如果这些牲口知道它们自己的力量，我们就无法控制它们。"① 换言之，行为主义理论把普通民众设定为被动反应者，解构了他们的语言能力与认知能力，从而有利于把他们纳入某种知识与技术的控制体系之中。

对行为主义的批判使乔姆斯基对美国政治文化背后的操控力量特别警觉。他看到美国政府虽自诩为一个民主的政府，但一直以来奉行的是李普曼的"精英主义统治论"，普通民众只是民主的旁观者而已。美国政府宣传的逻辑是：普通民众没有进行理性的自我管理的能力，他们对公众利益不能做出最佳的判断，需要被精英引领，需要用宣传的手段来控制这些不知所措的乌合之众。美国政府一直深谙拉斯韦尔的"技巧政治"和李普曼的"艺术性的民主"。美国政治的实质内容是：占统治地位的精英阶层向民众灌输各种信条和主张，预先设定一整套思想框架。他们制造"必要的幻象"与有效的情绪化的"简单化画面"，利用媒体巧妙地制造同意和假象，以便控制民众的思想和行动，使民众在政治上保持冷漠、服从、被动的常态。在极权主义国家，政府可以挥舞大棒防止人们出轨，而在一个民主国家政府必须求助于宣传手段。其中的逻辑是十分清楚，宣传之于民主主义国家正如大棒之于极权主义国家。

宣传之所以能产生巨大的效果在于它能够制造共识（manufacture consent），即通过推动同质化构建和压制不同声音才得以实现的。在民主社会里，政府的政策（至少在表面上）必须得到公众的支持，这本来是件很难办到的事情。但是，借助媒体的力量，政府就可以操纵舆论，控制公众的思想，诱导他们支持政府。乔姆斯基注意到伯纳斯（Edward Bernays）和李普曼（Walter Lippmann）早就对此做了解释。伯纳斯（Edward Bernays）曾说："民主政府的领导人必须发挥他们的作用，使对全社会有益的建设性的目标和价值

---

① 〔英〕奥威尔：《动物农场》，荣如德译，上海译文出版社，2007年3月，第118页。

得到一致的同意"。李普曼曾坦率地说:"美国的民主实践出现了革命性的变化,制造共识已成为一门艺术和普选政府惯用的机制"①。一方面,通过"制造共识",政府的政策顺利得到公众的支持,民主也在形式上得到了体现;另一方面,新闻媒体对不同的信息来源采取了不同的处理方法。对于那些来自权威机构和官方渠道的新闻未经任何审查修改就被媒体全盘接受,而来自不同政见者、人权组织以及与统治集团观点相左的信息往往被压制或忽略。

席勒(Schiller)和斯普劳尔(Sproule)对宣传的特征所做的描述是:使复杂的事情简单化,并不断重复那些简单化的东西;进行暗中的、大规模的、精心组织的传播活动;使用精心设计的狡猾语言阻止深刻的思考②。乔姆斯基认为,在美国奉行这些原则的宣传如今依然存在而且更加隐秘、复杂、有效,这是比专制要巧妙、有效得多的一种压制。美国政府声称它的媒体是独立的,媒体的责任是挖掘和报道事实的真相,新闻从业者本着不偏不倚的职业道德和客观标准报道新闻。然而事实并非如此,以大财团为政治经济背景、遵从资本效益最大化逻辑的美国传媒时时偏离着这一切。

三 新闻过滤器:美国媒体深层的运作机制

美国传媒如何制造共识呢?乔姆斯基继而发现美国媒体深层的运作机制。在与经济学家、媒体分析学家赫尔曼(Edward Herman)合著的《制造共识:大众传媒的政治经济学》一书中,乔姆斯基和赫尔曼提出美国媒体实际上遵循着一种特殊的宣传模式,他们归纳出五大新闻过滤器(filters):(1)规模、传媒机构日益集中的所有权和财富以及大众传媒机构的唯利是图;(2)作为大众传媒主要收入来源的广告;(3)对政府、商业公司、信息源的依赖以及对权力机构和认可的专家的依赖;(4)把"炮轰"(flak)作为惩戒媒体的手段;(5)把反共作为国教和控制机制。这五个过滤器相互作用、相互加强,

---

① Noam Chomsky, *Necessary Illusions: Thought Control in Democratic Societies*, Boston: South End Press, 1989, p. 16.
② 〔美〕斯坦利·巴兰、丹尼斯·戴维斯:《大众传播理论:基础、争鸣与未来》,曹书乐译,清华大学出版社,2004,第85页。

使大公司和政府的精英"达成精英的共识,制造出民主认同的表象,并在普通民众心中制造了混淆、误解和冷漠,以便精英的规划得以前行"[1]。

第一个过滤器是指当代媒体经营需要大规模的投资从而导致了媒体控制权的集中化[2]。乔姆斯基以詹姆斯·克兰(James Curran)和希顿(Jean Seaton)对19世纪上半叶英国媒体的研究为基础,证明自由市场这只无形的手如何成功地扼杀了工人阶级的激进派报纸。随着新闻界的工业化,这一过滤器越来越有效。1986年,美国虽然有25000多家媒介实体,但其中的29家大型媒体占据了媒介的大半个江山。从其提供的24家媒体巨头的财政数据来看(除去3家未提供数据的公司),平均资产达44亿美元。美国占支配地位的媒体都是一些大型公司被富人们所把持。它们成为能设定国家议事日程的"私有的信息文化部"。

许多传媒公司完全融入了市场机制,而其他媒体也同样受到股票持有者、董事和银行的压力。出于盈亏底线的考虑,它们一味地追逐利润以吸引更多的投资者。由于政府放松了对媒体所有权集中的限制以及对交叉拥有权与非媒体企业控制媒体的限制,媒体进一步地与市场体系相整合,成为唯利是图的机构。这在媒体上更加明显。毕竟媒体是由一些大公司整合而成。拥有和管理它们的人属于小部分同样的精英,他们控制着私有经济和国家,有着相同的观念和理解,并从自己代表的团体利益出发看待、压制、控制和塑造媒体。他们唯一清楚的是,媒体的市场是广告商而不是大众。因此,他们懂得通过大众把媒体卖给广告商,又通过这种方式控制媒体内容[3]。

此外,乔姆斯基认为另一个重要的结构关系是媒体和政府之间千丝万缕的关系。媒体在政策上依赖政府的支持,于是它们不惜重金游说议员、经营与政客之间的关系。10大媒介巨头的29名外界董事中有15位是前政府官员。媒体已经和大公司、大银行、政府紧密地结合在一起,他们有着许多共同利益,尤其是在与政府的关系上,媒体想与他们保持亲密关系,希望他们

---

[1] Herman Edward, & Noam Chomsky, *Manufacturing Consent: The Political Economy of the Mass Media*. New York: Pantheon Books, 1988, p. 118.

[2] Herman Edward, & Noam Chomsky, *Manufacturing Consent: The Political Economy of the Mass Media*. New York: Pantheon Books, 1988, pp. 3 – 13.

[3] Barsamian David, Chronicles of Dissent: Interviews of Noam Chomsky, http://www.zmag.org/chomsky/interviews/dissent – excerpts. html/.

透露消息,希望被邀请到记者招待会。对于记者而言,年轻人最初想做诚实的记者。但为了个人发展,逐步使自己所说的话变成了体制的一部分。这样,一个记者就会变得富有、有特权,也获得了一定的权力,甚至可以成为国务院发言人①。

第二个过滤器是广告②。正如克兰(Curran)和希顿(Seaton)所说:"广告商实际获得了发执照的权力,因为没有他们的支持,报纸在经济上难以为继。"③ 基于这两位的研究乔姆斯基看到,广告作为一种强有力的机制曾有效地削弱了工人阶级的报纸。在广告大行其道之前,报纸的价格依商业运营成本而定。随着广告业的发展,吸引广告商的报纸可以承受低于生产成本的定价。以广告为基础的体系往往会使只依赖销售盈利的媒体边缘化或消失。有了广告,自由市场不会产生一个由购买者做出最后决定的中性体系。广告商的选择将影响媒体的兴亡。一个典型的例子就是《先驱日报》(*Daily Herald*)的消亡,在它倒闭之时仍拥有470万读者,几乎是当时《泰晤士报》《金融时报》和《卫报》读者总和的两倍。根据克兰(Curran)的研究,它的消亡完全是由于其读者的构成对广告商没有吸引力,并不是广告商所想要的足够富裕的消费者所致。那些吸引富裕阶层、反映富裕阶层的媒体会得到大部分的广告业务,而那些反映下层民众利益的媒体则得不到广告业务而逐渐走向破产。

于是媒体竞相赢得广告商的青睐,以他们的节目来满足广告商的要求从而获得资助。对电视台而言,收视率每上升一个百分点就可依"观众质量"的不同而获得8亿~10亿元的广告年收入。而所谓的"受众质量"看中的是受众的购买力,而不是受众本人。这样大众传媒所谓的"民主"就是以收入来衡量选举制度的又一翻版。

工人阶级与激进派媒体受到了广告商的政治歧视,这种政治歧视是通过

---

① Barsamian David, Chronicles of Dissent: Interviews of Noam Chomsky, http://www.zmag.org/chomsky/interviews/dissent - excerpts. html/.

② Barsamian David, Chronicles of Dissent: Interviews of Noam Chomsky, http://www.zmag.org/chomsky/interviews/dissent - excerpts. html/.

③ Curran James and Seaton Jean, *Power without Responsibility: The Press and Broadcasting in Britain*, 2nd ed. London: Methuen, 1985, p. 24.

强调购买力而被结构化到广告分配中。不少公司拒绝资助与其意识形态相敌对和自认为会损害他们利益的媒体。绝大多数时候他们选择在政治上和文化上保守的节目。大的广告商很少会赞助对公司严厉批评的节目。广告商也会避免那些影响"购买情绪"的节目。他们会寻找那些轻松愉快的节目，散布购买信息。随着市场对节目经济效益压力的增加以及管制的放松，以广告为基础的媒体会渐渐增加广告时间，而将那些涉及重要的公共事务的节目边缘化甚至清除掉。

第三个过滤器是新闻源[1]。出于经济和利益的考虑，大众传媒和有权势的新闻源之间是一种共生关系。一方面，媒体需要稳定而可靠的新闻素材，却不能承担在各地派驻记者所带来的经济负担，经济上决定了他们把资源集中在新闻频发的地方，如白宫、五角大楼、国务院等。另一方面，媒体为了维持其客观形象，同时也避免诸如诽谤之类的法律案件，需要一个比较准确的新闻源。这样一来，官方以及大公司和企业的公共信息部门自然成了新闻媒体的主要信息源。这些官僚机构定期发布大量新闻素材满足新闻机构的需要，它们的身份和地位使消息看起来更可信，更容易被人认可。

乔姆斯基和赫尔曼看到：这些权威机构看似资助媒体为他们提供新闻原材料，为媒体制作新闻减少了成本，但实际上这些机构获得了特权，它们的声音轻松地通过了把关人的把守。权威新闻源会定期利用这些优势来操纵媒体，将媒体置于他们控制的议事日程和框架之中。出于这种依赖媒体会含糊其辞或以保持沉默的方法不去触怒新闻源，破坏与新闻源之间的关系。有时官方新闻源的统治被受人尊敬的、具有权威性的"专家"所削弱。他们有时发表与官方相左的见解。这些问题可以通过收买专家来解决，比如，将他们聘为顾问，资助他们的研究项目，甚至直接雇用他们成立所谓的智囊团。这样他们就可以按照政府和市场的既定方向来行事。

第四个过滤器是炮轰和强制执行[2]。炮轰（flak）是指对媒体节目或评论

---

[1] Edward Herman and Noam Chomsky, *Manufacturing Consent: The Political Economy of the Mass Media.* New York: Pantheon Books, 1988, pp. 18-25.

[2] Edward Herman and Noam Chomsky, *Manufacturing Consent: The Political Economy of the Mass Media.* New York: Pantheon Books, 1988, pp. 26-28.

的反面回应。这种回应可能是书信、电报、电话、请愿或是国会议案以及其他形式的投诉、威胁与惩罚等,这些炮轰来自中央或地方,也可能来自个人。对媒体而言,如果遭到的炮轰规模很大,那么媒体就会耗费大量资源应对,广告商会撤回赞助,个人和小型媒体根本无力承担这笔费用。

颇具威胁性的炮轰是与权力紧密相连的。来自权势的炮轰有些是直接的,有些是间接的。白宫可能会给报社老总们写信、打电话或向自己的支持者间接地表示对媒体的不满。他们抑或资助右翼分子监控媒体或资助智囊团来攻击媒体。乔姆斯基列举了著名的炮轰机构,如美国法律基金会、媒体与公众事务中心、媒体准确报道、自由之家等,它们对媒体不断发难,但是媒体却对他们的意见格外重视。乔姆斯基认为,国家就是最大的炮轰媒体者,他不时地攻击、威胁或是修正媒体,让媒体回到既定的路线上。

第五个过滤器是把反共的意识形态作为一种控制机制,乔姆斯基称为美国的国教[1]。共产主义威胁到了资产阶级的根基和地位,所以它成为有产者缠绕心头的幽灵。反共这种意识形态可以用来反对任何威胁到财产权的人,或用来反对主张与共产主义国家或激进主义调和的人。媒体通常对于一切异己之见都贴上共产主义的标签加以排斥。

后来乔姆斯基对第五个过滤器进行了一些扩展和补充。由于苏联的解体,反共的标签对民众已经不灵验了,于是政府对反对者又贴上了其他危险的标签,如国际恐怖分子、毒品贩子、疯狂的阿拉伯人、卡斯特罗、萨达姆·侯赛因、本·拉登等,这样反对者的影响就明显削弱了。一方面,他们轻易地过滤掉了持不同政见者和敌对势力的影响;另一方面,政府以此恐吓民众,使他们受到牵制和控制,不再注意国内到底发生了什么。在意识形态方面,现在美国精英层信奉的是"自由"市场的神话,市场是好的、民主的,一切非市场机制是反民主的,是值得怀疑和排斥的。

通过这五个过滤器,精英阶层的观点顺利在主流媒体中传播,而持不同政见者的观点被有效地清除了。这一切没有粗暴的干预,发生得非常自然,以致

---

[1] Edward Herman and Noam Chomsky, *Manufacturing Consent*: *The Political Economy of the Mass Media*. New York: Pantheon Books, 1988, pp. 29 – 31.

大部分人包括新闻工作者自身都认为媒体对新闻的取舍和解释是客观公正的,实际上这些因素已内在化到记者和编辑的头脑之中。这样一来,在本质上,美国媒体是反民主的,这种制度的基本形态昭然若揭:通过媒体宣传,政府和商业集团掩盖了政策的真相,欺骗公众支持政府行动;媒体是大企业或更庞大政治经济集团的一部分,发挥了"制造共识"的功能,几乎不会代表大多数普通民众的声音与利益。但同时乔姆斯基和赫尔曼强调,该宣传模式是一种权力分散的控制和加工体系。个体和组织的独立行为使这些过滤器发挥作用,他们并非串通一气,并不总是有着相同的观点和相近的利益。

四 宣传模式有效性的社会基础

为了佐证美国传媒运作的主要特征,乔姆斯基和赫尔曼收集了很多证据。在他们看来,美国最早掌握宣传技巧的是威尔逊(Woodrow Wilson)总统,而且他的政治宣传得到了媒体和商务机构的大力支持,这些机构事实上组织和推动了宣传工作。一战爆发之初美国人民强烈地要求和平,没有任何原因要卷入欧洲战事,但是威尔逊政府却积极致力于战争并成立了"克里尔"政府宣传委员会(Creel Commission)。在短短六个月内,该委员会通过恐吓和引发极端爱国主义的狂热将爱好和平的人民变成了狂热的战争贩子。这是宣传所取得的显著成效,在这次成功的鼓舞下历届美国政府的宣传工作都成绩斐然:随后同样的手段被用来激起强烈的"红色恐惧"(Red Scare),成功地瓦解了工会联盟,清除了诸如出版自由、政治思想自由等危险问题。在对外政策上政府把"国家利益"作为政治话语,绞尽脑汁寻找冠冕堂皇的理由在世界各地扩张势力。在美国每一次的海外冒险中,媒体都成了政府的工具和帮凶,它们选择性地传播消息,并不惜捏造假消息。从20世纪60年代的肯尼迪到里根、克林顿直到今天小布什政府,从越战、海湾战争、"9·11"事件以及伊拉克战争,从中东问题、中美洲问题到国际恐怖主义问题,无论哪一个议题——呈现在公众面前的世界都是面目全非的。事情的真相被谎言深深埋葬,而且它们假借的是自由的名义。

美国社会的各个阶层在宣传中处于不同的位置。乔姆斯基和赫尔曼将美国人大体分为四个群体①。处于最上层的是精英群体,主要是商业界精英(包括媒体宣传机构的老板)和政界精英(与商业精英往往是同一批人)。乔姆斯基认为,这些人是假象的散布者。同时,他们似乎受媒体宣传的影响相对较少,原因是他们必须清楚地理解客观世界才能维护自己在其中的特权地位;第二个群体由新闻记者以及学术专家中的"世俗传教士"(Secular Priesthood)构成。这些人主要通过传播为精英阶层的利益服务以获取自己现有的地位,他们通常有意或无意地欺瞒普通民众。久而久之,他们也受到了自己言论的影响,并逐渐对自己所说的话深信不疑。第三个群体是受过良好教育、政治上活跃的中产阶级。他们是媒体宣传的首要目标。这主要是由于中产阶级掌握着相当多的资源,在政治上也相对活跃,如果这些人知道了事实的真相,他们可能将对现存的权力秩序造成重大的危害。只有使他们蒙在鼓里,精英阶层才能顺利按照自己的意愿制定和推行各种政策。最后一个群体是政治上不被动员的下层阶级。这一群体的成员从现存体制中获利最少,尽管他们受思想灌输的影响较小,但由于他们的受教育程度不高,对政治不太感兴趣,而且缺乏必要的资源,难以采取集体行动,他们对现存体制并没有构成很大威胁。他们只是媒体宣传的次要目标。可见,在美国媒体宣传模式的运作过程中,各个群体被赋予的作用和预期要受到的影响各不相同。在四个阶层中,乔姆斯基强调媒体的宣传得到了受教育阶层的支持,要引领大多数世人的思想,重要的是先控制美国社会更多的知识分子的思想,当政府完全控制了媒介和教育系统,当奖学金颁给墨守成规者,就可以轻而易举地做到这一点。乔姆斯基认为,正是由于统治者对此早有认识,宣传模式才会如此有效。

尽管宣传效果显著,但乔姆斯基和赫尔曼也承认它不可能无所不包地解释所有的媒体事件,媒体也不可能百分之百地制造共识,而且该宣传模式并不是媒介效果模式而是媒体的行为模式和表现方式②。媒体的运作并不总是产生简单的同质化的结果,政策也并非完美地得到执行。媒体有着一定的

---

① 尤泽顺:《乔姆斯基:语言、政治与美国对外政策研究》,世界知识出版社,2005,第 222~223 页。

② Herman, Edward S., *The Myth of the Illiberal Media*, New York: Peter Lang Publishing Inc., 1999, p. 261.

自治权，个人的和职业的行为准则也会影响具体的媒介事务，媒体上同样会出现一些不同政见者的观点，但它们被限制在一定范围之内并且会被边缘化。一般情况下媒体在官方的日程安排下影响舆论、引导舆论，但是当公众利益与精英利益产生明显冲突，当媒体有独立的新闻来源时，官方的政策路线或多或少会受到质疑。特别是当精英层固守各自的利益而产生分歧时，媒体上会出现各种不同的针锋相对的观点，它所呈现出来的并不是铁板一块的景象。

可以说，乔姆斯基对美国媒体的宣传逻辑的揭示并不细腻，往往显得激愤有余而理论分析不足，并且使理论分析转化为某种基于神圣使命感的宣传意味：唤醒民众的公民意识，让普通民众在民主进程中发挥自己的作用，维护自己的权益，履行自己的政治责任。他的确让我们看到美国媒体的现实："公共领域"遭到严重侵蚀和削弱，民众在这种媒介环境中更多地成了头脑简单的消费者而不是有着批判意识的公民。在他那里，真正的民主不可以同时拥护资本主义社会或任何有阶级划分的社会。因为他认为民主起作用的前提是相对平等地得到各种资源——物质的、信息的以及其他方面的资源。正如当年杜威所强调的，当大型经济集团通过控制生产方式、交流、舆论、交通和通信，并集中控制新闻媒体和其他舆论宣传机构而主宰国家生活的时候，民主事实上没有任何实质性内容[①]。然而，乔姆斯基所设想的无政府工团主义社会无疑充满了一种乌托邦的色彩。但正如麦克切斯尼（Robert McChesney）所说："即使后资本主义社会的概念似乎虚无缥缈，我们也能懂得，人类的政治活动可以使我们居住的世界更加富有人性"[②]。

五　如何在媒介研究领域扩展"奥威尔问题"？

乔姆斯基近年来虽著书颇丰，但他对美国媒体的研究基本在上面论述的框

---

① 〔美〕诺姆·乔姆斯基：《新自由主义和全球秩序》，徐海铭、季海宏译，江苏人民出版社，2000，第36页。

② 〔美〕诺姆·乔姆斯基：《新自由主义和全球秩序》，徐海铭、季海宏译，江苏人民出版社，2000，第36页。导言第10页。

架之内。他的现代宣传理论从政治经济学的角度考察了媒体宣传的运作机制，揭示了美国媒体与政府和商业集团的关系。在他眼里，现代大众传媒不断地被加以操纵，成为权力的运作机构和意识形态的核心体系。

然而，他对美国媒体的大胆批判和与众不同的理性思考似乎超出了主流媒介分析家可以接受的情感极限，再者乔姆斯基言辞偏激，语气反讽，由此招致了众多批评。他们厌恶宣传模式对整个体制的遣责，在他们眼里，美国媒体大体上是良好的，接近权的不平等令人遗憾但仍可忍受，而且媒体的多元化和相互竞争会有效地满足消费者的需求。在这个后现代理论风行的年代，这种整体的分析和解决问题的模式似乎容易遭到人们的嘲笑和排斥。他们视该理论为过分简单化的共谋论（conspiracy theory）和马克思主义立场的工具论。甚至一些左派媒体分析家菲利普·舒勒辛格（Philip Schlesinger）、皮特·戈尔丁（Peter Golding）、格兰姆·默多克（Graham Murdock）、丹·哈林（Dan Hallin）等也对此提出了批评[①]。他们质疑的是宣传模式的决定论（determinism）和功能主义（functionalism）。媒体的运作似乎完全由五个过滤器决定，没有考虑到外部的影响因素，没有细致分析经济力量如何建构了媒体表达的范围和形式，而且现实社会中的许多问题并非媒体宣传造成的，而是另有原因。再者该模式凸显了过滤器在全局上的干预而忽略了体系内部的矛盾和冲突。

乔姆斯基整个宣传理论是一种宏观的建构和批判，是一种演绎式的逻辑论证。虽然他一直著书立说，不断地用时事论证自己的宣传理论，但是他的论证方式是粗略的，在许多媒体事件的阐释中缺乏对五个过滤器细致的、动态的、微观的分析。而且他的举证都是依赖档案和文献，没有和目击者提供的情况结合在一起。此外乔姆斯基对美国媒体的论证主要集中在内政外交上，很少涉及大众文化，这使得其媒体研究的结论的可信度大大降低。

媒体研究是乔姆斯基对奥威尔问题探究的一个重要步骤。他认为，奥威尔问题的核心在于社会建制和政治力量能束缚人们的认知能力，意识形态更能闭锁人们的视野。他一生孜孜探求的柏拉图问题与奥威尔问题，看似截然相反，

[①] Herman Edward S., *The Myth of the Illiberal Media*, New York: Peter Lang Publishing Inc., 1999, pp. 266 – 267.

实则相互联系。正如乔姆斯基所说:"如果我们不能真正理解奥威尔问题,识得其在社会和文化生活中的严重性并克服之,人类几乎不可能发现柏拉图问题和其他挑战我们智慧和想象的诸多问题的答案。"①

但是,乔姆斯基并未完成对奥威尔问题的探索,有待在两个层面进一步开拓:一是公众逃避自由与媒介控制的关系;二是媒介话语的社会控制机制。

此文发表于《上海大学学报》(社会科学版) 2008 年第 4 期;2011 年获第七届湖北省优秀社会科学成果二等奖,第二作者为李加莉。

---

① Chomsky Noam, *Knowledge of language: Its nature, Origin, and Use*, 外语教学与研究出版社, 2002, 前言第 41 页。

中西方的相遇与中西比较

对于我们做中西比较研究的人来说，只有浸泡在中西交流史的河流，才能达成对比较的真正理解。我比较喜欢美国学者在这方面所贡献的智慧，他们从19世纪开始关注这一话题，形成了令人瞩目的学术传统。其中，当代学者孟德卫（David E. Mungello）的《1500 – 1800 中西方的伟大相遇》自1999年出版第一版以来，受到广泛好评，著名学者狄百瑞这样评价道：

> 没有人比孟德卫更有资格去阐释1500 – 1800年间中西方相遇这个题目了。因为，这个人将其一生的时间都投入到该研究中，并早已在美国的中西方交流研究领域中树立其主导者的牢固地位。

这本书给了我一些非常重要的感悟，因此我生发了一些关于中西比较的想法，即中西方的相遇时产生了各种各样的比较意识，而中西比较又推动中西方在心灵深处的相遇。

根据孟德卫的说法，自罗马帝国与大汉王朝分别平靖了欧亚大陆两端，欧洲与中国就开始沿着"丝绸之路"往来贸易，但直到16世纪才开始真正意义上的思想文化交流[①]。特别是随着耶稣会传教士利玛窦于1582年到达澳门，中西文化的对话与比较迈出历史性的一步，到19世纪，中国对西方的影响由强到弱，西方对中国的影响由弱到强，力量对比的历史性变化，打破了中国人的封闭心态，也引起了西方人对人类文化命运的关切，中西比较由此成为中西思想文化交流的一条主线，中西新闻比较以此为背景展开，并呈现了基于历史语境的种种文化心态。

从根本上来说，比较产生于人与人的相遇。人与人的相遇产生"我是谁"的问题，而对这一问题的思考总是以他者为条件和参照来进行的。也就是说，比较首先与自我意识相关联，是自我意识的某种显现。自我意识是指向人类自

---

① 〔美〕孟德卫：《1500 – 1800 中西方的伟大相遇》，江文君等译，新星出版社，2007，第3页。

身内部的各种关系、体验以及人在世界中的地位意识，它形成对主体自身的各种观念、体验和认识。自我意识可以是人作为特殊个体的自我意识，同时也可以是集体、团体、阶级、民族和社会的自我意识。它把作为主体的"自我"从客观环境中突出出来，使主体意识到自己在社会中的地位、与他者的关系以及自身的能力、利益，并获得自我价值感。在最初的相遇中，人与人的关系可能包含着一方对另一方的需要或威胁。需要与否和威胁与否是两方关系中的两个驱动因素，是比较关系由隐而显的关键点。如果被刺激者需要刺激者刺激或受到刺激者的威胁，自我意识就会被唤醒，"不由自主"地朝向刺激者，有目的地关注和把握刺激者本身的内在性质和外部关系，也注意和审视刺激者与自己的关系。这就很自然地产生比较意识。

自我意识总是与他者意识紧密相连，因为他者是形成"我是谁或我们是谁"的不可缺少的、必要的部分，是主体建构自我意识的必备要素。比如，一个中国人并不一定十分清楚自己注重的和睦相处的行为特点，当他遇到一个非常个性化的美国人时，就会很明确地意识到自己的行为特点以及自己所缺少的东西，而当这种经验存在于"我们"的共同体验之中，就会形成对于"我们"的某种群体特性的理解。在自我与他者的互动关系中，比较这种认识活动得以展开。其实，人的认识结构就很形象地呈现了比较本身：人总是根据存储在记忆中的认知图式去理解、认识外界刺激情境，当主体将外来的刺激有效地整合到已有的图式时，就形成了同化式比较；当主体改造已有的图式以适应新的情境时，就出现调适性比较；当自我与他者形成某种相对稳定的适应状态时，就通向互动对话式比较。如果只有同化，就发现不了自我与他者的差异，不能发展自己的认知图式；如果只有调适，就会失去稳定的认知图式，也失去自我；只有同化与调适达到某种平衡，自我与他者才能形成稳定的互动、对话状态。

在与西方人相遇之前，中国人形成了自己独特的文化思维，其"文化"含义可直接从汉字"文"的词义开始理解。根据中国古代经典文献的解释，"文"指一种彩色交错的纹理，所谓"物相杂，故曰文"（《易·系辞下》），"五色成文而不乱"（《礼·乐记》）。显然，"文"源于对自然界各种美的纹理的观察，它很容易引申为经过人修饰的东西，比如，文采，既指给衣服绣上色彩（衣必文采），给音乐加上绚丽变化（文采节奏），也指经过修饰、显得很有条理的言辞，而过多的修饰则称为"以文害辞"（《孟子·万章上》）。经过修饰的东西就打上了人的印记，与自然形成了二元关系，孔子关于"文"与"质"的讨论十分精练地道出了文化与自然的关系："质胜文则野，文胜质则史。文质彬彬，然后君子"（《论语·雍也》），意思是说，自然质朴多于文采，就显得粗俗；文采多于自然质朴，就会像宗庙祝史或在官府中掌管文书的人那样虚伪、浮夸；文采和自然质朴兼备，才能成为君子（即有才德的人）。

这种观念蕴含的是古代中国人的"天人合一"思维方式，即人与自然和谐相处的想法，进而成为中国人建构文化观念的基础。为什么会这样呢？一种通行的解释是，古代中国人所处的内陆自然环境和以种田为生的生存方式造就了他们敬畏自然的态度，因为"天"（自然）决定他们有没有收获，能否生存下去。于是，他们要观察自然、了解自然、亲近自然，发展出"天文"的观念，其中的"文"已由"纹理"引申为天道自然的运行规律，这种规律可以帮助人们把握耕作渔猎的时序。与此同时，他们又发展出"人文"的概念，表达礼教文化，包含礼乐制度、人伦秩序、法令条文、美善理念等。其中的"文"引申为"礼"，"礼"的本义是"事神致福"（《说文解字》），即举行仪礼、祭神求福。其含义进一步扩展为祭天活动像是效法自然界的大秩序、大关系、大现象而形成的。因此，中国传统的文化理念强调的效法自然，然后再把自然运行法则运用于人道，让人们去遵守，去教化人，即所谓"观乎天文，以察时变，观乎人文，以化成天下"（《易·贲·彖》）。

因此，从一般意义上讲，"天人合一"成为中国文化观念的核心内容。中国人相信，人和自然在本质上是相通的，故一切人事均应顺乎自然规律，达到人与自然的和谐。仅仅从中国人日常使用的与"天"相关的词语来看，我们就可以理解其中的文化理念，比如天意、天趣、天语、天威、天命、天听等词语，表明天是可以与人发生感应关系的存在；天福、天灾、天恩、天泽、天赐、天助、天寿等词语，指示天是赋予人以吉凶祸福的存在；天道、天理、天象、天机、天运、天物等词语，显露天是人们敬畏、侍奉的对象，是主宰人特别是主宰王朝命运的存在；天性、天伦、天骨、天真、天才等词语，表达出天是赋予人仁义礼智本性的存在。从本质上讲，中国文化是围绕天与人的关系来创立和发展的。中国的文字讲究天圆地方，实际上是让人使用的文字符号对应于天地；中国人的饮食注重与天地阴阳互相协调，所谓"凡饮，养阳气也；凡食，养阴气也"（《礼记·郊特牲》）；中国人的服装意在遮盖人体，追求一种形体的精神空间，其形制、造型、色彩、图案、纹样等均有其寓意，象征着天地之德与人伦秩序；中国的礼文化产生于对上天的礼敬和对祖宗的崇拜，发展出对人的行为进行节制与规范的礼节，表达礼的行为与仪式的礼仪，其核心是表现对天命的敬畏；中国古代在政治制度设计上讲究"以德配天"，认为天命不是固定不变的，作为世间万事万物的最高主宰，上天对所选择的人间君主并无特别的亲疏或偏爱，只会选择那些有德者，将天命赋予他们，并保佑他们完成自己的使命，人间的君主一旦失去应有的德性，也就会失去上天的保佑和庇护，天命随之消失或转移，新的有德者会取而代之。

中国的文化概念重在一个"化"字，即教化的意思。教化见之于国家的法令训谕、学塾的书本传授、士子的言传身教、风俗的感染同化诸多方面，这种教化贯穿每一个中国人的日常生活，保障了中国文化的传承与稳定，也造成了中国文化的封闭与以自我为中心。在与西方人相遇之前，中国人在与其他民族的交往中形成了看世界的"天下模式"，比如《周易》讲"观乎人文，以化成天下"（《贲·彖辞》），意思是说，观察人类文明的进展，用人文精神来教化天下；《礼记·大学》教人"修身、齐家、治国、平天下"，意思是通过德治而使天下太平。孔子说"大道之行也，天下为公"（《礼记·礼运》），意为大道实行的时代，天下为天下人所共有。这种思维模式总是试图把外来文明整合进来，其中所蕴含的是文明与野蛮的二元对立，即所谓"华夷之辨"，"夷"代表的是野蛮与落后，"华"则代表文明与进步，体现出中国人的文化民族主义。它一方面把自我理想化、道德化，以"怀柔远人"的方式达到使天下归顺的目的；另一方面又意识到"和实生物，同则不继"的自然法则，通过与不同的文明互相促进，不断提升自我的文明，所谓"它山之石，可以攻玉"（《诗经·小雅·鹤鸣》）。显然，这种"天下模式"偏向同化式比较，即把外来文化整合到自己的文化图式之中。耶稣会传教士利玛窦（Matteo Ricci）于1582年到达澳门时，早期信教的中国文人本来是在坚持儒家正统地位的前提下接纳基督教的，他们并没有因其教义有悖于中国社会、政治、道德秩序而大加挞伐，而是注意到了儒学与基督教的相似性与互补性，提出让基督教代替佛教和道教的位置，补充儒学的道德与超越精神。这明显应和了"天下模式"的逻辑。这种"天下模式"偏向同化式比较，即把外来文化整合到自己的文化图式之中。

在西方思想里没有"天下"这个观念，凸显出来的是以宗教认同和强权帝国为基础的异端观念，其思想逻辑是，在知识论上，他者与我"思同此理"，都同样是"我思"的表现；在价值观上，他者与我"其心必异"，互相被认为是异端。由此，在比较思维上习惯于把自己与他者严格区分开来，对精神进行划界，认定自己是特殊的并且是优越的；最后，自己的特殊性由于有被假定的优越性，因此有资格被普遍化，有资格代替或统治其他特殊的他者①。早期的基督教希腊教父克雷芒（St. Clement）在谈理性及其启示作用时指出，神圣的理性不仅出现于《旧约全书》的福音书的历史之中，也不只是预言家用特殊的方法对犹太人的召唤，他是神圣的真理火花，他在异教徒的哲学当中也放射出光辉。这句话讲的就是作为异教徒的印度人与我"思同此理"，但是，当宗教认同收缩在原教旨主义领地的时候，这种普遍主义的思想就自然在西方宗教史上被视为异端②。异端模式带来的结果是，将相斥性的他者劣等化成为欧洲思想发展的一种常态，并且在19世纪把相异性纳入越来越流行的进化论的体系结构之中。

利玛窦作为第一个进入中国的耶稣会传教士，一开始就碰到了异端模式所设置的难题。当时的耶稣会遵循"基督教不能混入低下的外国文化因素"这一原则，如果接受了妨碍基督教信仰的中国文化因子，传教就失去原则；如果不接受必要的中国文化，传教就无法进行③。在这种两难处境之中，他发现了儒学与基督教在道德层面的某种相似性，在某种意义上把儒学当作"我思"的表现，由此打开基督教在中国的本土适应道路。同时，在晚明比较开放的文化气氛中，士大夫已经意识到民族文化是多元的，多元文化之间既互相冲突，又互相契合，或曰互相融合，民族文化的冲突与契合是人类文明发展的重要途

---

① 赵汀阳：《异端模式和天下模式》，《原道》第九辑，大象出版社，2004。
② 〔日〕中村元：《比较思想论》，吴震译，浙江人民出版社，1987，第4页。
③ 〔美〕孟德卫：《1500-1800中西方的伟大相遇》，江文君等译，新星出版社，2007，第32页。

径，一些持有此观念的人致力于把各个学派的知识综合成一个和谐的整体，在"儒释道"的融合上尤为用力。虽然耶稣会士拒绝接受三教融合，但他还是利用了士大夫这种"求同"的倾向，设法将基督教与儒学融合在一起。在他看来，儒学在宗教层面的缺失，以及在道德层面与基督教的某种相似性，不仅可以躲避"异端"的指责，而且有助于创造一种基督教和儒教的综合体。为此，他把"十诫"与"三纲五常"相比附，把上帝与"上天""皇天"等人格化的至上神相提并论，通过"援耶补儒"的方式达成传教的目的。

进入19世纪以后，工业革命带来了马克思所说的历史向世界历史的转变，即随着生产力的普遍发展，人的普遍交往也得以建立起来，以至于狭隘地域性的个人为世界历史性的、真正普遍的个人所代替[1]。然而，就在此时，由于西方通过航海探险、技术革命和殖民主义而形成了对包括中国在内的非西方地区的显著优势，中西方的互动与对话结束了。在西方进化论视野中，中国人被认为是死板的、落后的、劣等的黄种人，儒家学说被视为某种僵化的痕迹，甚至汉字也被贬低为古怪的老古董，是现代学习的障碍[2]。中国人此时开始睁眼看世界，而看到的却是正在谋求奴役自己的西方列强以及西方在器物层面的优势。震惊警醒之余，试图从物质层面上接受西方文化，一改过去对西洋器物所贴上的"奇技淫巧"[3]标签，从心中赶走"洋人之作奇技淫巧以坏我人心"之类的道德恐慌，意识到"洋货"是西洋人的"长技"，强调"师夷长技以制夷"，以经世济民、国计民生的角度重估洋货的价值[4]。此时所流行的比较便是中西文化的本末之辨，即伦常名教是本，仿习机器是末。其实，每一种文化都有其本末，用今天的话来讲，就是深层结构与表层结构。但是，本末之辨并不发生在两种文化的整体之间，只是用一个文化的本与另一文化的末进行比较，既难以走出文化的封闭圈，又难免在理解西方文化的过程中"遗其体而求其用"，走向表面化。

---

[1] 《马克思恩格斯全集》第1卷，人民出版社，1972，第67页。
[2] 〔美〕孟德卫：《1500-1800中西方的伟大相遇》，江文君等译，新星出版社，2007，第187~188页。
[3] 意指过分追求新奇精巧，徒事美观，耗费心机而无实用的器物及制作技术。
[4] 何兆武：《中西文化交流史》，中国青年出版社，2001。

不可避免的是，器物层面的发展还是形成了对旧制度、旧观念的冲击，甲午海战的惨败终于促使士大夫由学习西洋科技走向改变这一与学习不相适应的固有制度，承认西方在行政、通商、务农、取士诸端都有不可遗之体①，值得学习。然而，取法于西方制度并非为了打破现存秩序、否定既得利益，而是自我维新的权宜之计，以不妨害主体为原则，这就使得那些改造自我文化图式以适应新环境的想法落入中体西用论。虽然对西方文化的"体"有所感知了，但转换到中国文化中来，也只能成为"用"。为了使这种做法合乎逻辑，此时的中西比较便出现了西学中源说，把中国文化的某些理念和制度比附于西方现代理念和制度，比如，我们在第一章提到的，所谓"西学暗合《周礼》"说，以"询群臣，询群吏，询万民"比附西方的下议院，以"陈诗观风""陈书知政"比附西方的新闻舆论监督；而"西学暗合诸子"说，以《管子》比附西方的商学，以《商鞅子》比附西方的农学，以墨子比附西方的科学，诸如此类②。这种受制于自我维新的权宜之计的比较，也只能算作一种策略罢了。

从维新变法运动的失败，到辛亥革命完成制度层面的变革，人们一直以为，一切弊端的根源在于制度，可制度变革完成后所出现的"革命尚未成功"的局面告诉人们，中国要完成自我变革，必须触及更深层次的思想观念和国民性，于是，就出现了从1915年开始的对中国文化进行自我反省与批判的新文化运动。此时，体用之辨不再是关注的焦点，中西文化的异同、优劣成为问题。陈独秀认为中西文化之间存在的是"古今之别"，即中国文化为"犹古文明"，西方文化为"近世文明"，以时代性所包含的进化论、经济决定论作为判别文化优劣的标准，认为中国文化远远落后于西方文化，必须改弦更张，效法西方③。杜亚泉则从民族性差异角度提出，中西文明"乃性质之异，而非程度之差"，即西方是动的社会，中国是静的社会，两种文明各有利弊，只能取长补短，不能取而代之④。两种比较各执一端，一个怀疑自我，另一个保守自

---

① 见郑观应的《盛世危言》，转引自庞朴《文化的民族性与时代性》，中国和平出版社，1988，第95页。
② 马克锋：《近代中西文化互动的历史考察》，《教学与研究》2005年第4期。
③ 陈独秀：《法兰西人与近世文明》，《青年杂志》第1卷第1号，1915年9月。
④ 杜亚泉：《静的文明与动的文明》，《东方杂志》第14卷第4号，1916。

我，前者以时代性判别中西文化，而时代性又缩小为西方的现代标准，后者以民族性定义中西文化，看不到文化的发展与变化。其实，时代性和民族性是任何文化都不曾或缺的两种基本属性，因为任何文化都有自己发生和存在的历史时间和社会空间，时代性展现文化的时代内容，民族性展现文化相对稳定的特有模式，从而使文化表现为累积的、变化的、个性化的人类性内容。一旦心理失衡，我们就很难顾及文化的这种整体性了。但是，在当时的中国，要获得心理平衡的确是一件难事，看到丧权辱国、社会溃败，你不由自主地会产生自我怀疑与打破旧世界的冲动；想到亡国亡种的后果，你自然会寻求如何保守自我。但有时候只要换一种角度，你就会找到某种心理平衡。1919年初，梁启超来到战后残破、满目疮痍的欧洲，他看到了欧洲人普遍的生活艰难，也看到了欧洲社会分化所带来的危机，以及欧洲文明的破产，这让他体验到了中国文化对治这些西方文明病的价值，由此获得一种心理平衡，并进一步感受到中国人在人类命运共同体中的责任，即拿西洋的文明来扩充我的文明，又拿我的文明去补助西洋的文明，叫他化合起来成一种新文明①。这样一来，通向整体性比较的道路就打通了，可惜的是，这种观点被时代的焦虑所湮没了。

不过，经历了中西文化碰撞后，中国人的文化观念更为客观了，形成了两种相对完整的文化观念，一种是倾向于把文化理解为生活方式，试图观察人类文化的多样性，拓展中国文化思维的空间。思想家胡适的想法具有代表性，他一心提倡中国人虚心接受西方文明及其背后的精神文明，让西方文化与中国文化自由交流，并借助西方文化的朝气与锐气来打掉中国文化的惰性与暮气②。他从文化与文明的关系入手来解释文化，认为先有文明，然后才有文化，指出"文明是一个民族应付他的环境的总成绩"，"文化是一种文明所形成的生活的方式。"③ 这种观点打破了文化本位的单一视角，形成了一种开放的文化理念，且带有明显的功利主义色彩，即"无论什么文化，凡可以使我们起死回生、返老还童的，都可以充分采用，都应该充分收受"④。中国的另一位思想家梁

---

① 梁启超：《欧游心影录，新大陆游记》，东方出版社，2006。
② 胡适：《试评所谓"中国本位的文化建设"》，《胡适文存·四》，黄山书社，1996，第398页。
③ 胡适：《我们对于西洋近代文明的态度》，《现代评论》四卷第八十三期，1926年7月。
④ 胡适：《介绍我自己的思想》，《胡适文存·四》，黄山书社，1996，第459~460页。

漱溟在整体比较了东西文化之后，认为"文化并非别的，乃是人类生活的样法。"① 文化包括物质生活、社会生活和精神生活三大领域，它涵盖了人类各民族如何进行生产、其所有器具、技术及相关之社会制度、宗教信仰、道德习惯、教育设施，乃至语言、衣食、家庭生活等②。他从比较的角度提出了文化三路向说，即西方文化为第一路向，是以意欲向前要求为根本精神的；中国文化为第二路向，是以意欲调和、持中为根本精神的；印度文化为第三路向，是以意欲反身向后要求为根本精神的③。他肯定了东西文化各自的价值，认为可以用西方文化改变中国文化的弊病，而中国文化、印度文化又可以在未来发挥作用，克服西方资本主义文化的矛盾。

另一种倾向于从精神层面理解文化，最具代表性的是哲学家贺麟的观点，他认为"文化就是经过人类精神陶铸过的自然"，"文化只能说是精神的显现，也可以说，文化是'道'凭借人类的精神活动而显现出来的价值物，而非自然物。"，"所谓文化，乃是人文化，即是人类精神的活动所影响、所支配、所产生的。又可说文化即是理性化，就是以理性来处理任何事，从理性中产生的，即谓之文化。文化包括三大概念：第一是'真'，第二是'美'，第三是'善'……即是真理化、艺术化、道德化……文化的特征乃是征服人类的精神，使人精神心悦诚服"④。他对文化概念的重新建构是基于这样一种思考："中体西用"论割裂了中西文化，未能尊重中西文化各自完整的体系；"全盘西化"失去民族精神，走向民族虚无主义。通过这些批判性思考，他的文化观更加开放、全面，认为精神或理性是文化的本位或"体"，古今中外的文化为用，外来文化和中国传统文化各有优劣，应抱取其精华而去其糟粕的态度。

此时的西方，焦虑在某种程度上纠正了一些西方人在中西文化比较上的傲慢与偏见。特别是在第一次世界大战中遭到失败命运的德国人开始对西方文明产生怀疑，这使得他们采取冷静、客观的态度观察人类文化，施宾格勒

---

① 梁漱溟：《东西文化及其哲学》，商务印书馆，1992，第53页。
② 梁漱溟：《中国文化要义》，开明书店，1949，第26~27页。
③ 梁漱溟：《东西文化及其哲学》，商务印书馆，1992，第383页。
④ 贺麟：《文化与人生》，商务印书馆，1988。

(Oswald Spengler)的《西方的没落》就是这种态度转变的结果。作者摆脱进化论的影响,把文化作为一个有机体来考察,认为各文化在产生、成长达到鼎盛之后,就会走向衰亡,而这一现象与文化有机体是一致的,他认为欧洲文化正处在没落时期,预言欧洲文明将会没落。同时,他以生物生长过程的观念进行历史研究,把世界历史分成八个完全发展的文化,细致考察其各个时期的不同现象,揭示其共同具有的产生、发展、衰亡及其毁灭的过程。显然,文化有机体的概念解构了西方中心论的视角,从概念化的操作转向直面每一种文化的现象,采取"观相式"的直觉把握,以某些基本象征来揭示这种文化的全貌。这本书之所以强烈地震撼了西方人的心,是因为它打破了西方人的思维定势。

另一位德国人凯瑟林(Hermann Alexander Keyserling)则给陷入迷茫中的人们以新的希望,他通过《一位哲学家的旅行日记》(1919年)一书,向西方人讲述了东方的智慧。他认为世界是非理性的,所以要超越知性的认识,重视创造性的实践智慧,倾听东方圣人的教诲。早在1912年,他旅行至上海,在"中国国际研究所"做了一次演讲,题为"东西方以及两者对共同真理的探索"。他指出,西方、印度和中国的文化各有使其成立的基础,虽然我们未能明确地把握这一基础,但它是确实存在的。我们必须找到这种基础,它是各民族形成各自文化所特有的东西。中国是伟大的民族,其文化将作为中国精神流传下来,如果抛弃了自己历史悠久的文化基础,中国早就停步不前了,也就会永远丧失自己的文化。中国的改革必须立足于自己的文化,而这种文化是世界文明的一部分,中国不能蹈袭西方文明的方法来进行改革。如果想抛开自己的文化基础,去实现西方化,中国必然会崩溃消亡。中国文化真正的伟大性在于它有这样一个显著特点:认为真理是具体体现在人们的实际生活当中的;孔子学说是很具体的,其理论落实在日常生活当中,是对实际生活和具体现象的抽象表现。[①] 应该说,这是一种启迪心智的比较,为的是达成东西文化的互动与互补。可是,在一个人类难以成为人类的荒谬时代,有多少人能静下来做这种思考呢?毕竟,西方对东方的需要更

---

① 转引自〔日〕中村元《比较思想论》,吴震译,浙江人民出版社,1987,第38~39页。

多地表现为欲望的、物质的,很难表现为道德的、精神的,这成了动荡不安的世界的一种注脚。

二战以后,人们才真正意识到,人类是彼此需要的,东西方应该是互动的、对话的,任何歧视、偏见、排斥都会导致专制主义的噩梦。1949年,法国基梅博物馆馆长格鲁塞(Rané Grousset)与巴鲁特、雅斯贝尔斯等西方著名思想家在日内瓦召开了第九届国际会议,会议以"新人文主义"为议题。格鲁塞指出,"新人文主义"不能仅由地中海文化来建立,如果不吸收东方的佛教、婆罗门教和儒教的思想,就不能建立"新人文主义";人们所说的联合国教科文组织也不能单纯地把西方文化推向东方,而必须有这样的志向:在理解东方文化的基础上,寻求东西方文化的结合。可是,现实的情况是,对于以自我为目的的西方人来说,在比较中所建构的大多是没有东方的东方主义,所谓寻求东西方文化的结合,很容易表现为建立在西方优越感上面的道义感,很难通向以人类为目的的探索。

中国现代新儒家以人类为目的,把人类精神视为一体,由此寻求中西文化精神的融会贯通,更全面地了解彼此。唐君毅曾把西方文化比喻为上帝的左足,把中国文化比喻为上帝的右足,认为左足的成就是"人类精神之分殊展开",其病痛在于"浑然全足,五指未能畅伸",导致"自伤",右足的成就是"人类精神之凝聚翕合",其病痛在于"指爪不剪,而血流不止",导致"伤人"①。虽说任何比喻都是蹩脚的,但这种把中西文化视为一体的方法,确实有利于通向互动与对话。

20世纪80年代,日本学者沟口雄三有感于没有中国的中国学研究,或以了解中国知识为目的,或停留在以消费中国为目的,或以西方为方法研究中国,以西方的标准来评价中国,难以自由地理解中国。他提醒人们要以中国为方法,用相对化的眼光看待中国,并通过中国来进一步充实我们对于其他世界的多元性的认识,同时,以世界为目的,创造出更高层次的世界图景②。这无疑是中西比较的一种境界,但是,在这个晦暗不明、日趋异

---

① 唐君毅:《人文精神之重建》,台湾学生书局,1984,第553~554页。
② 〔日〕沟口雄三:《作为方法的中国》,孙军悦译,三联书店,2011。

化的世界，我们如何能达到这种自由的境界呢？这对中西比较而言，依然是有待解决的问题。

  2010年3月，作者应邀参加在德国洪堡大学召开的"德中跨文化传播学术会议"，并在会议设置的引言环节"什么是文化"发表演讲，与德国学者展开对话，此文根据演讲扩展为读书报告。

面向全球化的跨文化思维及其悖论

跨文化传播作为一个过程，它使每一个人怀着乡愁走向全球，迫使思想从文化转向跨文化，一路与后殖民主义、文化帝国主义、东方主义话语理论、文化相对主义、后现代主义等思潮相互激荡，有时也与全球化同行。20世纪60年代全球化概念首次出现，并表达出时空压缩与人类关系结构和范围改变、文化同质化、价值观聚合等意义，跨文化传播思维开始留意这一背景，霍夫斯特德（Geert Hofstede）在20世纪70年代进行文化价值观的调查研究时认为，在全球经济一体化中，世界各公司的策略都着重发展如何能够满足最大市场、最多顾客的产品及其服务，而对不同文化及价值观的研究，是此类策略成功的关键①。自20世纪90时代以来，全球化携带着资本的力量和政治、文化的力量，把这样的场景拉到我们面前：世界终将会沦落为美国化的"地球村"，在这个地球村里，众人所讲的英语都带有美国口音，人们穿的都是李牌牛仔裤、蓝哥牌衬衫，喝的是可口可乐，吃的是麦当劳，浏览互联网时使用的都是微软的软件，听的是摇滚或乡村音乐，收看的是美国音乐电视台的综艺节目、美国有线新闻网的新闻、好莱坞电影以及肥皂剧《豪门恩怨》的重播，大家在喝着百威或米乐啤酒、抽着万宝路香烟时，谈论的是那些带预言性标题的世界性系列节目②。此时，全球化成了跨文化传播必须面对的问题。

一 乐观地想象全球化的前景

按照一种比较中性的表述，全球化包括两个层面：一个是物质层面的，另一个是精神层面的，前者主要是指世界时空的压缩，运输、传播技术等因素的变化使时空建构出现麦克卢汉所谓的"内爆"，世界越来越"小"了；后者则

---

① 参见 Hofstede, Geert, *Culture's Consequences: Comparing Values, Behaviors, Institutions and Organizations Across Nations*, Thousand Oaks CA: Sage Publications, 2001。此为1980年版的更新版。
② 〔英〕约翰·斯道雷：《英国文化研究中的文化与权力：对全球化等于美国化观点的一些疑问》，载单波、石义彬主编《跨文化传播新论》，武汉大学出版社，2005，第24~25页。

是全球意识的加强①。在跨文化传播理论之中，文化的全球化已经作为一个术语构成了一种研究的视角。全球化虽然是一个与跨文化相异的视角，但它试图以强大的力量把跨文化传播纳入全球化的轨道，使其遭遇了这样几种模式：征服、转化、吸收与适应，部分的吸收与文化借取，自由主义与最小限度地参与，冲突与阶级斗争，对话式参与②。

在这种情况下，很自然地出现顺应全球化的逻辑的"合奏"。有些跨文化传播理论向全球化靠拢了，比如跨文化市场营销与管理、跨文化组织管理等，它们迎合了全球化的需要，促进着消费主义的地域的流动性、社会的流动性、想象的流动性和促销的流动性③，使人们只知道交流技术的价值，而不再理解文化和跨文化的价值。而有一些学者对全球化赋予乐观的想象，其中，比较引人注目的是，约翰·贝利（J. W. Berry）从文化适应的角度反对一种比较流行的观点，即文化适应和全球化过程更多颠覆的是非主流人群，其最终结果是非主流群体成员文化和行为特质的丧失，趋附于与主流群体如出一辙的同质化社会，以及文化适应的长期结果是全球同质化，社会结构以及人们的信念、价值观、消费倾向趋同。他基于文化适应的理论框架提出，除了非主流群体被文化同化的可能性外，亦存在其他的可能：融合有助于人们既维系其传统文化和行为方式，又在不断演进的公民框架中参与日常交流；分离的结果为群体和个体尽可能规避与主方国民接触，以此维系其传统文化和心理；边缘化的后果是非主流群体的文化失落以及因遭受排斥而无法全面、公平地融入更广泛的社会。因此，他认为，全球化背景下的跨文化交流的结果不是文化同化和同质化，而更可能是融合（文化和心理延续与新社会结构的建构）或分离（抵御他文化，复兴传统文化）④。金洋咏（Young Yun Kim）从开放体系的视角强调人类具有很强的适应能力，认为个体经过长期积累的跨文化经历，通过循序渐

---

① R. Roberson, *Globalization*: *Social Theory and Global Culture*. Sage: London, 1992.
② Dallymayr. F., *Beyond Orientalism*: *Essays on Cross-Cultural Encounter*. State University of New York Press, 1996.
③ 〔英〕格雷姆·默多克：《疆域与十字路口：全球市场时代认同与团结》，载单波、石义彬主编《跨文化传播新论》，武汉大学出版社，2005，第18~19页。
④ J. W. Berry, Globalization and Acculturation, *International Journal of Intercultural Relations* 32 (2008). pp. 328-336.

进的心理上的演进过程，能够超越传统文化的边界，获得"跨文化人格"。而"跨文化人格"的获得是个体文化身份取向在全球化的语境下日趋彰显个性的渐进发展过程，而这种发展经历着"压力—适应—成长"的动力过程。她称"跨文化人格"是使自身熟悉、适应新环境中文化陌生人的颇具建设性的方式，亦是在全球化进程中谋求心理和功能性适应的人类发展模式①。重点关注跨文化培训的兰迪斯（Dan Landis）甚至认为，文化同化（culture assimilation）是传授另一种文化的一种学习编程技术，同化者可以帮助一种文化里的人们更好地理解另一种文化的观点②。在他们这里，本土与全球、主流与非主流、强势与弱势的辩证关系全然失去，完全偏向于单一线性逻辑的思考，也就是落入全球化的思维中去了。

在这种思维之中，跨文化传播研究与其说是建构新的文化，不如说是寻求调适文化差距或文化冲突的策略，将跨文化的一系列理论转化成为一种自我管理调适技术、人与人沟通的技巧、不同的国家或组织之间的协商谈判策略；转化成跨国促销的形象设计和诉求方式等实用型研究，从宏观回归微观。在这个意义上，最典型的概念是从日本产生的全球本土化（glocalization）概念，按照罗伯森的解释，它意味着普遍化与特殊化趋势的融合③。持这一理念的人认为，文化差异是推行全球化战略的致命问题，可以通过"全球化思维，地方化行动"（think globally, act locally）加以超越，即通过适应特定的文化偏好去推行标准化产品④。于是，人的跨文化生存问题就转变为一个跨文化传播能力（cross-cultural communication competence）问题，自鲁本（Brent Ruben）在 20 世纪 70 年代末提出这一概念时，囊括了七个要素，即向对方表示尊敬和对其持积极态度的能力，采取描述性、非评价性和非判断性态度，最大限度了解对方知识和个性的能力，移情能力，应付不同情境的灵活机动能力，轮流交谈的相互交往能力，能容忍新的和含糊不清的情景并从容

---

① Young Yun Kim & Dharm P. S. Bhawuk, Globalization and Diversity: Contributions from Intercultural Research, *International Journal of Intercultural Relations* 32（2008）. pp. 301 – 304.
② Landis, Dan. *Handbook of Intercultural Training*, 3rd. ed. Thousand Oaks, CA: Sage, 2004.
③ 〔美〕罗兰·罗伯森：《全球化：社会理论和全球文化》，梁光严译，上海人民出版社，2000。
④ 〔美〕保罗·赫比格：《跨文化市场营销》，芮建伟等译，机械工业出版社，2000，第 56 页。

不迫对其作出反应的能力①。如今，围绕这一概念的思考越来越呈现这样的思考状况：过于强调效率型的跨文化能力，而忽视了有效人际互动的重要性；把跨文化传播能力缩小为达到实际目标的手段，不可避免地依赖于所有可能的行动能力（action competence）；将跨文化传播能力界定在不同国家与个人的相关场景下，忽略存在于国家内部的文化间问题；注重描述"微小层次"的个体之间的互动，削弱了对群体间文化互动（Inter-collective interaction）的思考②。这从另一个方面体现了"全球化思维，地方化行动"的逻辑。

二 以科学的名义修正全球化的危机

跨文化传播的起点是对社会流动的关注。进入全球化阶段以前，文化基本上被看作一个民族或地区所在地人们的"生活方式总和"，是一种有地理疆界的，向内发展的概念。但是在全球化背景下，人们所接受的文化信息已经远远超越了他们的物理空间，传播技术和运输技术的发展带来人口流动、信息流动，跨地区的文化交流从而突破空间对文化的限制，成为跨文化传播的一个主要特征，"不同因素构成的跨地区文化逐渐成为历史舞台的新宠"③。人们已经感觉到，建构自己的认同和理解其生活的民族框架遭遇严峻挑战，身份要么变得越来越模糊和不确定，要么因感受到某种威胁和恐惧而走向原教旨主义。这样一来，跨文化传播面对的最紧迫的问题便是文化认同（身份）的危机。一般来说，从社会学、心理学等角度的探寻总是试图用科学方法修正危机，使全球化具有科学、丰富的内容，就像音乐创作上的变奏，在原旋律的基础上加上一些修饰或者围绕原旋律作一些修改，使乐曲具有更丰富的表现形式，听起来更多变。

在关注身份问题的学者中，迈克尔·赫克特（Michael L. Hecht）是有代表性的一位。他在1993年提出身份传播理论（communication theory of identity），

---

① Ruben, Brent D. & Kealey, Daniel J., *Behavioral Assessment of Communication Competency and the Prediction of Cross-cultural Adaptation*, Pergamon Press Ltd., 1979.
② Stefanie Rathje. Intercultural Competence: The Status and Future of a Controversial Concept. *Language and Intercultural Communication* 2007. Vol. 7, No. 4. pp. 254–266.
③ J. Pieterse. Globalisation as Hybridization, in M. Featherstone, S. Lash and R. Robertson (eds) *Global Modernities*. Newbury Park, CA and London: Sage, 1995.

建立了关于身份的八种假设：身份有个人、社会和他群体特性；身份都是持久的和不断变化的；身份都是情感的、认知的、行为的和精神的；身份都有内容和解释层面的关系；身份涉及主观和赋予意义；身份是代码，这表现在谈话并确定社区成员上；身份有语义属性，这表现在核心符号、意义和标签上；身份标明适当和有效的沟通模式。在此基础上，他阐明了身份的四种框架：第一，个人的身份，即个体的自我认知和自我形象，它存在于个人层面，作为个人特征的分析；第二，表现化的身份，指个人表现的或者表达的身份，人们在传播中表现他们的身份并且交换表现的身份；第三，关系的身份，即身份是交际双方社会关系的一部分，是双方互动协商的结果；第四，群体身份，即集体是定义的身份，群体身份超越个人，是群体或者集体的一个特征①。这一理论的显著特点是以科学的名义修正了全球化的身份偏向，寻求在互动中形成身份的动态平衡。

一般理论认为旅居者应尊重东道国文化，并鼓励他们适应东道国的道德准则（入乡随俗），或尊重东道国规范的同时保持自己的道德伦理。里查德·伊万诺夫（Richard Evanoff）认为在跨文化对话中采取一种替代模式，其间有着不同道德伦理的人们可以积极建构他们的共同基础，批判现存的规范形成新的规范，即创造出协同的"第三文化"（third cultures）。其最终目的是融合不同文化的规范，指导跨文化情形中个人的交往。这一观点明显吸收了班尼特（Bennett）的"跨文化敏感"（intercultural sensitivity）理论，该理论把个人应对跨文化差异过程中获得融合视角的过程分为六个阶段，即否认（在早期"种族中心主义"阶段简直没认识到差异）、防御（承认差异但认为一种文化比另一种优越）、最小化（采取表面的普遍主义把差异估计得最小）、接受（在后来的"种族相对主义"阶段，以一种简化的相对主义的方式接受了差异）、适应（个人能够以其他文化作为参考框架）、融合（个人采用了双文化的视角，利用多种文化框架为参照）②。而伊万诺夫认为，还应超越班尼特所说的六个阶段，达到第七个阶段——"生成"阶段，即新的文化形式创造性地产

---

① Hecht, M. L, A Research Odyssey: Toward the Development of a Communication Theory of Identity. *Communication Monographs*, 1993: 60, 76-82.
② Bennett M J. Toward Ethniclativism: A Developmental Model of Intercultural Sensitivity, in Paige R M. *Education for the Intercultural Experience*. Maine: Intercultural Press Inc., 1993: 21-71.

生出来。生成阶段超越了班尼特的种族中心主义和种族相对主义阶段。其目的并不是简单地说现存的文化是最好的（种族中心主义）或每种文化都一样的棒（种族相对主义），而是产生出一个不同的、更好的文化观。生成阶段使个人和社会都可能产生变化，它所生成的新的选择，有些或许失败，有些或许行不通，但它将同样有价值，因为我们需要不断地实验①。其理论逻辑在于，融合并不是一种价值观完全取代另一种，也不是把两种文化并置调和，它伴随着对两种文化的批评。融合并不是旅居者适应东道国文化的规范而是一个相互改变的过程，旅居者和东道国文化在彼此适应。许多跨文化交流者都遭遇到价值观念的失范现象。因为指导他们行为的规范还未存在，而它必须在对话的过程中创造出来。

在拥有全球化视角的跨文化传播研究中，一些新的概念正在取代过去跨文化传播研究中常见的文化适应（acculturation）、同化（assimilation）、整合（integration）等旧有概念。这些新的概念包括②：

接触区（contact zones），即地理和历史都分隔的人们彼此接触对方的一个空间。在这个空间里，人们建立了往前发展的关系，通常都是在强迫、不平等和难以处理的冲突中进行的。……接触区是使过去在地理和历史上都分隔的主体在同一时空并存的尝试，这些主体的发展轨迹现在相交了。③ 而处于这个接触区的人最重要的特征就是在一段时间内在文化上的"背井离乡"（displacement）。

散居海外者（diaspora），它包括这样几种内涵：（1）"移居海外的少数群体"，他们从原有的"中心"位置分散到至少两个边缘位置；（2）他们怀有"对祖国的记忆、印象或梦想"；（3）他们"相信他们也许不能再完全地被自己的祖国接受"；（4）他们将祖先的家园视作最后的归宿，只要时机成熟；（5）他们怀有保护或者重建祖国的心愿；（6）作为一个群体，他们的意识和凝聚力都受到与祖国所保持的关系的重要影响。④ 散居海外的人并不将自己定

---

① Richard Evanoff. Integration in Intercultural Ethics, *International Journal of Intercultural Relations*, July 2006, Vol. 30, Issue 4, pp. 421-437.
② Lie, R., *Space of Intercultural Communication: An Interdisciplinary Introduction to Communication, Culture, and Globalizing/Localizing Identities*, New Jersey: Hampton Press, 2003.
③ Pratt, M. L. Imperial Eyes: Travel Writing and Transculturation. London: Routledge, 1992.
④ Lie, R., *Space of Intercultural Communication: An Interdisciplinary Introduction to Communication, Culture, and Globalizing/Localizing Identities*, New Jersey: Hampton Press, 2003.

位在一个特定的地方,他们在各个不同的地方重建自己的文化。但是他们文化的根与所在地分离了(delocation)。

多元文化主义(multiculturalism),它本身被看作是对同化政策的一种积极替代的方案,意指那种承认少数族群的公民权和文化认同的政策,或更宽泛地说,是对文化多样性价值的肯定。

世界主义(cosmopolitanlism),它具有更多个人特征,而不是群体过程和群体特征。汉纳斯提出这个概念有以下特点:(1)有与他者交往的意愿;(2)有与他者交流的跨文化能力。它表现出一种对世界的开放,但又是一个比较精英的概念,总是出现在较高的社会阶层中,因为只有他们才有能力经常旅游,成为国际公民。

从跨文化传播中这些概念新宠中,我们可以看出跨文化传播研究者已经更多地将研究视角由帝国主义传播的单向流动转向世界范围的文化流动。对已经普遍出现的由移民等带来的文化的混合和共存有了更清醒的认识和更深切的关注。英国研究媒介学者斯拉伯里(A. Sreberny)通过对散居海外者的媒介研究发现,在全球化的新范式下,旧有的研究范畴被新的所取代。例如过去对"少数族群的研究"和"移民研究"现在逐渐被"散居海外者研究"取代。过去的研究是围绕文化适应的那些议题,以及在新的国家文化空间里新的文化身份形成问题,而新的研究则更关注双重国家文化空间——过去祖国的文化空间和新到国家的文化空间。"少数族群"是一个更抽象的、更与统计联系到一起的范畴,而"散居海外群体"则更强调文化的连续性。在欧洲,"少数族群"更多的是指欧洲内部流动的人口,例如在英国的希腊人,在奥地利的克罗地亚人等。而"散居海外的群体"更意味着对来自欧洲以外的人的关注:印度人、中国人还有非洲人等。在对这些群体的研究中,研究重点向电视和互联网等媒介倾斜,尤其是互联网。因为互联网是散居海外群体最好的传播工具,散居海外者可以通过这种不受地理约束的传播技术,建立和维护跨国的散居海外者的共同意识,在网络的虚拟空间中实现文化的重新本土化,从而使他们在新的居住地依然拥有传播自己民族文化和保持原有民族文化身份的文化空间。此外,在媒介受众研究方面,已经有不少研究开始关注这些"散居海外者"的媒介消费习惯和文化品位。研究已经注意到散居海外族群建立的频道和主流媒介针对他们制作的媒介节目之间有很大的差异。① 这些研究都表明欧洲在媒介中对移民群体和其他非主流群体的重视加大，并意识到要在尊重各群体文化身份的基础上满足所有群体的信息和文化需要，而不再是一味地为他们重建欧洲的文化身份。

三 以自由的名义揭示全球化反人性的内容

进入21世纪以来，全球化浪潮构成了对跨文化传播的更猛烈的冲击，2001年发生的"9·11"恐怖事件突出呈现了全球化的内在矛盾，也使跨文化传播所内含的价值遭遇空前挑战。文化多样性的价值观在理论与行动上发生着严重冲突。一方面，欧盟把持着"在多样性中联合"的政策，开始拥抱一个更为多样的文化方法。另一方面，在这个文化政策下的基本理论不是鼓吹"差异"，也不是拥抱"多元文化主义"，而是要通过多样性来提高欧洲的整体统一，民族的和亚民族的文化差异尤其被表述为同一"文明"的分支，它们的根被看作是来自古希腊、罗马和基督教地区②。欧洲委员会的文件在描述欧洲文化遗产时基本没有提到任何非欧洲后裔的作家、学者的贡献，同样将欧洲身份建立在希腊、罗马、犹太教和基督教的根上。对文化多样性文化政策的其他研究还显示，即使在"文化多样性"的鼓动之下，欧洲委员会的欧洲中心主义话语依然非常明显，其重要表现是"恐伊斯兰症"，以及右翼对穆斯林原教旨主义者、非法移民和避难者对欧洲的威胁的鼓吹。

此外，不仅黑人、亚洲人、穆斯林或第三世界国家的人被排除在了欧洲文化之外，美国人也是一样。欧洲委员会的官员认为美国电视和好莱坞电影表现了一种文化帝国主义的形式，威胁到了欧洲文化的完整。因此，在官方的欧洲文化概念中，流行文化、多元文化主义、文化杂交都不是欧洲文化。只有莎士比亚戏剧、贝多芬的音乐才是欧洲的文化遗产。

---

① Sreberny, A., The Role of Media in the Cultural Practices of Diasporic Communities. In Bennett, T (ed.), *Differing Diversities: Cultural Policy and Cultural Diversity*. Council of Europe, 2001.
② Shore, C., The Cultural Policies of the European Union and Cultural Diversity In Bennett, T (ed.), *Differing Diversities: Cultural Policy and Cultural Diversity*. Council of Europe, 2001.

对于欧洲委员会的文化政策的这种双重性，学者的研究和批评是非常必要的。肖尔（C. Shore）认为，文化多样性现在存在于欧洲越来越多元的文化社会中，要让欧洲在共同的文化身份中整合，就必须注意不能边缘化或者排除那些在欧洲委员会的欧洲文化概念中"非欧洲"的人和文化。欧盟不能通过加强带有成见的"我们"和"他们"的二元对立，来巩固一种欧盟公民的爱国主义和归属感。要提高欧洲的文化多样性，还必须认识到欧洲文化不是静态的，它是一系列沟通、交流和汇合的过程，新的文化形式和身份从中形成。欧洲的印度人、穆斯林、亚洲的散居海外群体等都是欧洲丰富文化的一部分。他们对欧洲文化多样性的贡献应该被承认。欧洲的文化民主就是要给少数族群和多数人都发出自己的声音，是提高宽容和鼓励差异。

与此同时，文化帝国主义和媒介帝国主义以更猛烈的势头损害着文化多样性。根据麦奎尔的观察，美国输出的文化产品在情节剧方面（电影、电视连续剧）占有绝对份额，研究者总是强调这种输出对欧洲带来的负面文化影响；受众是倾向于观看自己民族的文化产品的，现在也有很多这样的产品被制作并在黄金时段播放；但是在情节剧方面，美国的文化产品依然比其他欧洲产品更受欢迎。从某种程度来看，美国文化产品是欧洲最受欢迎和广泛传播的文化。这样的结果之一就是电视根本就不是欧洲跨文化交流的媒介。大量研究证明，受众可以清晰分辨出本土的和外国制作的文化内容，并与外国文化内容保持一定的距离，从而使其对"自己的"文化的影响力减少。欧洲出现了更多的模仿美国模式的娱乐和情境喜剧片，不过在文化上更接近欧洲类型。欧洲肥皂剧倾向于更真实，也更以社区为中心。语言成为各种跨文化媒介产生影响的主要障碍。国际卫星频道因而无法与本土的频道形成强有力的竞争，泛欧洲频道也没能产生文化统一的影响。为此，国际频道的地方语言版不得不退出，以应对与本土频道的竞争[1]。

美国学者波因廷与梅森（Scott Poynting and Victoria Mason）发现，"9·11"之后，特别是那些以美国为首的英语国家入侵阿富汗和伊拉克后，少数穆斯林以

---

[1] D. McQuail, The Consequences of European Media Policies and Organizational Structures for Cultural Diversity. In Bennett, T (ed.), *Differing Diversities: Cultural Policy and Cultural Diversity.* Council of Europe Publishing, 2001.

"他者"的方式进入"西方国家",起诉他们的"反恐战争"。社区的穆斯林都被当作"邪恶"的刑事犯和"第五纵队"的敌人,成为媒体、政客、安全机构和刑事司法系统眼中的异类族群。他们发出疑问,在国家采取的反恐怖主义措施和日常生活中的种族主义,是否还存在"宽容、自由、正义还是和平"?[①] 这里所体现的是关于人类文化共同体的理想,关于文化对话、理解直至达成共识的浪漫期盼。

给这一疑问以深刻注解的要数20世纪80年代以来的一个重要理论发现,即群体成员在陈述群体内人员或者群体外人员的行为时所采用的不同的具体客观或者抽象评价的语言倾向。这便是所谓"群体间语言偏见"(linguistic intergroup bias)。美国学者戈勒姆(Bradley W. Gorham)重新进入这一理论,研究了208个成年白人如何对待一个电视新闻中犯罪嫌疑人的种族身份,并探讨了种族身份如何影响用于描述嫌疑人的语言提炼[②]。他的研究证实了犯罪新闻引起群体间语言偏见,并表明媒介使用与群体间语言偏见的出现有着显著的关联。具体来说,即成年白人对非裔嫌疑人更可能使用更多的抽象描述,对白人嫌疑人更可能使用更多的具体描述词。而且,这一倾向与新闻媒介使用有关,更频繁地看电视新闻、阅读报纸的人更可能呈现群体间语言偏见。而且实验结果证明,种族相关的新闻报道将先入为主地主导种族刻板印象。而且这些刻板印象一旦触发,就会以可能帮助涵化占主导地位的种族观念的方式支配新闻理解。尽管这一研究不能说明长期的媒介使用与社会群体感知之间的因果关系,但是它的确发现了涵化的一个必要条件:媒介使用变量与支持占主导地位的意识形态的回答之间的关联。经常使用本地网络和有线电视新闻,以及经常使用地方报纸,都与群体间语言偏见的出现有联系,其方式是支持负面的对非裔美国人的刻板印象。而且,所有电视使用都与群体间语言偏见有联系。这也许意味着,不管在今天的媒介环境中频道和选择是否过剩,认为非裔美国人是

---

① Scott Poynting & Victoria Mason. *Tolerance, Freedom, Justice and Peace: Britain, Australia and Anti-Muslim Racism since 11 September 2001*. Journal of Intercultural Studies, Vol. 27 Issue 4, 2006, pp. 365–391.

② Bradley W. Gorham. News Media's Relationship With Stereotyping: The Linguistic Intergroup Bias in Response to Crime News, *Journal Of Communication*, Vol. 56, March 2006, pp. 289–308.

暴力性的符号化信息仍难避免。社会心理学家经常认为，社会领域充满对非裔美国人的刻板化再现。这种观点得到了媒介内容分析（特别是新闻）的证明。比这种理论更为复杂的是，人们可以维持有同情心的、低度偏见的少数群体观念，同时他们又对少数群体怀有不安的感觉；或者，人们可以自觉地坚持平等主义的信念，同时又作出符合刻板印象的解释。既然存在这样的复杂性，那么就应揭示媒介影响我们的种族思想的微妙方式，逐步干涉媒介的负面影响过程。只有通过理解观看者赋予媒介种族内容的多种方式，我们才可以希望使用大众媒介来促进社会正义和平等。

大众传媒研究者和社会心理学家经常指出，大众传媒是刻板印象的重要来源之一，经常看电视的人容易相信现实社会与电视上描述的世界是类似的。涵化理论的许多内容分析已揭示媒介文本可能扶持对种族、权力和社会的占主导地位的看法，但没有揭示这些信息是否真正在观众中产生影响，是否真正发挥了他们所说的意识形态的作用，也没有详细说明从接触电视到产生影响的具体的运作机制，甚至这一重要的研究流派遭到欺世盗名的质疑。为了更好地理解媒体协助维护刻板印象和偏见的方式，戈勒姆指出，需要仔细地考察人们如何在种族问题上与大众传媒之间的相互影响。他运用了社会心理学方法来揭示人们与有关种族的媒介内容互相作用的不同方式。考虑到人们会对符合刻板印象的含糊不清的信息作出反应，他认为关注观众如何加工处理媒体信息尤为重要，即便观众是在有意识地抵制偏见。再者，虽然在美国公开的偏执态度有了普遍的好转，但一些研究表明，它已被一种更为隐蔽的现代种族歧视所取代，其特点是白人对非裔美国人的困苦既表示同情又对黑人表示不安和不屑。这样，在一个大众传媒互相抵触地呈现非裔美国人形象的社会里，人们在新闻广播中既看到成功的新闻主播形象又看到危险的犯罪分子形象，他们就会对少数民族持相互冲突的看法，甚至受众本身并未意识到媒体形象使他们怀有微妙的种族歧视。按照戈勒姆的逻辑，群体间语言偏见在语言上以不同程度的抽象性为特征，并取决于这个人是否在谈论内群体或外群体成员，取决于这个成员在某种程度上是否与群体的刻板印象相符。正是在这个意义上，他提醒学者，只有更好地了解人们对种族问题相关新闻的不同诠释，我们才能想出办法使新闻制作人和受众避免加深负面的刻板印象。

读书意义的分享

与此同时，一些学者的研究发现，文化同化的作用并不能消除彼此的仇恨[①]；充斥在博客日志中的对"他者"的谈论，以语言符号为载体进行"文化的排他"和种族主义行为一样加深着彼此的误解，引发彼此的敌对；它依然反映了种族的不平等系统，并由社会内部成员共享的话语体系来维持、复制和巩固[②]。由于全球化的快速发展，人们正在日益走向一种混合形的、拼接性的、多面性的文化依存，对于交往中亲密关系结构、情感心理依恋、意象和意义分享、仪式和习俗效应、宗教或其他信仰的情怀、代际传承关系的探讨日益增加，努力为超越跨文化传播的内在障碍寻找着出路。如何应对这种矛盾，把学会欣赏和容忍多样性、复和性和文化差异真正落实到人的生活层面，这依然是摆在西方学者面前的一个重要问题。

如果说，前面所讲的全球化的"变奏"是以科学的名义从方法上修正全球化，那么，全球化的反思则是以自由的名义揭示全球化反人性的内容，提供资本主义的内在修正机制和大众的反抗路径。在这方面，英国文化研究的代表性人物斯图尔特·霍尔（Stuart Hall）把反思推向了思想和日常生活实践的深处。从20世纪80年代末到现在，这位牙买加人以特有的个人体验长期投注于对民族、种族、身份与文化表征等问题的研究，其核心而又连贯的工作是分析以一种独特权力形态出现的"复杂统一体"。在他那里，这意味着权力会通过结合，通过连接众多不同的领域，通过一种用协商、妥协，有时用策略性退却战术达至共识等方式来巩固权力的弥合过程，进而取得权力的最大化效果。由此，他更为深刻地呈现了全球化过程中的权力支配现象的形成。但是，他又没有完全像福柯那样局限于从一个总体框架内观察权力，而是能够敏锐觉察到出现在强权范围之内和之间的缝隙，以及从这一缝隙中可能涌现出的反抗与抵制力量[③]。因此，他一方面能认识到，文化表征是一

[①] Seth J. Schwartz, Hilda Pantin, Summer Sullivan, Guillermo Prado, and José Szapocznik, Nativity and Years in the Receiving Culture as Markers of Acculturation in Ethnic Enclaves, *Journal of Cross-Cultural Psychology*, 2006, 37: 345–353.

[②] Lena Karlsson. The Diary Weblog and the Travelling Tales of Diasporic Tourists, *Journal of Intercultural Studies*, Aug., 2006, Vol. 27 Issue 3, pp. 299–312.

[③] 〔英〕安吉拉·麦克罗比：《文化研究的用途》，李庆本译，北京大学出版社，2007，第4、36页。

种复杂的意识形态关系的最集中的再现,拥有支配权力、垄断生产体制并对大众审美情趣加以物化导向的社会机构关系往往可以在某一历史时段中,依据自身的需要,决定文化表征的内容和形式。另一方面他又意识到,特定的族群在特定的西方文化语境下,唯有进行某种"反表征",才能有效地彰显其作为"他者"或"族裔散居族群"或"边缘族群"的文化诉求,实现这些族群在文化认同上的主体性。同时,他从笛卡尔的"我思"的主体性转变为去中心化的主体性,使其具有互动性和对话性,从以自我为中心的"我"走向互动与对话的主体,把追问"我们是谁""我们从哪里来""我们到哪儿去"等传统的认同观变成"我们会成为谁""我们是如何被表征的"以及"如何影响到我们怎样表征我们自己"等反表征的文化认同诉求的认同观①。与爱德华·霍尔一样,他也导入精神分析学的观点,但他的关注点不再是潜意识,而是对话的主体性如何可能的问题,即"他者"是根本性的,无论是对自我的构造,对作为主体的我们,还是对性身份的认同都是如此;我们的主体性是通过向来不完整的无意识与"他者"的对话,才得以形成的②。文化研究曾过分强调人的抵制能力,不能对应于少数族群的基本要求,即全面真诚的种族公正、主要社会经济过程的相同收益和对差异的认可,也使跨文化传播的可能性成为疑问,这种偏失在他这里得以扭转。他使人们领悟到一种辩证逻辑:每一个人都会参与到"文化归属"的形式中去,由此就有了寻求解决不同文化群体间冲突的框架问题,而这一点并不需要通过同化来达到更宽泛的一致性;同时,假如不考虑他者,差异性就不能得到绝对保护,因为"我就是由与我相关的他者的缺失而构成的"③。

四 跨文化传播的思想处境

回首半个多世纪的思想历程,最能表达跨文化传播的思想处境的事情还是

---

① Hall, Stuart. Conclusion: the multi-cultural question, in B. Hesse (eds.), *Un/settled Multi-culturalisms: Diasporas, Entanglements Transruptions*. London: Zed Book, 2000, pp. 209 – 241.
② 〔英〕斯图尔特·霍尔:《表征——文化表象与意指实践》,徐亮、陆新华译,商务印书馆,2003,第239~240页。
③ 〔英〕安吉拉·麦克罗比:《文化研究的用途》,李庆本译,北京大学出版社,2007,第39页。

发生在两个"霍尔"身上。1951年,年近不惑的爱德华·霍尔刚刚进入美国国务院外国服务所,负责选拔和培训去与异文化打交道的美国人,此时,19岁的斯图尔特·霍尔从牙买加移民到英国,后来加入文化研究行列,并引领了这一领域的研究。前者试图帮助美国人克服傲慢与偏见,改善与其他文化群体的交流,但这种努力不仅改变不了美国霸权的实质及其灾难性的后果,相反被收编到美国全球化战略之中,以致霍尔当年的培训方法被扩展到各种商业培训,使美国人更懂得玩弄全球化的游戏。后者力求指点强权范围之内和之间的缝隙,呈现文化抗争的希望,同时也通过建构去中心化的主体性,使人类能生活在互动与对话之中。可是,被全球化抛弃、压迫的人们常常是本能地选择冲突、暴力,把排斥他者作为抗拒全球化的方式,或者在文化自恋中独自疗伤,走向自我封闭;而英国政治家们则不断地以不同形式呼吁民族团结,暗中寻求办法来消除和抵制文化多元主义政治的出现。到头来,理论依然被大众与政治家的喧嚣无情地湮没。

　　随着思想的发展,难以把握的不再是跨文化传播活动与现象,而是跨文化传播思想本身。思想在左冲右突之中总是想寻找可以遵循的跨文化传播之道,可老子的"道可道,非常道"分明启示我们,可因循的道都不是永远的道。这其实也表达了"霍尔"们的艰难处境:他们所提出的"道"都不是完全可因循的道,只是从某种角度解决了某个问题,而跨文化传播问题是一个结构性的问题,解决了这个问题,就等于挑起另一个相冲突的问题,因此,思想本身永远都是未成之道。比如,解决了文化差异问题,就呈现出利用差异权制造种族隔离的问题,解决了多元文化问题,却又难以面对文化自恋、文化分裂问题,诸如此类。从积极的角度而言,探索永无止境,而从消极的角度讲,我们得忍受思想的局限与不完善。因此,"跨文化传播如何可能"就成了一个永远在创造过程中的、没有完善答案的问题。

　　此文原载《国外社会科学》2013年第1期。

《亲身影响》的影响及其传播学意义

在美国，影响研究起源于进步主义思潮，起步于传播的行为科学研究思潮。在进步主义思潮的冲击下，库利（Charles Horton Cooley）、杜威（John Dewey）、帕克（Robert Park）等人引领人们关注现代传播在社会过程中的影响力，试图发掘媒介在解决美国社会问题过程中的潜力。到了20世纪30年代，美国社会科学界转向实证分析的潮流，着迷于现代传播的行为效果，这种研究逐步发展出作为科学的传播学，并且和其他学科一道，在市场监测、民意掌控、公关谋略等方面大展拳脚。萦绕在研究者心头的"影响"也并不如这个词的表面意思那么简单，他们以为自己在讨论效果，其实他们有时是在讨论如何占有市场，有时是在探究民主的危机与可能性。对大众传播研究来说，这是一场通过测量影响的深度与广度而呈现的市场梦，也是关于传播如何影响民意的民主梦，还包含着为资本主义体系提供观察与修正机制的学术梦。这场梦深深地植根于美国意识形态，是美国现代传播思想史的核心，其转折点和连接点都可以回溯到《亲身影响：大众传播流中人的角色》（Personal Influence: The Part Played by People in the Flow of Mass Communications）及其引发的讨论上。本文试图通过考察这本书的影响，呈现美国影响研究思潮内在的思想冲突及其传播学意义。

一 《亲身影响》：界定传播研究的新方向

在芝加哥学派提出的"传播是社会的本质"议题中就暗含了影响的意思，但由于这一议题过于宽泛，影响并没有得以凸显。随后，佩恩基金会的电影研究才真正开始关注影响。但在佩恩基金会的十三项实证研究成果中，媒介的影响捉摸不定，它既可能是有害的，也可能是无害的。在20世纪20年代末期，这样一个多元的结论并没有让人们不满意。紧接着，美国经历了一系列社会危机，从经济大萧条、法西斯宣传攻势、反犹主义到世界大战等，人们醒悟到影响研究的必要性。这时的研究聚焦在孤立的个体身上，整个社会被想象成由一盘散沙似的原子化的匿名个人组成的现代社会，深深地笼罩在宣传恐惧的阴影中。

正是这场危机给实证研究带来了众多资源，并促成了以拉扎斯菲尔德（Paul F. Lazarsfeld）创立的社会应用研究局（the Bureau of Applied Social Research）为代表的新型研究组织方式的形成。拉扎斯菲尔德出生于奥地利一个犹太家庭。受维也纳大学两位心理学教授夏洛特·比勒（Charlotte Bühler）和卡尔·比勒（Karl Bühler）的影响，他开始对社会科学产生兴趣，特别是对分析行动（handlung）的欧洲人文传统感兴趣。比勒在维也纳设立的研究中心对拉扎斯菲尔德日后在美国建立同类的研究所产生了示范作用，同时，也是在这里，他发现了社会民主党选举和市场研究具有方法上的可通约性，从而转向了市场研究。①1933年，拉扎斯菲尔德在洛克菲勒基金会奖学金的赞助下抵达美国，竭尽所能去结交那些能帮助他提高自己在方法学技巧上的学者以及能够资助维也纳研究中心的人士。随后他进入纽瓦克大学研究中心，不断崭露头角，逐渐为美国社会学界所认可，他本人也受到行为科学主义"方法学兴趣"的感召逐渐靠拢到美国社会学。随后他主持普林斯顿广播研究项目、传播研讨班以及广播项目搬到哥伦比亚大学后改名的社会应用研究局，创造了一种新型知识分子类型：经理式学者（entrepreneurial scholar），不仅组织和管理研究团队，训练学生实践研究方法，而且通过营销研究成果维持研究局的长期运转。正是在这样的研究组织方式下，大量科学实证研究应运而生，为《亲身影响》的诞生铺就了道路。

从《亲身影响》的副标题——大众传播流中人的作用可以看到，作者关注"人"在大众传播中的位置，将人际传播拉到大众传播中进行讨论，由此也改变了影响研究的方向，即关注大众传播的影响如何受到人际关系的中介。在回顾了早些时期的小群体研究之后，他们决定对个人及其所处的人际环境进行全方位的考察，包括个人的人口学统计数据与社交性特征的关联，在市场消费、流行时尚、公共事件、选择看电影这四个领域中成为意见领袖的人具有什么特征等。他们发现意见领袖是那些被同侪群体认为在某一特定问题上具有特殊能力的人，每一个社会阶层都有自己的意见领袖，观点经常从广播和印刷媒

---

① Paul F. Lazarsfeld, An Episode in the History of Social Research: A Memoir. in The Intellectual Migration: Europe and America, 1930 – 1960, ed. Fleming D. and Bailyn B. : HarvardUniversity Press. 1969, pp. 270 – 337.

体流向意见领袖,然后再从他们流向不太活跃的人群。此即"二级传播流"(two-step flow)理论假设。由于大众媒介的信息会由隶属于"首属群体"(primary group)的意见领袖来解释,所以大众媒介的影响是微小的、难以确定的和不足为戒的。这一结论扭转了早期媒介强大效果论断,驱散了早年笼罩在人们心中的宣传阴影,是在大众传播年代对美国民主政治的辩护。①

在大众媒介和个人之间插入"人际关系"这一变量,让人们的思维方式产生了转变。日后《大众传播效果研究的里程碑》的作者在提到《亲身影响》时说道,"在1950年以前,那些试图创建大众传播理论的人很少会想到初级群体所描述的社会关系与大众传播会有什么关系。《亲身影响》的出版向传播理论者提出了相当重要的证据,证明应该把受众成员间紧密的社会关系考虑在内。"② 同时,人们也开始醒悟,若要真正做好影响研究,重点在于寻找传播过程中的各种变量,以提高研究的精度。这在拉扎斯菲尔德的弟子克拉珀(Joseph Klapper)所著的《大众传播的效果》一书中得到再次强化。克拉珀在综述了传播效果研究后,做出五点结论:大众传播通常并不是效果的必要且充分因素;由于中介因素的存在,大众传播在强化现状的过程中不是唯一原因,而是原因之一;大众媒介欲促成变化,必须具备以下条件之一:各种中介因素均不起作用,或者通常起加强作用的中介因素本身转而起改变的作用;大众传播也能产生直接的效果,但受心理和生理因素的制约;大众传播的效果,还受到媒介本身的条件以及舆论环境等因素的影响。③ 由此,人们认定影响绝不是媒介刺激和受众反应之间一对一的关系,但究竟如何还充满变数。

二 《亲身影响》的思想来源

《亲身影响》的第一部分是由卡茨(Elihu Katz)撰写的理论构想,这部

---

① Peters, John Durham, Democracy and American Mass Communication Theory: Dewey, Lippmann, Lazarsfeld, Communication. 1989, 11: 199 – 220.
② 〔美〕希伦·A. 洛厄里、梅尔文·L. 德弗勒:《大众传播效果研究的里程碑》,刘海龙译,中国人民大学出版社,2009,第247~248页。
③ 周葆华:《人类传受观念与行为的变迁》,复旦大学出版社,2008,第132~133页。

分内容原本是他在1953年写给福特基金会电视顾问委员会的文章，但由于福特基金会项目终止，文章并没有提交，被拉扎斯菲尔德拿来重新包装。第二部分是由米尔斯（Charles W. Mills）带领的团队1945年起在迪凯特地区（Decatur）做的田野调查。卡茨和拉扎斯菲尔德将迪凯特调查总结为对"首属群体的再发现"（the rediscovery of primary group），"再"这个字表明作者有意延续前辈的研究传统。"首属群体"这一概念最初由库利在《社会组织》（Social Organization: a Study of the Larger Mind）中提出，他将家庭成员、邻里、儿童游戏伙伴称为首属群体，其群体是在面对面交往和互动中结成的具有亲密人际关系的社会群体。首属群体的组成方式让库利看到了人类本性在社会中拓展的前景，对他来说，这意味着社会能够越来越多地依据人类的才能、理性与情感而得以组织，不再是根据权威、等级和惯例，也就意味着自由和无限的可能。公共意识也不再仅仅活跃于地区性群体之中，伴随着意见的给予与接收，新的交流形式成为可能，这样公共意识就能够扩展至国家层面，直至最终整个世界连成一个生机勃勃的精神整体。① 卡茨和拉扎斯菲尔德就打算围绕"首属群体"展开研究。这一时期，不少研究开始关注到小群体，弗雷德森（Eliot Friedson）在1953年一篇考察传播研究与大众概念的文章中就指出，媒介使用不是单纯的个人行为，而是一种涉及家庭、朋友、地方社区的团体活动。②

重拾首属群体的概念没有假，但这并不代表说《亲身影响》就完全从库利的思想而来。在普利（Jefferson Pooley）的考证下，《亲身影响》的思想和写作模式实际上来源于芝加哥学派的希尔斯（Edward A. Shils）在1948年发表的《二战期间德意志国防军的聚散》（Cohesion and Disintegration in the Wehrmacht in World War II）一文，在这篇文章中希尔斯综述了小群体研究式微和再现的历史，并通过实证分析提出了面对面接触胜过大众传播影响的结论，强调首属群体的重要性。卡茨和拉扎斯菲尔德不过是对希尔斯的研究发

---

① Cooley, Charles Horton. Social Organization: A Study of the Larger Mind. New York: Schocken Books, 1962, p. 148.
② Freidson, Eliot. Communications Research and the Concept of the Mass. American Sociological Review, 1953, 18: 313–317.

现进行了一次艺术性的重新包装。① 面对这一颠覆性指控,卡茨回应称,"有些学者讲了一些我都没有听说过的研究历史……如果他以为自己对的话,那我就该提醒他,人际影响的特征和程度是会随着时间、地点而变化的。"② 仔细翻看《亲身影响》一书就会发现卡茨和拉扎斯菲尔德的确引用了希尔斯的观点,包括前述这篇文章以及 1951 年发表的另外一篇文章《首属群体研究》(The Study of the Primary Group),并且在脚注中承认"在讨论美国早期社会学时,希尔斯认为研究者们更乐于将首属群体作为他们的研究对象……希尔斯对此有出色的论述"。③ 在之后的章节中,他们也多次标注了希尔斯的贡献。

其实,无论是被作者承认的库利,还是被否认的希尔斯、卡茨和拉扎斯菲尔德都确确实实将首属群体的思想再度引入了传播研究考察个人与社会关系中。当人们担心传播技术被极权控制具有反民主趋势的时候,《亲身影响》打了一剂强心针,将公共领域从大众媒介中拯救出来,将人们拉回对(参与式)民主的信仰上来。④ 因为正是人们受媒介影响有限,所以不会像大众社会理论家所担心的那样,一旦被感染就会成为破坏文明的暴徒,人们通过小群体的内部传播,保证了社会的稳定。但与库利等人希望通过延展传播过程进一步建构大共同体不同,卡茨和拉扎斯菲尔德指出传播社群已然存在,并且保持社群的本地模式就够了。

值得一提的是,《亲身影响》的面世还来源于拉扎斯菲尔德的学术营销策略。拉扎斯菲尔德在 1955 年出版序言中说,"《人民的选择:选民如何在总统选战中做决定》中的意外发现引起了麦克法登出版社(Macfadden Publications)研究主任史密斯(Everett R. Smith)的注意,他觉得这一发现可

---

① Pooley, Jefferson. Fifteen Pages That Shook the Field: "Personal Influence", Edward Shils, and the Remembered History of Mass Communication Research, Annals of the American Academy of Political and Social Science, 2006, 608: 130 – 156.
② Katz, Elihu. Afterword: True Stories. Annals of the American Academy of Political and Social Science, 2006, 608: 301 – 314.
③ Katz, Elihu and Lazarsfeld Paul F., Personal Influence: The Part Played by People in the Flow of Mass Communications. New Jersey: Transaction Publishers, 1955, p. 17.
④ Peters, John Durham, Democracy and American Mass Communication Theory: Dewey, Lippmann, Lazarsfeld. Communication, 1989, 11: 199 – 220.

能对出版社有重要的意义。"① 也就是说，二级传播流是作为《人民的选择：选民如何在总统选战中做决定》中的偶然发现而得以继续研究的。直到1980年，曾参与过迪凯特调查的罗斯（Peter Rossi）在美国社会学协会（American Sociological Association）主席就职演讲中反问，"你们还有多少人记得拉扎斯菲尔德的《亲身影响》？这部作品由麦克法登出版社资助，试图用数据向广告商证明在《真实故事》（True Story）杂志上投放广告是值得的？"② 人们才得知迪凯特调查的真正动机。循着这句话，莫里森（David E. Morrison）查阅了哥伦比亚大学档案盒，在其中两个盒子里发现了几份备忘录，包括1946年5月8日拉扎斯菲尔德等人递交给麦克法登出版社的报告，如"迪凯特《真实故事》阅读情况""五大杂志读者群比较""值得出版的证据"，这些报告都为该杂志招揽广告商提供证据，试图证明即便《真实故事》的读者群是低薪阶层，它也可以是一份很受欢迎的杂志。③ 由于《真实故事》的读者多为女性，关注情感问题，且教育程度低、收入低，难以成为广告的目标受众，那么只有证明读者之间口口相传率高，意见在同一个社会阶层中流动，才有可能说服广告商。于是，研究被裁剪成资助者想要的样子，《人民的选择》中未经证实的"二级传播流"假想才会被史密斯注意到，这样才有了《亲身影响》创作的可能。由此可见学术研究者与经费来源者之间的互动关系，麦克法登出版社提供经费，拉扎斯菲尔德设计调查程序展开研究，并用这些研究结果反哺资助者。

三 杀死《亲身影响》

正是拉扎斯菲尔德和媒介工业人士之间的合作关系引来了众多批评。这些批评者认为，行为主义实证研究即便更科学，也会因其得益于媒介工业的资助

---

① Katz, Elihu and Lazarsfeld Paul F., Personal Influence: The Part Played by People in the Flow of Mass Communications. New Jersey: Transaction Publishers, 1955, Introduction., p. 3.
② Rossi, Peter H., The Presidential Address: The Challenges and Opportunities of Applied Social Research. American Sociological Review, 1980, 45 (6): 889–904.
③ Morrison, David E., The Influences Influencing Personal Influence: Scholarship and Entrepreneurship, Annals of the American Academy of Political and Social Science, 2006, 608: 51–75.

而忽视了谁在真正控制媒介的问题。当研究可以被任意裁剪成资助者想要的样子时，那不过是些"肮脏的实证研究"（dirty empiricism）罢了。

射向《亲身影响》的第一颗子弹来自早期被拉扎斯菲尔德委以迪凯特调查带头人的米尔斯。他曾为这项调查写过一份长达 300 多页的手稿，可惜的是，这份手稿已经遗失。米尔斯在 1959 年出版的《社会学的想象力》中批评社会应用研究局的研究风格为"抽象经验主义"，将拉扎斯菲尔德等人称为"学术行政官""研究技术专家""工具制造者"，认为他们对方法论的偏执使得该领域的知识没有丝毫进步。造成这种研究风格的主要原因，在米尔斯看来主要有两点：一是需要烦琐耗时的大量调查，在金钱和时间上投资巨大，不得不依靠财团提供经费，由此也不得不考虑利益集团所关心的问题；二是缺乏对社会结构的了解，政治上的态度含糊。[①] 米尔斯此话事出有因。

当初米尔斯在处理田野调查的庞大数据时，感觉困难，无法得出明确结论，只好承认失败，向拉扎斯菲尔德报告说这是一场"技术悲剧（technical tragedy）"。米尔斯坦白地说，"如果你曾花费一、两年的时间（他从 1945 年开始田野调查到 1947 年向拉扎斯菲尔德承认研究失败，正好经历了两年），严肃地研究过数千小时的访谈，又经过细心的编码和键入，你就会渐渐发现原来'事实'的范畴是何等易变。"[②] 这是因为在迪凯特做调查访问时，米尔斯提出了和拉扎斯菲尔德完全相反的结论——拉扎斯菲尔德认为意见是水平流动的，由此证明二级传播流的假设；而米尔斯则认为在公共事务上意见是垂直流动的，在消费领域是水平流动的，因而并不能证明二级传播流。《亲身影响》最后成书时，仍然沿用了米尔斯当年的调查数据，但第一部分的文献综述却是由刚入研究局的卡茨围绕二级传播流假设写作而成的。正是这种研究步骤倒置的现象让米尔斯断定，"经验研究序言中的文献综述完全是在资料收集好之后才做出的，用炮制出的章程造就了一种理论，再用这一理论去概括经验研究并赋予其意义。"[③]

在米尔斯心目中，自由和理性具有至高无上的价值，但在这项迪凯特研究

---

① C. 赖特·米尔斯：《社会学的想象力》，生活·读书·新知三联书店，2005，第 54~72 页。
② C. 赖特·米尔斯：《社会学的想象力》，生活·读书·新知三联书店，2005，第 76 页。
③ C. 赖特·米尔斯：《社会学的想象力》，生活·读书·新知三联书店，2005，第 73~75 页。

中，他只看到了科学哲学指导下的行政研究，他认为自己所秉持的学术伦理与拉扎斯菲尔德在这项研究中的实际操作格格不入，因而也没法合作愉快。其实，米尔斯在参与迪凯特调查研究之初还是个无名小辈。1945年默顿和他共进晚餐邀请他加入社会应用研究局时，他激动不已。随后，他写信给父母说，"我高兴极了，天呐，我有着落了。"① 米尔斯进入哥伦比亚大学之后便进入高产期，也结交了政府高级官员，获得大量军方资金进行研究，发表数篇文章，却迟迟拿不出一份让拉扎斯菲尔德满意的迪凯特调查报告，还在其他研究（如《白领》一书）中使用迪凯特调查的经验数据。② 这让拉扎斯菲尔德很不满意，认为他私自挪用应用研究局的资金来做自己的事。

研究局的内部矛盾不止发生了这一次，另一股抵抗拉扎斯菲尔德的力量来自法兰克福学派。当初阿多诺（Theodor W. Adorno）被吸收进研究局，参与音乐研究项目，讨论当代音乐中的假和声、广播播放交响乐和美国通俗音乐问题，他发现自己根本无法将心目中的文化现象转化成实证研究所需要的量化指标。阿多诺回忆在应用研究局的日子时说道，"当我被要求去测量文化时，我立刻说，文化或许正是人类心智无法加以测量之处……要我把我的想法转换成行为研究术语，无异于缘木求鱼。"③ 更主要的原因在于，他认为试图量化分析受众的反应完全就是本末倒置，问错了问题，研究首先应该问的是"谁是主导力量"。在法兰克福学派眼中，有关影响、内容、受众方面的实证研究都是在为社会权势集团提供一种方便的操纵工具，消费者的自由选择根本就是个伪命题。

20世纪60年代新左派激进运动兴起，反对社会中无处不在的权力结构。吉特林（Todd Gitlin）作为学生运动的领袖之一，以《亲身影响》为靶子，对

---

① Summers, John H. Perpetual Revelations: C. Wright Mills and Paul Lazarsfeld. Annals of the AmericanAcademyof Political and Social Science, 2006, 608: 25–40.
② 一位研究米尔斯的学者做出同样陈述："米尔斯本被指定为研究报告的作者，但他却拿着薪水做《白领》的研究。"见 Horowitz, Irving Louis. C. Wright Mills: An American utopian. New York: Free Press, 1983。
③ Adorno, Theodor, "Scientific Experiences of a European Scholar in America," in The Intellectual Migration: Europe and America, 1930–1960, edited by D. Fleming and B. Bailyn: Harvard University Press, 1969, pp. 338–370.

当时的研究风气严加批判。他在 1978 年发表的《媒介社会学：主导范式》一文中断言，"自第二次世界大战以来，传播学领域的主导范式显然就是拉扎斯菲尔德及其学派所倡导的一系列的观点、方法和学术发现：研究媒介内容所导致的具体的、可测量的、短期的、个人化的、观念与行为上的'效果'，以及由此而得出的媒介在形成公共舆论方面无足轻重的结论。"接着，他细数《亲身影响》的多重罪状，认为卡茨和拉扎斯菲尔德提出大众媒介相当不重要的观念背后，是对"重要"这一概念的曲解，从而低估了媒介在界定社会政治活动正常与否、判断政治真实合法与否等问题上的力量。①

对"重要"这一概念的曲解来自五大理论假设缺陷：误将大众传播运作模式等同于面对面情景中的权力运作模式；误以为人们的消费选择与政治选举具有可通约性；将"态度改变"作为因变量来衡量效果，因而只专注于短期效果研究；只在一系列分散的小事件中测量权力运作；误将媒介结构和内容视为给定的和不变的，从而暗示了"意见领导"是对媒介无意识地追随。数完细节之后，吉特林走到后窗，分析研究背后的意识形态问题。他认为拉扎斯菲尔德等人站在机构需求的角度提问，罔顾公司所有权的结构和控制以及媒介内容所需要遵循的商业标准，试图合法化媒介对社会部门的控制。② 再结合实证研究所具有的市场导向和拉扎斯菲尔德社会民主党员的身份，他总结道，拉扎斯菲尔德及其同僚所创造的美国主流媒介社会学巩固了美国 20 世纪中叶的资本主义繁荣，并竭力为其提供合法性依据。

吉特林的批判引起了一系列学者的共鸣。霍尔（Stuart Hall）在《"意识形态"再发现》一文中指出，社会与政治权力的问题，以及社会结构和经济关系的问题，完全没有出现在 20 世纪中叶美国社会科学的主流传统中。③ 研究传播学批判传统的哈特（Hanno Hardt）在分析拉扎斯菲尔德的批判研究时说到，著作中批评的角色仍然是为适应美国社会的主导力量而提供科学的原理，他的批评不针对现存的政治经济体制，也不试图挑战当下媒介研究基础的

---

① Gitlin, Todd. Media Sociology: The Dominant Paradigm. *Theory and Society*, 1978, 6: 205 – 253.
② Gitlin, Todd. Media Sociology: The Dominant Paradigm. *Theory and Society*, 1978, 6: 205 – 253.
③ Hall, Stuart. The Rediscovery of "ideology": Return of the Repressed in Media Studies. *Culture, Society and the Media*, 1982: 56 – 90.

实证主义，亦不试图将一个民主社会的新景观强加于现存的政治体制之上。①由此，米尔斯确立、吉特林等人巩固的行政研究和批判研究之间的二元对立在传播研究中根深蒂固。

《媒介社会学：主导范式》发表时，拉扎斯菲尔德已作古两年，卡茨正值52岁，正在关注作为"仪式"的媒介效果，直到1987年才发文予以回击，称吉特林的文章是"对《亲身影响》处心积虑的诽谤"。他提醒人们注意拉扎斯菲尔德在1948年的一篇题为"传播研究和社会心理学家"的文章，在那篇文章中，拉扎斯菲尔德为效果研究总结出了16种类型，认为研究者关注的问题应该产生于社会变革的具体历史场景，可以是个案研究，也可以是对某一类别的研究，长期或短期效果，对结构的或对技术的效果测量。②因此不是拉扎斯菲尔德及其追随者，而是这些批评者，或者说定义这一范式的人，将传播研究与有限效果（或短期行为改变）画上等号。不仅如此，卡茨还提出，吉特林的批判是矛盾的，"一方面他认为不应当从一系列分散小事件或短期行为改变中测量媒介影响，这种有限效果论的研究效度低，另一方面又将这些研究归类为行政研究，确认其为政客和商人提供了强有力的劝服工具。"③

四 媒介化社会的焦虑与《亲身影响》的重新发现

卡茨的正面答复并没有驳回控诉，倒是切特罗姆（Daniel J. Czitrom）评价法兰克福学派的话打中传播研究批判取向的七寸。批判理论本来以"辩证法"思维为立论基础，但在对待大众文化和大众媒介时，却以一种非辩证法全盘悲观否定置之，这实在是讽刺。"他们把艺术和大众文化置于两个极端：一端是自由的个人充满灵性的产品，构成文明的最后避难所；另一端则是虚伪

---

① 汉诺·哈特：《传播学批判研究：美国的传播、历史和理论》，何道宽译，北京大学出版社，2008，第93~95页。
② Lazarsfeld, Paul F., Communication Research and the Social Psychologist. *In Current Trends in Social Psychology*, ed. W. Dennis. Pittsburgh: University of Pittsburgh Press, 1948.
③ Katz, Elihu. Communications Research Since Lazarsfeld. *The Public Opinion Quarterly*, 1987, 51: S25 – S45.

的物化产品,是上级为了控制目的而生产的。法兰克福学派绝口不谈大众出自内心的欲求和乌托邦式行动之间,以及大众媒介上所表现的内容和使用状态之间的互动关系。"① 就这样,行政取向和批判取向自行其是,行政研究继续用科学方法计算市场需求,批判研究则珍视价值和意义,不屑于科学的生硬法则。然而,从另一个角度看,批判研究实际上为传播主流学派做出了有益的补充。当传播作为一种心智活动时,用行政研究的科学手段探究意义无异于削足适履,此时批判研究正可以发挥作用;当传播作为一种市场活动和宣传活动的工具时,行政研究能精确测量提供方案,批判研究则手无缚鸡之力。正如传播思维的左脑和右脑,它们协调共处才能正常运作。

20世纪90年代中期,大众传播研究史的书写出现了新的转向:修正史。它是在整个社会科学领域内掀起的一股批判历史学潮流中诞生的。人们开始重新审视传播研究,反思传播学科中曾经被视为理所当然的历史论述,并试图写就传播研究新历史(New History)。② 由《亲身影响》所塑造的效果史观正是构成传播研究旧历史的重要线索之一。2005年,时值《亲身影响》初版发行50年。在这样的机缘巧合下,哥伦比亚大学召开了名为"重读《亲身影响:50年后的回顾和展望》"(Re-Reading Personal Influence: Retrospects and Prospects 50 Years Later)的会议,"希望通过重新阅读此书,深入理解20世纪中叶的学术脉络,探寻未知领域,或从已有知识中挖掘出新的解释。"③ 新历史主义、女性主义、文化研究等多种研究取向的学者集聚一堂,探索《亲身影响》的当代价值。

彼得斯(John Durham Peters)感兴趣于《亲身影响》的副标题"大众传播流中人的角色",这其中的"人"到底是谁并没有说清楚。他考证后发现,这些人实际上是"非犹太人",《亲身影响》讨论"人的角色"(The Part Played by People)就是在讨论"非犹太人的角色"(The Part Played by Gentile)。犹太人

---

① Czitrom, Daniel J.:《美国大众传播思潮:从摩斯到麦克卢汉》,陈世敏译,远流出版公司,1994,第209~210页。
② Pooley, Jefferson. The New History of Mass Communication Research. pp. 43 – 69 in The History of Media and Communication Research, edited by D. W. Park and J. Pooley.
③ 见哥伦比亚大学网站新闻公告,Oct. 19, 2005, "ISERP Celebrates 50th Anniversary of Personal Influence" http://www.columbia.edu/cu/news/05/10/iserp.html。

在各行各业的成就是不容忽视的,他们也是历史上参与知识传播最成功的族群。然而20世纪大多数时间内,反犹是整个大众文化的背景,任何犹太研究都不可避免地被蒙上一层阴影,犹太人传播者的形象也时常笼罩在"大屠杀""偏执狂""迫害"的主题下,社会弥漫着媒介可能被一小群阴谋集团利用的妄想症。在这个背景下,《亲身影响》可以被看作一部由犹太人创作(by)、写给非犹太人(for)的关于非犹太人(of)的故事。在这个故事中,作为犹太人的作者强调社会中非犹太人社群的重要性,反驳社会上流行的"犹太人控制大众媒介产生邪恶影响"的思想,在"二级传播流"的统摄下,犹太人和非犹太人拥有同等传播结构。① 书中对犹太身份只字未提,正是对反犹暴力的无声回应,是那个时代最喧嚣的沉默。

普利发现,《亲身影响》之所以成为大众传播研究经典书目,原因在于它建构了传播研究"强大到有限的效果观"(powerful-to-limited-effects),破除了对强大效果的单一认识。在《亲身影响》第一部分的文献综述中,卡茨宣称大众传播研究思想起源于两种对立的判断:"要么是谴责媒介作为邪恶势力的工具,要么是欢呼媒介带来了民主的曙光,这两种判断都表明媒介是直接的强有力的刺激。"② 随后,他引述科学实证研究的一系列研究成果,用冷静客观的话语展现传播研究是如何一步步精确化、合理化,这些研究证据都足以表明大众媒介的影响是有限的。就这样,他将《亲身影响》表述成一种知识进步,而这种进步是通过树立起一个无科学性的知识稻草人实现的。③ 这种历史辉格解释(whig interpretation of history)④ 对知识进步毫无意义,但对一个急需整

---

① Peters, John Durham, The Part Played by Gentiles in the Flow of Mass Communications: On the Ethnic Utopia of Personal Influence. *Annals of the American Academy of Political and Social Science*, 2006, 608: 97 – 114.
② Katz, Elihu and Lazarsfeld Paul F., *Personal Influence: The Part Played by People in the Flow of Mass Communications*. New Jersey: Transaction Publishers, 1955, pp. 16 – 30.
③ Pooley, Jefferson, "Fifteen Pages That Shook the Field: 'Personal Influence', Edward Shils, and the Remembered History of Mass Communication Research." *Annals of the AmericanAcademy of Political and Social Science*. 2006. 608: 130 – 156.
④ 历史的辉格解释由英国史学家巴特菲尔德(Herbert Butterfield)提出,指的是辉格党的历史学家从本党的利益出发,以历史为工具来论证辉格党政见的进步性。后扩展到学科史中,指依照今日的观点来解释历史。

合的学科来说意义重大，正如我们所看到的那样，强大到有限的效果观50年来一直是教科书的模板，长盛不衰。

人们回头再看时，发现就连有限效果论本身也值得推敲。既然是市场研究，为政客和商人提供宣传策略，那卡茨和拉扎斯菲尔德根本不可能会从心里确认大众传播的影响是有限的。① 与其说因为发现了意见领袖的存在，从而推导出大众传播影响有限，倒不如说推导出大众传播与人际传播可以互补。这就让《亲身影响》在它的各类读者之间八面玲珑。当读者是普通人，担心大众媒介具有反民主的趋势时，可以用"媒介效果有限，首属群体的作用更大"的论断来调和；当读者是政客、商人，担心大众媒介宣传不充分时，可以通过"影响意见领袖"的策略加以补充；当读者是学者专家时，又可以介绍传播研究新方向。

尽管有实证研究表明"二级传播流"的假设仍然适用，比如在最近一次美国青年反毒品媒介运动中，大众媒介的报道影响了家中年长兄嫂的认知和行为，同时他们的反应对年轻弟妹的认知和行为也产生了影响。② 但这不过是个案而已。随着传播科技的进步，社会环境的变迁以及个人媒介使用习惯的改变，"二级传播流"很快就会被"一级传播流"所取代。③ 新媒体环境下大众传播与人际传播融为一体，与此同时，个人的知识网络和社会互动又有限度，这就导致了整个社会中的个体既不可能完全被所属群体同化，又不可能完全摆脱大众媒介的影响。由此，一方面，二级传播流的基础——信息需要由首属群体来解释和传递——不复存在。另一方面，新媒体让我们超越时空重新在一起的同时，又减少了面对面交流的机会，加之传播渠道细分和信息点对点直接传递技术，传播者能以最有效的方法满足个体需求，进一步确立了当代社会中的"一级传播流"。但这并不意味着民主的可能性

---

① Pooley, Jefferson, The New History of Mass Communication Research. in *The History of Media and Communication Research*, edited by D. W. Park and J. Pooley, 2006, pp. 43 – 69.

② Hornik Robert. Personal Influence and the Effects of the National Youth Antidrug Media Campaign. Conference Papers-International Communication Association [serial online]. 2006 Annual Meeting 2006: 1 – 14.

③ Bennett, W. Lance and Jarol B. Manheim, The One-Step Flow of Communication. *Annals of the American Academy of Political and Social Science*, 2006, 608: 213 – 232.

不复存在，公众可以依照实际需求来选择接收信息的渠道或是接受信息的品质，传播者亦可以选择短期效果最大化或是凝聚受众以维持长期关系。在资本市场的刺激下，传播者更倾向于自我效益最大化，由此将不可避免带来孤立的个体和逃避自由的公众。人们应当对此予以警示，这也是重读《亲身影响》的意义所在。

从影响研究的思想进程来看，《亲身影响》又体现了历史与逻辑的一致，当历史跨越媒介与人的关系的单一性，走向多向度的时候，最合理的方式就是把人还原到"大众传播流"之中，考察人在这种多向度联系中做出的选择，这样才能使影响研究不断有新的发现，不断扬弃旧的效果观念。如此看来，《亲身影响》所建构的有16个单元组成的效果矩阵不单具有方法创新的意义，更主要的是有解放传播思想的可能性，使传播思想不再局限于强大与有限的二元对立，而是关注人在大众传播之流中扮演的角色。因此，可以预见，在网络传播时代，《亲身影响》还将继续发挥影响。

此文原载《福建论坛》2013年第10期，第二作者为林莉。

《论语》的传播智慧：一种比较视野

《论语》是孔子的弟子及其后学对孔子言行思想的记录，其中蕴含的传播思想已为学界所认知[①]，但这种认知偏重宏观而失之微观，偏重于道德概念而失之于传播智慧的发掘，偏重纯粹的中国视野而失之于比较视野，这就使得《论语》难以成为在人类传播实践层面可以分享的智慧。

《论语》的传播智慧围绕"仁"展开。"仁"的基本内容是相亲、相敬、相爱，其展开的形式是人与人之间的传播。《论语》里没有与"communication"相对应的词，但其中所讲的"传""言""交""风""察""观"等从不同层面触及了符号、言语、理解、互动、关系、影响等含义，呈现了中国式的传播智慧。本文试图在文本与语境理解的基础上，以古希腊的经典文本为参照，在比较中呈现《论语》的传播智慧，建构中西方传播智慧的对话关系。

一 对话的智慧：创造理解、反思和领悟的契机

传播是以符号言语交换思想或观念，也是我们理解他人，并使自己为他人所理解的过程。对话是言语交流和符号交流的主要方式。在对话中，人们言说、聆听、观察、反馈是人们互相影响、相互理解的重要方式。《论语》的500余章是孔子与弟子对话的结果，直接以对话形式出现的有140余处。同古希腊苏格拉底和柏拉图的对话相比，《论语》中的对话篇幅短，回合少。单回合对话有70余次，超过3个来回的非常有限。对话以"仁"为主题，涉及"礼""政""君子"等内容。对话的参与者有孔子、孔门弟子、君卿大夫、朋友、隐士等。在对话中，孔子一方面传播"仁"的价值，让他人接受"仁"的精神以及相关理念，另一方面则是指导他人践行"仁"。

[①] 成中英：Chinese Philosophy and Contemporary Human Communication Theory，收录于 *Communication theory: eastern and western perspective* (Edited by D. Lawrence, San Diego, Calif.; New York: Academic Press, c1987)；吴予敏：《无形的网络》，国际文化出版社，1988；朱传誉：《先秦唐宋明清传播事业论集》，台湾商务印书馆，1988。

孔子对话的特点是什么呢？第一，在对话中，孔子较少通过逻辑推导和理性劝服来传播价值，而是以对话指引人们去体会生活、反思生活，从中获得启发。人们需要在对话中或对话后"反求诸己"才能有所领悟。对话的功能是开启一个理解和领悟的契机，而非以严密的论证直接显现传播的内容，说服对方接受。这一过程不是纯粹的理性思辨，情感等因素也会参与进来，追求"心安理得""合情合理""通情达理"的精神境界。最能体现这种方式的对话当属《论语·阳货》章中关于"三年之丧"的问答。在对话中，宰我认为守孝三年会导致礼乐崩坏，引起严重的社会后果。孔子不同意宰我的观点。但孔子没有寻找宰我推论的漏洞，没有列举守孝三年的重要性，也没有以理性辩论的方式进行反驳，而是问宰我在情感上安宁与否。这个过程需要人"扪心自问"，并调动回忆，释放情感，进行对比。孔子在问完安与不安后，举出了君子在服丧期间的恰当表现和幼儿需要三年才能离开父母的怀抱这两点，来帮助对话的参与者领悟"守丧"，即践行仁的价值所在。如果对话的参与者仍无动于衷，无所领悟，多余的言辞也就毫无意义。

另一例证是孔子在《论语》中经常使用设问、反问的方式启发思考。首先，设问和反问促使被问者停顿，帮其同惯常的信念和思维拉开距离，为反思创造机会。其次，孔子在反问之前一般会有所铺垫，提供一处思考的起点。《论语》中的反问有50余处，如下几处颇具代表性："学而时习之，不亦说乎？有朋自远方来，不亦乐乎？人不知而不愠，不亦君子乎？"（《论语·学而》）"人而不仁，如礼何？人而不仁，如乐何？"（《论语·八佾》）这种走向内省的提问，引人思考，是人促进理解的重要方式。

《论语》中对话的第二个特点是对"言"的限定。根据杨伯峻《论语译注》的统计，"言"在《论语》中出现了126次，其中以"言语"的名词形式出现了59次[1]，表示有口才的"佞"字出现了8次[2]。然而《论语》对"言"的使用非常谨慎，要求言行一致，反对语言的滥用。

---

[1] 杨伯峻：《论语译注》，中华书局，1980，第246页。
[2] 杨伯峻：《论语译注》，中华书局，1980，第240页。

首先，由于价值传播不能仅凭说理和启发，需要传播者身体力行，让受众在实践中认可。"花言巧语""言行不一"是自身没有德性的表现，不利于价值的传播。所以孔子说"焉用佞。御人以口给，屡憎于人"（《论语·公冶长》），"巧言令色，鲜矣仁"（《论语·学而》），"刚、毅、木、讷，近仁"（《论语·子路》），"仁者，其言也讱"（《论语·颜渊》），"巧言乱德"（《论语·卫灵公》），要求形式与内容的匹配，即所谓的"文质彬彬"（《论语·雍也》）、"辞达而已矣"（《论语·卫灵公》）。

其次，在《论语》中，语言不是存在的家园，只是启发的桥梁和阶梯，理解需要在生活体验和反思中获得，因此语言的地位不是根本性的。正所谓"天何言哉？四时行焉，百物生焉，天何言哉？"（《论语·阳货》）

最后，《论语》提示我们注意接收的智慧。对话不仅包含着说，还有"听""闻""观""察"等。其一，人应多听，遇见有疑问的地方要学会分辨。例如，"多闻阙疑，慎言其余，则寡尤"（《论语·为政》），"多闻，择其善者而从之"（《论语·述而》）。对话中不宜急于发言或反驳，而应该多思考，善于取其精华，学会"阙疑"，能"视其所以，观其所由，察其所安"（《论语·为政》）。因此，在孔子看来，最能把握其微言大义的不是擅长辞令的宰我和子贡，而是会听会琢磨的颜回[1]。其二，除言语交流外，对话还包含情绪、情感的交流，对话者要善于全方位的观察，正所谓"察言而观色"（《论语·颜渊》）、"听其言而观其行"（《论语·公冶长》）。

使用"精神助产术"（midwifery）来对事物进行定义是苏格拉底[2]式对话的主要特点。在《美诺篇》（Meno）中苏格拉底探讨美德的定义，在《拉凯斯篇》（Laches）中讨论勇敢的定义，在《费德罗篇》（Phaedrus）里讨论什么是真正的修辞学，在《游叙弗伦篇》（Euthyphro）中讨论何为虔诚，在《理想国》（Republic）中讨论什么是正义，什么是善。正如伯姆所说，"对话如同流

---

[1] 子曰："语之而不惰者，其回也与？"（《论语·子罕》）子曰："吾与回言终日，不违，如愚。退而省其私，亦足以发，回也不愚。"（《论语·为政》）
[2] 在柏拉图早期的对话中，苏格拉底表述的是苏格拉底本人的思想，而中后期以苏格拉底为名出现的言说者表达的则是柏拉图的思想。由于本文的主题并非研究苏格拉底和柏拉图各自的传播思想，所以不对两者进行区分。文中所说的苏格拉底皆指柏拉图笔下以苏格拉底之名出现的谈话者。

淌于人们之间的意义溪流,它使所有对话者都能参与和分享这一意义之溪,并因此能够在群体中萌生新的理解与共识。"① 在这里,新共识和新理解以知识的形态出现。

与《论语》中的师生问答式的对话不同,"精神助产术"的特征是对话各方围绕同一主题②进行问答,揭示日常信念中的荒谬③和漏洞,"从我们表象经验中的特殊成分引导出朴素地存在于我们意识中的某种普遍的东西",④ 推进对现象的理解,从特殊走向一般。在《回忆苏格拉底》(*Memorabilia*)、《理想国》中,苏格拉底非常典型地运用了该方式讨论"正义":

> 苏格拉底:虚伪、欺骗、奴役是正义的吗?
>
> 尤苏戴莫斯:不是正义的。
>
> 苏格拉底:奴役非正义敌国的人民,在作战期间欺骗敌人是正义的吗?
>
> 尤苏戴莫斯:是正义的。
>
> 苏格拉底:是不是可以说虚伪、欺骗用在敌人身上,属于正义行为,用在朋友身上属于非正义行为?
>
> 尤苏戴莫斯:是的。
>
> 苏格拉底:如果一个将领看到他的军队士气消沉,就欺骗他们说,援军快要来了,因此,就制止了士气的消沉,是正义的吗?
>
> 尤苏戴莫斯:正义的。
>
> 苏格拉底:一个儿子需要服药,却不肯服,父亲就骗他,把药当饭给他吃,而由于用了这欺骗的方法竟使儿子恢复了健康,这种欺骗的行为是正义的吗?
>
> 尤苏戴莫斯:正义的。
>
> 苏格拉底:你是说,就连对于朋友也不是在无论什么情况下都应该坦率行事的?

---

① 戴维·伯姆著,李·尼科编《论对话》,王松涛译,教育科学出版社,2004,第6页。
② 是否围绕同一主题进行对话,是"精神助产术"和漫谈的重要区别。
③ 荒谬是因为这些信念同当时社会环境中的经得起反思的直觉相矛盾。
④ 〔德〕黑格尔:《哲学史讲演录》,贺麟、王太庆译,商务印书馆,1960,第58页。

尤苏戴莫斯：不是的。如果你准许，我宁愿收回我已经说过的话。①

通过上面的例子我们可以看到，"精神助产术"注重表述的清晰，分类讨论和逻辑推理，力求在语言中准确的传达意义，逐步超越纷繁复杂的具体现象，增进人们的理解，把握共同的东西。

"精神助产术"被用来探寻知识，修辞学则被用来传递知识。智者是苏格拉底和柏拉图学术上的竞争对手。他们的特点是善于使用语言技巧，利用受众的情感和心理因素说服对方，传播知识不是其所谓"修辞学"的目的。苏格拉底、柏拉图、亚里士多德反对这种罔顾真理、颠倒是非，只顾自圆其说，以迎合公众为目的不惜抛弃真知的"修辞学"（267A—269C，272C—273C）②，认为真正的修辞学一方面要研究受众的特点，知道"划分谈话的类型和灵魂的类型，以及灵魂受影响的各种方式，解释产生各种情况的原因，就每一种类的灵魂适用哪种谈话提出建议，说明要在一个灵魂中创造信念或在另一个灵魂中产生不信要用什么话"（271B）③，另一方面也需要知道事物的本性，知道如何按本性划分事物的种类，知道如何把个别事物纳入一个普遍的类型，以便受众把握（273E）④。真正的修辞学尊重真知，传播真知。亚里士多德继承和发展了柏拉图对于修辞学的看法。在《修辞学》（*Rhetoric*）中分析了传者的性格、受众的性格、受众的情绪和心理特点、传播的题材、演说的风格和方法等传播的各项因素及其之间的关系。

综上所述，孔子和苏格拉底、柏拉图、亚里士多德⑤选择了不同的对话方式。对孔子而言，对话的功能在于创造理解、反思和领悟的契机，对话者需要反求诸己才能读取意义，意义的传达具有一定的模糊性和开放性，意义没有完

---

① 在原文中该段对话较为烦琐，为了突出苏格拉底对话的特点，现将其简要缩减。色诺芬：《回忆苏格拉底》，吴永泉译，商务印书馆，2009，第145~148页。
② 柏拉图：《柏拉图全集》，王晓朝译，人民出版社，2003，第186~189、194~195页。
③ 柏拉图：《柏拉图全集》，王晓朝译，人民出版社，2003，第186~189、194页。
④ 柏拉图：《柏拉图全集》，王晓朝译，人民出版社，2003，第186~189、196页。
⑤ 在具体层面苏格拉底、柏拉图、亚里士多德三者对待"对话"的态度也存在差异。苏格拉底完全使用对话的方式来探讨真理；柏拉图在前期的文本中比较多地使用对话，但在后期则更多地选择以独白的形式来表达思想；亚里士多德则放弃使用对话的形式来表述思想，其关于对话的思想主要体现在他对修辞的研究中。

全固定在语言中。可以说《论语》中的对话"意在辞外","言有尽而意无穷"。苏格拉底、柏拉图和亚里士多德重视理性和逻辑,力求在言语中清晰准确地阐明意义,将意义准确地固定在语言中,注重分析传播过程中的各类因素和它们之间的关系,让语言最大限度地发挥探索和传达意义的作用,可以说是"意在辞中"。另外,双方都反对"以辞害意"。《论语》忌讳言语同行为的不一致,造成传播者本身不能践行其所持价值的印象。古希腊思想家所忌讳的是言辞脱离知识,一味地迎合受众,要求表达方式应和内容匹配。苏格拉底、柏拉图和亚里士多德基本上是站在传播者的角度来研究说的智慧,《论语》则注意到受众视角和听的智慧。

二 关系的智慧:将亲情推广到各类人际关系中

Communication 是把互不关联的现实世界的各部分联系起来的过程,因此,也是建构关系的过程。《论语》中虽无"关系"一词,但讨论关系的篇章众多,君臣、父子、兄弟、朋友、师生关系皆有涉及。其中22处直接讨论孝道和父子关系,11处涉及君臣关系,7处涉及兄弟关系,13处涉及朋友关系。纵向的父子关系是《论语》关注的重点,也是各类社会关系的基础。人伦政治是《论语》讨论关系的主要视域,而经济关系、商业关系在《论语》中基本没有涉及。

那么,人伦政治关系在生活的意义中的地位如何?《论语》认为世俗关系是生活意义发源的土壤,它们对于人来说是内在的[①]。从正面讲,"仁者,人也"(《礼记·中庸》)。从字源上看,"仁"意味着"二人",代表着人与人的关系。孔子说:"夫仁者,己欲立而立人,己欲达而达人。"(《论语·雍也》)这里"立人""达人"是同"立己""立人"同一过程。生活意义在这一过程中生长,根植于关系。修养身心不仅在于提升个人德性与境界,更在于有所行动,促进他人发展。故而当子路问君子时,孔子回答"修己以敬","修己以安人","修己以安百姓"(《论语·宪问》)。

---

① 安乐哲、罗思文:《〈论语〉的哲学诠释:比较哲学的视域》,中国社会科学出版社,2003,第25页。

就关系的建构而言，儒家以人伦关系为基础，以源于人伦关系的"仁"作为调节关系的规范，逐步向外拓展社会关系。由于中国当时为宗法血缘社会，社会关系同家族关系结构相似①，又因为"孝悌"是孕育"仁"的源头，所以搞好家族关系对处理其他人际关系极为重要。正所谓"其为人也孝弟，而好犯上者，鲜矣；不好犯上，而好作乱者，未之有也。君子务本，本立而道生。"(《论语·学而》)另外，由于治理者的言行有示范效果，所以他们做好"慈孝"对于维护社会关系更为重要②。

　　就关系本身而言，《论语》重关系的情感性。首先，《论语》要求人持有一种爱人的态度，对他人抱有情感。正所谓"仁者爱人"③，"凡爱众，而亲仁"(《论语·学而》)。《论语》里讲"四海之内皆兄弟也"(《论语·颜渊》)，到了孟子那里便是"老吾老以及人之老，幼吾幼以及人之幼"(《孟子·梁惠王上》)，将源于血缘的亲情推广到各类人际关系中，使人与人之间都带有一种温情色彩。后世儒者更发展出"民胞吾与"的天下情怀。其次，《论语》重道德情感对关系的支持。好的关系要求对方拥有相应的德性，而德性要求人们拥有相应的道德情感。在"三年之丧"的对话中，宰我能够心安理得地支持不守三年之丧，无愧疚之情，缺乏相应的道德情感，所以孔子认为宰我不仁。在讨论"孝"时，《论语》认为仅有赡养父母的行为是不够的，子女还应对父母怀有"敬"的道德情感④，做到行为与情感的匹配⑤。

　　与《论语》将生活意义植根于世俗伦理政治关系中不同，古希腊有着"爱智"传统。追求理性的纯粹运用，追求知识，这使古希腊人在世俗生活之

---

① 社会的统治者类似于家族中的治理者，但《论语》并未直接将社会的统治者直接比作"父"，也没有直接提出"移孝作忠"，"事君如事父"的理念，而是经常将君臣关系同朋友关系类举，如"事君数，斯辱矣；朋友数，斯疏矣"(《论语·里仁》)。君臣之间应有某种独立性，君对臣善意的忠告也应适可而止，和后世臣子以死相谏的观念不同。参见李泽厚《论语今读》，天津社会科学院出版社，2007，第87页。
② 季康子问："使民敬、忠以劝，如之何？"子曰："临之以庄，则敬；孝慈，则忠；举善而教不能，则劝。"(《论语·为政》)
③ 樊迟问"仁"。子曰："爱人。"(《论语·颜渊》)
④ "今之孝者，是谓能养。至于犬马，皆能有养；不敬，何以别乎？"(《论语·为政》)
⑤ 子夏问孝。子曰："色难。有事，弟子服其劳；有酒食，先生馔，曾是以为孝乎？"(《论语·为政》)

外开辟了新的意义空间，使生活有了超越世俗关系的可能。典型的例子是《理想国》中的"哲学王"，当他洞悉了最高的善，他就不再愿意回到政治生活中来，只愿意过沉思的生活。柏拉图的哲学让人在理念的世界中超越世俗的关系，亚里士多德的哲学让人在沉思中超越世俗关系，之后兴起的基督教又让人在彼岸世界中超越世俗的关系。

和《论语》重视情感不同，柏拉图和亚里士多德认为，理性是构建关系的力量与尺度①。人伦关系不再是各类社会关系的模本和基础②。首先，柏拉图和亚里士多德在多处表明理性应该成为建构关系的尺度。在《理想国》中，柏拉图认为最有理性的人应该成为城邦的统治者（rulers），理性能力次之的人成为护卫者（soldier），理性能力最差的人成为劳动者（husbandmen and craftsmen）；对于个人而言，理性是灵魂的统治者，激情是理性的盟友，欲望则应处于被统治的地位。当理性是决定统治和被统治关系的尺度时，关系才是和谐与正义的。③（427E－445A）在亚里士多德的《政治学》中，理性同样是决定关系的标准。例如，在男女关系中，亚里士多德认为男性理性能力强，女性理性能力弱，所以女性应处于被统治地位。④ 主奴关系中，亚里士多德认为主人能够运用理性，而奴隶只能接受感应别人的理性，所以奴隶应处于被统治地位⑤。其次，规范人际关系的主要德性是正义。正义更多地体现理性而非情感。正义要求理性确定各类资源分配、交换⑥的比例。另外，即便在富有感情色彩的"友爱"⑦（friendship）中，关系各方都应以某种比例保持往来的平等。

---

① 亚里士多德在《修辞学》中详细地分析过"仁慈""愤怒""慈善""羞耻"等道德情感，但是却没有将他们视为构建关系的重要因素。
② 在《理想国》中柏拉图甚至取消了家庭，完全凭借"理性"来安排两性的结合和后代的繁育（457E－462C）。
③ 柏拉图：《理想国》，郭斌和、张竹明译，商务印书馆，1986，第144~172页。
④ 亚里士多德：《政治学》，吴寿彭译，商务印书馆，2008，第15页。
⑤ 亚里士多德：《政治学》，吴寿彭译，商务印书馆，2008，第15页。
⑥ 在《尼各马可伦理学》中，交换不仅仅指商业上的交易，还包括各种涉及一方有得，一方有失的交往活动。例如，偷窃、通奸、下毒、拉皮条、引诱奴隶离开其主人、暗杀、作伪证、袭击、抢劫、辱骂、侮辱等（1131a5－9）。中世纪，托马斯·阿奎那将规范该类问题的正义称为commutative justice（Summa Theologiae, 2a2ae 61）。
⑦ 在亚里士多德那里，友爱不仅存在于朋友关系中，还存在于两人之间相互吸引的关系中。亚里士多德认为有基于快乐、基于有用和基于德性的三类友爱（1155b18－1156b30）。

更为关键的是,亚里士多德认为真正的友爱是基于德性的,而他的德性则是人能良好地运用理性,情感欲望能够服从理性的命令。因此,各方是否有足够或相当的理性是建立友爱关系的基础,情感因素在友爱关系中的地位并不突出。

综上所述,由于《论语》的根本精神是仁,注重世俗社会的政治伦理实践,且持有"一个世界"的世界观,所以儒家将生活的意义根植于人伦政治关系中,而古希腊则有求知爱智的传统,开辟了在求知活动中超越人伦政治关系的可能。《论语》重血亲情感的外推,道德情感的支持,古希腊则以理性为基础,双方在构建关系的方式上选择了不同的道路。

三 互动的智慧:"礼乐教化"与"忠恕之道"

一般来讲,互动是生命有机体的存在方式,因为没有互动就没有共同行动。互动自然是communication的应有之义,表现为社会交往仪式和人与人之间的相互影响。

《论语》关于互动的思想主要体现在"礼乐教化"和"忠恕之道"的观念中。"礼乐教化"是《论语》倡导的影响他人的方式,"忠恕之道"是人际互动中的行为准则。

"礼乐教化"可以分两个方面理解。第一个方面是"礼乐",即通过仪式和音乐培养参与者的社会情感,增强其对共同体的归属感和责任感,起到价值传播的效果。第二个方面是"教化",主张价值的传播者言传身教,以感染示范的方式影响受众的情感与心理,使受众主动接受并认可其传播的价值。在"礼乐教化"这种互动模式中,传播者起主导地位,是互动的引导者。传播者既要保持其所坚持的原则,又要善于根据具体情况选择互动方式和传播内容,做到"有经有权"。

"礼乐"的传播功能体现在情感塑造上,它一方面唤起情感,另一方面使参与者产生共鸣,在情感上相互印证。有弟子向孔子请教礼的根本。孔子回答:"大哉问!礼,与其奢也,宁俭;丧,与其易也,宁戚。"(《论语·八佾》)也就是说,仪文、容色与音乐只是彰显和唤起这些情感的手段,情感才是关键。所以孔子说:"礼云礼云,玉帛云乎哉?乐云乐云,钟鼓云乎哉?"

（《论语·阳货》）音乐是仪式的重要组成部分，其塑造情感的功能强大①。好的音乐不仅能传达美感，更能表达人伦道德意蕴。②《论语》记载孔子和别人一起唱歌，唱得好，一定请他再唱一遍，然后自己又唱一遍。③ 在孔子那里，音乐是塑造情感者，需反复歌咏才能使情感巩固，形成相应的结构。然而这种巩固不仅是简单重复的结果，更是参与者情感相互印证的结果，通过共鸣加强的结果。在众多的仪式中，孔子强调"慎终，追远"（《论语·学而》），重视祭祀和丧葬。因为祭祀和丧葬仪式建立了个人与家族历史的情感联系，不仅利于培养关于"孝"的道德情感，更将个人纳入共同体的历史和谱系中④，培养个体对共同体以及共同体其他成员的责任感，以一种可参与、可体验的方式将历史因素融入人的互动和生活中。⑤

　　教化是《论语》所倡导的，具有情境性的互动模式。首先，教化依赖传者的示范作用，而示范需要各方处于相似的情境中。孔子认为："君子之德风，小人之德草，草上之风，必偃"（《论语·颜渊》），"其身正，不令而行；其身不正，虽令不从"（《论语·子路》），以身作则的方式是传播价值和信念的好方式。以身作则要发挥作用首先需要模仿者对传者的行为和信念有一定的"前理解"，能够解读行为的象征意义。另外，受众还需和传播者建立联系以便能观察对方。这些都要在一定的情境中完成。其次，教化需要进行个性化的互动。《论语》很少说教，孔子教育弟子的方式也是因材施教。正如杨伯峻在《论语译注》中所言，孔子非常了解自己的学生，常就同一问题以不同的方式和内容回答学生。颜渊、仲弓、司马牛、樊迟、子张五位弟子先后七次问仁，孔子或以较为一般的方式回答，如"克己复礼为仁"（《论

---

① 在《政治学》中，亚里士多德认为音乐有娱乐、陶冶性情（使人对恰当的对象产生快乐）和操修心灵（培养理性）的功能（1339b13）。
② 子谓《韶》，"尽美矣，又尽善也。"谓《武》，"尽美矣，未尽善也。"（《论语·八佾》）
③ "子与人歌而善，必使反之，而后和之。"（《论语·述而》）
④ 孔子注重将历史纳入交往互动，注重传统的继承与学习，注重同传统的对话。本人就持有"述而不作"的思想，在教导学生时常以历史中的事件和人物（尧、舜、文、武、周公）作为范例。
⑤ 和《论语》重视将历史纳入教化，将人纳入历史不同，历史在柏拉图、亚里士多德论述如何建构好城邦、培养好公民的著作中没有地位。祭祀祖先的活动不是培养公民和建构城邦的要素，理性是构建城邦培养公民的唯一蓝图。

语·颜渊》），"己所不欲，勿施于人"（《论语·卫灵公》），"爱人"（《论语·颜渊》），或以仁所辖的德性回答，如"恭、宽、信、敏、惠"（《论语·阳货》），或以具体的方式回答，如"出门如见大宾，使民如承大祭"（《论语·颜渊》），"居处恭、执事敬、与人忠"（《论语·子路》），"仁者先难而后获，可谓仁矣"（《论语·雍也》）。由于弟子司马牛多言急躁，孔子甚至直接对他说，仁就是说话慢。在先进篇中孔子根据弟子的性格特征，就相同的问题给予了相反的回答：

> 子路问："闻斯行诸?"子曰："有父兄在，如之何其闻斯行之?"冉有问："闻斯行诸?"子曰："闻斯行之。"公西华曰："由也问'闻斯行诸?'，子曰，'有父兄在'；求也问'闻斯行诸?'子曰，'闻斯行之'。赤也惑，敢问。"子曰："求也退，故进之；由也兼人，故退之。"（《论语·先进》）

当子路和冉有同时问是否听到之后就要行动起来？由于子路的胆量大，敢作敢为，所以孔子的回答是要压一压，而冉有平时做事退缩，因此孔子鼓励他马上行动。另外，《论语》中已包含受众分类的思想，孔子曾说："中人以上，可以语上也；中人以下，不可以语上也"（《论语·雍也》），"唯上知与下愚，不移"（《论语·阳货》），学问的传播方式与受众的资质有关。

"忠恕之道"，即"己欲立而立人，己欲达而达人"（《论语·雍也》）和"己所不欲，勿施于人"（《论语·卫灵公》），是孔子规范互动的基本准则，被视为能一以贯之地体现仁之精神。"忠恕之道"同样具有情境性。其一，"忠恕之道"不是以诫命形式出现的，如不许杀人、不许说谎等。实践者在运用时必须对情境进行判断、分析和推理，使该原则以某种具体的方式落入情境中。其二，由于孔子极少谈论抽象的人性[①]，其中的"人"是具体的他人。我

---

① 子贡曾言："夫子之文章，可得而闻也；夫子之言性与天道，不可得而闻也"。（《论语·公冶长》）这同西方从抽象人性出发建构公共生活非常不同。

们在思考"己所不欲"时，需要考虑当我处于他人的环境和角色时，自己愿意或者不愿受到怎样的对待。在考虑"立人""达人"时，我们也应进入他人所处的情境，来考虑如何襄助他人、参赞化育。同情的理解是贯彻"忠恕之道"的先决条件。由此，我们也可以解释为何孔子面对不同对象时以不同的内容和方式来阐发其思想。

"忠恕之道"具有包容性。其一，以"忠恕之道"为互动原则，不易产生将自身标准强加于人的现象。一方面，"忠恕之道"有"己所不欲，勿施于人"的消极原则。另一方面，积极原则中的"立人""达人"是具体的他人，具体的他人有自身的特点和背景。我们襄助他人是帮助他人按其自身的特点去发展，而不是简单地以自我的标准来衡量和改造他人。其二，"忠恕之道"也提醒人不可丧失自我。子贡问友时，孔子说："忠告而善道之，不可则止，毋自辱焉"（《论语·颜渊》），谈到如何对待君上时又说："事君数，斯辱矣；朋友数，斯疏矣"（《论语·里仁》），"所谓大臣者，以道事君，不可则止"（《论语·先进》）。与人互动时既要重视对方，也要尊重自己，做好两者的平衡，才是真正的"和而不同"①。其三，孔子对孝悌之情的肯定意味着对生命的给予和养护的肯定，将其外推到血缘关系之外则肯定了一切生命的给予和养护。其所看重的价值是生命本身，而非生命的某种特性，如理性、感性、意志等，不宜极端地以某种特质作为价值判断的标准，制定人际互动的准则。

与《论语》在互动中注重情境和情感不同，柏拉图、亚里士多德偏重理性在人际互动中的指导作用。亚里士多德认为同实践相关的事务应明智负责处理②。在《尼各马可伦理学》（*The Nicomachean Ethics*）中亚氏分析了正义、友爱、节制、勇敢、慷慨、大度、诚实等规范人际交往的道德德性。这些德性的核心是在实践过程中通过理性来引导、规范情感和欲望，让情感和欲望处于适度的状态，避免过度和不及。正义是在过多地占有善和过少地占有善之间的

---

① "君子和而不同，小人同而不和。"（《论语·子路》）
② 在亚里士多德眼中，明智和智慧不同。明智是处理可变的、不具有必然性事务的理性；智慧是认识不变的、具有必然性事务的理性（1138b19–1141b23）。

适度，过少地失去恶和过多地失去恶之间的适度。勇敢①是在战场上面对危险时，在恐惧和信心之间保持适度。其过度是鲁莽，不及是怯懦。慷慨是人在财富给予上的适度。其过多是挥霍，过少是吝啬。大度是对待荣誉的适度，过度的人虚荣，不足的人谦卑。这些不适度或由情感不受理性规范，或由主体没能做出正确的判断造成。总之，遵守理性是互动的准绳。

需要注意，注重理性并不等同于不考虑实践情况，互动毫无弹性。在讨论德性时，亚里士多德指出实践德性需要考虑具体的时间、场合、对象、原因和方式（1106b20）②，提高德性也无固定方法，只能向有德性的个人学习③。其和《论语》的不同在于，"忠恕之道"有一个换位思考，推己及人的过程，而在亚里士多德那里，则更多的是从主体出发来判断行动是否合适。

重视理性使互动拥有了"尺度感"④。尺度要求明确地确立交往界限，划定交往的空间。在对正义的讨论中，亚里士多德引出了"应得"（desert）概念⑤。这个概念要求明确什么是你的，什么是我的，要求人们为自己的要求提供理由和辩护，建立起明确的交往的空间。相比而言，如果人际互动中带有较强的感情色彩，双方能做什么不能做什么就更有弹性，人际之间的界限会模糊和松动。这种强调"尺度感"和交往界限的思想自然地使比礼仪道德规范更具强制性、明确性和可操作性的法律成为调节人际互动的主要规范。

综上所述，注重情感的熏陶，历史因素的带入和注重相互包容是《论语》中的互动特色。苏格拉底、柏拉图和亚里士多德则明显地突出了理性⑥在互动中的决定性地位，产生了注重交往界限，以法律来调节互动的倾向。各方都注重情境，但主体间性的程度不同。

---

① 战场上是否勇敢事关战友的生死和城邦的存亡，所以勇敢是涉及人际互动的德性。
② 亚里士多德：《尼各马可伦理学》，廖申白译，商务印书馆，2003，第47页。
③ 这种学习主要是学习优秀者如何具体地使用理性。优秀者主要示范的是理性能力，和教化中的示范作用不同。
④ 从语言学上看，理性本身就有尺度的含义。
⑤ 在讨论分配正义时，亚里士多德表明分配的公正应基于某种分配的（1131a27-29）。
⑥ 柏拉图和亚里士多德虽然都强调理性在实践中的地位，但亚里士多德则注意到理性与经验，普遍与特殊之间的张力，对待理性的态度不如柏拉图绝对，带有一定的调和色彩。

四　智慧的转化

通过比较分析，我们发现，孔子慎用语言，以对话创造理解的契机，不将意义完全固定在语言中，并提示注意"接收"的智慧。孔子注重关系，将生活的意义安置在伦理政治关系中，并以朴素的家庭关系为基础拓展各类关系，注重培养道德情感来维护、巩固关系。"礼乐教化"是别具中国特色的互动方式，"忠恕之道"是指导互动的根本准则，两者将情感、历史、情境、理智结合在一起，形成了较为立体的互动模式。

《论语》的传播智慧显示的是中国人的精神交往的智慧，是中国人的交往特性。在当今的世界交往体系中，中国人可以通过温习这一智慧，建构交往的主体性，在一个多元文化主义的时代复活"仁"的主体间性的交往精神。这与西方基于理性的交往精神形成了某种互补关系，创造理解、反思和领悟的契机与意义的准确表达、理性的劝服，人伦政治关系的建构与在求知活动中超越人伦政治关系，在互动中注重情境和情感与偏重理性在人际互动中的指导作用，这其实是人类交往精神的完整性表现。在追求人类交往精神的完整性过程中，《论语》的传播智慧便得到了创造性转化。

对现代人来说，《论语》的智慧是一种超越交往局限的智慧。具体包括以下两方面。

一方面是面对他者的智慧。各种宏大叙事在当代纷纷崩塌，社会变得越来越多元化，个人变得越来越个性化，人们相互之间逐渐成为难以理解的"他者"。如何与"他者"相处，成为当代社会的重要问题。首先，"忠恕之道"提示我们要"和而不同"，既容纳对方，又保存自身，不相互吞并，尽量互相成就，在他人和自我之间能做好平衡，优化多样性，力争"万物并育而不相害，道并行而不相悖"（《礼记·中庸》）。其次，《论语》提示我们要"通情达理"，重视情感。人要走进他者，应注意消除情感上的抵触与隔阂，善于表达和解读情感，能与他者在情感上相互接近，善于建立情感关系。最后，和他者交往时，要善于走入对方的生活情景，构建恰当的交往方式。价值观的不同，文化的不同多源于生活情境的差异。只有进入他者的境遇，才能了解差异,了解差异的来源,了解差异的价值,真正进行换位思考,进而在和他人的协商中寻找最优的行为与交往方式。

另一方面是面对孤独的智慧。在这个人们越来越有权利去表达,表达方式越来越多样、便捷的时代,越来越多的人却深感孤独,难以找到意义的伙伴。面对孤独,《论语》首先提示人要有听的意识。声音并非越多越好,也不是越大越妙,在嘈杂浮躁的环境中人们需要聆听智慧。一方面要能听到自己的心声,另一方面要能听到他者所传达的意义。不能聆听、观察与领会,不能放下固执,难免将自身置于孤独的囚笼,因此《论语》说:"毋意,毋必,毋固,毋我"(《论语·子罕》),建议我们注意觉察。《论语》提示我们应有表达的智慧。孔子没有选择以语言固定意义,而是尽力创造理解意义的契机与空间,运用行为、礼仪、音乐等多种手段立体地展现意义。这种通过创造情境,立体化的表达方式值得当代借鉴。人生意义植于何处直接决定了人是否孤独。如果将人生意义安置于原子式的自我中,安置于纯粹的主体性中,那么孤独是无可避免的,因为他人和世界对主体而言仅有工具性的意义,主体眼中最终只有自我。如果能将部分生活意义置于关系中,将自身的生活意义同他人的生活意义结合,人生中的共鸣便会自然增多,孤独感也会随之减弱。

此文为第四届全球媒介伦理圆桌会议(The Fourth Roundtable on Global Media Ethics, 2014)而作,刊载于《国际新闻界》2014年第6期,第二作者为肖劲草。

附录　珞珈书香

赵远远（2008级研究生）

在学风浮躁、读书空间被挤压得少之又少的今日，能拥有每周一晚的集体读书时光，分享共同交流的意义，体验宁静致远的境界，是一件十分幸福的事情。

几年前，单波教授为中西新闻比较研究方向的研究生创设了读书会，笔者还清楚地记得读书会的第一天，单波教授身着亮色西服，一贯的温和，一脸的微笑，如菩萨低眉般谆谆教诲着我们读书的意义、方法，并开列出一系列书单，只是很遗憾至今我都没能读完。但他的话，如"走进知识的海洋，走出知识的隧道"，"独立的见解，独立的品行，才是读书人的品格"，"读书即求解人的问题，要用一己生命去观察、体验现实中人的生存状态，要有深切的人文关怀"，"要抱着问题去读书"，"读书要找到趣味的入口处，同时又要有逍遥自在的心情，与思想和思想者共舞"，时时回响于我的耳旁。

他总是读书会第一个出场的人，而且是引领大家去读《学术会议上的惨案：大众传播理论另类读本》，体悟学者遭遇的困境与悲剧性命运，思考如何实践学术自由、表现传播研究的智慧。其深刻的剖析与智慧的表达，让每一位同学深受启发。

第二个主持读书会的便是肖珺老师，她那标准的普通话，流畅的口才让人疑似于丹第二，她讲的那本丹·席勒著的《信息拜物教：批判与解构》，书边粘满了小贴士，让我第一次发现书原来还可以这样读。那天院办的投影仪坏了，她便专注地手捧书本，披散着长发，在桌缝间从容地来回踱步，高跟鞋伴随着她的游走而有节奏地敲打着地板，和着读书声此起彼伏，将人引入一个静谧而温馨的联想王国，此情此景仿如昨夕。正是那种宽松自由的学术氛围，让我这个生性拘谨的人居然不知深浅地一口气问了三个问题，连坐在一旁的单波教授也不自觉地加入答疑解惑的阵列中。然后，还记得他颇有感触、语重心长地向我们讲起新儒家代表人物之一徐复观五十而志于学的故事，听罢让我觉得人生从任何阶段开始都并不晚，最要紧的是必须有坚定不移、百折不挠的宏远志向。

相较于前两者的学术与理性，刘娜老师自称更为感性，那晚她和我们分享的是胡赛尼的《追风筝的人》(*The Kite Runner*)，润物细无声式的教化，侧重人性与情感的讲述由此肇端。既然有了"中东三部曲"中的第一部，接下来鹿青便端上了他的《三杯茶》，徐齐鹏则从心灵深处举首仰望星空，为大家奉上人生哲理小说《橙色女孩》，而江海燕在那个宁静的夏夜同大家聊起那本阿尔博姆六年磨一剑的玄灵小说《你在天堂里遇见的五个人》，聆听着她讲述的一个个人生故事，不觉间恍然顿悟一个平凡的真谛——对生命的敬畏，因为没有一个生命是毫无意义的，每个活在这个世界上的人都是至关重要的。此外，刘婵还以她的亲身经历对奥运会开幕式进行了体验式讲述。

众多的讲述者犹如一个个导游，将孤陋寡闻的我引向一片广阔的天地，带入一个个美不胜收的圣境之中。比如陈卓琬讲述的《苏格拉底的审判》，层次井然，中西对照，条分缕析，阐理精当；谢银波讲述《狼图腾》时的那段篇首音乐的确深深震撼了我；李思讲述的《东西文化及其哲学》令人深思；王会丰讲述的《万历十五年》史论结合，以古喻今……书中的思想似一缕清香，随着同学们的讲解及引发的讨论，在教室里飘荡。

此时，读书不再流于形式，而真正成了一种精神享受。每一位同学都愿为读书会倾情投入，尤其令人感动的是，朱文成在正式讲述《异端的权利》前，省掉午休时间，拉着我坐在宋卿体育馆旁的石凳上，静静听他激情洋溢地预讲一遍。那儿古木疏朗，浓荫如盖，枝丫如鲲翼垂天，天地间只剩下俩读书人在那里切磋、琢磨。记得最别开生面的一讲当数史诗阳讲述《消逝的童年》，那晚来者甚众，不同研究方向的学生齐聚一堂，讲解完照例是讨论和点评，来自马里的克里木（Karim）首次到场，他发言踊跃，用英语介绍着非洲国家孩子的童年生活及其看法。读书会刚结束，史诗阳便和盘托出一个硕大的蛋糕，单老师和同学们一起点燃23根红烛，一时间，烛光映红一个个青春的笑靥，读书与人生的快乐写在了我们每一个人的脸上。

此文刊载于《武汉大学报》2009年10月30日，较为典型地表达了学生们的读书感悟。

图书在版编目(CIP)数据

新闻传播学的学术想象与教育反思/单波著. —北京：社会科学文献出版社，2014.11
（珞珈问道文丛）
ISBN 978-7-5097-6653-8

Ⅰ.①新… Ⅱ.①单… Ⅲ.①新闻学-传播学-文集 Ⅳ.①G210.53

中国版本图书馆CIP数据核字（2014）第242156号

·珞珈问道文丛·
新闻传播学的学术想象与教育反思

著　者／单　波

出 版 人／谢寿光
项目统筹／祝得彬
责任编辑／仇　扬　徐　瑞

出　　版／社会科学文献出版社·全球与地区问题出版中心（010）59367004
　　　　　地址：北京市北三环中路甲29号院华龙大厦　邮编：100029
　　　　　网址：http://www.ssap.com.cn
发　　行／市场营销中心（010）59367081　59367090
　　　　　读者服务中心（010）59367028
印　　装／北京鹏润伟业印刷有限公司
规　　格／开　本：787mm×1092mm 1/16
　　　　　印　张：27.75　字　数：449千字
版　　次／2014年11月第1版　2014年11月第1次印刷
书　　号／ISBN 978-7-5097-6653-8
定　　价／98.00元

本书如有破损、缺页、装订错误，请与本社读者服务中心联系更换

▲ 版权所有 翻印必究